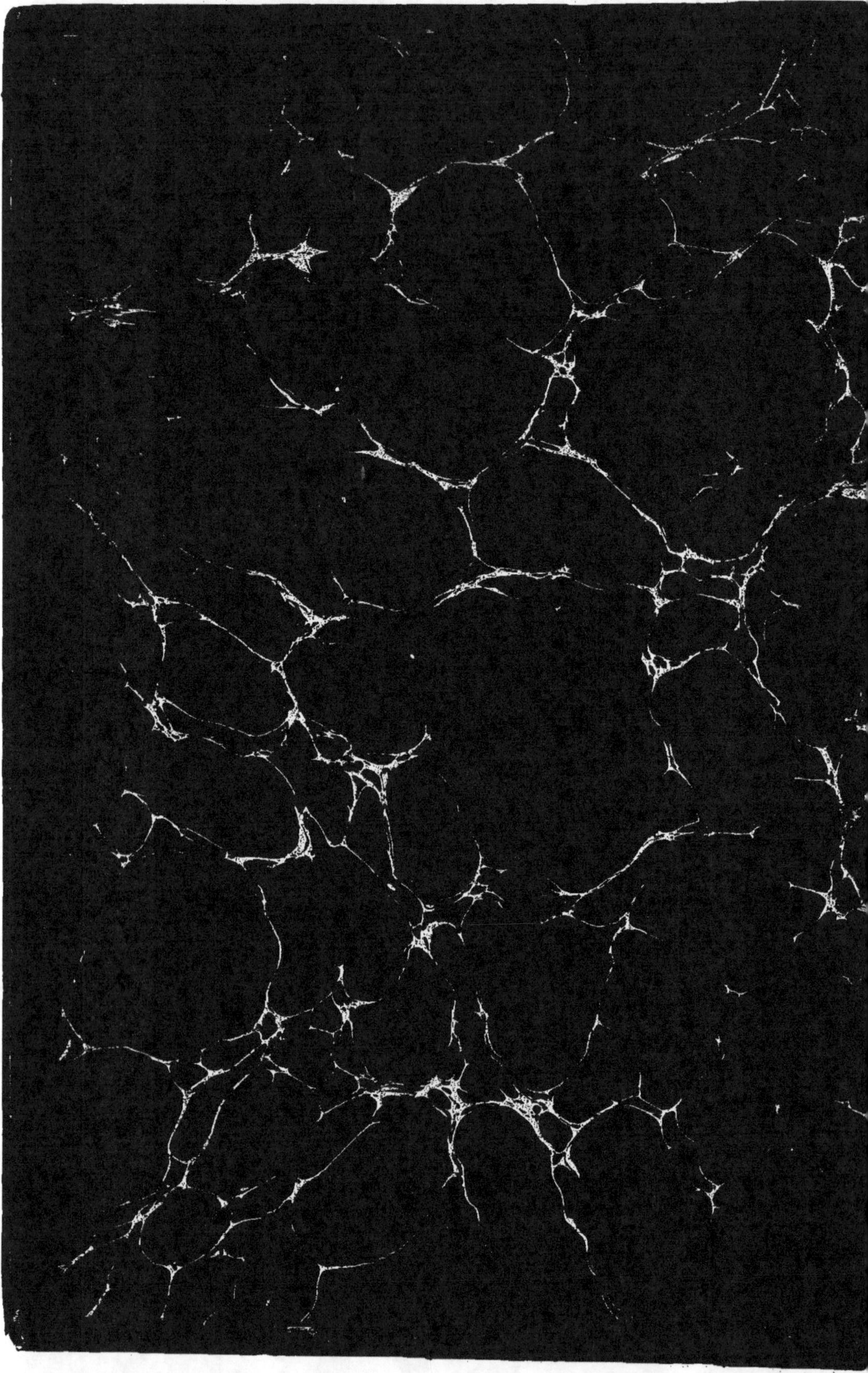

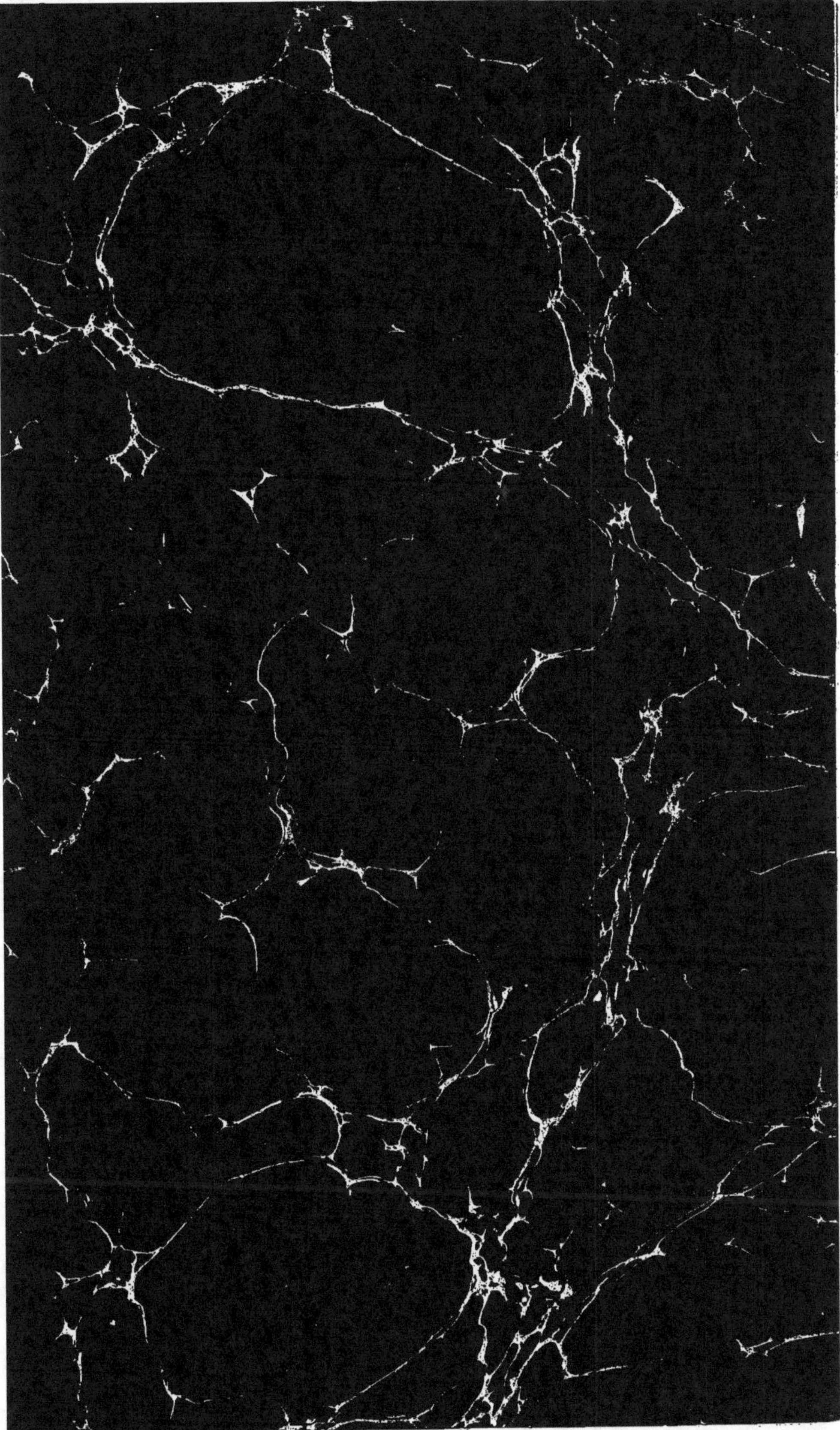

LES ARMES ET LE DUEL

LAGNY, IMPRIMERIE DE A. VARIGAULT

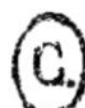

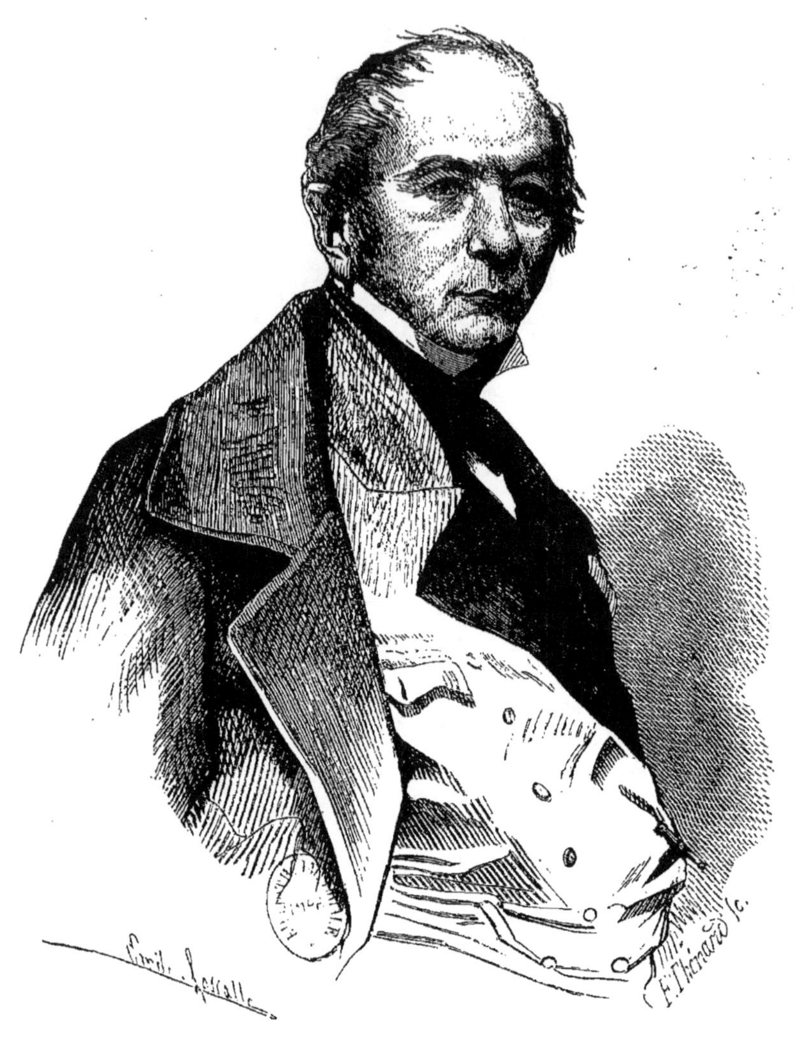

A GRISIER.

Il a par ses leçons prévenu bien des larmes,
A plus d'un jeune cœur épargné le remord;
L'humanité le guide; il vous instruit aux armes
Pour garder votre vie et non donner la mort.
Puis, quand pour le salon il déserte la salle,
Il reste maître encor dans un autre talent :
La parole! honneur donc à la main provençale,
Au magique pinceau qui nous l'a fait parlant!

ÉMILE DESCHAMPS.

LES

ARMES ET LE DUEL

PAR

A. GRISIER

Chevalier de la Légion d'honneur, décoré de la médaille d'or et d'honneur de Suède

PROFESSEUR D'ARMES

De la maison civile et militaire de S. M. l'Empereur, des cent-gardes, du lycée Napoléon et du Conservatoire impérial de musique

OUVRAGE

AGRÉÉ PAR S. M. L'EMPEREUR DE RUSSIE

PRÉFACE ANECDOTIQUE PAR ALEXANDRE DUMAS

NOTICE SUR L'AUTEUR, PAR ROGER DE BEAUVOIR. — ÉPÎTRE EN VERS DE MÉRY. — LETTRES DU COMTE D'H*** ET DU COMTE D'I***

DESSINS PAR E. DE BEAUMONT

PORTRAIT DE GRISIER PAR E. LASSALLE

TROISIÈME ÉDITION

revue, corrigée et augmentée

PARIS

CHEZ E. DENTU, ÉDITEUR

LIBRAIRE DE LA SOCIÉTÉ DES GENS DE LETTRES

13 et 17, galerie d'Orléans (Palais-Royal)

ET CHEZ L'AUTEUR, RUE DU FAUBOURG-MONTMARTRE,

1864

DÉDICACE

DE LA PREMIÈRE ÉDITION

A SA MAJESTÉ

NICOLAS IER

EMPEREUR DE TOUTES LES RUSSIES

SIRE,

VOTRE MAJESTÉ IMPÉRIALE, protectrice généreuse et éclairée de tous les arts, a daigné accepter l'hommage de mon livre; commencé dans ses états, j'ose aujourd'hui prendre la respectueuse liberté de le lui adresser.

Mon cœur reconnaissant conservera toujours un souvenir précieux de la noble et généreuse hospitalité que j'ai reçue dans l'Empire Russe. Encouragé par les bontés dont VOTRE MAJESTÉ IMPÉRIALE et les Augustes Princes de sa maison ont daigné m'honorer, j'ai ambitionné de placer sous la haute protection de VOTRE MAJESTÉ IMPÉRIALE le résumé des leçons que j'ai été si heureux et si fier de donner pendant dix ans aux nobles Seigneurs qui entourent le trône impérial. Mes vœux ont été exaucés par VOTRE MAJESTÉ.

Puisse VOTRE MAJESTÉ IMPÉRIALE, en agréant l'expression de ma profonde reconnaissance, daigner recevoir celle du respectueux et sincère dévouement

Avec lequel j'ai l'honneur d'être,

SIRE,

De VOTRE MAJESTÉ IMPÉRIALE,

Le très-humble et très-obéissant serviteur,

A. GRISIER

PROFESSEUR D'ARMES

De LL. AA. RR. les Princes fils du Roi, de l'École Royale Polytechnique, du Conservatoire Royal de Musique, du Collége Royal de Henri IV, etc., etc.

AMBASSADE
IMPÉRIALE
DE RUSSIE

Paris, le 12 août 1842.

MONSIEUR,

L'Empereur ayant agréé l'hommage que vous avez fait à Sa Majesté de votre ouvrage sur l'art de l'Escrime, j'ai été chargé, Monsieur, de vous remettre la bague en diamant ci-jointe comme un témoignage de la haute satisfaction de Sa Majesté Impériale.

Agréez, Monsieur, l'assurance de ma parfaite considération,

KISSELEFF.

A M. GRISIER, professeur d'escrime.

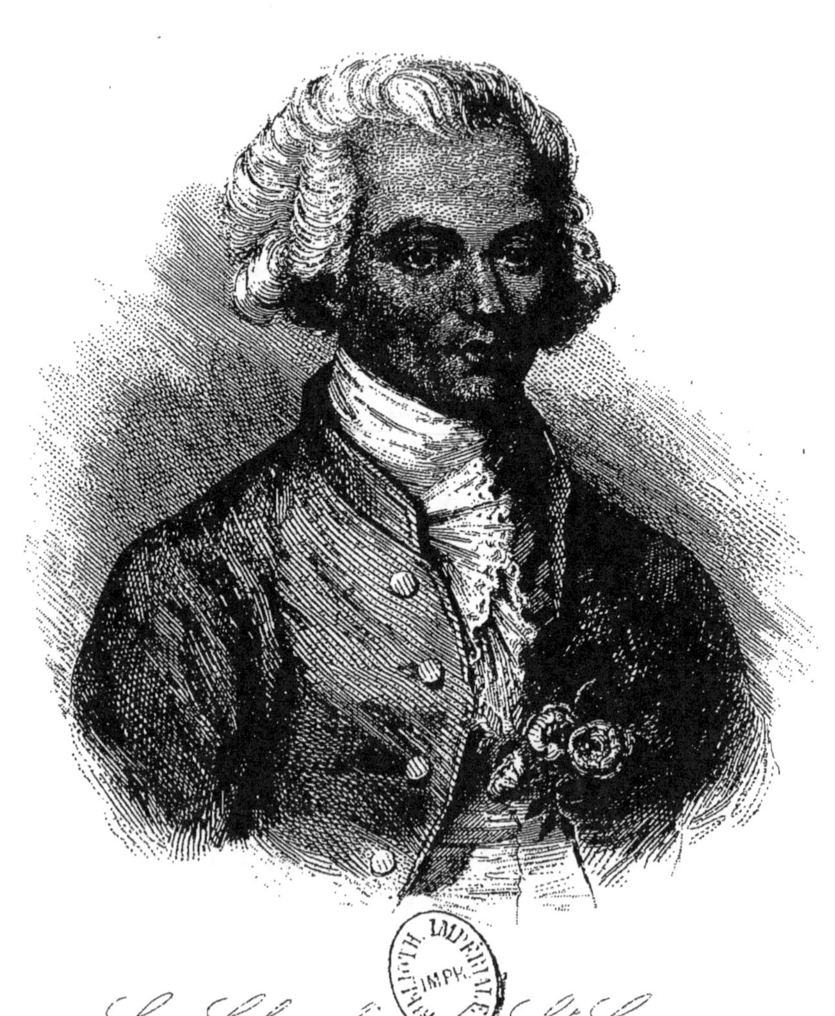

Le Chevalier de St Georges.

AVERTISSEMENT

DE LA PREMIÈRE ÉDITION

Je viens offrir au public un ouvrage sur les ARMES ET LE DUEL. Mon livre est le résultat de trente années d'études consciencieuses. Dès l'âge de vingt ans, j'ai fréquenté les salles d'armes comme tous les jeunes gens de l'empire mes contemporains, et cédant à ma vocation, j'ai abandonné la carrière à laquelle ma famille m'avait destiné, pour embrasser celle que je parcours aujourd'hui.

La théorie, les préceptes recommandés dans mon travail, sont ceux qui m'ont été tracés par mes premiers maîtres. J'ai eu le bonheur d'avoir pour guides dans l'art que je professe des hommes aussi recommandables par leurs talents que par leurs qualités morales. Mon plus grand titre à la bienveillance de mes lecteurs est d'avoir été l'élève des La Boëssière, des Menissier, des Compoint, des Charlemagne, de feu Gomard et de M. Caselli, amateur de la force des maîtres les plus expérimentés.

J'ai eu le bonheur de comprendre dès mon entrée dans ma profession le peu de valeur du faux axiome : *qui touche a raison.* J'ai voulu, suivant l'exemple de mes maîtres, rendre à l'art que j'aimais et que j'aime toute la part intelligente dont on a vainement cherché à le deshériter. Mon ouvrage n'est pas une série de parades et de feintes, une suite de coups portés ou rendus avec des règles à peu près certaines : j'ai cherché et je cherche encore, sans fatiguer ceux qui veulent bien suivre mes leçons, à prendre le côté philosophique d'une science utile.

Ce livre s'adresse aux maîtres, aux amateurs forts, ainsi qu'à ceux qui ont déjà quelque connaissance des armes.

Évitant les innovations inutiles, j'ai conservé dans ma théorie tous les noms adoptés par mes devanciers ; dans la seconde partie de mon ouvrage, intitulée *Réflexions*, j'ai placé les changements que la raison m'a conseillé d'introduire.

L'étude constante que j'ai faite de l'art que je professe m'a conduit à suivre une marche qui pourra trouver des contradicteurs parmi ceux qui, sacrifiant au goût du jour, ont rencontré des prôneurs pour répandre dans le monde la réputation de savoir qu'ils se sont donnée. J'ose espérer que ceux qui voudront bien étudier mes préceptes feront une différence entre le professeur et le *vigoureux maladroit* dont la pointe, en rencontrant votre corps, est la seule démonstration concluante.

J'espère aussi que l'on voudra bien admettre la possibilité du progrès et celle de trouver quelques règles nouvelles. Mes lecteurs trouveraient singulier de me voir, à l'exemple d'un auteur étranger, dont j'ai le traité sous les yeux, employer cent pages à constater les développements de l'escrime depuis le 16e jusqu'au 19e siècle, et ensuite refuser à un écrivain le droit de chercher quelque chose de nouveau.

Docile aux avertissements de la critique, j'accueillerai avec reconnaissance les observations que l'on daignera me faire, j'en profiterai volontiers. Si mes réflexions répondent souvent à des auteurs que j'ai lus et commentés, et que par convenance je n'ai pas dû nommer, qu'on ne se trompe pas sur les motifs de mon silence; mes propres sentiments d'accord avec les conseils de mes anciens maîtres m'ont toujours appris, tout en conservant ma propre dignité, à ne jamais me poser comme agresseur.

La spéculation ne m'a pas guidé dans la publication de ce livre; mais après avoir lu tout ce que l'on a écrit sur les armes depuis 1531 jusques en 1845, j'ai cru pouvoir apporter ma pierre à l'édifice sur les parois duquel sont inscrits avec honneur les noms de ceux dont je me glorifie d'avoir été le disciple et l'ami. Heureux si Eugène Grisier, mon élève, mon neveu et mon enfant d'adoption, peut un jour, en suivant la même carrière, tracer le nom que je lui lègue à côté de ceux près desquels je laisse au public, mon seul juge, le droit de me placer.

Paris, septembre 1846.

A. GRISIER.

PRÉFACE EN FORME DE CAUSERIE

OU

CAUSERIE EN FORME DE PRÉFACE

PRÉFACE EN FORME DE CAUSERIE

OU

CAUSERIE

EN FORME DE PRÉFACE

Lorsque j'habitais à l'étranger, soit l'Italie, soit l'Allemagne, soit Florence, soit Francfort, il m'arrivait quelquefois de dire aux Italiens qui commentaient Dante, ou aux Allemands qui essayaient de comprendre Faust :

— Messieurs, avez-vous des commissions pour la France ?

— Pourquoi cela ?

— Parce que dans huit jours je serai à Paris.

-- Tiens ! nous ne savions pas que vous alliez à Paris.

— Ni moi non plus ; c'est une idée qui vient de me prendre.

— Et qu'allez-vous faire à Paris ?

— Je vais causer.

Alors mes Italiens et mes Allemands se regardaient; ils ne me comprenaient pas.

C'est qu'aucun peuple ne se doute de ce que c'est que la causerie. Dans tous les autres pays du monde, on parle, on pérore, on discute, on plaide, on prêche, on pense ou l'on rêve.

Mais on cause en France seulement.

C'était donc cette causerie qui me manquait à l'étranger que je venais chercher en France; c'est-à-dire de longues soirées passées dans une grande chambre bien fraîche l'été, dans un petit salon bien chaud l'hiver, soit sur de bons divans, soit sur de larges fauteuils, soit sur de moëlleux coussins rangés sans symétrie autour d'une table, avec sept ou huit amis, moitié gens du monde, moitié artistes, les uns fumant, les autres dessinant; tandis que la maîtresse de la maison, docile à l'invitation qu'elle reçoit, quitte tantôt la théière pour le piano, tantôt le piano pour la théière, jetant au milieu de la conversation qui flotte, capricieuse comme une arabesque étincelante, une valse de Beethoven, une mélodie de Weber ou une ouverture de Bellini. C'était donc, dis-je, cela que je venais chercher; c'était là que je venais retremper mon esprit vacillant, comme on retrempe dans une fontaine bienfaisante son corps énervé; puis, lorsque j'avais provision d'idées, lorsque je m'étais bien imprégné de ce fluide magnétique, qui ne circule réellement qu'en France, réellement qu'à Paris, réellement que dans un certain monde parisien, je repassais la frontière tout chargé de cette marchandise d'exportation dont nous défrayons le monde, et qu'on appelle vulgairement l'esprit.

Puis je rentrais à Florence ou à Francfort, je retrouvais mon cercle parleur, péroreur, discuteur, plaideur, prêcheur, penseur ou rêveur; peu à peu l'esprit général déteignait sur moi; je me débattais tant que je pouvais pour respirer sous cette grande machine pneumatique qu'on appelle l'étranger; mais, comme rien ne venait me rendre la dépense intellectuelle que je faisais, chaque jour je sentais s'éteindre en moi une de ces mille étincelles qui illuminent le cerveau, une de ces mille fibres qui constituent la sensibilité; je me faisais à moi-même l'effet d'un être quelconque tombé dans une source d'eau pétrifiante, et qui sent de minute en minute s'épaissir autour de lui la croûte calcaire qui lui conservera sa forme, mais qui lui ôtera sa couleur, son goût ou son parfum. C'était alors, avant que la croûte fût trop épaisse, que je reprenais le bateau à vapeur de Livourne ou le chemin de fer de Manheim, et que je revenais faire encore une fois, en causant à Paris, ma provision de vitalité.

C'était un bon temps que celui-là; je n'avais pas encore entrepris l'œuvre que j'accomplis à cette heure, je ne m'étais pas encore imposé cette tâche, d'évoquer l'histoire à Philippe le Bel et de la conduire, couverte du manteau diapré du roman, jusqu'à Louis-Philippe Ier. Je ne m'étais pas dit, à tort ou à raison, soit par orgueil, soit par caprice, tu prendras à la fois quatre journaux, et au risque de devenir fiévreux d'insomnie, fou de travail, tu donneras à l'un *les Mousquetaires,* à l'autre *la Reine Margot,* à celui-ci *le Comte de Monte-Cristo,* à celui-là *le Chevalier de Maison-Rouge.* — Non. — J'avais à cette époque à alimenter seulement cette bonne *Revue de Paris,* aujourd'hui défunte ; j'allais dire par habitude : Dieu ait son âme ; mais je me souviens qu'elle n'en avait pas ; et sa sœur aînée, aujourd'hui agonisante, la *Revue des Deux-Mondes,* cette sèche, sévère et ennuyeuse vieille fille que vous connaissez, laquelle ne pouvant se faire spirituelle s'est faite savante — comme on se fait critique quand on ne peut se faire poëte. — Or, c'étaient deux demoiselles fort rangées, qui ne sortaient, celle-ci qu'une fois la semaine, celle-là que deux fois par mois, et qui chaque fois qu'elles sortaient, m'empruntaient, pour cacher le manteau de plomb que messieurs tels et tels lui jetaient sur les épaules, ou le menin d'Isabelle de Bavière, ou la chaîne d'or d'Albine, ou la robe quelque peu décolletée de la courtisane Fernande.

Or, dans ce temps j'avais encore le loisir de causer.

Hélas ! aujourd'hui je ne l'ai plus.

Il en résulte, ou plutôt il en résultait que, ne causant plus depuis un an, la France était devenue tout bonnement pour moi une succursale de l'étranger, que je me retrouvais sous ma fameuse machine pneumatique, que je roulais tout doucement vers ma source pétrifiante, et que je voyais le moment où j'allais être forcé de me sauver de la France à l'étranger comme autrefois je me sauvais de l'étranger en France.

Dieu sait dans quel état j'en serais revenu.

Or, un jour, ce jour c'était hier, un jour que je tenais à la main une lettre de M. Véron qui me demandait le cinquième volume de *la Dame de Montsoreau* pour *le Constitutionnel,* une lettre de M. Lefloch qui me demandait le quatrième volume de *la Guerre des Femmes* pour *la Patrie,* une lettre de M. Bertin qui me demandait le quinzième volume de *Monte-Cristo* pour le *Journal des Débats,* une lettre de M. Considérant qui me demandait le cinquième volume du *Chevalier de Maison-Rouge* pour *la Démocratie Pacifique,* une lettre de M. Zabban qui me demandait la fin du *Bâtard de Mauléon* pour *l'Espagnol,* enfin une lettre de M. de Girardin qui me demandait le commencement des *Mémoires d'un Médecin* pour *la Presse,* il me vint une idée ; c'était non pas de faire banqueroute au public, mais de demander du temps à mes créanciers.

En conséquence, je répondis à chacune de ces lettres par une lettre de convocation pour le lendemain matin.

La séance fut chaude et le débat fut long.

Enfin j'obtins de M. Véron dix jours, de M. Lefloch trois mois, de M. Bertin une semaine, de M. Considérant trois jours, de M. Zabban vingt-quatre heures, et de M. de Girardin un mois.

Ce qu'il y avait de plus clair dans tout cela, c'est que j'avais vingt-quatre heures devant moi, chose qui ne m'était pas arrivée depuis longtemps.

Je résolus d'employer ces vingt-quatre heures à causer.

Dès dix heures je fis venir mon domestique, lui annonçant que pour ce jour-là la consigne était levée, et que, comme de Sylla descendant des Rostres où il venait de déposer la dictature, tout le monde pouvait s'approcher de moi.

Si personne ne se présentait pour causer, j'avais disposé une plume, de l'encre et du papier, et mon besoin de causerie était si grand que j'étais disposé à causer avec le public.

J'étais donc au coin de mon feu, le dos tourné, contre mon habitude, à mon bureau, les pieds sur mes chenets, qui sont de Barye, soit dit par parenthèse; dégustant une tasse de thé de caravane; regardant, à travers sa vapeur parfumée, ces eaux-fortes encadrées dans un velours de deuil, que la main d'un prince artiste a gravées, et que sa veuve m'a données après sa mort, comme un souvenir d'outre-tombe; vivant dans le passé au lieu de vivre dans l'avenir, rêvant au lieu de penser, ce qui est bien plus doux, et me demandant : Pourquoi depuis trois ans peut-être je ne m'étais pas fait un instant de pareil repos; moi dont la vie est si facile, moi dont les goûts sont si simples, moi dont les besoins sont si bornés, et pourquoi je revêtais cette robe de Nessus qui me brûle jusqu'aux entrailles, plutôt que de m'étendre oisif dans quelque fauteuil d'académicien, ou, ambitieux et vénal, sur quelque siége de député, lorsque ma porte s'ouvrit et que mon valet de chambre annonça :

— M. Grisier.

— Ah! pardieu, m'écriai-je, voilà une chance. Arrivez, Grisier, arrivez, je voulais justement causer aujourd'hui; arrivez, nous ferons mieux que causer, nous bavarderons.

— Vous avez donc le temps? me dit Grisier en entrant.

— Je ne l'ai pas, mais je l'ai pris. D'où venez-vous? de Bruxelles, de Berlin, de Pétersbourg? je vois qu'ils ne vous ont pas encore donné la croix; c'est trop juste, vous l'avez gagnée. Asseyez-vous donc; avez-vous une bonne histoire à me conter? une autre Pauline, un second maître d'armes; cette fois je n'en ferai ni un ni deux volumes, j'en ferai vingt ou vingt-cinq; c'est mon chiffre pour le moment.

— Je suis enchanté de vous voir en si bonne disposition, me dit Grisier; je viens vous demander non pas vingt-cinq volumes, mais vingt-cinq pages.

— Ah! malheureux, voilà que vous aussi vous me trahissez! Vingt-cinq pages de quoi? voyons.

— De préface.

— Cher ami, je n'en fais pas pour moi.

— Raison de plus d'en faire pour les autres.

— Je ne sais pas faire de préface.

— Vous en avez fait une pour les poésies de Reboul.

— Ah! c'est autre chose : j'étais en prison, mon cher; la prison m'avait exaspéré, j'étais capable de tout, même de faire des préfaces. Faites-moi mettre en prison, c'est là que je fais mes préfaces, mais pas ailleurs.

— Comment faut-il que je m'y prenne?

— Vous avez bien connu notre pauvre Monpeou ?

— Je crois bien, j'étais un soir chez vous lorsqu'il nous a chanté tous les airs de Piquillo.

— Eh bien ! mon cher, écoutez et profitez.

— J'écoute.

— Monpeou me tourmentait pour lui faire un opéra-comique comme vous me tourmentez pour vous faire une préface. Il faut vous dire qu'une préface n'est rien près d'un opéra-comique : dans une préface on peut avoir de l'esprit, du caprice, de la fantaisie ; cela ne nuit ni au livre ni à la préface, tandis que dans un opéra-comiquecela nuit énormément.

— A quoi ?

— A la musique, à ce qu'il paraît.

— Allons donc !

— Dam ! voyez les opéras-comiques ; moi je ne puis vous dire que cela.

— Je pourrais vous dire : Voyez les préfaces.

— Mon cher, il y a des gens qui n'ont fait que des préfaces, et qui ont la croix ; il y a des gens qui n'ont fait que des préfaces, et qui sont académiciens ; il y a des gens qui n'ont fait que des préfaces, et qui sont pairs de France.

— Raison de plus pour que vous me fassiez ma préface alors.

— Je ne suis point ambitieux, Grisier.

— Alors revenons à la façon dont s'y était pris Monpeou pour avoir son opéra-comique.

— Ah ! voici : depuis un an, chaque fois que je rencontrais Monpeou, il me disait :

— Quand me ferez-vous mon Piquillo ?

C'était le titre du malencontreux opéra-comique promis à Monpeou ; le public l'a déjà oublié, mais je le lui rappelle.

— Écoutez, lui répondis-je ; je dois aller en prison ; quand j'irai en prison je vous le ferai.

— Il faut vous dire, mon cher Grisier, que je n'ai jamais été, comme vous, un fanatique d'ordre public ; il y a une chose qui m'est souverainement désagréable, celle d'être ridicule ; or, chaque fois que je me suis vu affublé d'un bonnet à poil, ficelé de deux buffleteries, embarrassé d'un sabre et d'une giberne, orné d'un pantalon bleu à passepoil rouge, j'ai toujours trouvé que les enfants étaient fort honnêtes de ne pas courir après moi, et je leur ai été on ne peut plus reconnaissant de cette déférence ; il en résulte que, sous l'empire de ce sentiment, j'ai commencé par monter très-peu ma garde, et j'ai fini par ne plus la monter du tout.

— Ah ! je comprends ; alors il en est résulté...

— Une garde hors de tour, puis vingt-quatre heures de prison, puis quarante-huit, puis soixante-douze, puis huit jours. C'est en matière de conseil de discipline surtout, mon cher, que les intérêts cumulés doublent promptement le capital.

— Alors vous avez été prendre votre ordre d'écrou et vous avez fait vos huit jours rue des Fossés-Saint-Victor ?

— Pas du tout ; j'ai été prendre mon passe-port et je suis parti.

— Au fait, c'était un moyen.

— Excellent, comme vous allez voir. Je visitai Gênes, Turin, Rome, Naples, la Calabre, la Sicile, un peu l'Afrique, beaucoup l'Archipel; je restai un an dehors, et quand je revins...

— On vous avait oublié.

— Allons donc! on voit bien, mon cher ami, que vous ne savez pas ce que c'est qu'une mémoire de sergent-major à qui l'on n'a pas demandé la permission de s'absenter de Paris. Le mien s'était souvenu au contraire, il avait fait les choses en grand : quand je revins, je jouissais d'un avenir de quarante-huit jours de prison, ou, si vous l'aimez mieux, de onze cent cinquante-deux heures de captivité. Venez me parler maintenant de Silvio Pellico ou du prisonnier de Chillon!

— Comment, de quarante-huit jours! mais je croyais que les conseils de discipline ne pouvaient pas infliger plus de quinze ou vingt jours de prison.

— Attendez donc, il y avait un peu de tout : il y avait du conseil de discipline, il y avait de la police correctionnelle, on avait même proposé de mener la chose jusqu'en cour d'assises. J'étais en train de perdre tout doucement mes droits de citoyen. Je n'aurais plus eu la faculté de nommer ni maire ni député; comprenez-vous dans quel désespoir je serais tombé si une chose pareille m'était arrivée? Je n'étais plus représenté ni dans mon arrondissement ni dans la chambre. J'étendais les mains vers M. Berger, et il passait sans me voir; je levais la voix vers M. de Fulchiron, et il passait sans m'entendre ; tandis que moi je continuais de voir M. Berger et d'entendre M. de Fulchiron ; la réciprocité était brisée ; l'équilibre était rompu, il ne me restait plus qu'à me faire moine à la Trappe et à répéter à tous ceux que je rencontrerais : Frère, il faut mourir. Heureusement j'arrivais à temps, je réclamai mes droits de citoyen, et on me les rendit, accompagnés de quarante-huit jours de prison, comme j'ai l'honneur de vous le dire.

C'étaient ces quarante-huit jours auxquels je faisais allusion lorsque je disais à Monpeou :

— Soyez tranquille, cher ami; quand j'irai en prison je vous ferai votre opéra-comique.

— Bien sûr ? demandait Monpeou.

— Parole d'honneur.

— Mais quand irez-vous en prison ?

— Ah ! dam ! le plus tard possible ; vous comprenez qu'on ne passe pas à l'état de Latude ou du baron Trenck sans se faire prier un peu.

— Vous êtes poursuivi sans doute ?

— Comme un daim.

— Comment faites-vous pour échapper aux municipaux ?

— Je fais comme Denis, je fais comme Tibère, je fais comme Cromwell, je fais comme tous les tyrans nés et à naître, je ne couche jamais deux nuits de suite dans la même chambre. Je me ménage des sorties par des armoires, des entrées par des trappes, des fuites par des fenêtres. Je fais une rente de billets de spectacle à mes voisins pour avoir le droit de transit chez eux ; je passe au milieu de leurs amours, de leurs affaires, de leurs scènes de famille, en leur disant, comme Don César de Bazan : Ne vous dérangez pas, c'est moi. Ils sont habitués à cela ; je commence à m'y habituer, moi, et tout va à merveille.

Puis je lui demandais des nouvelles des *Deux Reines,* de *l'Homme à la carabine,* de la *Marquise d'Amaëgui,* c'est-à-dire de toutes ces charmantes fantaisies écloses dans son cerveau de poëte, et qui s'en élançaient, légères, suaves, colorées comme ces charmantes danseuses antiques qu'on a retrouvées à Herculanum et à Pompéia.

Et quand nous nous quittions, je m'en allais avec une voix mystérieuse, qui chantait au dedans de moi-même comme chante un oiseau caché dans un buisson de fleurs.

Un jour nous nous rencontrâmes, nous causâmes comme d'habitude. Il me fit la même demande, je lui fis la même promesse. Je lui demandai où il en était de ses travaux mélodiques.

— Écoutez, dit-il, je n'ai pas le temps de causer de tout cela maintenant, mais j'irai probablement vous chanter quelque chose de nouveau demain matin.

— Vraiment ?

— Oui. Dans lequel de vos douze palais serez-vous ?

— Dans celui de la rue Bleue.

— Prévenez Louis, alors.

Louis était mon Grimaud.

— Je préviendrai Louis.

Et nous nous quittâmes.

C'était dans la rue de Richelieu que la scène se passait. Je répétais en ce moment je ne sais quelle pièce à ce malheureux Théâtre-Français, que son commissaire royal mène tout doucement où il a mené la *Revue de Paris*, et où il mènera la *Revue des deux Mondes*. Dans ce temps-là on demandait encore à entrer au Théâtre-Français au lieu de demander à en sortir, ou bien au lieu d'en sortir sans le demander. Je rencontrai sur le seuil un postulant qui me retint cinq minutes à me parler de ses droits et de ses espérances; pendant ces cinq minutes, je me le rappelle comme si j'y étais encore, je vis Monpeou suivre la rue de l'Échelle, entrer au Carrousel et tourner à droite; j'aurais dû me douter de quelque trahison : Monpeou passait au camp des Grecs, je ne me doutais de rien.

Monpeou allait chez notre général.

— Je dis notre général, mon cher ami, parce qu'en vertu du premier article de la Charte qui dit : Tous les Français sont égaux devant la loi, on a jugé que les militaires, qui sont Français, ayant des généraux, les bourgeois, qui ne sont pas moins Français que les militaires et qui ont la prétention d'être bien plus soldats qu'eux, devaient avoir un général aussi.

Or, le roi, dans sa munificence, nous a donné un général ; mais un vrai général, un général de la trempe des Rapp et des Lamoricière, un homme devant lequel Napoléon disait, en voyant caracoler des Cosaques au delà d'une rivière :

— Je voudrais bien avoir un de ces drôles-là, pour qu'il me donnât des renseignements sur la marche de l'armée russe.

Et qui mettait son cheval au galop, traversait la rivière et ramenait un Cosaque en travers sur l'arçon de sa selle. On nous l'a donné, il est à nous; quand nous lui parlons, nous mettons le petit doigt de la main gauche à la couture de notre pantalon et la main droite étendue à la hauteur du rebord de notre chapeau en disant : Mon général, et il ne rit pas, ce qui prouve qu'il était non-seulement un des généraux les plus braves de l'empire, mais encore qu'il est un des hommes les plus polis de notre temps.

Or, Monpeou allait chez notre général.

Notre général aimait fort Monpeou, comme tout le monde l'aimait au reste, pauvre ami! — Il le fit entrer dans son cabinet.

— Eh bien, maestro, lui dit-il, venez-vous m'annoncer que vous acceptez mon invitation pour ma prochaine soirée?

— Général, je l'accepte, mais avec votre permission, je ne viens pas pour cela.

— Et pourquoi venez-vous?

— Je viens vous demander une grâce.

— Pas pour vous; vous êtes triangle dans la musique de la deuxième légion, et vous accomplissez vos devoirs de citoyen avec une régularité attendrissante.

— Non, mon général, pas pour moi.

— Pour qui, alors?

— Pour Dumas.

Le général fronça le sourcil.

— Vous venez me parler là d'un des récalcitrants les plus endurcis, d'un homme qui a constamment refusé le service, et qui a poussé l'oubli de la discipline jusqu'à se moquer de son sergent-major.

— Oh! fit Monpeou, impossible, général.

— C'est pourtant comme cela.

— Et en quelle occasion?

— Dans une occasion où, au contraire, il aurait dû être plein de reconnaissance pour lui.

— Peut-on savoir l'anecdote?

— Comment donc! il y a eu plainte à l'état-major.

— Contez-moi cela, général.

— Imaginez-vous que votre protégé a pour sergent-major son propre bottier.

— Ah! je comprends, dit Monpeou, et il lui a répondu comme Apelles : *Ne sutor ultra crepidam.*

— Pas du tout; s'il lui avait parlé latin, l'autre n'aurait pas entendu et tout était dit; mais il lui a parlé français ou plutôt pas français.

— Je vous avoue, mon général, que je n'y comprends plus rien.

— Eh bien! mon cher Monpeou, ce digne sergent-major qui, comme vous le voyez, avait toutes sortes de raisons pour ménager le récalcitrant, puisque le récalcitrant était sa pratique, poussé à bout par tous les refus de service, par toutes les gardes manquées, par toutes les factions interrompues, se présente chez lui, lui expose la situation dans laquelle il se trouve, placé qu'il est entre son intérêt et son devoir, et termine un discours des plus touchants, en vérité, par ces paroles : — Vous comprenez, monsieur, qu'il me serait bien *peineux* et bien *douloureux* de vous faire aller en prison.

— Ah ! diable ! voilà qui m'intéresse au bottier.

— Savez-vous comment lui répond votre ami ?

— Il lui répond par ses larmes, je présume.

— Il lui répond : Et moi ! croyez-vous qu'il ne me serait pas bien *pénible* et bien *doulourible* d'y aller ?

— Il a dit *doulourible?*

— Il l'a dit.

— Dam ! fit Monpeou, tâchant d'atténuer le délit, le sergent avait dit *peineux.*

— Le sergent était dans son droit ; ces sortes de licences sont permises aux supérieurs et aux bottiers.

— Et voilà pourquoi il a quarante-huit jours de prison ?

— Croyez-vous que la chose n'en vaille pas la peine ?

— Si fait ; mais quarante-huit jours de prison pour avoir enrichi la langue française d'un mot, c'est dur.

— Que diable ! s'il veut faire de la philologie, qu'il se mette sur les rangs.

— Sur quels rangs ?

— Sur les rangs de l'Académie.

— Il ne veut pas.

— Je comprends, il a peur d'échouer.

— Non, il a peur de réussir.

— Oh! qu'il se rassure, dit en riant le général; la consigne de l'Académie est la même que celle du Louvre.

— Et quelle est la consigne?

— Ne laisser passer qu'avec les petits paquets, mais pas avec les gros bagages.

— Vous la connaissez?

— Je crois bien, c'est moi qui la donne.

— A l'Académie!

— Non, au Louvre. A l'Académie...

— C'est...

— A l'Académie, c'est tout le monde, chacun son tour. Mais revenons à Dumas; il est condamné à quarante-huit jours de prison.

— Oui; et bien justement.

— Il demande à en être exempt?

— Au contraire, il demande à les faire.

— Comment, il demande à les faire?

— Oui.

— Mais ce n'est point cela qu'on me dit de tous les côtés; on me dit qu'il se cache, qu'il fuit, qu'il disparaît, qu'il passe à travers les murailles.

— Eh! non, il veut faire une féerie, et il étudie son sujet.

— Alors, il l'a étudié ?

— Suffisamment.

— Et il demande maintenant à aller en prison?

— A une seule condition.

— Laquelle?

— Qu'on lui accordera une chambre particulière.

— Ce n'est pas l'habitude.

— Vous dérogerez, mon général.

— On criera à l'aristocratie.

— Vous répondrez qu'il avait quarante-huit jours de prison à faire; que diable, à tout seigneur tout honneur.

— Eh bien, soit; mais alors il fera bâtir sa chambre.

— Ce serait bien long.

— Tant mieux; le duc d'Orléans va se marier dans quinze jours, nous aurons une amnistie, et il n'ira pas du tout.

— Monpeou frissonna jusqu'à la moelle des os; il voyait son poëme s'élancer dans un lointain si fugitif qu'il n'espérait plus le rattraper.

— Ah! voilà qui vous arrange, dit le général : je sais bien que je n'aurais pas dû commettre cette indiscrétion... mais avec vous...

— Au contraire, dit Monpeou, vous avez bien fait, et très-bien fait; je suis enchanté d'être prévenu.

— Eh bien, dites-lui cela tout doucement à l'oreille.

— Je le lui dirai, mais cela ne fera rien.

— Comment, cela ne fera rien?

— Non, il veut absolument aller en prison.

— Il le veut!

— Oui.

— Vous le lui avez entendu dire?

— Je le quitte.

— Voilà un singulier caprice.

— C'est le sien; il y serait même déjà s'il avait eu la promesse de cette chambre isolée.

— Ah! oui... Eh bien, je ne vois que le logement du concierge.

— Bon.

— Qu'il arrange cela avec lui.

— Donnez une autorisation.

— Qu'il la vienne prendre.

— Inutile de vous déranger tous deux; je la lui porterai.

— Alors... dit le général vaincu.

— Et il s'approcha d'une table, et signa la permission, tout en murmurant :

— En vérité, ces poëtes ont de singuliers caprices; voilà six mois qu'il fait le diable pour ne pas aller en prison, et puis au moment de l'amnistie il vient chercher son ordre d'écrou.

— Vous savez que Dumas fait de l'opposition, mon général?

— Je croyais qu'il se contentait de faire Christine et Antoni. Tenez, voilà votre autorisation.

— Merci.

— Et vous viendrez à ma soirée?

— Je ferai ce que je pourrai.

— Comment, vous ferez ce que vous pourrez?

— Oui, j'ai mon ouverture à composer.

— Laquelle?

— Celle de Piquillo.

— Un poëme qu'on vous a fait?

— Non, un poëme qu'on va me faire... Adieu, mon général... A propos, et ma croix?

— Chut, ne dites rien, je tâcherai de vous la faire avoir.

— A mon premier opéra?

— Non, à la première revue.

— Ce ne sera donc pas comme compositeur?

— Non, ce sera comme triangle; mais que vous importe, pourvu que vous l'ayez?

— Allons, dit Monpeou, vous avez raison, pourvu que je l'aie...

Pauvre Monpeou, il avait tant de talent qu'il est mort sans l'avoir!

Sur ce il quitta le général.

Le lendemain, à sept heures du matin, on frappa à la porte de ma chambre à coucher; je me réveillai en sursaut, j'avais le sommeil on ne peut plus léger.

Il va sans dire que tous les soirs je me barricadais intérieurement.

— Qui va là? demandai-je le pouce sur le bouton de ma trappe.

— C'est moi, Louis.

— Et que me voulez-vous à cette heure?

— Ce n'est pas moi qui vous veut, monsieur, c'est M. Monpeou.

— Ah! c'est autre chose alors. Y a-t-il du feu au salon?

— Il y en a.

— Qu'il attende; dans une seconde je suis à lui.

— Ce cher Monpeou, murmurai-je tout en passant mon pantalon à pied et ma robe de chambre, il vient me chanter ce qu'il m'a promis; c'est bien aimable à lui. Seulement il est comme les rossignols, il chante aujourd'hui un peu trop de bonne heure.

Pendant ce temps je débarricadais ma porte, cela prenait du temps.

— Mon cher, lui dis-je à travers les panneaux, si vous venez demain, ce sera plus tôt fait : j'ai convoqué MM. Huret et Fichet qui doivent m'apporter aujourd'hui une serrure des plus simples et des plus compliquées à la fois; seulement elle tuera ceux qui voudront l'ouvrir de force. Bonjour, Monpeou; comment cela va-t-il?

En ce moment j'ouvrais la porte et j'entrais dans le salon; il n'y avait aucun Monpeou.

— Mais il y avait deux gardes municipaux.

Il n'y avait rien à dire, cette fois j'étais pris.

Aussi je ne dis rien. Je joue rarement, mais quand je joue j'ai la prétention d'être beau joueur.

Un fiacre m'attendait à la porte, j'y montai. Un quart d'heure après les grilles de la prison se refermaient derrière moi.

Le concierge m'attendait sous la voûte et me reçut avec toutes sortes d'égards; puis il m'indiqua un petit escalier tournant que je suivis sans faire aucune résistance.

A mesure que je montais les degrés, le bruit d'un piano savamment tourmenté arrivait jusqu'à moi; c'étaient des trilles sans fin, des grappes de croches, de doubles croches et de triples croches qui s'envolaient comme des myriades d'oiseaux, puis de temps en temps des rondes ou des blanches qui retentissaient vibrantes comme des perles tombant une à une d'un collier sur un bassin d'or.

Il me semblait vaguement reconnaître cette musique-là ou avoir connu une musique jumelle, comme il nous semble souvent avoir entendu déjà, soit en rêve, soit dans un autre monde, certains sons, certaines voix, certaines paroles même, qui cependant nous frappent pour la première fois.

Je m'arrêtai pour écouter, et je me surpris battant la mesure ni plus ni moins qu'un dilettante.

— D'où vient cette musique-là? demandai-je au concierge.

— De votre chambre, monsieur.

— Comment, de ma chambre? elle est donc habitée?

— Il y a un monsieur qui vous attend.

— Ah! ah!

Je franchis en deux bonds les escaliers qui me restaient à monter, j'ouvris ma porte, et je trouvai Monpeou faisant des gargouillades devant un piano qu'il avait fait apporter dès la veille.

— Comment, infâme scélérat! m'écriai-je, c'est vous qui m'avez...

— Écoutez votre ouverture, interrompit Monpeou.

Et il me joua mon ouverture, et cela, je dois le dire, à ma grande satisfaction.

— Maintenant, me dit-il, il ne me manque plus que le poëme; mais comme vous voilà en prison, et que vous n'avez qu'une parole...

— Vous l'aurez, mon ami, répondis-je.

Et il l'eut.

— Comment, interrompit Grisier, vous restâtes en prison quarante-huit jours?

— Non pas; je ne veux pas me faire plus intéressant que je ne suis. Le vingt-septième jour, l'amnistie promise par le général arriva, et, tout républicain que j'étais, je fus flétri du pardon royal; mais Monpeou avait son opéra comique. Faites-moi mettre en prison et vous aurez votre préface.

— Est-ce que vous avez encore onze cent cinquante-deux heures de captivité à accomplir?

— Non, je n'en ai que soixante-douze; mais trois jours suffisent grandement à une préface, ce me semble.

— Si j'attendais que vous en eussiez le double?

— N'attendez pas, mon ami. J'ai découvert une localité où il n'y a pas de garde nationale, et j'y ai fait immédiatement élection de domicile.

— Bah! et laquelle?

— Marly-la-Machine.

— Vraiment?

— Parole d'honneur.

— Et qui donc fait le service?

— La machine, pardieu! Mais à propos de quoi vous faut-il une préface, à vous, Grisier? Voyons cela.

— A propos d'un livre que j'ai fait.

— Ah! ah! vous avez fait un livre?

— Pourquoi pas?

— Intitulé?

— *Les Armes et le Duel.*

— Je m'incline. Et vous voulez que je vous fasse une préface à votre livre?

— Justement.

— Faites-moi mettre en prison, mon cher, et vous aurez votre préface.

— Je vais m'en occuper. En attendant, voulez-vous prendre connaissance du sujet?

Et Grisier commença de tirer de sa poche un rouleau de papier dont la forme dénonçait le contenu.

— Je lui posai la main sur le bras.

— Mon cher maître, j'ai fait vœu que jamais manuscrit n'entrerait chez moi. Vous avez si souvent sauvé mon corps avec votre excellente méthode, que vous ne voudriez pas perdre mon âme, n'est-ce pas?

— Comment faire alors? Il faut cependant bien que vous con naissiez le sujet sur lequel vous allez expérimenter.

— Mon cher ami, vous allez me raconter votre livre; ce sera bien plus instructif pour moi que si je le lisais, puisque je vous aurai là pour ajouter la pratique à la théorie, la démonstration au problème.

— Vous avez donc le temps?

— Toute la journée. Allez, mon cher, allez!

Grisier se posa en homme qui sent l'importance de ce qu'il va dire; il posa son coude gauche sur son genou, appuya son menton dans sa main gauche, et allongeant l'index de la main droite à la hauteur de l'œil :

— D'abord, dit-il...

— Un instant, fis-je en l'interrompant.

Grisier resta l'index de la main droite à la hauteur de l'œil.

— Un instant, répétai-je; quels sont les livres qui ont été faits avant le vôtre et sur le même sujet?

— La question est grave : autant vaudrait me demander la liste de vos œuvres complètes, que vous ne connaissez pas vous-même. Cependant je vous dirai que j'ai tout lu, tout étudié, tout commenté, depuis Antonio Manciolino, qui écrivait en 1530, jusqu'à Lafaugère, qui écrivait trois cent onze ans après, c'est-à-dire vers l'an de grâce 1841.

— Et tout cela?

— Tout cela m'a confirmé dans le projet de publier mon livre en l'an de grâce 1846.

— Mais, en deux mots, voyons quels sont les progrès que l'escrime à faits depuis trois cents ans? Quelle différence y avait-il entre la manière de se battre des raffinés de Charles IX et des lions de Louis-Philippe?

— D'abord, autrefois on se mettait en garde sans engager les fers, c'est-à-dire hors de portée; on ne se fendait pas, et c'était par des passes qu'on se rapprochait : les passes consistaient à porter le pied gauche en avant du pied droit, et à faire prendre au pied droit une position plus avancée, et *vice versâ* pour les retraites. On portait beaucoup de coups de taille, les épées étant à la fois pointues et tranchantes. Quant aux coups de pointe, ils étaient toujours dirigés vers les yeux de l'adversaire. De nos jours rien ne ressemble à cela.

— Mais enfin que nous reste-t-il des anciens maîtres?

— Des noms surtout. Ainsi Camillo Agrippa, qui écrivait en 1553, c'est-à-dire vingt-trois ans après Antonio Manciolino, eut le premier l'idée d'appeler *première*, *seconde*, *troisième* et *quatrième*, les parades dont nous avons fait *prime*, *seconde*, *tierce* et *quarte*.

Henri de Saint-Didier, en 1574, fit un ouvrage dédié à Charles IX; c'est le premier ouvrage sur l'escrime qui ait paru écrit par un Français : aussi eut-il un grand retentissement et valut-il à l'auteur une grande quantité de pièces de vers. Saint-Didier raconte qu'il présenta lui-même son traité à Charles IX, lequel lui ordonna de faire des armes avec le duc de Guise et plusieurs autres seigneurs de la cour cités pour leur adresse et leur force; honneur dont il loue et remercie Dieu.

Charles IX s'occupait lui-même beaucoup d'escrime. Brantôme raconte que, dans un tournoi, il descendit en lice avec son maître d'armes Pompée, et le duc d'Anjou avec son maître d'armes Silvie. Ces deux maîtres étaient Italiens.

Le duc d'Anjou, qui devint Henri III, était la première lame de son royaume. Il inventa plusieurs coups inconnus avant lui et qui se perdirent après lui au fur et à mesure que l'escrime fit des progrès et changea de caractère.

Ce fut du temps de Henri III que l'on commença d'abandonner en Italie les coups de taille pour ne plus porter que des coups de pointe.

Cependant ce ne fut qu'en 1656 que Charles Bernard fit faire à l'escrime des progrès sensibles en France; mais aussi dès cette époque commençons-nous à prendre à la tête de la science une place que nous ne devons plus quitter.

Après Charles Bernard viennent Delatouche, Le Perche Ducoudray, de Lyancourt, Girard Danet et enfin La Boëssière, dont le père fut le maître de Saint-George.

Chacun de ces maîtres apporta son système bon ou mauvais; Lyancourt, par exemple, proscrit les contre, qui, aujourd'hui, font la force des meilleurs tireurs.

Ce n'est qu'en 1785 que l'Encyclopédie nomme pour la première fois la parade et le coup d'octave. Enfin La Boëssière fixe le premier, en 1818, le nombre des positions prises dans la nature, et appelle sixte la position de quarte sur les armes.

Maintenant voilà ce qui m'a surtout déterminé à faire un livre.

C'est que de tous les livres qui ont été écrits, pas un n'est lisible.

— Comment cela?

— En avez-vous lu un seul, vous?

— Non, ma foi!

— Et cependant, c'est presque votre état de les lire.

— Oui, mais je m'en prive.

— Malheureusement je ne puis faire comme vous, moi; je les ai lus, et ils sont assommants; la simple démonstration est peu pittoresque, et tierce et quarte, répétés pendant trois cent cinquante pages, finissent par endormir un peu le lecteur.

Voici donc comment j'ai conçu mon livre.

— Voyons.

— D'abord j'examine le duel en général; je le prends chez les anciens, où il n'avait guère lieu qu'entre ennemis et sur le champ de bataille, ou entre gladiateurs et dans le cirque; puis des gladiateurs je passe aux chevaliers de Philippe-Auguste et de saint Louis; des chevaliers de Philippe-Auguste et de saint Louis aux raffinés de Charles IX et de Louis XIII; des raffinés de Charles IX et de Louis XIII aux roués de la Régence; des roués aux muscadins de la Révolution et du Directoire; enfin je termine par des considérations sur le duel de nos jours. Comme vous le voyez, cela ne manque pas d'un certain intérêt historique.

— Mais vous avez une opinion sur le duel; est-ce celle de M. Guizot, qui le regarde comme un progrès de la civilisation? est-ce celle de M. Dupin, qui l'appelle un retour à la barbarie?

— C'est celle de cet empereur romain qui trouvait qu'il y avait bien assez de manières de sortir de la vie sans avoir besoin de se faire tuer.

— Bravo ! après ?

— Après, je passe aux différentes méthodes en usage, puis j'expose la mienne, qui est simple, logique, et raisonnée. Les méthodes les plus en usage veulent qu'on touche beaucoup, nos grands maîtres sont appelés des toucheurs; je crois qu'ils devraient plutôt être appelés des pareurs : sur le terrain il ne s'agit plus de toucher beaucoup et souvent, il s'agit de toucher une fois et bien. C'est le premier coup qui a raison; il faut donc que ce premier coup soit calculé avec toutes les forces du raisonnement, porté selon le caractère de celui avec qui l'on se bat, si l'on connaît déjà ce caractère; si au contraire on ne le connaît pas, il faut l'étudier ; c'est vite fait, il faut qu'un homme soit bien fort ou bien dissimulé pour que je ne connaisse pas si son tempérament est sanguin ou bilieux, emporté ou réfléchi, après trois secondes que je suis en garde en face de lui.

— Et naturellement vous trouvez votre méthode la meilleure ?

— Je n'ai qu'un mot à dire, et je défie aucun de mes confrères de répéter ce mot après moi ; je n'ai jamais eu un écolier dix minutes au lit à la suite d'une rencontre.

— Et quand deux de vos écoliers se sont battus ensemble ?

— Ils se sont égratignés, voilà tout; d'ailleurs vous en savez quelque chose, vous qui deux ou trois fois avez été témoin dans des affaires de ce genre.

— C'est vrai.

Ensuite je parle du sabre ; j'essaye de réhabiliter une arme trop dédaignée, et qui cependant avait l'estime de Louis XIV et la sympathie de Napoléon ; seulement Napoléon, guerrier pratique, avait rationalisé cette sympathie et doublé les ressources du sabre en lui donnant celle de l'épée. Chez lui l'exercice du sabre fut changé, la pointe fut substituée à la taille; notre supériorité presque constante dans les charges de cavalerie vint de cette substitution ; le prince Louis de Prusse fut tué d'un coup de pointe en frappant de taille.

— Si vous êtes si grand partisan du sabre, que direz-vous de la baïonnette ?

— Je dirai que c'est un acte de patriotisme que de faire connaître au gouvernement les ressources que l'armée peut en tirer ; je dis qu'on devrait la faire enseigner dans tous les régiments par les hommes les plus experts en escrime : l'épée décide les querelles entre individus, la baïonnette décide les querelles entre royaumes ; avec l'épée on tue son adversaire, avec la baïonnette son ennemi. Le maréchal de Saxe disait, il y a juste cent ans, que le fusil n'était que le manche de la baïonnette.

Maintenant ce n'est pas le tout qu'avec moi les armes empêchent d'être tué, il faut encore qu'elles aident à vivre. Or, je prouve que, comme exercice hygiénique, l'escrime est le premier des exercices, en ce qu'il tient dans une égale activité l'esprit et le corps. Cet article est écrit le fleuret à la main, sous la dictée de mon docteur; de là je passe à des considérations générales sur la profession de maître d'armes à laquelle Louis XIV, qui n'était pas prodigue de pareils dons, attacha des lettres de noblesse, et je combats la déconsidération où elle est, je ne dirai pas descendue, mais où l'on a essayé de la faire tomber.

Enfin je termine par des anecdotes.

— Par des anecdotes?

— Oui.

— Sont-elles amusantes?

— Elles sont caractéristiques au moins.

— Prouvent-elles quelque chose?

— *Scribitur ad narrandum, non ad probandum.*

— Oh! vous devenez horriblement maniéré depuis que vous vous êtes fait auteur.

— A propos d'anecdotes, je vais vous en conter deux.

— Elles ont trait à quelque chose?

— Sans doute, sinon elles ne seraient pas des anecdotes.

— A quoi ont-elles trait?

— Au duel.

— Mais à quel point du duel?

— A sa défense. Il ne faut pas vous figurer, mon cher, que c'est M. Dupin qui a inventé la loi contre le duel, il y a eu beaucoup de lois avant la sienne.

— A quoi ont-elles servi?

— Tiens, à ne pas être exécutées donc! si on exécutait les lois, on n'aurait pas besoin d'en faire tant. Or, il y a eu quelques édits depuis l'arrêt de la cour du parlement du 26 juin 1599 jusqu'à l'édit du roi de septembre 1651, qui établissait un tribunal du point d'honneur dont les juges étaient choisis parmi les maréchaux de France. Or, écoutez bien cette clause, qui était la clause IV dudit édit.

— J'écoute.

— « Lorsque nosdits cousins, les maréchaux de France, les gouverneurs, les lieutenants-généraux en nos provinces, ou les gentilshommes commis, auront eu avis de quelque différend entre les gentilshommes, et entre tous ceux qui font profession des armes en notre royaume et pays de notre obéissance, lequel procédant de parole outrageuse ou autre cause touchant l'honneur semblera devoir les porter à quelque ressentiment extraordinaire, nosdits cousins, les maréchaux de France, enverront aussitôt des défenses très-expresses aux parties de se rien demander par les voies de fait, directement ou indirectement, et les feront assigner à comparoir incessamment par-devant eux pour y être réglées; que s'ils appréhendent que lesdites parties soient tellement animées qu'elles n'apportent pas tout le respect et la déférence qu'elles doivent à leurs ordres, ils leur enverront incontinent des archers, des gardes de la connétablie et maréchaussée de France, pour se tenir près de leurs personnes, aux frais et dépens desdites parties, jusqu'à ce qu'elles se soient rendues par-devant eux, ce qui sera aussi pratiqué par les gouverneurs ou lieutenants-généraux en nos provinces, dans l'étendue de leurs gouvernements et chargés, en faisant assigner par-devant eux ceux qui auront querelles, ou en leur envoyant de leurs gardes ou quelques autres personnes qui se tiendront près d'eux pour les empêcher d'en venir aux voies de fait. »

Avez-vous entendu?

— Oui.

— Eh bien, maintenant, écoutez l'anecdote, et vous verrez comment cet article était suivi par ceux-là mêmes qui étaient chargés de le mettre à exécution.

M. de Richelieu...

— Ah! il s'agit de M. de Richelieu?

— Oui.

— Celui qui fut président du tribunal du point d'honneur, comme doyen des maréchaux de France?

— Justement. Mais à l'époque où commence notre anecdote, il avait trente-huit à quarante ans, ce qui veut dire qu'il était encore le type de l'élégance et de l'esprit du dix-huitième siècle. Nous le retrouverons doyen dans la seconde partie.

— Votre anecdote est en deux parties?

— Comme un drame moderne, ni plus ni moins. Si vous n'aimez pas ces sortes de division, tant pis; c'est à prendre ou à laisser.

— J'aime tout ce qui me conduira à ma préface.

— Laissez-moi donc aller. Alors, M. de Richelieu, comme vous le savez, avait épousé en premières noces mademoiselle de Noailles.

— Est-ce que vous allez nous raconter la pièce des Variétés?

— Non pas... Je vois quelquefois les pièces de M. Bayard, surtout quand Déjazet joue dedans, mais je ne les raconte jamais. Je disais donc qu'il avait épousé en premières noces mademoiselle de Noailles; laquelle, comme vous le savez ou ne le savez pas, ne fut jamais la femme que de son écuyer.

— Mon cher ami, je ne vois pas où tout cela nous mène.

— Attendez donc; que diable, vous êtes impatient comme un lecteur de feuilletons. Mademoiselle de Noailles mourut, M. de Richelieu congédia son écuyer, dont il n'avait plus besoin, et tout au contraire de ce qui lui était arrivé avec mademoiselle de Noailles, qu'il n'avait jamais pu sentir ni avant ni après son mariage, il devint amoureux de mademoiselle de Guise, qu'il épousa.

C'était une bien grande dame, que mademoiselle de Guise, descendante des princes de Lorraine, alliée de la maison impériale, surtout pour M. de Richelieu, petit-fils de M. Vignerot. Aussi fit-on de grandes difficultés du côté de la princesse; mais M. de Richelieu était un grand vainqueur, tout céda devant lui, et malgré l'opposition du prince de Lixen et du prince de Pont, il épousa mademoiselle de Guise.

Quelque temps après, M. de Richelieu était au siége de Philipsbourg, que conduisait le maréchal de Bervick. C'était son jour de tranchée; et, relevé après une chaude nuit, couvert de boue, de sueur et même de sang, un éclat de bombe l'avait légèrement blessé au côté; il revenait à cheval en compagnie d'un jeune capitaine de ses amis, nommé le marquis de la Pailleterie.

Tous deux suivaient la route; sur le revers se promenaient le prince de Lixen et le prince de Pont; c'étaient, on se le rappelle, les deux ópposants au mariage du duc.

Le duc du plus loin qu'il les aperçut, les salua.

Le prince de Lixen fut quelque temps à répondre au salut, puis faisant comme s'il reconnaissait à grand'peine M. de Richelieu :

— Ah! bonjour, bonjour, cousin, lui dit-il; vous êtes bien crotté... un peu moins cependant depuis vous avez épousé ma cousine.

Il n'y avait pas moyen de donner deux sens à l'interpellation; d'ailleurs, M. de Richelieu était parfaitement connu pour ne pas prendre de ces peines-là. Il descendit de cheval, et saluant poliment M. de Lixen :

— Prince, lui dit-il, j'ai mon témoin, vous avez le vôtre; vous avez votre épée, j'ai la mienne; le terrain me semble fait exprès pour une rencontre. J'espère donc que vous serez assez galant pour me rendre raison, à l'instant même, des paroles que vous venez de prononcer.

— Comment donc! répondit le prince, avec le plus grand plaisir.

Et il mit l'épée à la main.

A la troisième botte, M. de Richelieu passa son épée au beau travers du corps du prince de Lixen, lequel tomba mort dans les bras de son frère.

M. de Richelieu fit un second salut plus poli encore que le premier, remonta à cheval, remercia son ami du service qu'il venait de lui rendre, et continua son chemin comme si rien n'était arrivé.

La chose s'était passée si lestement, que le marquis n'était pas même descendu de cheval.

Le lendemain, le duc, pour faire oublier ce petit événement, montait le premier à la brèche, recevait une seconde blessure, et emportait d'assaut le grade de maréchal-de-camp.

Quarante-cinq ans après la mort du prince de Lixen, M. le duc de Richelieu, alors âgé de quatre-vingts ou quatre-vingt-deux ans, se trouvait, comme doyen d'âge, président du tribunal du point d'honneur, lorsque arriva à la Comédie-Française une petite aventure qui troubla momentanément la représentation.

Un jeune homme était avec une femme dans une loge des premières; la femme était sur le devant, et le jeune homme fort enfoncé dans un angle, de sorte que la femme avait tout l'air d'être seule. Cette retraite du jeune homme venait probablement de sa mise extrêmement simple, peu en harmonie avec la toilette de la femme; il était vêtu d'une redingote brune, sans autre ornement qu'un liséré de soie au collet et à la boutonnière, et portait des bottes par-dessus une culotte de peau.

La porte de la loge s'ouvre, un étranger entre, et sans paraître accorder la moindre attention au jeune homme à la redingote brune, il essaye de lier conversation avec la femme.

Le nouveau venu était vêtu avec la plus suprême élégance.

Mais soit que la dame appréciât peu ce genre de mérite, au lieu d'être sensible à cette avance :

— Monsieur, lui dit-elle, vous vous trompez sans doute, je ne vous connais pas, et quand même je vous connaîtrais, je vous ferais encore observer que je suis avec monsieur.

— Ah! pardon, dit l'étranger en se retournant à moitié vers le jeune homme à la redingote brune, qui n'avait pas fait un mouvement depuis le commencement de la scène. Pardon, je prenais monsieur pour votre laquais.

L'étranger n'avait pas achevé l'insulte, que lancé par une main vigoureuse, il passait par l'ouverture de la loge, et s'en allait tomber au milieu du parterre.

Puis, sans prononcer une parole même pour dire gare, le jeune homme reprit sa place dans son angle et attendit.

La femme voulait absolument quitter le spectacle; mais il lui fit observer que celui qui venait de descendre si rapidement avait probablement quelque chose à lui dire, et qu'il fallait lui donner le temps de remonter.

En effet, cinq minutes après la porta se rouvrit, mais ce fut pour donner passage à un garde de la connétablie, qui, touchant l'épaule du jeune homme de sa baguette d'ébène à pomme d'ivoire, lui annonça qu'au nom de messeigneurs les maréchaux de France composant le tribunal du point d'honneur, il était invité de donner sa parole de ne point se battre avec le marquis de Jou***.

Le jeune homme répondit qu'il ne pouvait prendre un pareil engagement que dans l'hypothèse où M. le marquis de Jou*** en ferait autant de son côté.

— En ce cas, dit le garde de la connétablie, trouvez bon, monsieur, que je m'attache à votre personne.

— Comment cela, que vous vous attachiez à ma personne?

— C'est-à-dire que je vous suive.

— Où cela?

— Où vous irez.

— Comment, où j'irai?

— Sans doute.

— Et si je vais chez moi?

— Je vous suivrai chez vous.

— Mais si je vais ailleurs?

— Je vous suivrai ailleurs.

— Si je vais chez madame, je suppose?

— Je vous suivrai chez madame.

— Ah! par exemple, c'est trop fort!

— C'est comme cela.

— Et combien de temps cela durera-t-il?

— Cela durera jusqu'à ce que le tribunal du point d'honneur ait décidé de votre affaire.

Il n'y avait pas à résister; aussi le jeune homme en prit-il son parti : il reconduisit jusqu'à son logis la personne qu'il accompagnait, et rentra dans le sien, muni de son compagnon.

— Trois jours après, il fut appelé chez M. de Richelieu.

M. de Richelieu demeurait, à cette époque, dans l'hôtel qu'il avait fait bâtir une quinzaine d'années auparavant, auquel les Parisiens scrutateurs avait donné le nom de pavillon de Hanovre, nom qu'il a conservé depuis.

Le vieux maréchal était dans un boudoir d'une coquetterie charmante, tenant entre ses mains les pièces du procès qu'il était appelé à juger, lorsque son valet de chambre annonça le comte de la Pailleterie.

A ce nom, le duc releva la tête; il se faisait un mouvement parmi ses souvenirs.

Le jeune homme entra.

— Le comte de la Pailleterie! le comte de la Pailleterie! murmura le duc; est-ce que vous seriez, par hasard, le fils du marquis de la Pailleterie qui m'a servi de témoin à Philipsbourg lorsque j'ai tué le prince de Lixen?

— Justement, monseigneur, et j'ai souvent entendu raconter l'aventure à mon père.

— Ah ! morbleu ! s'il en est ainsi, asseyez-vous donc, jeune homme, et racontez-moi votre affaire.

Le comte raconta la chose de point en point ; comment le marquis de Jou*** avait ouvert la porte de la loge ; comment il y était entré ; comment il avait adressé la parole à la femme qu'il accompagnait ; comment elle lui avait répondu ; comment cette réponse avait amené l'insulte que nous avons dite ; et comment, lui, avait jeté le marquis de Jou*** des premières au parterre.

Le duc écouta le récit avec toute la gravité qu'il méritait, et hochant la tête :

— Allons, allons, mon jeune ami, dit-il, il y a matière à duel.

— N'est-ce pas, monseigneur ? fit le jeune homme.

— Et il faut que le marquis de Jou*** se batte.

— C'est mon avis.

— Seulement, comme le duel est défendu, et que vous ne trouveriez pas de témoins...

Le duc parut réfléchir.

— Eh bien ? demanda le jeune homme.

— Eh bien ! je vous servirai de témoin, et vous vous battrez dans mon jardin.

La chose eut lieu le lendemain, comme il avait été dit, et le marquis de Jou*** reçut deux coups d'épée qui ne le guérirent pas, à ce qu'il paraît, d'ouvrir les loges qui n'étaient pas à lui ; car il fut

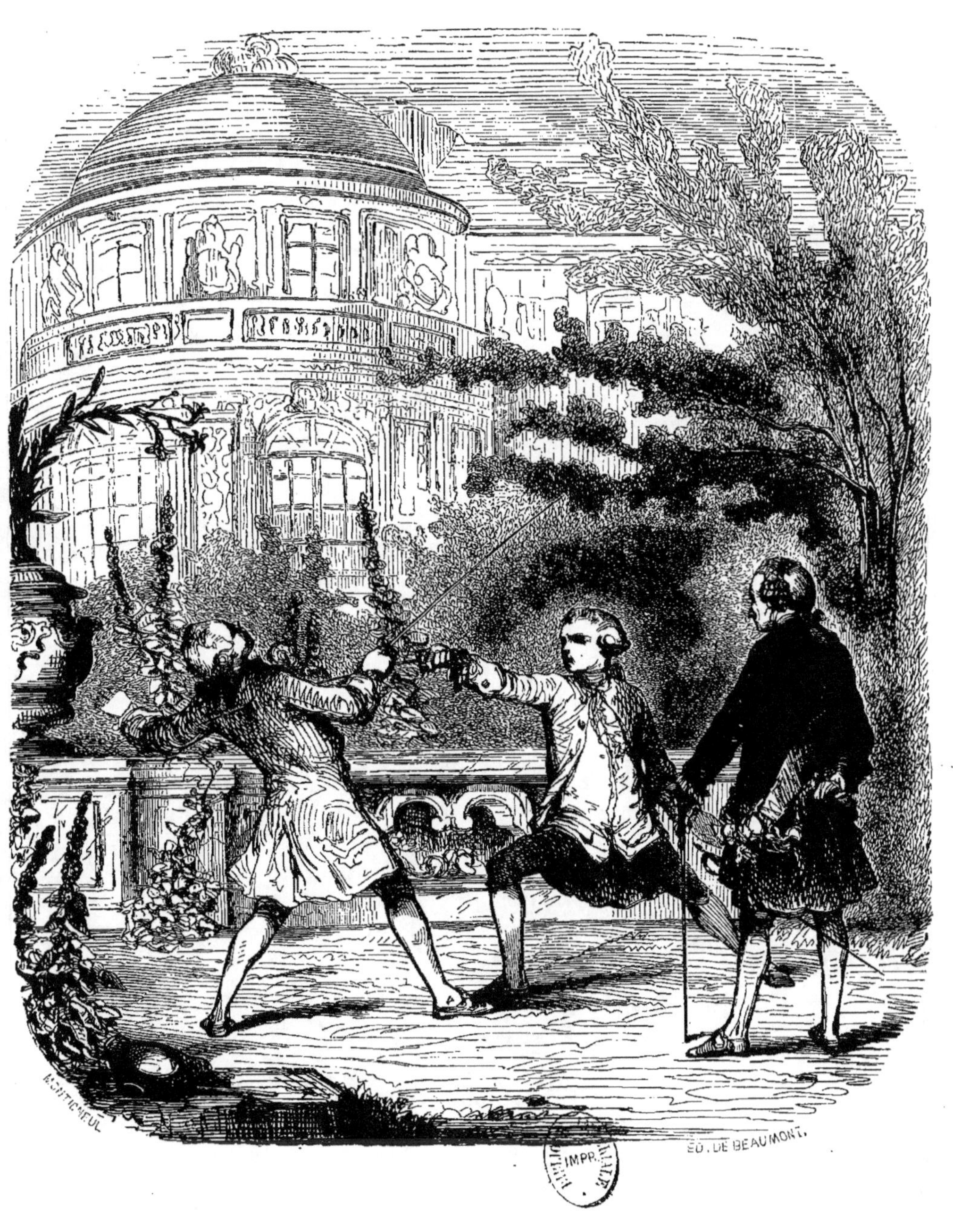
MONTIGNEUL
ÉD. DE BEAUMONT.

tué en 1786, à la suite d'une querelle à peu près semblable, ramassée, cette fois, à l'Opéra.

Voilà mon anecdote; peut-être n'est-elle pas déplacée dans la préface de votre ouvrage.

— Et vous m'en garantissez l'authenticité?

— Le jeune homme, c'était mon père ; le marquis de la Pailleterie, c'était mon grand-père.

— Et vous me la donnez...

— Dans toute sa virginité, vu que je l'ai racontée rarement, et que je ne l'ai jamais écrite.

— Merci.

— De quoi ?

— De votre anecdote, d'abord, et de votre préface, ensuite

— Comment de ma préface !... Attendez donc qu'elle soit faite.

— Elle l'est.

— Comment, elle l'est ?

— Sans doute ; je ne suis pas venu seul.

— Avec qui êtes-vous venu ?

— Avec notre ami d'H., qui est sténographe.

— Bon ! Et il est là ?

— Dans votre cabinet.

— Et il a tout entendu ?

— Et tout écrit.

— De sorte que ?

— De sorte que, mon cher élève, il n'a plus qu'à sortir de sa cachette ; et vous, vous n'avez plus qu'à signer.

En effet, d'H. sortit du cabinet, tenant cinq ou six feuillets de papier couverts d'hiéroglyphes.

Je tendis la main gauche à d'H., et pris une plume de la main droite.

— Attendez au moins, dit d'H., que je vous relise ce que vous venez de me dicter.

— Je ne relis jamais, cher ami.

— Et vous signez ?

— De confiance.

— Signez donc.

Je signai.

Et maintenant, voici, non pas la préface telle qu'elle est sortie de ma plume, mais la causerie telle quelle est tombée de ma bouche. A ceux qui la trouvĕront mauvaise, il me restera la ressource de dire qu'elle eût été bien meilleure si Grisier m'eût fait mettre en prison, comme je le lui avais conseillé.

ALEXANDRE DUMAS.

NOTICE SUR GRISIER

Par M. Roger de Beauvoir.

NOTICE SUR GRISIER

Ne vous attendez pas à une notice, cher lecteur; grâce à Dieu, Grisier ne converse pas encore le fleuret en main avec les ombres doctorales des Donnadieu, des La Boëssière, des Danet et des Fabien; il vit, il se promène, il cause, il donne libéralement des leçons et des sujets à nos romanciers en vogue. Hier encore, ne s'est-il pas vu obligé d'expliquer devant le parquet de Rouen la *tierce* et la *quarte?*

Il n'a pas le droit de se réfugier dans l'oraison funèbre, la biographie ou l'éloge académique; fi! cela sent le mort et l'ennui de trois cents lieues. A quoi bon vous dire que Grisier, né à la fin de 1791, pendant le cours de la révolution française, d'une famille de négociants, s'indigna de suivre cette carrière prosaïque, et laissa le tablier de l'apprenti pour le plastron du maître d'armes? Ainsi débutèrent tant de courageux esprits et de poëtes, par la résistance, l'arme de ceux qui se sentent forts.

Grisier n'était pas homme à tâtonner une vocation. Il commença la sienne par un coup d'épée à un maître d'armes, ce qui est vraiment une démonstration lucide *ad hominem* (1).

Ceci se passait vers 1814, à l'époque où toutes les épées, même celle de Napoléon, rentraient au fourreau. Grisier, dans cette dernière lutte de la France, avait payé sa dette à la patrie.

Garde national, il avait pris les armes, s'était rendu aux avant-postes français. Sa brillante conduite y attira l'attention du comte Desfourneaux ; cet officier général demanda pour lui la décoration au maréchal Davoust.

Grisier pouvait se faire un programme avec son épée ; il préféra voyager. Et remarquez, je vous prie, qu'il ne s'occupait pas seulement d'armes. Il était fou de musique et de lecture ; il eût pu mettre à la fois dans sa valise de voyage le traité de La Boëssière et tous les almanachs poétiques du temps ; il savait déjà tous les beaux esprits de l'empire sur le bout du doigt. Un moment il avait songé au théâtre. Florence, le premier professeur de son temps,

(1) Les paroles écrites par Grisier à un autre professeur prouvent assez qu'il comprenait déjà la dignité de son art. Persiflé dans un dîner et devant les premiers amateurs d'escrime, il écrivit à son agresseur une lettre qui se terminait ainsi : « N'oubliez jamais, monsieur, que dans notre art, lorsqu'on veut persifler, il faut toujours que ce soit l'épée à la main. Je vous attends avec la vôtre. »

Dans une autre occasion, provoqué par un ami, Grisier opposa un refus en raison de leur ancienne intimité. — Je vois bien, reprit l'adversaire, que les maîtres d'armes ont toujours craint l'odeur de la poudre. — J'accepte alors, dit Grisier ; et après deux coups de feu échangés, lorsqu'on allait recharger les armes, Grisier, auquel on demanda s'il voulait la mort de son ami, répondit qu'il ne s'était battu que pour l'honneur du corps. On les réconcilia.

Florence, qui passait pour dire admirablement le récit de la Mort d'Hippolyte (heureux temps où un récit pareil vous rendait illustre !), Florence lui avait donné des leçons et peu s'en fallut qu'au lieu d'avoir à raconter aujourd'hui les succès de Grisier, nous n'ayons à battre des mains pour saluer Philoctète ou Tancrède.

Vous ne voulez pas le suivre dans les divers états de l'Europe. Sa course fut rapide et glorieuse. Dans la capitale des Czars, un véritable maître d'escrime était presque une nouveauté. MM. Siwerbruck et Prévost honoraient cette profession par leurs talents ; mais, renfermés dans leurs salles, jamais ils n'avaient donné le spectacle si intéressant d'un assaut. — Grisier le premier convia les Russes à cette fête ; la foule s'y rendit, le succès fut conquis l'épée à la main. Le comte de Laferronays, notre ambassadeur, remercia son compatriote triomphant, et lui confia son fils; toute la noblesse russe imita cet exemple.

Un pèlerinage à Moscou devait tenter Grisier ; il ne pouvait manquer d'aller visiter la ville impériale, dont l'incendie éclaira nos premiers revers. La réputation du professeur l'avait devancé dans cette vieille capitale, à laquelle les Romanoff ont préféré Pétersbourg. La souscription en sa faveur, déjà remplie dans cette dernière ville, fut doublée dans la ville sainte. Protecteur généreux des arts, le gouverneur, prince Gallitzin, avait par une insigne faveur permis à Grisier de donner son assaut dans le théâtre impérial ; le Kremlin retentit des applaudissements donnés à un Français ; notre professeur tirait vis-à-vis le portrait de Rostopchin.

L'impératrice annonçait au grand duc Nicolas la mort d'Alexandre.

Notre ange est au ciel, écrivait Élisabeth. Nicolas devenait l'héritier du sceptre de son frère ; Constantin avait renoncé au trône. L'amour de la princesse de Lowicz, l'intérêt de la Russie, dont il confiait les destinées aux vertus et aux talents de son auguste frère, avaient amené cette renonciation, quand Grisier, rentrant dans Pétersbourg, retrouva les honorables relations que son talent et ses qualités lui avaient ménagées. S. A. I. le prince de Wurtemberg, frère de S. M. l'impératrice mère, honorait de sa bienveillance notre professeur. Grisier dut aux bontés de S. A. I. son grade dans le corps impérial du génie.

Tous les exercices lui étaient familiers ; sa réputation de bon nageur était parvenue aux oreilles du prince de Wurtemberg. Jaloux d'apporter dans le régime militaire des modifications utiles, S. A. I. pria Grisier, au nom du pays qui l'avait si bien accueilli, de lui former quelques bons nageurs. Aussi dévoué que désintéressé, le professeur accepta, mais à la condition unique d'enseigner sans récompense pécuniaire. S. A. I. se rendit à ses instances. Grisier donna les plans d'une école de natation, forma les premiers sujets ; et l'établissement magnifique, en pleine activité aujourd'hui, sur la Néva, doit sa création à un maître d'armes. Nul doute que si l'on rappelait à l'empereur le nom du fondateur de ce gymnase, S. M. I. ne se souvînt de la promesse du prince son oncle (1).

(1) Le fils de S. A. I. le prince de Wurtemberg, dont Grisier eut l'honneur d'être le professeur, a conservé toute sa bienveillance pour son ancien maître. A la sollicitation de Grisier, il a daigné choisir pour professeur du prince son fils (petit-fils de S. M. le Roi des Français), Eugène Grisier, neveu de notre professeur.

Interrogez Grisier, il vous en dirait de belles sur Moscou et Saint-Pétersbourg ! N'eut-il pas en Russie un duel avec une dame ! Duel charmant, poli, et qui prouve ici la galanterie de l'illustre maître ! Une Italienne, madame Bagalini, niait la science des Français dans le bel art de l'escrime, elle revendiquait la palme pour les Italiens. Grisier donna un assaut, ce fut là un argument sans réplique. Après dix années de séjour en Russie, il revint en France, où de nouveaux succès l'attendaient.

Voilà, direz-vous, une biographie bien sèche sur un homme qui professe depuis trente ans ; ne pourriez-vous donc pas me raconter sur Grisier quelques-unes de ces aventures piquantes dont il s'avoue lui-même le héros, quelque histoire russe venue en ligne droite de Moscou et dans laquelle il figure ? Ami lecteur, ce sont là des choses trop graves. Eh quoi ! lorsque Grisier conte chaque jour mieux que moi, qu'il vous décrit négligemment, son fleuret sous le bras, le site, les mœurs de ce pays, qu'il prononce avec grâce ces noms russes aussi difficiles à prononcer qu'à écrire, qu'il vous dira gaiement devant quel prince il a osé se prononcer contre la Sibérie, devant quelle dame il soutint l'honneur de l'escrime, quels seigneurs, quels généraux furent ses élèves, vous voulez que je me transforme au point de devenir un homme unique, qui cause, qui démontre, qui attache et qui plaît, tout en vous indiquant des *liés* et des *coupés* ? Car pour que vous le sachiez, il y a dans Grisier une organisation multiple ; il est à la fois docteur et conteur ; nul pinceau ne peut rendre cette physionomie mobile, spirituelle et bienveillante. Il a le sang-froid d'un géomètre et la vivacité d'un méridional ; ses histoires deviendraient pâles dans la bouche d'un autre.

Grisier a beaucoup vu et il a bien vu ; il a coudoyé des hommes dont Diderot lui-même a fait le portrait : La Morlière, Saint-Georges, La Boëssière et une foule d'autres. Il a tiré avec le général Gorgoli, cette providence des étrangers en Russie, ce ministre au cœur et au caractère si nobles. MM. de Narishkine, les princes Soltikoff et Kourakine, les comtes Bobrinski et Samoyloff ont été ses élèves. S. A. I. le duc de Wurtemberg, frère de l'impératrice mère, le poëte Pouchkine, le comte Orloff, l'appelaient près d'eux pour s'exercer avec lui dans cet art qu'ils aimaient (1). Car ces nobles seigneurs savaient tous, comme Grisier, que Louis XIV, en signant l'arrêt de mort contre les duellistes, signa la même année (étrange contradiction !) des lettres patentes en l'honneur des maîtres d'armes. Vous le voyez se révolter à cette phrase de Mercier : « La raison regarde les maîtres d'armes à peu près comme les anciens gladiateurs (2). »

La salle d'armes de Grisier (3), qu'est-ce autre chose, en effet, qu'un salon discipliné, qui n'a rien de commun, grâce au ciel, avec les anciennes tavernes de soldats aux gardes, où l'on ne rencontrait que des gens avinés, bretailleurs et insolents ?

(1) Un des beaux succès de Grisier fut celui que lui ménagea, sans le savoir le général Kabloukoff. Prié d'examiner les maîtres d'armes de quatre régiments de la garde, sous les ordres de ce général, notre professeur les toucha à coup nommé et selon ses prévisions ; l'instituteur des maîtres de la garde s'abstint de se présenter à cet assaut.

(2) Mercier, tome I, page 381.

(3) Voir l'excellent article publié à ce sujet, par M. Paul Féval, dans *l'Époque* du 14 mars 1846. La physionomie de la salle de Grisier est merveilleusement rendue dans ce chapitre du roman LE FILS DU DIABLE.

Nous l'avons déjà dit, Grisier, comme Saint-Georges, son devancier, qu'il appelle toujours son maître, cultivait les muses. Le capitaine des chasses du duc d'Orléans jouait du violon comme Jarnowick, il était poëte et homme d'esprit à ses heures. S'il fit de mauvais opéras-comiques, il faut convenir aussi que les poëmes qui lui furent donnés par Laclos étaient loin d'être excellents.

Grisier ne compose pas, il ne fait pas de bouquets à Chloris comme La Boëssière, mais ne le croyez pas ennemi de l'art; il n'est revenu en France, il n'a quitté la Russie que grâce à un couplet de vaudeville... Oui, sceptique lecteur, c'est un couplet de facture, un couplet comme Bernard-Léon en chantait dans le beau temps du Gymnase, avant que le Gymnase fût devenu sentimental, qui nous a ramené Grisier. Chez une belle et noble dame de Pétersbourg, il assistait un soir à un concert, songeant peut-être à Elleviou ou à Garat. Une princesse russe — les pianistes français ont toujours des princesses russes pour élèves — arrivait alors de Paris; on l'entoure, on la conjure, on se met à genoux devant elle pour qu'elle chante un petit air parisien; rien qu'un petit air! les nobles russes aiment tant la France et les Français, excepté M. le marquis de Custines! mais en ce temps-là M. de Custines n'existait pas. Donc, voilà notre virtuose au piano; elle s'exécute de bonne grâce. Elle fut humaine et ne chanta pas l'opéra séria. Au contraire, une voix flûtée, une voix comme celle de cette malheureuse Jenny Colon, emportée si vite, se perdit dans le détail d'un couplet de facture. Elle chanta un air d'une pièce alors en vogue au Gymnase; cette pièce se nommait *le Premier prix*.

Qui fut bien surpris d'entendre son nom dans ce couplet? qui fut ému, attendri? Grisier figurait dans un vers de cette tirade chantée, il semblait vraiment qu'il n'eût pas quitté Paris. Eh quoi! l'on pense à moi! s'écria le professeur, qui regardait son séjour en Russie comme un avant-goût de cette Sibérie terrible qui a fourni tant de chapitres aux romanciers. Revenons bien vite, ne fût-ce que pour voir *le Premier prix*. Et tout de suite il alla retenir sa stalle au Gymnase. Hélas! on ne donnait plus *le Premier prix*, mais en revanche, Paris le donna bien vite à Grisier; il y fut reçu à bras ouverts. Jamais un couplet de facture ne fit faire tant de chemin (1).

Grisier ouvrit la salle qu'il occupe encore aujourd'hui; ses anciens élèves, qui avaient discontinué leurs leçons, revinrent le trouver. Les assauts publics devinrent fréquents; Grisier y prouva sa supériorité. Bientôt la foule se pressa dans l'étroit passage qui conduit à sa salle d'armes. Sa réputation était assurée : généraux, diplomates, gens de lettres, artistes, toüs voulurent suivre les leçons du maître (2).

(1) Avant de quitter cette contrée si hospitalière pour lui, Grisier voulut léguer un bon souvenir de plus à ceux qui l'aimaient et qu'il avait aimés. Une jeune esclave du nom de Machinka, rachetée par lui au prix de mille roubles, fut rendue à la liberté par ses soins.

(2) On remarquait dans cette salle le général Brichambault, si renommé par son adresse à l'escrime, Casimir Perrier, M. Lhomandie, auteur d'un poëme sur l'escrime, etc., etc. Les dames elles-mêmes venaient lui demander des leçons. Il a le droit de citer parmi ses élèves mesdames Aurélie Betty, de l'Opéra; Mayer et Herfort, des Variétés; Désirée, du Gymnase; et l'inimitable Déjazet. Les grands établissements publics ne pouvaient manquer d'appeler un tel professeur. Le proviseur de Henri IV nomma Grisier professeur d'escrime du collége qu'il dirigeait, et en 1838, M. le

Nommé depuis peu professeur des princes (1), Grisier n'en est pas plus fier; c'est un homme de travail, un auteur qui a songé avant tout à étudier les maîtres. Noble science que celle-là! Ne fut-elle pas la science des meilleurs esprits? Que de phases diverses, intéressantes, depuis les tournois jusqu'à la Fronde, depuis le duel au poignard et à la rapière jusqu'à l'épée agile et railleuse des marquis du dix-huitième siècle! Grisier s'est complu à vivre par la pensée avec tous ces raffinés des anciens jours, il a suivi de l'œil leurs moindres estocades; il n'est pas bien sûr qu'il n'ait assisté au triple duel de Quélus contre Antraguet, de Maugiron contre Ribérac, de Livarot contre Schomberg. Ces six épées-là se tiraient place Royale, à deux pas de la maison où Victor Hugo écrivit *Marion De Lorme*. Ces belles estocades rentrent de droit dans l'histoire de l'escrime, et cependant Grisier déplore dans son livre les abus de ce grand art, qui consiste à tuer proprement et dans les règles. Une observation qui ne peut manquer de trouver sa place ici, c'est que Grisier, dans

général Tholosé lui écrivait..... « Quoiqu'il y ait déjà trois maîtres d'armes à l'École Polytechnique, j'ai cru rendre un service à l'établissement en y attachant un quatrième dont la réputation est justement établie, et qui, par une théorie ingénieuse dont il est l'inventeur, a fait faire un pas notable à son art. » Vainement l'intrigue s'efforça de récriminer contre cette nomination exceptionnelle, et l'honorable général Boileau lui récrivait, le 8 avril 1844 : « Je vous verrai avec bien du plaisir reprendre le cours de vos excellentes leçons, et je me plais en attendant, monsieur, à vous exprimer et le cas que je fais de vos talents et l'estime que je vous porte. »

(1) L'âge et les fatigues avaient commandé la retraite à M. Charlemagne. Les princes, fils du roi, avaient besoin d'un professeur. S. A. R. Mgr le duc d'Aumale, prenant l'initiative, envoya demander Grisier, et grâce à cette bienveillance du prince, S. M. daigna nommer professeur de ses enfants le maître choisi par son fils.

son ouvrage que nous annonçons, s'élève contre le duel avec autant de verve et de raison que s'il n'était pas maître d'armes. Il indique le moyen, sinon de le détruire en entier, du moins d'en diminuer la fréquence. Il s'attaque à lui corps à corps, et prouve que l'on peut, que l'on doit le moraliser (1).

La première fois que je vis Grisier, j'étais bien en peine, non d'une affaire, mais d'un portrait. Je cherchais celui de Saint-Georges, et l'on m'avait dit qu'il devait se trouver chez l'illustre professeur. Je vis en effet cette figure au teint de bistre, ressortant d'une énorme cravate blanche; le frac est rouge, la main est gantée de cet énorme gant d'armes que revêtent nécessairement tous les tireurs. Ce portrait est à l'aqua-tinta et a été tiré à Londres, quand le chevalier faisait des armes contre d'Éon devant le prince de Galles.

Grisier en prit texte pour me parler du brillant mulâtre qu'Auber

(1) Dans une circonstance toute récente, Grisier a émis les mêmes principes au sujet du duel; c'était dans le procès Beauvallon. L'illustre professeur a mis dans sa déposition une clarté et une logique qui lui font honneur. Il a parfaitement fait comprendre au tribunal que dans l'essai du désarmement tenté la veille dans sa propre salle, par M. Rosemond de Beauvallon, qui voulait se borner à cette simple démonstration de sa force envers M. Dujarrier, M. de Beauvallon s'exposait lui-même singulièrement, et que conséquemment il n'apportait dans son duel aucune animosité.

Il existe un mot à la fois vrai et pittoresque de Grisier, mot répété depuis bien souvent, mais dont il a tout l'honneur : « Dans une affaire, ce ne sont pas les épées et les pistolets qui tuent, ce sont les témoins. » Il est assez curieux de voir un professeur d'escrime poser le premier le duel sur le terrain de la conciliation; c'est ce que Grisier a toujours fait; en dépit de cause, il *moralise* dans son livre le combat lui-même; son expression est fort juste.

se souvient encore d'avoir vu jouer du violon. Un jour, un maître d'armes chercha noise à Saint-Georges ; il devint insolent, et finit par lui demander où était sa salle.

— Ma salle ? répondit Saint-Georges, elle est sous l'arche Marion ! Je vous y attendrai demain ; j'y serai, moi, à six heures.

Le maître d'armes resta déferré ; cependant il jugea bien vite qu'il serait perdu s'il refusait l'invitation.

A six heures du matin, Saint-Georges, qui sortait du bal, était sous l'arche Marion avec un de ses amis, qui riait sous cape de cette salle en plein vent. Le chevalier n'avait qu'un fleuret ; ce duel était un assaut.

Saint-Georges, d'un seul fouetté, fit voler au loin le fer de son adversaire.

— Êtes-vous content ? lui demanda-t-il.

— Du tout, reprit l'autre, que la générosité railleuse du chevalier rendait furieux ; je veux vous casser mon fleuret sur la poitrine !

Saint-Georges sourit, et fit observer galamment au professeur que les curieux s'attroupaient, et qu'il valait mieux qu'ils partissent.

— Tête et sang ! corbleu ! s'écria le professeur en se ruant sur Saint-Georges.

Le chevalier prit à son ennemi un temps court et sec, lui fit baiser son fleuret jusqu'à la monture. Le fleuret était si courbé qu'il cassa.

— Vous ne m'avez pas touché, s'écria le professeur.

Pour toute réponse, le chevalier tira un petit sifflet de sa poche.
— Holà! s'écria-t-il, holà! Ramonet, arrive!

Ramonet était un beau grand nègre du Cap que Saint-Georges mettait une certaine coquetterie à montrer souvent derrière sa voiture.

Il parut bientôt avec sa chevelure laineuse, ses dents blanches, son cou de taureau; il sortait du cabaret de *l'Épée d'argent* qui était voisin, et embrassait de ses mains calleuses un vrai boisseau de fleurets. Il les déposa aux pieds de son maître.

— Miséricorde! balbutia le professeur, et que voulez-vous faire de tout ceci?
— Vous apprendre, monsieur, à l'aide de ces fuseaux bien légers, qu'on ne doit jamais nier un coup... et surtout à être poli...

Et joignant alors l'exemple aux paroles, Saint-Georges, excité par l'affluence des curieux, attaqua si promptement le pauvre maître d'armes, qu'il lui cassa bientôt tous ses fleurets sur le corps. Jamais on n'en avait vu une pareille consommation.

Le maître d'armes jura, mais un peu tard... qu'il ne retournerait pas à la salle de l'arche Marion.

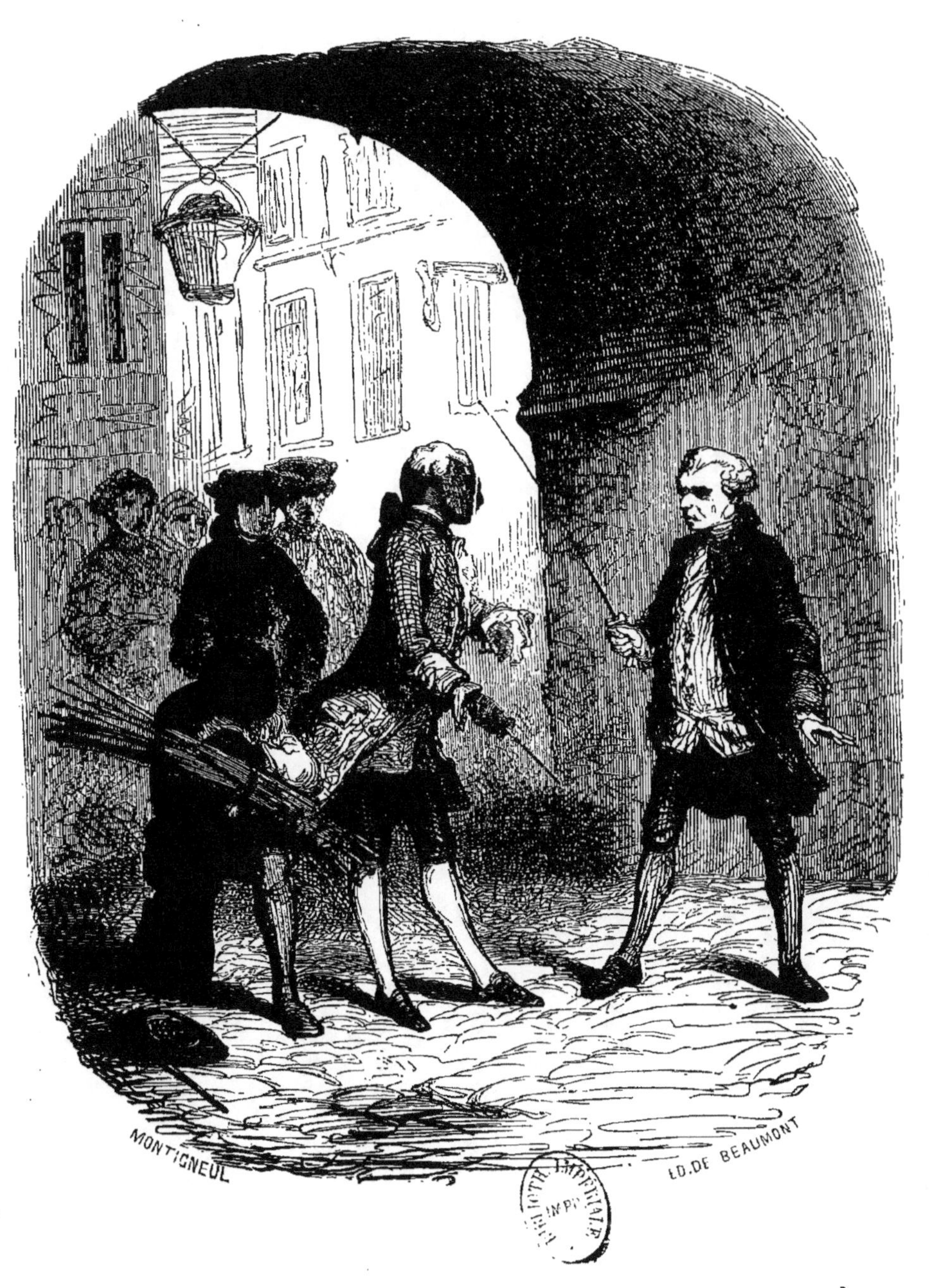
MONTIGNEUL
ED. DE BEAUMONT

Grisier vous racontera encore — et mieux que moi, le digne maître! — comment le même Saint-Georges, se trouvant ennuyé, rue du Bac, de s'entendre corner aux oreilles qu'il portait une estampille d'esclave à l'épaule, prit des deux mains les deux hommes qui l'invectivaient et les trempa quelques secondes, comme un biscuit, dans le ruisseau de la rue du Bac, ce ruisseau que madame de Staël aimait tant.

Et pourquoi Grisier ne serait-il pas un charmant conteur, lui qui met en scène si souvent pour nos théâtres? Il n'y a guère de duel à l'épée ou à la dague pour lequel on n'ait consulté Grisier (1).

Que de pièces n'a-t-il pas fait répéter ainsi autant de fois que l'auteur lui-même? que de lames de Tolède fourbies dans les mains de ses élèves dramatiques? Qui a mis en armes Saint-Georges, Richelieu et Létorières? qui pourrait régler mieux que lui le duel de Grandisson ou de Lovelace? Ainsi est Grisier, homme unique, aimant le théâtre avec passion, et ne s'y faisant jamais nommer, au rebours des metteurs de mise en scène.

— Où allez-vous donc d'un pas si pressé? lui demandait un jour certain amateur; vous avez l'air inquiet.

— C'est vrai; j'ai sur les bras une affaire difficile.

— Pas possible!

— Écoutez donc; vous en parlez bien à votre aise : je vais, de ce pas régler un combat entre quatre raffinés.

(1) Un fait plus important à signaler : depuis 1830, Grisier a donné plus de cent leçons de duel, et pas un de ceux qui sont venus lui demander ses soins n'a été blessé dans la rencontre.

Un mot maintenant sur le caractère de Grisier.

Je ne citerai qu'un trait de lui, qui peint, selon moi, toute la sincérité de sa nature.

Cet homme si naïf et si bon devait se trouver plus d'une fois le point de mire des intéressés et des envieux. On connaît son obligeance; elle lui valut souvent, non moins que son habileté à l'escrime, des propositions singulières.

L'état d'un maître d'armes l'expose ailleurs que sur le terrain; sa salle est à elle seule un théâtre ouvert aux péripéties les plus dramatiques. Un matin, Grisier reçoit un billet parfumé, fin cachet, papier soyeux, écriture aussi déliée que celle d'un bas bleu. On lui demande dans ce billet la faveur insigne de lui parler aux *Thuileries;* on a mille choses à lui dire, on a même à le mener en loge à l'Opéra, s'il peut venir. Se trouver si vite l'objet d'attentions si galantes, se voir engagé dans un assaut coquet, et dont aucun indice ne peut faire présumer le but! Grisier se rendit au lieu indiqué, le cœur lui battait comme à son premier duel; un avocat qui va mentir pour la première fois est moins troublé. Ainsi dut être Sterne abordant la dame de ses pensées dans la fameuse remise dont il lui ouvrit les portes. Grisier cause avec la dame, il en demeure enchanté. Le soir, il accepte une place dans sa loge; le professeur s'y rencontre avec des gens de goût et d'esprit. Le lendemain, l'on redouble envers lui d'attentions délicates; la dame était jolie, elle s'exprimait sur le compte de Grisier en termes si flatteurs, que celui-ci commençait à se confier au hasard, le dieu le plus commode en ces sortes de rencontres. Mais le bonheur qu'on offrait, et que Grisier est trop modeste pour avouer qu'il a goûté, n'était pas un bonheur donné sans condition. Il y avait un ennuyeux, peut-être un infidèle; on voulait s'en débarrasser ou s'en venger, et l'on avait compté que l'espérance ou la gratitude mettrait dans la main de l'*ami* cette bonne épée contre laquelle sont venues se briser depuis tant d'autres lames. Le maître refusa ce que l'honnête homme ne pouvait accepter; la stratégie féminine fut impuissante.

Le livre que Grisier publie aujourd'hui le recommande à l'attention du public sous un point de vue sérieux. Son *Tableau de l'histoire de l'Escrime* est des plus attachants; *sa Théorie des armes* est remarquable; son article *le Sabre* est tracé de main de maître. On lira avec intérêt et avantage ses deux méthodes comparées. Je ne donne pas un long temps aux publicateurs pour qu'ils ne fassent revivre en illustrations et en vignettes cet ouvrage de Grisier, car aujourd'hui on illustre tout, et il n'y a pas de mal à ce que le *cliché* ou le *cul-de-lampe* rendent parfois l'enseignement populaire (1).

Grisier a dans sa vie quelque chose de plus beau que sa méthode, plus éclatant que ses succès, plus noble encore que ce que nous en avons dit : Grisier a été la providence de sa famille. Un jour, une mère éplorée lui recommanda l'un de ses enfants; cet enfant c'était Eugène Grisier, neveu de l'illustre professeur. Placé sous cette di-

(1) La statuette de Grisier a valu des éloges légitimes à un artiste distingué, M. Mélingue.

rection protectrice, Eugène a grandi digne de l'adoption généreuse de son oncle. Vous avez, ainsi que tout Paris, admiré le neveu dans la salle de son maître. Cette lettre de Londres, qu'il nous adresse à l'instant, prouve assez que son instruction et sa reconnaissance égalent ses progrès dans l'art des La Boëssière et des Saint-Georges. Je vous envoie sa lettre, mon cher éditeur; elle complétera cette notice que je me plais à signer malgré son peu de valeur, mais qui prouve au moins combien le nom de Grisier éveillera toujours de nobles et légitimes sympathies.

ROGER DE BEAUVOIR.

De la Folie-Bellanger, près Grosbois, le 4 août 1846.

« Mon cher monsieur ROGER DE BEAUVOIR,

« Lorsque j'ai dû quitter la France, bien des mains amies ont pressé la mienne, vous m'avez autorisé à vous écrire, et cette permission fut un des grands adoucissements à la peine que j'éprouvais en me séparant de ma famille.

» Je suis donc aujourd'hui dans la ville où Saint-Georges, votre héros, lutta dans Carlton-House contre le chevalier ou la chevalière d'Eon, ce dragon diplomate dont le sexe a été et peut-être est encore un problème non résolu! Il m'était bien impossible de ne pas songer à votre chevalier mulâtre en abordant le théâtre de ses succès. Je vais donc voir, me disais-je, une ville de gentlemen, Londres, la ville des clubs, des ambassadeurs et des cochers! Ici, du moins, chaque chose réelle a sa valeur; et comment en serait-il autrement chez un peuple qui a coté sa vie comme un chiffre, qui se soigne en voyage à l'égal d'une vieille lady, ne se tue que par dégoût, et doit tenir plus que tout autre à se conserver dispos et libre? S'il est en effet, un peuple égoïste, n'est-ce pas le peuple anglais? L'intrépidité de ces dignes marchands de fer est calculée; ce sont de froids buveurs, et, à coup sûr, de froids duellistes. L'escrime, pensais-je encore, a dans cette ville droit de cité, mais ce doit être une escrime roide et morose; Lovelace, à coup sûr, ne s'y serait point battu comme Richelieu!

» Me voilà donc vous écrivant de Londres, la ville consacrée à Mercure (aurait dit M. de Jouy), Londres, où M. de Wellington est adoré sous les traits d'Achille, et dans laquelle on a fait une ovation magnifique au duc de Dalmatie.

» Si j'avais pu croire, d'après le témoignage de M. Scribe et les couplets de la Dame Blanche, que les Anglais, s'assimilant les mœurs de l'Écosse, donnassent l'hospitalité, je serais tombé dans une grave erreur. Le lord, le gentleman, ne sont pas, sous ce rapport, plus généreux que les négociants de Pall-Mall ou de Regent-Street; ils escomptent parfaitement. Au-dessous de la fameuse devise : *Dieu et mon droit*, l'Angleterre pourrait faire graver : *Rien pour rien.*

» L'artiste étranger, pour obtenir la protection d'un des autocrates du club d'Almack, où trône la fashion, doit se soumettre au joug de l'aristocratie, et ce joug révolterait l'homme le plus humble et le plus patient. Les Anglais, qui jamais n'ont pu rester chez eux, ne voient rien qui puisse égaler ce qu'ils possèdent.

» L'artiste anglais croit à son essence supérieure. Vous vous rappelez ces fameuses caricatures dans lesquelles, en 1815, notre France, où selon Beaumarchais, « *tout finit par des chansons,* » se vengeait de l'invasion en représentant des types étrangers et en applaudissant Brunet et Potier dans les *Anglaises pour rire ;* eh bien, mon cher monsieur, le type est resté le même. Cependant, il existe quelques exceptions : une des plus remarquables est celle d'un peintre.... en bâtiments, que j'ai vu badigeonnant en habit noir, en gants jaunes et en bottes vernies, la devanture d'un boulanger.

» Dans votre charmante retraite de la Folie-Bellanger, dans ce gracieux ermitage où, mortel trop heureux, vous offrez à vos amis cette hospitalité comfortable que je regrette chaque jour, vous me racontiez, avant mon départ, le sérieux du grand monde anglais, vous me parliez de cette froideur britannique, plus glaciale que le brouillard qui enveloppe les trois royaumes, de cette tristesse aussi noire que la houille qui ne les réchauffe pas, et aussi blafarde que le gaz qui leur tient lieu de soleil. Je croyais, mon cher poëte, à l'exagération du vrai; j'ai reconnu que vous étiez plus qu'indulgent. Un de vos confrères étrangers disait à mon oncle qu'il venait à Paris pour causer; il se plaignait de l'Italie et de l'Allemagne; Londres lui ferait regretter Florence et Manheim; dans la patrie de Shakspeare, l'esprit ne se cotant pas à Exchange-House, est une superfétation. Le médecin qui conseillait à Martainville, de spirituelle mémoire, la société des gens sans gaieté, pour reposer son imagination fatiguée, aurait pu lui prescrire un voyage dans la Grande-Bretagne.

» Tout est triste dans ce pays. L'armée anglaise — l'armée de terre s'entend — est habillée d'une façon déplorable; les uniformes sont écourtés, le soldat circule sans armes; hors du service, l'officier ne met son habit d'ordonnance qu'à contre-cœur. Il semble se rappeler encore le moment où le populaire poursuivait avec des huées et de la boue le militaire assez imprudent pour paraître en public revêtu de ses insignes. Je ne vous parlerai pas de l'instruction de l'armée dont le commandant en chef n'a pas plus gagné la bataille de Toulouse que celle de Waterloo. A quoi servirait d'étudier la stratégie, de lire Polybe ou Napoléon, lorsqu'il suffit d'un nombre fixé de *pounds* pour devenir, selon sa bourse, sous-lieutenant ou colonel ? Quant à la marine, elle est en raison inverse de l'armée de terre : chantiers, docks, arsenaux, c'est effrayant d'activité, de zèle et de perfection.

» Vous concevez bien, mon cher monsieur, que chez les habitants d'une contrée où l'art militaire est si négligé, on a dû bien peu se préoccuper de l'escrime. Londres renferme deux salles d'armes, tenues par MM. Hamon et Angelo. Mais ces deux académiciens — ils se nomment ainsi — n'ont jamais voulu faire des armes en public. Vainement deux de leurs confrères, MM. Gandini et Guillemand, les en ont sollicités ; ils ont refusé net et je n'aurais pas été plus heureux.

» J'aurais cependant cru pouvoir obtenir une concession ; j'arrivais à Londres avec un nom connu dans l'escrime, celui de mon oncle, et vous, qui voulez bien rendre à mon père adoptif l'affection profonde qu'il a pour vous ; vous, qui savez combien il est hospitalier pour ses confrères, vous auriez pensé, n'est-ce pas, que le nom de Grisier devait me faire ouvrir à Londres toutes les portes. — J'avais une foule de lettres, une entre autres pour M. le comte d'Orsay, ce spirituel débris de la fashion parisienne, dont les dessins et les bons mots ont encore là-bas autant de vogue qu'à Paris. Fort de ces recommandations et de bien d'autres, je croyais pouvoir forcer la consigne de ces maîtres d'armes puritains. Erreur, grande erreur : ces messieurs croyaient sans doute, en voyant ma carte, que mon oncle, avec son amour, ses soins, son dévouement, m'avait donné son talent et son fleuret. Le *Pulsate et aperietur* est une dérision dans les salles de MM. Hamon et Angelo. J'ai entrevu, grâce à une vitre incomplète, l'intérieur d'une salle d'escrime : si les fleurets sont rares, la sandale n'existe pas, mais en revanche, il y a de nombreux gants pour boxer. — Boxer, c'est le remède à tous les maux, c'est l'escrime de l'Angleterre ! La *boxe*, c'est le signe de la joie ; on boxe partout, à la taverne, dans la rue, dans les salons; je ne sais même pas si l'on s'en abstient à Commons-Palace et à Parliament-House.

» Que dites-vous de cette monomanie dans le pays où l'on fabrique l'acier le plus pur, et qui a possédé l'épée de M. de Marlborough ?

» Je vous parlais de nos caricatures de 1815 en commençant cette lettre ; les Anglais ont aussi les leurs, mais, malgré ce qu'ils appellent leur *humour*, il s'en faut bien qu'elles égalent nos spirituelles satires de Gavarni, de Cham, de Daumier; le crayon britannique à cet égard est resté stationnaire. Les théâtres ne sont guère plus avancés ; ici comme en Espagne, on traduit au lieu de créer, les Anglais eux-mêmes s'accordent à dire que la ville où Chatterton s'est éteint renferme, à cette heure, bien peu de poëtes. Londres est plus que jamais la cité des haras et de la vapeur.

» Supposez maintenant une toile qui se lève sur quelques phrases françaises, vous jugerez de ma joie ! Le Théâtre-Français de M. Mitchell nous garde du moins, à Londres, un coin de notre pays; là nous pouvons rire de ce rire joyeux et franc que provoquent les saillies d'Arnal, nous pouvons applaudir tous nos auteurs favoris. En vérité, la vue de ce théâtre, au milieu d'une ville si triste, a quelque chose qui réjouit le cœur; sans lui, un Français pourrait, à bon droit, se croire à tout jamais oublié. On est bien heureux de se consoler d'Hyde-Park, de Portland-Place et autres ennuis symétriques par la vue de ce théâtre où brillent encore, à l'heure où je vous écris, les beaux yeux noirs de mademoiselle Liéven.

» Vous voilà bien convaincu maintenant que l'art des armes, à Londres, est un mythe, — deux salles d'armes pour une cité qui en compte au moins six autres dans son sein! Serait-ce que l'*entente cordiale* défend à nos touristes de faire des armes avec Albion? Je finis par le penser.

» Quand il y aura enfin à Londres une *académie*, je pourrai me présenter devant le prince Albert comme fit d'Eon devant le prince de Galles. Je lui dirai : Vous avez enfin des maîtres d'armes, je viens pour avoir l'honneur de me soumettre à votre jugement !

» Je reprends la poste, mon cher monsieur, satisfait d'avoir revu Londres, après trois années d'intervalle, le jugement un peu plus ferme, l'esprit un peu plus éclairé, grâce à tous ceux qui, aimant mon oncle, veulent bien reporter leur affection sur le neveu toujours reconnaissant. Avez-vous terminé la Notice de son ouvrage?

On doit imprimer en ce moment. J'ai bien regretté souvent de ne pouvoir lui être utile au milieu de ses recherches consciencieuses; mais il devait faire seul pour faire bien, et répondre à la critique : *en adsum qui feci.* Encore quelques jours et j'irai faire tinter la cloche de votre ermitage; là, sous vos grands arbres, je vous redirai les noms des artistes qui galvanisent un peu les cercles de l'antique Albion. Nous parlerons de Casella, le violoncelliste; de la Bochkoltz, à la voix sympathique; de madame Cathinka de Dietz, dont les reines et les impératrices se disputent les oratorios; des violonistes Sivori, Vieuxtemps et de Panoka, que l'on attend encore cette saison; de la belle madame Pleyel, toujours si maniérée, qu'un de nos compatriotes disait d'elle : C'est mademoiselle Plessy multipliée par mademoiselle Naptal.

» Adieu; je vous serre affectueusement les deux mains, vous remerciant de votre gracieuse sympathie et vous priant de croire à mon inaltérable dévouement.

» E. GRISIER. »

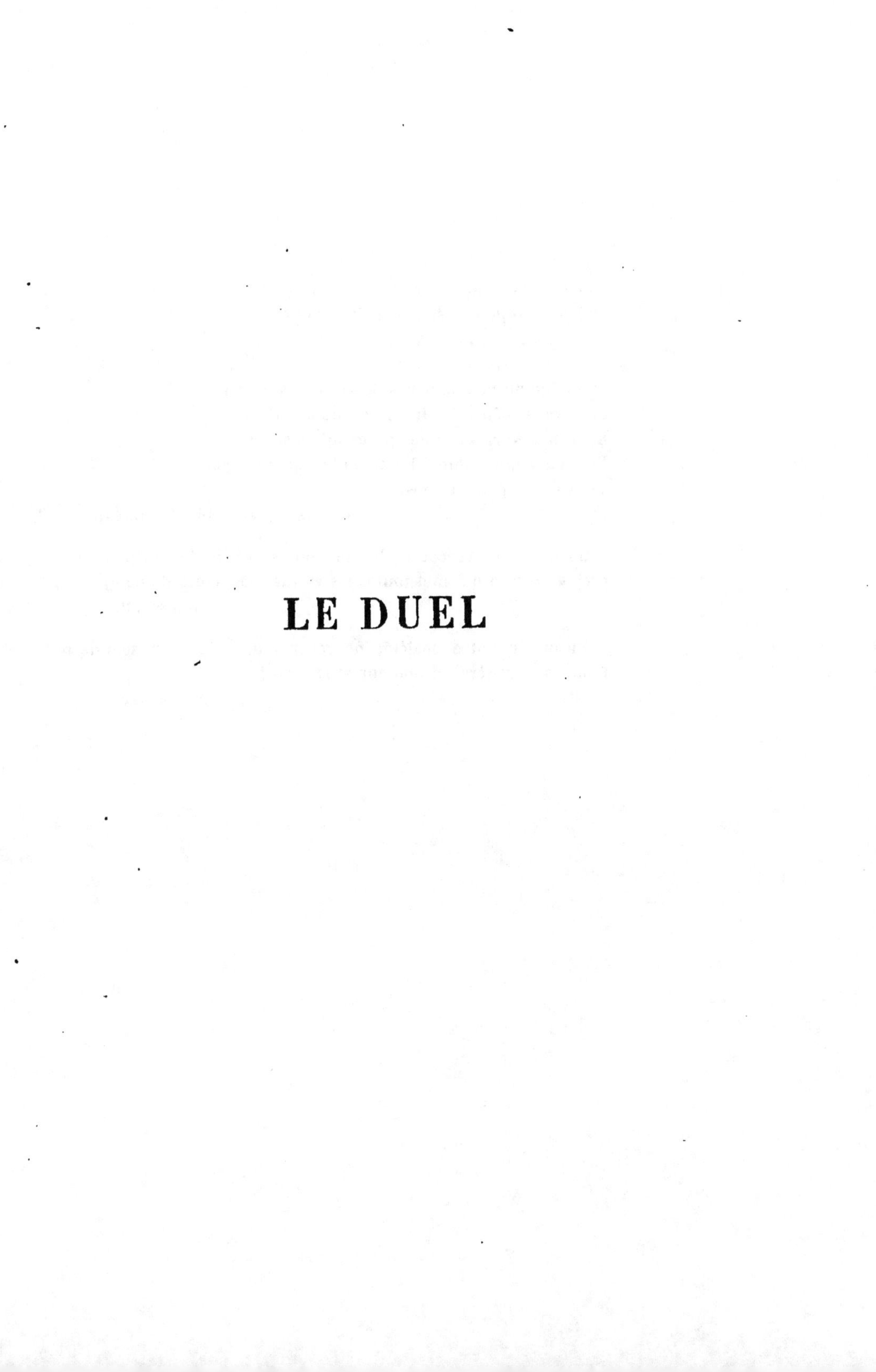

LE DUEL

. . . Je dois donc livrer ma vie à l'insensé
Qui veut risquer la sienne à titre d'offensé?
. . . .
. . . .
Si quelqu'un ne craint pas de vous faire une injure,
Pour vous-même écoutez le cri de la nature;
Épargnez votre sang en épargnant le sien;
Et songez que comme homme et comme citoyen,
Vous n'êtes point à vous...

DESMAHIS (*l'Honnête homme*).

Gardez-vous de confondre le nom sacré de l'honneur avec ce préjugé féroce qui met toutes les vertus à la pointe d'une épée.

J. J. ROUSSEAU.

Fléau de notre société, ne venez plus porter au sein de nos familles la misère, la douleur et la mort!

A. GRISIER.

AVANT-PROPOS

Une triste vérité dont rien, par malheur, ne peut contester l'évidence, est le penchant naturel de l'homme à se montrer méchant et querelleur; et si l'on examine les habitudes et la conduite des individus qui se rapprochent le plus de l'état de nature, on voit les enfants engager entre eux des luttes souvent acharnées, et les sauvages faire de la guerre leur principale et même quelquefois leur unique occupation. Ignorants et barbares, les uns et les autres se servent, dans leurs combats, d'armes grossières, de frondes, de flèches, de massues, de lances, d'épées, dans la confection desquelles ils remplacent par le bois le fer qui leur manque ou qu'ils ne savent pas travailler. Ils ont à peine l'instinct de pourvoir aux premiers besoins de la vie; ils ignorent encore les moyens de préserver leur corps contre l'intempérie des saisons, et déjà ils savent empoisonner leurs flèches pour en rendre l'atteinte plus perfide; ils connaissent l'art de tendre des piéges et de dresser des embuscades, où leurs ennemis, tombés en leur pouvoir, se voient dépouillés, et deviennent souvent victimes d'un appétit qui révolte la nature. Comment de pareils instincts peuvent-ils se rencontrer au sein de ces organisations primitives? Évidemment ce phénomène reste inexplicable, si l'on n'en fait remonter la source à ce mauvais penchant dont nous avons parlé; ainsi donc, ce préjugé féroce, qui met toutes les vertus à la pointe d'une épée, comme a dit J.-J. Rousseau, est inné dans le cœur de l'homme; bien plus, il ne ferait que s'accroître et s'étendre, si la religion et la morale ne lui imposaient une résistance salutaire; il pourrait, en quelque sorte, paraître indestructible, si les progrès de la civilisation ne tendaient à le dominer, ou du moins à en atténuer les déplorables effets. Néanmoins, il paraîtra toujours surprenant, et il faudra regretter longtemps encore que l'intelligence, créatrice de tant de merveilles dans tout ce qu'embrasse le génie de l'homme, se soit arrêtée en présence d'un fait qui, pourtant, n'a jamais cessé d'éveiller l'attention soutenue des moralistes, des législateurs et des gouvernants.

Le fait devant lequel la marche de nos mœurs, si progressive vers le bien, a dû s'arrêter, est le Duel; il subsiste encore, non pas aussi fréquent, non pas entouré des mêmes conditions de violence et de brutalité qu'autrefois, où la barbarie dominait ainsi que l'ignorance; il reste avec une obstination qui amène une foule de réflexions pénibles, lorsque l'on songe aux difficultés qui s'opposent à sa répression. Dans certaines contrées, des citoyens ont dû s'expatrier pour venger leur injure; d'autres, retenus dans leurs foyers par d'impérieuses nécessités, n'ont pas craint d'avoir recours à l'assassinat. La pénalité portée contre les duellistes faisait naître ces deux résultats. L'absence d'une jurisprudence raisonnable et forte sur les combats singuliers doit, à son tour, servir de bouclier à ces hommes féroces pour lesquels ces luttes sont une habitude. Sans répression, que de calamités à déplorer!

A l'époque où M. Dovalle succombait à la suite d'une rencontre au pistolet, j'écrivais au *Journal de Paris*, le 2 décembre 1829, les lignes suivantes, que me dictait l'état d'incertitude dans lequel notre législation a laissé cette question si importante pour la sécurité des familles et de tout le corps social :

« N'est-il pas affreux, indigne même du siècle où nous vi-
« vons, d'aller se battre à mort pour un mot inconvenant,
« souvent involontaire? N'est-il pas hors du caractère
« et de la loyauté d'un Français, de tirer sur un homme que
« l'on peut regarder comme désarmé au moment où il reçoit
« le coup fatal? Les Russes se battent généralement au pisto-
« let ; mais ils n'en viennent à cette cruelle extrémité que
« fortement outragés dans leur honneur ou leurs plus chères
« affections. Pour nous, plus ardents, plus faciles à irriter,
« nous nous faisons trop légèrement un point d'honneur de
« prouver que nous ne le cédons à personne en fait de bra-
« voure ; mais, on doit l'avouer, ces sortes de combats n'ont
« pas de milieu entre le ridicule ou l'horrible.

« Tous les médecins s'accordent à reconnaître qu'il est
« plus facile de sauver la vie à l'homme blessé par l'épée
« qu'à celui frappé d'une balle, et malgré toute l'horreur de

« ce mot : *au premier sang*, contre lequel J.-J. Rousseau « s'est tant récrié, il faut avouer qu'il y a cependant de l'hu- « manité dans cette convention. L'épée à la main, l'homme « généreux ménagera son adversaire, l'ardeur et le danger « du combat pourront se modifier suivant la gravité de l'of- « fense; avec un pistolet, la modération est impossible, la « suite du combat donne toujours une solution insuffisante « ou cruelle.

« Adversaire ou défenseur du duel et des préjugés qui le « maintiennent dans nos mœurs, on ne peut se défendre « d'une sensation douloureuse en songeant aux suites funestes « qu'il entraîne, et puisque, malheureusement, la raison est « impuissante pour arrêter les combats particuliers, on doit « désirer, du moins, voir se répandre davantage l'emploi de « l'arme qui les rendrait moins meurtriers. »

Ces lignes, que je viens de transcrire, ma mémoire les a retrouvées à l'occasion d'un procès récent dans lequel, apportant ma déposition, j'ai manifesté hautement le regret de n'avoir pas vu préférer l'épée au pistolet. Certes, la loyauté des personnes qui assistaient les deux combattants m'interdit de venir reproduire ici l'axiome formulé pour la première fois par moi, telle est du moins ma croyance ; je ne pouvais pas répéter ce mot adopté par tout le monde aujourd'hui, mot que le rédacteur du Code du duel a cru devoir mentionner, sans cependant citer mon nom (1), je ne pouvais

(1) Si pendant près d'une année l'on cause avec quelqu'un sur un sujet donné, si l'on reçoit ses inspirations, si l'on s'éclaire de sa longue expérience, si l'on forme un corps de tous ses souvenirs, et si l'on omet le nom de celui qui vous a secondé dans votre œuvre, c'est un *oubli* bien inconcevable. Qu'en pense le public et que répondra le rédacteur du *Code du Duel*?

pas dire : CE NE SONT POINT LES BALLES ET LES ÉPÉES QUI TUENT, CE SONT LES TÉMOINS ; mais mon aphorisme subsiste, surtout si l'on songe à la part immense et à la responsabilité qui pèsent sur les hommes au jugement desquels est soumise une question dont un duel peut être la conséquence.

Le Code du duel, malgré les adhésions qu'il a reçues, malgré l'espèce d'intérêt porté sur lui par les paroles du célèbre défenseur de l'accusé dans le procès auquel nous faisons allusion (1), et celle d'un de nos premiers écrivains (2) qui révéla l'existence de ce code aux magistrats étonnés ; ce formulaire de l'honneur, s'il est permis d'employer ce langage, renferme, selon nous, des théories non acceptables. La grande question du duel est encore à traiter, au triple point de vue de la raison, de la morale et des convenances.

Sollicité par de nombreux amis, par mes élèves, et par des personnes dont je m'honore d'être connu, et qui tous désiraient avoir mon opinion sur une question à laquelle se rattachent les intérêts les plus graves, l'honneur et l'existence ; accablé de demandes, j'ai dû céder. J'offre donc au public le résultat de mes recherches et de mes études. Ce livre n'est qu'un essai que doit suivre ou plutôt compléter, dans deux ans, un autre ouvrage plus considérable, plus varié, et plus concluant si c'est possible (3).

J'apporte ici le fruit de lectures assidues, d'observations

(1) M. Berryer.

(2) Alexandre Dumas, à la session des assises de mars 1846, à la Cour de Rouen.

(3) Ce second ouvrage, dont l'expérience et la réflexion ont chaque jour étendu les limites et qui, d'ailleurs, devait obéir au précepte de l'école (*nonum prematur in annum*), paraîtra vers 1866.

consciencieuses recueillies de toutes parts; à défaut d'instruction profonde, j'ai beaucoup réfléchi, beaucoup lu, et j'appuie mes assertions sur des autorités respectables et que je cite toujours.

Maintenant, encore que bien d'autres avant moi aient traité ce sujet, avec la crainte de ne pas offrir à tous mes lecteurs l'attrait de la nouveauté, je puis redouter de rester au dessous des espérances des hommes réputés connaisseurs dans la science dont je viens exposer les préceptes; mais je crois être le premier, parmi les professeurs, mes confrères, qui, sentant profondément l'importance et la dignité de sa profession, ait osé, à propos de duel, se prononcer aussi franchement contre ce préjugé, en prenant en main la cause de la religion, de la morale et des lois.

L'homme est né pour vivre en société; malgré la dénégation formulée par la plume paradoxale de J. J. Rousseau, cette vérité domine après avoir vaincu d'anciens sophismes et les systèmes nouveaux; la base de notre organisation repose sur cet axiome établi par la philosophie et la politique.

Chacun de nous doit contribuer au bien-être de la société dont il fait partie; ainsi dans le corps humain tous les membres, tous les organes doivent fonctionner dans un but d'intérêt général.

Mais, au sein même de notre civilisation, subsistent encore d'odieux préjugés, triste héritage des siècles barbares, qui viennent entraver dans sa marche l'action de l'homme sur la société, et celle de la société sur l'homme. Parmi ces préjugés que la religion, la morale et les lois n'ont pu encore que modifier, le duel est le plus redoutable par sa nature et par ses résultats. Je me suis proposé de développer dans cet ouvrage un ensemble de considérations sur l'origine, l'histoire, l'avenir de cette institution déplorable, et de livrer à l'appréciation du public les éléments d'une science nécessaire longtemps encore, puisque seule elle peut tendre à diminuer et, par suite, à faire disparaître un préjugé fatal.

LE DUEL

CHAPITRE PREMIER

§ 1er. Définition. — Origine. — Histoire. — Duel judiciaire. — Réflexions.

Un écrivain militaire a dit : Lorsque deux ou plusieurs nations ne peuvent s'entendre sur un point litigieux, elles en appellent aux armes; le duel est un combat entre deux ou plusieurs personnes qui, voulant vider un différend, cherchent en dehors de la loi le moyen de se faire justice. La base sur laquelle repose l'immoralité de l'institution du duel est dans cet acte de se rendre justice soi-même; mais le caractère spécial du combat individuel doit être la loyauté dans l'exécution des conventions arrêtées.

Pris sous un certain point de vue, le duel n'est pas absolument anormal et incompréhensible; tous les siècles qui se sont succédé depuis l'origine de cette coutume se seraient donc constamment et grossièrement trompés! Nous trouvons dans le silence auquel, sur cette question, les législateurs les plus sages se sont résignés, une espèce de certitude que la défense de quelques droits et quelques intérêts devait rester confiée à la responsabilité de chacun; bien plus, nous en avons pu conclure qu'il devenait logique et même salutaire d'abandonner l'exercice de ces droits et la vengeance à tirer de leur violation au libre arbitre des offensés, avec la condition, toutefois, de requérir l'assistance d'hommes réputés à juste titre gens de cœur et de bonne renommée.

Les preuves à l'appui de notre assertion sont loin d'être faibles et peu nombreuses; mais au milieu de toutes celles que nous avons examinées, nous avons choisi les paroles d'un homme profond et religieux philosophe, les paroles de M. Guizot :

« Les mœurs françaises sont chevaleresques..... Elles sont
» élégantes, elles ont substitué le duel à l'assassinat.... Quand
» l'honneur d'un homme ou d'une femme a été atteint, il faut
» une réparation.... Le Barbare a, pour se venger, le guet-
» apens... le Français a le duel... En vain ferez-vous une lé-
» gislation, les hommes de cœur s'en moqueront. . . . . .
» . . . .
» Le duel est salutaire, moral et nécessaire. »

Ces éloquentes paroles, reproduites naguère avec entraînement et conviction, dans une cause célèbre, par une des illustrations du barreau français (1), ont encore expliqué pour nous la continuité de l'existence du duel à travers les siècles, l'ancienneté de son origine, l'impuissance des lois à le détruire, et les efforts intelligents accomplis dans le but tout

(1) Me Berryer (procès Beauvallon).

moral de prévenir les résultats meurtriers dont il pouvait être la source.

Aux temps anciens, le duel n'a pas la physionomie que lui ont donnée les mœurs chevaleresques et la civilisation moderne. La vie presque toute extérieure des hommes de l'antiquité ne pouvait pas leur suggérer, sur ce que nous nommons le point d'honneur, les mêmes idées qui se sont développées parmi nous. Dans Athènes, à Sparte et dans Rome, l'injure répondait à l'injure, ou l'on gardait le silence.

Achille, le plus bouillant des Grecs, Achille, insulté par le roi d'Argos, se retire dans sa tente; Thémistocle se courbe devant le bâton d'un général ignorant et présomptueux ; Démosthènes fait condamner à une amende l'homme qui l'a frappé d'un soufflet; Fabius et César, auxquels on prodigue l'injure, ne se battent jamais contre ceux qui les ont injuriés.

Les idées sur le courage diffèrent essentiellement chez les anciens et chez nous. Homère nous montre les guerriers grecs les plus vaillants fuyant devant Hector, qui vient incendier leurs vaisseaux, et ce chef intrépide se dérobant par la fuite aux poursuites d'Achille. Des retraites semblables se nommaient prudence, et Platon a défini le courage : LA VERTU DE FUIR UN INÉVITABLE DANGER.

Cependant, malgré quelques points de dissemblance, on reconnaîtra, dans les luttes d'Hercule et de Thésée contre les monstres et les brigands, une analogie bien grande avec les prouesses des chevaliers ; souvent, à ces époques si éloignées de nous, on trouve des combats semblables à nos duels ; la guerre elle-même n'était qu'une passe d'armes sérieuse à laquelle prenaient part de nombreux seconds groupés autour de deux guerriers principaux.

Quant à ces luttes particulières, l'histoire nous en fournit mille exemples ; sans parler ici du combat des Horaces et des Curiaces, que Voltaire a considéré à tort comme un duel dans le sens précis attaché à ce mot, sans nous appuyer sur les rencontres de Torquatus et de Corvinus avec deux guerriers gaulois, des vingt-deux couronnes conquises par Italicus pour ses victoires sur autant d'ennemis particuliers, et sans comparer à un duel les combats de Scipion contre un Barbare en Espagne, d'Alexandre contre le Perse Spithrobates et Porus, roi des Indes, nous pouvons assigner au duel une origine qui se perd dans la nuit des temps.

Nous avons dit plus haut, d'après les auteurs anciens, qu'autrefois la fuite devant un ennemi n'était point regardée comme lâcheté ; voici une preuve de cette opinion :

L'armée romaine se trouve devant Capoue ; Badius, guerrier de cette cité, défie le Romain Quintus Crispinus à la vue des deux armées. Les deux adversaires avaient été grands amis ; *aussi se battirent-ils de gaieté de cœur*, dit Brantôme dans son naïf langage. Le Romain prétendit d'abord qu'ils avaient assez d'ennemis à combattre sans se provoquer mutuellement. Le Capouan traita Crispinus de lâche, et, poussé par ses compagnons, celui-ci fondit sur son adversaire dont il perça l'épaule de part en part ; il mettait pied à terre pour le tuer, lorsque celui-ci se déroba par la fuite à la mort, et l'on n'attacha pas de honte à cette retraite précipitée.

D'après Plutarque, Metellus, provoqué par Sertorius, se mit à l'abri des chances d'un combat singulier, en fondant son refus sur sa vieillesse, et sur cette raison qu'un capitaine ne devait pas mourir comme un soldat.

Le duel entre deux Romains n'a jamais été consigné dans l'histoire ; bien loin de là, tout le monde sait que le citoyen qui en sauvait un autre était noblement récompensé pour ce service rendu à la patrie et à l'humanité. Il était donc impossible de regarder comme un succès la mort d'un concitoyen.

Les mémoires de César nous font connaître une anecdote intéressante.

Varennius et Pulfio, tous deux centurions, étaient jaloux l'un de l'autre, ce sentiment les rendit ennemis. Un jour, dans un combat contre les Gaulois, ils se trouvaient au milieu de la mêlée. Pulfio dit à Varennius : Quelle plus belle occasion attends-tu pour montrer ton courage ? Ce jour doit décider de nos différends. A ces mots il s'élance, Varennius le suit, tous deux combattent avec une égale ardeur, se prêtent un mutuel secours et rentrent au camp couverts de glorieuses blessures et réconciliés.

Ce fait honorable que nous nous plaisons à citer a trouvé des imitateurs en France et en Russie. Deux officiers de M. de Turenne et deux militaires russes dans la guerre du Caucase ont montré la même magnanimité.

A Rome, un mot plaisant répondait quelquefois à une provocation. Marc-Antoine défia Octave, mais celui-ci refusa le cartel en disant qu'il existait assez de manières de mourir sans celle qu'on lui proposait.

Les combats singuliers étaient donc fort rares dans l'empire romain. Vainement Brantôme, dans son discours sur les duels, suppose-t-il que les consuls et les empereurs ont dû promulguer des ordonnances pour en défendre l'usage. Il n'existait point de semblables réparations pour l'honneur outragé, et la loi n'avait point à se préoccuper de défendre un acte aussi peu fréquent ou de poursuivre la répression d'un délit à peu près inconnu.

Si nous nous en rapportons aux documents les plus anciens et au témoignage de Velleius Paterculus, les Germains, sous l'empire du principe qui consacre le droit du plus fort, et libres de toute entrave légale, auraient inventé une théorie dans laquelle se montrait toute l'indépendance du caractère national. Cette théorie, qui n'est autre que celle du duel, passa plus tard en Bourgogne, puis en France, d'où bientôt elle domina l'Europe.

C'est à tort que l'on a fait remonter l'origine de cette institution à la loi de Gombaud, roi de Bourgogne. Les décrets de ce prince autorisaient le duel entre deux adversaires qui refusaient de s'en rapporter au serment ou aux témoins, mais ils étaient la conséquence d'une tradition déjà ancienne dans le nord. La législation allemande, bavaroise, saxonne et des Lombards consacre le même principe. En France on avait une foi profonde en cette épreuve, et sous le règne de Louis le Débonnaire, en 831, dix-sept ans après la mort de Charlemagne, Bernard, roi d'Italie, demande à prouver son innocence par la voie du combat.

Lorsque, dans une contestation, la notoriété des faits ne suffisait pas pour dissiper les doutes du juge, on avait recours au serment ; le faux témoignage se présenta, l'on crut y remédier en entourant de certaines solennités les dépositions ;

mais l'on se familiarisa bientôt avec cet appareil, et malgré le grand nombre de témoignages exigés (il en fallait trois cents pour faire absoudre un accusé), les fréquents parjures firent substituer l'épreuve du duel à celle du serment. On se rappelle les inductions tirées de ces solennités consacrées par la présence des rois, des ecclésiastiques et des juges, ces épreuves de l'eau froide ou bouillante, du fer rouge, que le peuple, dans ses croyances religieuses, persuadé qu'un innocent ne pouvait pas succomber, nommait JUGEMENT DE DIEU.

De toutes ces épreuves, la plus accréditée et la plus raisonnable peut-être, était encore le duel judiciaire. Il était formellement autorisé et chacun pouvait y recourir ; les femmes, les enfants avaient le droit de remettre leur cause à un champion ; celui-ci pouvait perdre la vie dans le combat ; la mutilation et l'infamie suivaient la défaite ; on le dégradait et on lui coupait le poignet. Le duel fut adopté non-seulement pour trancher des questions de fait, mais même celle du droit le plus abstrait.

L'emploi de cette procédure militante devint tellement en faveur, que le clergé lui-même dut en tolérer l'usage et s'y soumettre. En France, à l'exception du vol évident, tout se décidait par les armes. Une ordonnance publiée à Orléans défend le combat lorsque la contestation n'a pas pour objet une valeur au-dessus de cinq sols ; la plupart du temps les témoins soutenaient leur déposition le fer à la main, et on eut des exemples d'un juge témoignant de son intégrité dans un champ clos. Quelles mœurs, quelle barbarie !

Les femmes, les malades, les sexagénaires et les jeunes

gens au-dessous de vingt-un ans, étaient seuls dispensés du combat, les juifs, à cause de la réprobation générale qui pesait sur eux, n'étaient point admis à ce témoignage ; les ecclésiastiques rentraient dans la loi commune (1) ; des frères renouvelaient l'histoire tragique d'Étéocle et de Polynice ; et l'on vit souvent, quoique ce fait ait été contesté, des nobles descendre dans la lice pour combattre des roturiers.

Le monarque auquel ses vertus ont mérité la canonisation, Louis IX, sous la protection duquel la France s'est placée, défendit dans ses *domaines* l'usage *absurde et immoral du duel* ; mais à cette époque où la France comptait vingt-sept province, douze et demie formaient l'apanage royal ; les seigneurs qui possédaient le reste du territoire, jaloux de leurs prérogatives, résistèrent chez eux aux volontés du suzerain. Le seul pays où les prescriptions du pieux monarque furent suivies fut celui de Villefranche.

Nous n'entrerons pas ici dans les détails qui présidaient à la cérémonie du duel, assez d'autres écrivains en ont parlé avant nous. Ordinairement le juge haut-justicier ordonnait seul le combat et en réglait les conditions. Les rois et les parlements prirent quelquefois l'initiative. Il est important de mentionner que presque toujours, afin d'éteindre les ressentiments ou de permettre à la vérité de se faire jour, on différait le duel de deux mois. Les pratiques de la religion étaient employées pour agir sur le moral des champions. Après le serment de ne point soutenir une cause injuste, serment qu'ils

(1) Les prêtres étaient obligés de choisir des champions pour défendre leur cause, l'homme qui présidait au divin sacrifice ne devant pas verser le sang humain.

prononçaient à genoux, face à face et les mains entrelacées, les parrains visitaient les armes, ordonnaient aux combattants de faire leur prière et leur confession, et après une nouvelle tentative de pacification, ils octroyaient le combat. Par malheur c'était toujours là qu'aboutissaient les retards apportés par la prudence et l'amour de la paix.

Ils combattaient donc, puisqu'il le fallait, ils combattaient sans trêve ni merci, ces hommes fatalement crédules; la mort sauvait seule le vaincu du supplice, il ne survivait pas pour l'infamie ; tombé mort sous les coups de son adversaire, il ne se voyait pas dépouillé par la main du bourreau et traîné sur la claie. Vainqueur, son innocence était publiquement reconnue et constatée; souvent, nous en sommes convaincus, la justice n'eut point à déplorer une erreur; la conviction de l'innocence, la bonté de la cause assuraient le bras et doublaient l'énergie des efforts.

Aujourd'hui les choses ont bien changé. L'invention du moine Berthold Schwartz (1) a substitué l'adresse au courage et à la force. Dans un tir, on apprend à s'inquiéter peu de la justice de sa cause; le monde aujourd'hui entoure souvent de sa considération le duelliste qui, armé d'un pistolet, frappe son ennemi ; peut-être, dans un duel judiciaire et l'épée au poing, cet homme aurait senti son bras faiblir en rencontrant l'arme de son adversaire.

Malgré la force des préjugés universellement répandus qui autorisaient cette déplorable coutume, de nombreuses réclamations s'élevèrent contre le duel. Les papes, les évêques

(1) Berthold Schwartz, moine allemand, inventa la poudre en 1333.

condamnèrent tour à tour ces monstrueux abus ; du haut de la chaire les foudres sacrées frappèrent les combats singuliers ; les empereurs, les rois, les princes, associant la politique et la religion, prirent tous les moyens raisonnables pour arrêter les progrès de cette fièvre meurtrière. Si l'on n'obtint pas un succès complet, on atténua du moins un peu le mal, et la trêve de Dieu fut une barrière qui s'opposa quelque temps aux ravages exercés par cette épidémie.

Peu à peu on put voir, à travers une succession d'époques de plus en plus éclairées, l'institution féroce du duel se modifier et s'affaiblir. Les rois, et surtout les nôtres, à cause de leur titre de très-chrétiens, secondèrent ce mouvement de toute leur influence. En 1306, Philippe le Bel classe ces combats au rang des homicides, et entrave leur accomplissement par une foule de dispositions préalables dont l'exécution était longue et difficile. Par la même ordonnance, il faut plaider devant les parlements, qui, après avoir entendu la cause, se prononceront pour le procès ou le combat ; déjà s'établit la lutte de la parole au lieu de celle des armes, l'emploi de la raison au lieu de celui de la force ; encore quelques années, le règne des lois se fortifiant, l'homme outragé dans son honneur ou lésé dans ses intérêts ne sera plus dans l'alternative cruelle de perdre la vie ou de devenir meurtrier. Le créancier provoquant son débiteur dut payer avant le combat une somme fixée par les tribunaux.

Usant à la fois de ruse et de sagesse, afin d'arriver à son unique but, l'extinction du duel, la loi fait la guerre à toutes les passions, exploite habilement les accidents funestes au profit d'une pensée morale et salutaire, et trouve un auxiliaire puissant dans certains faits où l'erreur de ce que l'on avait si longtemps nommé le *jugement de Dieu* se manifeste.

Jacques Legris, accusé d'avoir violé la femme de Jean Caronge, est provoqué par ce dernier, qui le tue aux applaudissements d'un public toujours porté à croire le mal ; l'innocence de Jacques est reconnue plus tard, et le duel judiciaire, violemment attaqué à la suite de cette erreur, dut nécessairement perdre de son autorité.

Le dernier duel légalement autorisé fut celui de Jarnac et de la Chataigneraye ; il eut lieu à Saint-Germain en Laye. Le roi et tous ses courtisans en furent les témoins. Les parties se battirent à pied et à l'épée. La Chataigneraye mourut des suites d'un coup perfide qui a conservé le nom de son auteur. Henri II fit le vœu de ne plus permettre le duel.

Mais tout en disparaissant comme preuve juridique des questions douteuses, le duel n'en resta pas moins très-fréquent dans les affaires d'honneur, et, repoussé par les tribunaux, il passa dans les mœurs des gentilshommes. Au camp, où le soldat prenait naturellement l'exemple de ses chefs, le combat singulier était en grand honneur, les généraux cherchèrent à lutter contre ce mal qui décimait leurs armées.

Le maréchal de Brissac avait inventé le moyen suivant, procédé bien étrange. Fut-il heureux ? L'histoire ne nous le dit pas. Voici la barrière opposée au duel par le maréchal : Le combat est permis, mais il aura lieu sur un pont entre quatre piquiers, dont la mission est de précipiter le vaincu dans la rivière, sans que l'intercession du vainqueur puisse lui faire obtenir sa grâce.

Cependant, malgré les édits royaux et les décisions parlementaires de 1569 à l'avénement de Louis XIII en 1610, jamais les rencontres ne furent plus fréquentes. Vainement déclara-t-on que jamais aucune grâce ne serait concédée à l'homme qui aurait combattu dans un duel; vainement le duelliste fut-il assimilé aux criminels de lèse-majesté, dont la peine consistait dans la séquestration des corps et biens des deux adversaires; ces prescriptions n'arrêtèrent pas les combats singuliers. On se rappelle les raffinés et les promenades armées dans le Pré aux Clercs. Si quelque chose pouvait justifier le nombre de ces duels, nous pourrions en chercher la cause dans l'état religieux et politique de la France à cette époque. Les dissidences des protestants et des catholiques avaient surexcité les esprits, les femmes avaient pris une partie des sentiments hostiles qui animaient les gentilshommes, et dans cette cour de la première des Médicis, chaque cavalier était prêt à verser son sang pour obtenir un des sourires dispensés par les bouches gracieuses des dames qui formaient l'escadron volant de la reine.

De 1589 à 1610, pendant que Henri IV conquérait son royaume, ou affermissait sa puissance après l'avoir soumis, les duels furent moins nombreux. Sous la minorité de Louis XIII, et au milieu des luttes des favoris successifs et du grand cardinal, on fut obligé de renouveler les édits. Deschapelles et Boutteville payèrent de leur vie la transgression des ordres de celui qui, courbant la tête des seigneurs sous le niveau terrible de la hache du bourreau, préparait le mot de Louis XIV : L'ÉTAT, C'EST MOI, en réduisant les anciens barons, couverts de fer et toujours rebelles à l'autorité royale, aux rôles de pâles courtisans du monarque dont l'emblème était le soleil.

De toutes les gloires de Louis XIV, la plus pure sans contredit, fut d'avoir veillé à l'accomplissement rigoureux de ces ordres et d'avoir arrêté l'effusion du sang par l'emploi intelligent d'une autorité tout absolue.

La déclaration du mois d'août 1679 est un règlement complet sur la matière, et tous les moyens d'empêcher ou de punir le duel sont prévus. Il serait trop long de rapporter les différents articles de cet acte important : nous mentionnerons celui où le duel accompli hors du royaume était frappé des mêmes peines, et le serment par lequel le roi s'engage à n'accorder aucune grâce, sans que ni considération ni circonstances particulières, telles que le mariage ou la naissance d'un prince, pussent le faire manquer à sa parole.

Louis XV, en recevant dans Reims l'onction sainte qui le consacrait roi de France, répéta le même serment; les autres monarques de l'Europe imitèrent son exemple. L'Église pendant ce temps n'était pas restée inactive, elle soutenait de tout son pouvoir un mouvement qui se rattachait aux sentiments les plus élevés et que la religion et la morale secondaient. Avant que les souverains et les parlements eussent prononcé la peine capitale et fait dresser des échafauds, les conciles avaient déclaré l'usage du duel, *détestable et introduit par l'artifice du démon, pour perdre l'âme après avoir infligé au corps une mort abominable.* Les papes lançaient l'excommunication contre les empereurs et les rois qui permettaient le duel entre les chrétiens. En 1651, la faculté de théologie déclarait les duellistes indignes du bénéfice de l'absolution et des sacrements, elle privait de la sépulture en terre sainte ceux même qui, après le combat, témoignaient le plus sincère repentir.

Ainsi, les rois et l'Église, les deux pouvoirs spirituel et temporel unissaient leurs efforts pour déraciner ce funeste préjugé ; mais par cela même qu'elles étaient extrêmes (et il était difficile qu'il en fût autrement), ces mesures ne produisirent pas l'effet qu'on en attendait. Vainement la hache du bourreau, vainement les foudres du Vatican frappèrent les têtes rebelles, toutes deux furent impuissantes. La philosophie moderne fulmina sans plus de résultats ses anathèmes au nom de la morale et du droit naturel; bien qu'ils eussent perdu de leur intensité, ces excès déplorables n'en subsistèrent pas moins, à la honte de nos institutions, de l'humanité et de la religion, pour le scandale des peuples et l'affaiblissement des États.

Lorsque répondant à l'Europe coalisée contre elle, la France de 1792 lui jeta le défi, et créa ses quatorze armées en frappant du pied sur le sol, les luttes particulières parurent oubliées. L'énergie fut tournée vers un seul point, la frontière et l'ennemi; la législation alors devint moins sévère; le 17 septembre 1792, l'assemblée législative ordonna la mise en liberté de tous les détenus pour cause de duel. La Convention à son tour décida qu'il n'y avait point lieu à délibérer contre les combats singuliers, et sembla les regarder comme un acte de défense personnelle. C'est ainsi que de nos jours, les jurés, consultés sur cette question, ont pensé que le duel ne constituait plus un crime aux yeux de la loi. Les tribunaux l'assimilent à l'homicide volontaire ; mais nous devons faire remarquer ici que jamais un militaire combattant un de ses compagnons d'armes ne fut déclaré coupable de cette sorte d'homicide. En l'an x, et nous citerons cet exemple entre mille, le général Destaing succomba dans une rencontre avec le général Régnier, et malgré l'éclat de cette affaire, ce dernier ne fut point inquiété (1).

En cet état de choses, il faut donc qu'une intervention toute morale, celle des honnêtes gens, vienne suppléer à l'insuffisance du Code. Rappelez-vous ce que nous avons établi précédemment au sujet des nécessités qui, dans certains cas, semblent devoir excuser certaines rencontres. Nous avons manifesté l'opinion que le duel ne pouvait plus subsister aujourd'hui qu'à la seule condition de ne léser en rien les intérêts de la société ; et puisque c'est au nom de cette même société que l'on réclame d'anciennes garanties et une ancienne tolérance, nous accédons bien volontiers à un semblable vœu. Mais quant à tous ces raisonnements si habilement échafaudés en faveur du duel, et qui ne tendent à rien moins qu'à lui donner une consistance fatale pour le présent et l'avenir, nous n'hésitons pas à les flétrir comme d'odieux et pernicieux sophismes.

Nous croyons utile de reproduire ici les termes du rapport lu en 1810 au Corps législatif sur la question que nous avons à traiter.

« C'est en vain, dit le rapporteur, que l'on voudrait invoquer une convention entre les duellistes et la réciprocité des chances qu'ils ont voulu courir dans une action qui n'offre de la volonté que les apparences. Et comment d'ailleurs peut-

(1) L'origine de leur querelle datait de l'expédition d'Égypte.

on voir un usage légitime de la liberté dans l'horrible alternative de se faire égorger ou de donner la mort? Sans doute une fausse opinion protége les coupables, elle les égare et les excite par une méprise sur les idées d'honneur et de vengeance, et cette fausse opinion parvient à leur persuader qu'il est indigne d'attendre de la marche lente et grave de la justice la réparation d'un outrage, et que l'on ne doit porter devant les tribunaux que les contestations qui prennent leur source dans les intérêts pécuniaires. Espérons que le moment est arrivé de faire disparaître de nos mœurs cette rouille de la barbarie de nos ancêtres, de sauver nos lois et nos usages d'une contradiction aussi choquante, et de ne plus placer les individus entre la honte et l'échafaud. »

Il est certain, malgré toutes les opinions contraires exprimées en France, en Bavière, en Prusse, en Autriche, etc., qu'il est impossible de mettre en vigueur l'ancienne législation, dont la sévérité excessive a rendu l'application impossible, législation qui renferme des incompatibilités évidentes avec notre organisation moderne.

En Allemagne comme en France, la peine de mort fut pendant longtemps appliquée aux duellistes, et ceux-ci furent assimilés aux meurtriers. Mais l'abus de cette pénalité fut depuis reconnu. La jurisprudence anglaise établit dans l'espèce une foule de distinctions, et s'égare à ce sujet dans bien des subtilités. Mais soyons de bonne foi. Tout le monde conviendra qu'il peut se présenter des circonstances de nature à conduire un homme d'honneur à une rencontre armée. Cet homme doit-il passer pour un assassin? Et la conséquence terrible de cette fausse assimilation de la part des tribunaux doit-elle frapper l'honnête homme qu'une insulte grave force à se défendre ? Certes, je ne pourrai jamais partager cette opinion erronée.

Je crois qu'il serait bon de guider les idées générales relativement au point d'honneur, et de bien préciser les limites dans lesquelles il doit se renfermer. La raison doit prêter son appui et ses conseils dans de telles questions. Son but unique serait de diminuer le nombre ou les chances fatales de ces combats dont l'issue peut être quelquefois doublement funeste. En effet, comment la blessure reçue par un homme insulté répare-t-elle l'injure éprouvée ? Peut-on en outre rendre raison à tout le monde ? au premier venu, à l'insolent, à l'homme taré ? Un homme, heureux possesseur de tous les biens qui rendent la vie agréable, ira-t-il risquer sa félicité présente contre un spadassin dont le courage consiste dans l'adresse et la brutalité ? Non ; dans une semblable lutte, il faut un poids égal dans chaque balance ; on ne risque pas un capital réel contre celui qui ne peut apporter pour enjeu qu'un bilan de failli ou les fraudes d'une banqueroute honteuse.

En dépit du blâme dont je puis le poursuivre, le duel est une triste vérité. La raison, je l'espère, en fera justice un jour ; néanmoins je crois avoir le droit de dire, si je m'en rapporte à ma propre expérience, qu'il n'est possible pour personne d'échapper sans des malheurs plus grands encore à un duel dont le motif est grave, et qu'on a rendu nécessaire. Puisque tout homme est exposé à se battre dans des circonstances données, pourquoi l'éducation ne prévoit-elle pas dans la jeunesse cette fâcheuse alternative ? Pourquoi négliger l'escrime, qui, en fortifiant le corps, procure à l'homme cette confiance par suite de laquelle il ne doit plus se croire à la merci d'un insolent provocateur? Quand on en vient aux mains, pourquoi ne pas diminuer le plus possible les chances meurtrières? Comment l'arme du pistolet peut-elle être autorisée? Quelle considération, si ce n'est celle de l'inhabileté de l'un des adversaires, peut lui faire donner la préférence? N'y a-t-il pas sujet de penser qu'en ces sortes de rencontre l'un des deux adversaires est une dupe et l'autre un assassin?

Oui, c'est un assassinat que cette mort donnée de sang-froid lorsque l'on a essuyé le feu d'un maladroit qui n'avait pas mis le pied dans un tir quinze jours avant l'insulte dont il a voulu tirer vengeance.

A l'épée, au moins, on est maître de soi, et deux hommes habiles se blessent rarement à mort. Maintenant je le demande, qui d'entre nous, doué d'un cœur et de sentiments naturellement bons, n'a pas regretté d'avoir frappé mortellement l'homme qui l'avait injurié, quand le premier mouvement de colère est passé? Mais il est trop tard, le pays a perdu un citoyen; les lois les plus saintes ont été méconnues, un homme à l'existence duquel se rattachaient d'autres existences a été enlevé à sa famille. Songez, au moment d'un duel, à ses conséquences funestes, [songez aux pleurs d'une veuve, d'un orphelin! et trouverez-vous dans votre cœur assez de vanité pour vous dresser sur un cadavre? Oh! rappelez-vous-le bien, dans de semblables circonstances, le plus heureux n'est pas toujours celui qui survit.

Nous terminons ce premier chapitre en émettant un vœu,

en formulant une pensée qui nous ont été inspirés par nos sentiments et notre expérience. Puisque les lois sont impuissantes encore, puisque le duel ne peut être immédiatement extirpé de nos mœurs, pourquoi ne pas l'entourer de circonstances qui le modifient de la manière la plus humaine? Pourquoi ne pas établir dans chaque ville un jury d'honneur, composé de notabilités prises dans les classes les plus recommandables de la population?

A ces hommes, pour lesquels le silence sur un secret d'honneur et de famille serait une religion, on exposerait les motifs de la lutte, ils prescriraient ou défendraient la rencontre. Dans le cas où les tribunaux, qui ne poursuivent que l'accomplissement du fait, auraient à prononcer, le jury déclarerait si la loyauté a présidé au combat, et la justice alors aurait son devoir tout tracé.

Mais, nous le savons, il existe certaines causes dont on peut difficilement rendre des étrangers juges et confidents. Il en est d'autres qui demandent ou qui amènent la spontanéité dans une rencontre; alors, sur la déclaration des témoins, toujours hommes honorables, car celui qui doit provoquer ou recevoir un défi cherche toujours à s'appuyer sur des gens d'honneur, alors, disons-nous, sur cette déclaration authentique, le jury prononcerait.

Puisse, en attendant une répression complète, ce système être adopté! nous le verrons modifier le duel et le ramener à des conditions qui amèneront, nous en concevons l'espoir, la suppression de cette coutume barbare et anti-sociale.

CHAPITRE II.

§ II. Duels célèbres. — Anecdotes curieuses.

Il n'entre pas dans notre plan de nous occuper ici de la triste nomenclature des différents genres de duels usités autrefois et encore en usage de nos jours. Les armes dont on s'est servi dans ces rencontres ont souvent varié, ou plutôt tous les moyens ont été bons à l'homme pour venger son honneur offensé. Sous Louis le Débonnaire, le bâton figura comme arme autorisée par le souverain pour se rendre justice. En Norwège, les choses se passent souvent d'une façon bizarre, si nous ajoutons foi à une relation publiée, il y a quelques années, dans la *Revue de Paris.*

« Par moments, les paysans norwégiens sortent violemment de leur calme habituel par de courtes explosions d'une gaieté sauvage, par la colère et par l'ivresse ; souvent il en résulte des combats sérieux. Leur arme est un couteau à gaîne, qui pend toujours à leur ceinture ; mais si ce que l'on dit est vrai, ils portent jusque dans la fureur du duel le sang-froid qui leur est propre. On assure qu'avant de combattre, chacun lance son couteau contre une table, et que le point d'honneur et les lois du combat leur défendent d'enfoncer leur arme dans le corps de leur adversaire plus avant qu'elle n'est entrée dans le bois. L'on n'a pas d'exemple que la loyauté ait jamais été violée, et que l'adresse extraordinaire de ces hommes ait transgressé les conventions.

» Ces paysans ont encore une autre sorte de duel qui se conçoit plus facilement. Chacun des deux combattants tient dans la main droite un de ces redoutables couteaux, et de la gauche saisit fortement le poignet droit de son adversaire ; ainsi chacun s'efforce de détourner le coup qui le menace et tâche de frapper. Ce duel, qui tient de la nature de la lutte, convient à des montagnards, chez lesquels la force corporelle et l'agilité sont des qualités qui doivent avoir la prééminence sur toutes les autres. »

Toujours fidèle au point de vue sous lequel nous envisageons notre travail, nous citerons certains exemples dans le but de chercher à diminuer le duel par les circonstances mêmes qui en sont les funestes corollaires, ou dont les solutions le ramènent aux proportions de la bouffonnerie.

Lorsque, vers la fin du onzième siècle, l'ermite Pierre fit entendre sa voix puissante et conviait toute la chrétienté à voler à la délivrance des lieux saints, les combats singuliers étaient en faveur. Godefroy de Bouillon, Tancrède, le duc de Normandie, Richard Cœur-de-lion, Albéric Clément, le premier maréchal de France, et tant d'autres illustres guerriers, se signalèrent par la valeur qu'ils déployèrent dans leurs rencontres isolées avec quelques chefs des infidèles. Mais ces luttes n'ont que peu de ressemblance avec le duel proprement dit. Les joutes courtoises ou sérieuses, auxquelles donnait naissance la coutume des tournois, avaient aussi un caractère tout spécial, résultant des idées chevaleresques de l'époque. Le véritable duel était le *jugement de Dieu.*

Tout le monde a trop présente l'histoire du chien de Montdidier, forçant le chevalier Macaire, assassin de son maître, à confesser son crime ; nous n'entrerons dans aucun détail sur ce fait où justice fut rendue et où le combat fut réellement un jugement divin.

Nos anciens rois, malgré le titre de très-chrétiens qu'ils prenaient constamment dans tous leurs actes, encourageaient le duel par leur présence. Un mot imprudent de Henri II ranima la fureur des rencontres particulières. « Il est bien singulier, dit un jour ce prince, que l'on vienne me demander justice, lorsqu'on porte à son côté l'épée à l'aide de laquelle on peut se la faire. » Mais, après le duel de Jarnac et de la Chataigneraye, Henri regretta cette parole. Sous son règne, en sa présence et devant toute la cour, le capitaine Panier fut tué, au bois de Vincennes, par Honoré d'Albert, seigneur de Luynes.

Ce fut à l'entrée de la rue des Tournelles, dit Sainte-Foix (1), où aboutissait alors un des côtés du parc, vis-à-vis de la Bastille, que Maugiron, Quélus et Livarot se battirent en duel, à cinq heures du matin, le 27 avril 1578, contre d'Entragues, Ribérac et Schomberg. Maugiron et ce dernier, qui n'avaient que dix-huit ans, furent tués raide ; Ribérac mourut le lendemain ; Livarot, blessé à la tête, fut six se-

(1) Essais historiques sur Paris, t. I, p. 16.

maines alité ; d'Entragues reçut une blessure légère, et Quélus, frappé de dix-neuf coups, mourut, le 29 mai, dans les bras du roi, après trente-trois jours de douleurs. La chambre dans laquelle il expira sert aujourd'hui de chœur aux filles de la Visitation de Sainte-Marie.

« Quélus, dit Brantôme, se plaignait fort de ce que d'En-
» tragues avait la dague plus que lui, qui n'avait que la
» seule épée ; aussi, en tâchant de parer et de détourner les
» coups que d'Entragues lui portait, il avait la main toute
» découpée de plaies ; et lorsqu'ils commencèrent à se battre,
» Quélus lui dit : Tu as une dague, et moi, je n'en ai point.
» A quoi d'Entragues répliqua : Tu as donc fait une grande
» sottise de l'avoir oubliée au logis ; ici, ne sommes-nous
» pas pour nous battre, et non pour pointiller des armes ?
» Il y en a aucuns qui disent que c'était quelque espèce de
» supercherie d'avoir eu l'avantage de la dague si l'on était
» convenu de n'en point porter, mais la seule épée. Il y a à
» discuter là-dessus ; d'Entragues disait qu'il n'en avait point
» été parlé ; d'autres disent que, par gentillesse chevale-
» resque, il devait quitter la dague. C'est à savoir s'il le
» devait. »

Cela ne serait point douteux aujourd'hui et n'aurait jamais dû l'être.

Henri III, dans son amitié exagérée pour ses favoris, leur fit rendre les honneurs funèbres les plus extraordinaires. Il leur éleva des tombeaux en marbre noir avec des épitaphes peu en rapport avec la sainteté du lieu, l'église Saint-Paul. Dans ses prières quotidiennes, il réunissait les noms de ses trois mignons.

On a conservé le distique :

> Que Dieu reçoive en son giron
> Quélus, Schomberg et Maugiron.

Les fastueux tombeaux élevés aux favoris avaient fait passer dans le langage les mots : *je le ferai tailler en marbre,* pour signifier : je le tuerai en duel.

On s'inquiétait peu, dans ce temps, de chercher un endroit écarté pour terminer ses querelles. Toutes les places étaient également bonnes pour les raffinés ; on se battait en pleine rue, pendant le jour ; et si le duel avait lieu la nuit, l'on se joignait près d'un de ces rares falots qui avaient alors la prétention d'éclairer Paris.

Le chevalier de Guise força dans la rue Saint-Honoré le baron de Loz à mettre l'épée à la main et le tua. Ce duel provoqua la déclaration de 1613, qui n'empêcha pas ce même seigneur de combattre quelque temps après avec le fils du baron, qui succomba à son tour. Aucune poursuite ne fut dirigée contre l'auteur de ce double meurtre.

En exécution d'un arrêt du 21 juin 1627, on décapita, en place de Grève, François de Boutteville-Montmorency et son cousin Rosmadec, comte des Chapelles, qui s'étaient rendus redoutables à toute la noblesse par leur habileté dans les combats singuliers. « Mais, dit M. Brillat-Savarin dans son Essai historique et critique sur le duel, il ne faut pas regarder cette exécution comme la peine d'un duel simple ; ce fut bien plutôt un grand exemple, reconnu nécessaire pour soutenir l'autorité du roi contre un sujet rebelle. » L'épée du comte de

Boutteville avait acquis une célébrité funeste ; son duel avec Beuvron (1) était au moins le quatrième dont le public s'entretenait. Condamné à mort, en vertu d'un arrêt prononcé par défaut contre lui pour un autre duel, il avait fait abattre par ses valets, soutenus de quelques cavaliers, le poteau sur lequel sa condamnation était affichée. Forcé de quitter la France, il avait fait accompagner son carrosse par deux cents hommes armés ; réfugié à Bruxelles, il avait résisté à la prière du roi, transmise par l'infante archiduchesse des Pays-Bas, qui lui demandait de ne pas se battre avec Beuvron. On lui avait refusé des lettres de grâce, il vint à Paris et se battit en plein jour sur la place Royale.

L'exécution dont nous venons de parler fut entourée d'un grand appareil, et produisit sur les esprits une impression plus vive que toutes les ordonnances rendues jusqu'alors contre les duels.

Les ducs de Beaufort et de Nemours se battirent en duel, le 30 juillet 1652. Ils avaient chacun quatre gentilshommes qui soutenaient leur cause l'épée à la main. Il était sept heures du soir; le lieu choisi par eux était l'endroit où commence aujourd'hui la rue d'Antin, du côté de la rue Neuve des Petits-Champs, derrière les murs du jardin de l'hôtel de Vendôme. Les seconds de M. de Beaufort étaient MM. Buri, de Ris, Brillet et d'Héricourt; le marquis de Villars, père du maréchal, le chevalier de La Chaise, Compans et d'Uzerches, assistaient le duc de Nemours. Celui-ci avait lui-même chargé les pistolets, qu'il avait apportés ainsi que les épées.

(1) Ce ne fut point ce duel qui motiva sa condamnation, car depuis il avait plusieurs fois recommencé.

— Eh ! beau-frère, quelle honte ! dit M. de Beaufort quand on fut en présence ; oublions le passé, et soyons bons amis !

— Ah ! coquin ; il faut que je te tue ou que tu me tues, répliqua le duc de Nemours ; et il fit feu le premier, probablement parce qu'il était l'offensé. Puis il voulut fondre l'épée à la main sur M. de Beaufort qu'il avait manqué, lorsque celui-ci tira son pistolet et le tua raide de trois balles dans la poitrine. D'Héricourt succomba sous les coups de MM. de Villars et d'Uzerches, les autres se blessèrent légèrement.

Le corps du duc de Nemours avait été porté à Saint-André des Arts, sa paroisse ; l'archevêque de Paris lui refusa les prières. Ce refus n'étonnera point si l'on considère quelles étaient à ce sujet les prescriptions de l'Église ; mais l'on sera peut-être surpris de ces susceptibilités religieuses chez l'archevêque de Paris, quand on saura le nom du prélat. Ce défenseur des ordonnances cléricales était Paul de Gondi, cardinal de Retz, dont le bréviaire avait été longtemps un poignard, et qui avait cherché trois fois *à déchirer avec une épée* la soutane dont ses parents l'avait revêtu bien malgré sa volonté (1).

Malgré la rigueur des ordonnances, les duellistes furent très-nombreux sous Louis XIII ; on peut s'en faire une idée en lisant dans les registres de la chancellerie l'inscription de plus de mille lettres de grâce signées par Louis XIV, pendant les vingt premières années de son règne.

La déclaration de 1679 n'arrêta pas la furenr du duel ; elle déplaça le champ de bataille : on alla se tuer à la frontière.

(1) Voir les Mémoires du cardinal de Retz.

Sous Louis XV, les duels étaient à la mode ; mais, quoique fréquents, ils étaient peu tragiques. Pour les affaires d'honneur, on accepta un code, une espèce de règlement. Les injures étaient partagées en deux classes. En vertu de ce classement d'un goût tout nouveau, l'on continua de se battre à peu près pour rien. Alors fut inventé le duel au premier sang, « dans lequel, dit Rousseau, la gentillesse se mêle à la cruauté, et où l'on ne tue les gens que par hasard. » Ce qui fit dire au philosophe dans une éloquente indignation : « Au premier sang ! grand Dieu ! Et qu'en veux-tu faire de ce sang, bête féroce ?.... le boire ? »

A cette époque on dégaînait pour un mot, pour un regard ; mais souvent les fers seulement croisés rendaient l'honneur satisfait. Le théâtre exploita avec bonheur cette manie ridicule, qui fournit à Fagan l'idée de son amusant personnage de ***Brettenville***, et lui inspira une des meilleures scènes des ***Originaux***. Dans cette portion du dix-huitième siècle, quelques hommes s'étaient acquis dans les armes une sorte de réputation. L'un d'eux, le marquis de Villette, était, selon Voltaire, son ami, un des hommes les plus spirituels de France, et selon Saint-Georges, une des plus fortes lames du temps. Afin de ne pas compromettre cette double réputation, M. de Villette écrivait peu ou point, et ne se battait jamais.

Quelques hommes de lettres partageaient le goût du temps relativement au duel. On sait que Piron et Crébillon fils se donnaient rendez-vous tous les samedis au café Procope, où ils n'épargnaient personne dans leurs plaisanteries et leurs épigrammes, et Saint-Foix, l'auteur des Essais historiques sur Paris, était volontiers de la partie, quand il n'avait pas reçu, dans le courant de la semaine, quelque bon coup d'épée.

On peut lire, dans les mémoires de M. de Ségur, le récit à la fois intéressant et spirituel de deux duels qu'eut l'auteur de ce livre, le premier à Lille, avec M. de la Villeneuve, jeune officier au régiment dauphin-infanterie ; l'autre avec le prince de Nassau, en présence du vicomte de Noailles, qui servait de témoin aux deux parties, rencontres accompagnées des circonstances les plus originales, auxquelles avaient donné lieu des causes presque puériles, et qui, heureusement, n'eurent pas de résultats sérieux.

On n'a point oublié quelques personnages célèbres par leurs duels nombreux, duels dont l'origine était presque toujours futile. On cite encore le nom du fameux Dorsant, qui, en 1783, avait eu trois rencontres dans la même semaine : la première avec un homme qui l'avait regardé de travers, la seconde avec un officier qui l'avait fixé, et la troisième avec un Anglais qui avait passé près de lui sans le regarder. Certainement ce trait rappelle bien celui consigné dans l'histoire de France où Bussy d'Amboise raconte son triple duel avec Saint-Phal, qui prétendait voir sur les boutons d'un habit la lettre X, tandis que Bussy soutenait que c'était la lettre Y. Nous attendons, dit Bussy, une quatrième rencontre pour décider la question (1).

(1) Voir Anquetil (*Histoire de France*), et Alex. Dumas (*Henri III et sa Cour*).

L'idée de cette pièce, premier succès de l'auteur dont nous ne pouvons pas répéter l'éloge, car nous serions l'écho de tout le monde, lui a été, comme on le sait, inspirée par la lecture d'une note de l'ouvrage d'Anquetil ; note qui contient le récit rapporté par nous.

Lorsque le port de l'épée était encore en usage, deux hommes se heurtent dans une rue assez obscure; l'un des deux met aussitôt flamberge au vent, et se prépare à fondre sur son antagoniste, qui, plaçant la main à son épée, la tire à moitié du fourreau.

— Allons, Monsieur, dit le premier, le vin est tiré, il faut le boire.

— Je n'ai pas soif, monsieur, répond le second en repoussant sa lame dans le fourreau; et il se retire.

Le fait suivant est plus grave. Ici l'offenseur est justement puni; le glaive des lois était impuissant, celui de l'offensé fit justice d'un provocateur.

Dans les premières années de la Restauration, vers 1816 ou 1817, M. de C***, garde du corps, se trouvait dans un café du Palais-Royal que fréquentait un certain B***, capitaine d'infanterie, renommé comme cherchant volontiers les querelles. Quelques paroles furent échangées entre les deux officiers; grossières de la part du capitaine B***, elles étaient mesurées, spirituelles et pleines de convenance, de la part de son interlocuteur.

L'insolence du spadassin augmenta, la modération de M. de C*** ne fit que croître; le dédain que le garde du corps employait redoubla la colère du capitaine, qui, saisissant un bol de punch, le plaça violemment sur la tête de celui qu'il insultait. Le combat fut instantané. M. de C***, sans armes, emprunta l'épée d'un militaire de mes amis, M. Durozel, qui avait été témoin de l'insulte. Le capitaine B*** reçut un coup d'épée en pleine poitrine, et tomba mort. C'était le jugement de Dieu. Ses témoins allèrent déposer presque furtivement le corps de la victime à son domicile, rue Notre-Dame des Victoires.

Les circonstances à la fois singulières et tragiques de ce duel avaient fait du bruit ; le ministre de la police en fut averti ; la mauvaise réputation et la coupable conduite du capitaine B*** lui furent expliquées, et quand on lui demanda quelle marche il fallait suivre : — Ne faisons rien, répondit le magistrat : nous sommes débarrassés d'un homme dangereux, d'un vieux garnement ; où est le mal ?

Le duel du célèbre poëte Pouchkine et de son beau-frère est un des événements de ce genre les plus désastreux qu'ait enregistré l'histoire. La femme et les enfants de Pouchkine restaient abandonnés et privés de tous moyens.

La générosité et la bienveillance de l'empereur arrachèrent à une misère certaine cette famille désolée.

Nous avons formulé cèt aphorisme : Dans un duel, ce ne sont pas les épées ni les pistolets qui tuent, ce sont les témoins ; en voici un exemple :

Un vaudevilliste, connu par de nombreux succès, M. Carm..., eut, il y a quelques années, une discussion avec plusieurs jeunes gens qui semblaient se faire un malin plaisir de siffler toutes les pièces qui se jouaient au théâtre des Variétés. L'auteur, qui ne défendait pas une de ses œuvres, mais celle d'un camarade, élevait la voix ; la querelle était vive, lorsque survient M. Laf.., son ami ; celui-ci s'approche, se fait expliquer l'affaire ; puis, écartant M. Carm..., « Laisse-moi, lui dit-il, je vais arranger cela. » Carm... revient au café où nous étions avec Brasier, G..., D... et autres camarades. Il était ému.

— Qu'as-tu ? s'empresse-t-on de lui demander.

Il raconte ce qui venait de se passer. Au même instant arrive Laf.. :

— Eh bien, dit-il à Carm... en lui serrant la main, l'affaire est arrangée.

— Ah ! tant mieux, fit-on de toutes parts.

— Je n'ai eu qu'à leur parler, nous avons tout de suite été d'accord.

— Très-bien, très-bien, continue-t-on.

— Oui, dit Laf.. en tenant toujours la main de Carm..., l'affaire est arrangée ; *tu te bats demain à cinq heures du matin.*

Le duel eut lieu au pistolet. Sans son chapeau, qui amortit la balle, Carm... fût tombé victime de cette *affaire arrangée ;* la scène dramatique eût alors perdu un de ses plus spirituels auteurs, et ceux qui le connaissent un excellent ami.

Il est aussi des gens qu'un esprit tout de conciliation et de bienveillance rend quelquefois dupes et victimes de leur amour pour la paix. Je citerai à cette occasion M. de North..., qui, malgré mes conseils, ayant voulu arranger une affaire qui le regardait très-peu, s'en fit personnellement deux qui le regardèrent beaucoup. L'un de ses adversaires lui avait envoyé un coup d'épée qui l'avait mis au lit pendant six mois ; il avait tué l'autre, et avait été obligé de s'expatrier.

Il existe certains caractères prédisposés à l'excentricité, qui, dans les rencontres qu'ils peuvent avoir, cherchent des moyens bien singuliers pour arriver à terminer leur querelle. Notre mémoire nous en fournit quelques exemples que nous allons citer.

Un extravagant croit avoir à se plaindre de quelqu'un; il va trouver la personne dont il a souffert, à ce qu'il dit, les plus injurieux traitements; il s'anime, il fait du bruit; bientôt son exaltation est à son comble :

— Monsieur, s'écrie-t-il, ce n'est pas un duel ordinaire que je vous propose; il ne s'agit pas de se tuer à bout portant!

— Et de quoi donc?

— Monsieur, nous allons nous jeter tous les deux par la fenêtre!

L'homme sage réfléchit un instant.

— Eh bien, monsieur, j'accepte.

— Enfin! dit l'autre.

— Oui, mais c'est à une condition : c'est que vous sauterez le premier.

A ces mots, par un changement aussi rapide que burlesque, la fureur de notre homme s'apaise, et à son état d'irritation succède la consternation la plus complète.

Ceci nous rappelle la proposition étrange faite un jour à un artiste de l'un de nos théâtres par un spirituel auteur, ancien garde du corps, dont les bizarreries de caractère et les habitudes excentriques sont assez connues. Ces deux messieurs, après une discussion assez vive, en étaient venus à des propos irritants. La scène se passait au foyer des comédiens, vers la fin de la soirée. L'auteur avait parlé d'un cartel; il voulait se battre à l'instant même, séance tenante. L'artiste lui fit remarquer qu'ils étaient tous deux sans armes.

— Qu'à cela ne tienne, monsieur, s'écria l'auteur, en

voici. Et il se saisit de deux tisons ardents qui étaient dans la cheminée du foyer, et en présente un à son adversaire.

L'offre ne fut point acceptée ; et en présence des rires immodérés qu'elle avait excités, la fureur de notre homme ne tarda pas à disparaître.

Nous empruntons à un auteur contemporain le récit suivant, qui ne manque pas d'originalité (1).

. . . . Un jeune homme avait reçu une injure ; des amis charitables lui firent bientôt entendre qu'il était perdu d'honneur s'il ne demandait raison d'un pareil outrage. Le bon jeune homme ne peut concevoir comment, les torts n'étant pas de son côté, la honte y était.

— Mais les lois de l'honneur, lui criait-on de toutes parts; malheureux ! vous êtes perdu si vous n'y satifaites.

— J'y satisferai donc, dit-il, car mon père m'a surtout recommandé de leur rester fidèle.

Il alla trouver Van Break, et lui demanda comment on se vengeait d'un injure, et comment se terminait une affaire d'honneur. Notre philosophe marin prit un air d'importance, et répondit : Philippe, mon filleul, l'honneur est un fantôme qui change de forme en changeant de pays. J'eus, en Pensylvanie, le tort d'appliquer un fort rude soufflet à un brave quaker, qui se contenta de me tendre son autre joue, et fut loué par tout le monde de cette action. Un Corse, avec lequel j'étais en rivalité dans ma jeunesse, crut qu'il était de son honneur de m'assassiner, et mourut de honte de n'avoir pu réussir. Un Anglais m'offrit un jour de boxer pour terminer

(1) *Jonathan le Visionnaire*, Contes philosophiques, par B. Saintine.

une discussion un peu vive, et me méprise encore aujourd'hui sans doute, parce que j'éludai la proposition. Me trouvant au Japon, je coudoyai par mégarde un hobereau du pays, qui, sans me dire un mot, tira aussitôt son poignard de sa gaîne; je crus qu'il allait s'en servir contre moi; point du tout, il s'en ouvrit incontinent le ventre, et tomba à mes pieds en rendant tous ses viscères. Ému de pitié, d'horreur, d'étonnement, je m'apprêtais à lui porter secours : Eh bien! monsieur, me dit-il tranquillement, à votre tour! Je ne le comprenais pas, je ne voulus jamais le comprendre, et je fus honni par tous les Japonais, pour n'avoir pas imité un si bel exemple. Je passai chez les Tartares de Tengut, où m'attendait une autre affaire d'honneur. Un honnête mari du pays m'appela en duel, pour avoir fait les yeux doux à sa femme; on m'arma d'une forte massue, et il me fut enjoint de lui en administrer trois coups sur le dos; il devait opérer après moi; mais je m'y pris si bien qu'il ne s'en releva pas, et je fus reconduit avec beaucoup de civilités par ses compatriotes, enchantés de ma force et de ma courtoisie. Philippe, mon filleul, voilà comme partout le code pénal de l'honneur est interprété diversement. En France, on emploie l'épée ou le pistolet; mais, crois-moi, si tu fus insulté, celui qui t'a fait l'insulte se sent les moyens de survivre à la réparation; abandonnons la France à ses éternelles contradictions et passons en Pensylvanie.

Les Siamois ont aussi à ce sujet, s'il faut en croire certains voyageurs, des idées assez singulières; parmi les moyens qu'ils emploient pour savoir de quel côté est la justice dans les affaires civiles, ils se servent surtout de certaines pilules purgatives que les deux parties doivent avaler; celui qui les garde le plus longtemps gagne le procès.

Il y a quelques années, M. le marquis de B... et M. le comte de M..., à la suite d'une discussion peu grave, convinrent d'un rendez-vous. On va sur le terrain, le combat durait depuis assez longtemps, on aurait pu croire que ce duel n'était qu'un assaut hors distance; un témoin regardait sa montre, un autre bâillait, et, rassurés sur le sort des principaux personnages, on allait peut-être se séparer, lorsque les athlètes, voulant terminer par un coup d'éclat, se fendent tous deux en même temps; le jeu était tellement large que les deux épées encadrent les deux corps vierges de toute blessure. Mais, ô triomphe de l'amour-propre! chacun croit avoir perforé son adversaire; on chante victoire, c'est un *Te Deum* en partie double, et le lendemain matin, en adversaire généreux, M. le marquis de B... envoyait demander des nouvelles de la blessure de M. le comte de M..., et M. le comte de M..., de son côté, envoyait demander des nouvelles de celle de M. le marquis de B...

Un jour, M. R..., qui jouissait à Paris d'une grande réputation d'homme d'esprit, et que de hautes fonctions administratives ont enlevé aux douces excentricités de la vie parisienne, reçut d'un jeune échappé des écoles un manuscrit, sous le pli duquel il ajoutait :

« MONSIEUR,

» Je vous adresse un vaudeville que je vous prie de lire avec
» la plus grande attention; si vous croyez pouvoir y ajouter

» quelques mots, et qu'ils me conviennent, je consens à vous
» accepter pour collaborateur.

» J'ai l'honneur, etc. »

M. R... retourna le manuscrit à l'auteur avec cette réponse :

« Monsieur,

» J'ai lu votre vaudeville avec la plus grande attention ; JE
» VOUS LAISSE LE CHOIX DES ARMES. »

Quelques duels, il faut en convenir, ont fini gaiement. « M. de Langerie et M. de Montandre, officiers dans le corps des galères (1), se prirent un jour de querelle et se rendirent sur le pré ; ils étaient l'un et l'autre excessivement laids. Arrivés au lieu du combat, les épées tirées, M. de Langerie regarde en face son adversaire et lui dit :

— Je fais une réflexion, je ne puis pas me battre avec vous.

— Comment, monsieur ! qu'est-ce que cela veut dire ?

— Cela signifie que je ne me battrai pas.

— Quoi ! vous m'insultez, et vous refusez de m'en rendre raison ?

— Si je vous ai insulté, je vous en fais toutes les excuses possibles ; mais j'ai une raison insurmontable pour ne pas me battre avec vous.

— Mais, monsieur, peut-on la savoir ?

(1) Dictionnaire français, publié en 1819, par M. le comte de F. — Paris, chez Pélicier, galerie des Offices, au Palais-Royal.

— Elle vous fâcherait.

— Non, monsieur.

— Vous me l'assurez ?

— Oui, je vous l'assure.

— Eh bien, monsieur, la voici : Si nous nous battons, je vous tuerai selon toutes les apparences, et je resterai l'homme le plus laid du monde.

Son adversaire ne put s'empêcher de rire ; ils revinrent à la ville bons amis ; et comme leurs preuves de bravoure étaient faites à l'un et à l'autre, tout le monde en rit aussi. »

Le sexe charmant en l'honneur duquel l'antiquité avait imaginé la fable poétique des Amazones, et qui, dans les temps modernes, a produit en France d'admirables héroïnes, Jeanne d'Arc, Jeanne de Montfort, Jeanne Hachette, n'a pas craint quelquefois d'avoir recours au duel pour venger, aussi bien que le sexe masculin, son honneur offensé. Les femmes ont cédé quelquefois à des instincts parfaitement guerriers et querelleurs ; avouons toutefois que ces faits ont été assez rares pour qu'on ait cru devoir les noter comme autant de curiosités historiques. Ainsi, on affirme que madame de Nesle, par amour pour le duc de Richelieu, se battit au pistolet, au bois de Boulogne, avec madame de Polignac, qui lui disputait son amant ; elle fut blessée à l'épaule (1).

En 1833, une femme de Dublin se battit en duel, sans témoins, avec une autre femme qu'elle tua. Traduite devant la cour d'assises de Leinster, en Irlande, sous la prévention de meurtre, elle fut acquittée par le jury et portée en triomphe

(1) Dictionnaire des anecdotes historiques de l'amour.

par le peuple. On oublia la gravité du procès pour ne songer qu'à sa singularité. Ainsi dans tous ces exemples cités par nous, depuis les duels regardés comme sérieux et les épreuves par suite desquelles l'innocent comme le coupable introduisaient leur main dans l'eau bouillante, ce qui forçait chaque partie à se brûler le plus longtemps possible pour prouver la culpabilité de son adversaire ; depuis les duels et les épreuves, dis-je, jusqu'à ces affaires ridicules ou risibles dont nous avons parlé, tout, on le voit, n'est que cruauté, bouffonnerie ou sottise.

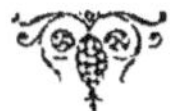

CHAPITRE III.

§ III. État de la question. — Du conflit élevé entre les deux juridictions. — Seul moyen de prévenir les duels.

La déclaration de 1679 et l'institution des juges du point d'honneur n'eurent pas, à ce qu'il paraît, tout le succès qu'on pouvait en attendre. Les combats singuliers restèrent aussi fréquents.

Le comte de Toulouse écrivait en 1737, au mois de mars :

« Les lois sur le duel sont sages, mais jusqu'à ce que l'on ait trouvé le moyen de sauver l'honneur d'un homme, il faut, en particulier, compatir à ce qu'il est obligé de faire. J'ai vu le feu roi bien sévère sur les duels, mais en même temps si dans son régiment, qu'il approfondissait plus que les autres, un officier avait une querelle et ne s'en tirait pas suivant l'honneur mondain, il approuvait qu'on lui fît quitter le régiment. »

Cependant les lois de Louis XIV eurent un résultat heureux ; ce fut de rendre à peu près impossible l'usage des seconds; car on sait qu'avant lui les duels n'étaient point la rencontre de deux ennemis, les témoins devaient aussi combattre et épouser la querelle de ceux qu'ils assistaient. On vit des duels entre six, huit et dix personnes. La substitution du témoin passif au second est un grand pas vers la raison, la justice et l'humanité ; car s'il est inhumain de venger une injure que l'on a reçue, il est absurde et cruel de se battre dans l'intention de venger un autre pour un fait qui ne vous est point personnel. De ce progrès, il résulte que beaucoup d'affaires, où chaque fois il y avait mort d'homme, se terminent maintenant par des blessures souvent peu dangereuses, et encore est-il possible quelquefois d'empêcher ou d'arrêter le combat.

Louis XV fit, en 1723, un édit contre les duels, et le confirma en 1729. Cette loi, la dernière qu'aient rendue nos rois à ce sujet, resta sans influence comme celles qui l'avaient précédée. Ce sentiment exalté du point d'honneur ne prendrait-il pas sa source chez nous dans cet esprit un peu remuant qui a toujours caractérisé notre nation ? « Mettez trois Français au désert de Libye, disait Montaigne, ils ne seront pas un mois ensemble sans se harceler et s'égratigner. »

Louis XVI comprit qu'il était inutile d'accroître le nombre des lois sur le duel ; il n'eût pas mieux réussi que ses prédécesseurs. On se battait pour les sujets les plus futiles ; un regard de travers, un froissement de coude, tout était matière à combat. Il existait alors dans les régiments des bretteurs chargés de *tâter* le jeune homme qui arrivait au corps.

« Dans cette disposition, dit M. Brillat-Savarin, une loi n'eût probablement fait que les aigrir. La rage des combats singuliers devait céder à des remèdes plus simples et plus appropriés à l'état actuel de la civilisation. » L'influence de J. J. Rousseau et de plusieurs autres moralistes contribua beaucoup à hâter ce résultat. Ces écrivains répétèrent si souvent qu'il était inconvenant de marcher armé, même au sein d'une paix profonde, et de traîner après soi des instruments de mort là où l'on ne venait la plupart du temps que pour chercher le plaisir, que l'opinion publique finit par se prononcer. On s'entendit donc pour quitter l'épée, et, dès lors, presque tous les duels eurent pour motif une injure grave, une parole sérieusement offensante.

Les Parisiennes, ajoute l'auteur que nous venons de citer, se distinguèrent dans cette lutte du présent contre le passé; elles proscrivirent l'uniforme, qui n'est de bon goût que dans les revues ou dans les camps, et refusèrent de paraître accorder à l'habit des préférences qu'on devait obtenir par des moyens de douceur et par le mérite. Les militaires ne parurent donc plus dans les salons qu'en *habit bourgeois.* C'était l'expression consacrée.

Ainsi l'épée fut pendant longtemps la seule arme en usage dans un duel; l'obligation de la porter continuellement imposait celle de savoir s'en servir; par conséquent, la certitude où l'on était de pouvoir défendre sa vie rendait moins difficile sur les occasions de l'exposer.

Le changement opéré dans le costume fut donc une des causes qui diminuèrent le nombre des duels, mais il contribua, par malheur, à répandre l'usage du pistolet. Quelle différence déplorable! Le combat à l'épée, malgré ses dangers et ses suites funestes, a quelque chose de noble et de chevaleresque; le sort n'y entre pour rien, celui qui reçoit un coup peut le rendre. Le duel au pistolet n'a rien de généreux, rien de français. Là, le courage, la vigueur, ne peuvent suppléer à l'adresse; on est obligé de tuer son adversaire, qui attend, immobile, le coup qui va le frapper, ou de supporter soi-même le feu meurtrier de son ennemi.

En conscience, est-ce se battre que de tirer, en quelque sorte, au sort lequel des deux adversaires aura l'affreux privilége de brûler la cervelle à l'autre?

Un jour j'adressais à un de mes élèves, qui avait eu le tort de se battre au pistolet, un reproche assez vif; Alexandre Dumas était présent; il approuva fortement mon opinion, s'empara du fait, qu'il raconta de la manière suivante dans Pauline, ce roman si sympathique et si touchant :

« A la troisième passe, le fleuret de Labattut rencontra la poignée de l'arme de son adversaire, et, se brisant à deux pouces du bouton, alla, passant par la garde, déchirer la manche de sa chemise qui se teignit de sang. Labattut aussitôt jeta son fleuret ; il croyait, comme nous, Alfred sérieusement blessé.

Heureusement ce n'était qu'une égratignure ; mais, en relevant la manche de sa chemise, Alfred nous découvrit une autre cicatrice provenant d'une blessure qui avait dû être plus sérieuse. Une balle de pistolet lui avait traversé les chairs de l'épaule. — Tiens ! lui dit Grisier avec étonnement, je ne vous savais pas cette blessure.

C'est que Grisier nous connaît tous comme une nourrice son enfant ; pas un de ses élèves n'a une piqûre sur le corps dont il ne sache la date et l'origine. Il écrirait une histoire amoureuse bien amusante et bien scandaleuse s'il voulait raconter celle des coups d'épée dont il connaît les antécédents ; mais cela ferait trop de bruit dans les alcôves, et, par contrecoup, trop de tort à son établissement ; il en fera des mémoires posthumes.

— C'est, lui répondit Alfred, que je l'ai reçue le lendemain du jour où je suis venu faire assaut avec vous, et que le jour où je l'ai reçue, je suis parti pour l'Angleterre.

— Je vous avais bien dit de ne pas vous battre au pistolet. Thèse générale, l'épée est l'arme du brave et du gentilhomme, l'épée est la relique la plus précieuse que l'histoire conserve des grands hommes qui ont illustré la patrie : on dit l'épée de Charlemagne, l'épée de Bayard, l'épée de Napoléon; qui est-ce qui a jamais parlé de leur pistolet? C'est le pistolet sur la gorge que l'on fait signer de fausses lettres de change; c'est le pistolet à la main que l'on arrête une diligence au coin d'un bois; c'est avec le pistolet que le banqueroutier se brûle la cervelle... Le pistolet... fi donc!... L'épée, à la bonne heure, c'est la compagne, c'est la confidente, c'est l'amie de l'homme; elle garde son honneur ou elle le venge.

— Eh mais, avec cette conviction, répondit en souriant Alfred, comment vous êtes vous battu, il y a deux ans, au pistolet?

— Moi, c'est tout autre chose, je dois me battre à tout ce qu'on veut, je suis maître d'armes. Et puis il y a des circonstances où on ne peut pas refuser les conditions qu'on vous impose.

— Et bien... je me suis trouvé dans une de ces circonstances, mon cher Grisier, et vous voyez que je ne m'en suis pas mal tiré...

— Oui, avec une balle dans l'épaule.

— Cela vaut toujours mieux qu'une balle dans le cœur.

— Et peut-on savoir la cause de ce duel?

— Pardonnez-moi, mon cher Grisier; toute cette histoire est encore un secret; plus tard vous la connaîtrez. »

Ainsi, pour en revenir à ce que nous avons dit plus haut, les édits du roi, les lois, les arrêts des parlements et des cours souveraines, les règlements de MM. les maréchaux de France, et toutes les précautions prises par les gouvernants ont été par le passé impuissantes à prévenir le duel. Les législations allemande, anglaise, russe, les lois sardes, qui punissent de mort les duellistes, n'ont pas obtenu, dans les autres contrées de l'Europe, de meilleurs résultats.

La proposition sur le duel, présentée naguère à la Chambre par MM. Taillandier et Dozon, n'a pas même été prise en considération.

Que faut-il donc conclure de tout ceci?

Un écrivain a dit que le duel contribuait au maintien des égards qu'on se doit dans l'état de société, en rendant plus important et plus général ce principe de l'éducation première que l'on ne doit offenser personne. Le passage suivant, de M. Lemontey, semblerait de même venir à l'appui de cette assertion.

« Le duel, dit l'auteur de *la Monarchie française*, est sans doute un mal ; mais la crainte du duel a quelques bons effets. C'est pour ainsi dire le tribut imposé à la civilisation d'un peuple vif et belliqueux, tribut que payent les fous et dont profitent les sages. »

Faut-il s'en tenir à cette explication, et suffit-elle pour résoudre le problème?

En envisageant les choses de sang-froid, une pareille théorie repose sur des principes inadmissibles; car, en même temps que la loi nous défend de nous rendre nous-mêmes justice, la raison, le bon sens, la religion et l'humanité, se réunissent pour condamner et proscrire à tout jamais un préjugé qui n'a emprunté son origine qu'à des usages barbares et à des époques d'ignorance.

Cependant chaque jour vient démontrer l'insuffisance des lois et des moyens employés pour arrêter les duels, dont le nombre, qui s'est accru depuis quelques années, a éveillé la sollicitude des législateurs.

Malheureusement un désaccord funeste a éclaté à ce sujet entre deux degrés de juridiction, depuis le premier réquisitoire prononcé par M. le procureur général Dupin dans une affaire de duel.

Le conflit établi entre la cour suprême et les cours royales menace de se prolonger, et, bien que leurs arrêts soient cassés, ces dernières persistent toujours dans leur jurisprudence.

L'affaire Servient, celle plus récente de M. de Beauvallon, en sont la preuve.

Dernièrement encore, la cour royale de Rennes, appelée à décider sur le sort d'un étudiant qui avait blessé dans une rencontre un de ses camarades, n'a-t-elle pas renvoyé le prévenu des fins de la plainte, par la raison que le duel, n'étant pas prévu par le Code pénal, ne constituait ni crime ni délit?

Il y a quelques mois, on lisait dans presque tous les journaux :

« M. Duvergier, bâtonnier de l'ordre des avocats, a présenté le résumé de la discussion sur le duel, qui a occupé deux séances. La conférence a décidé, à une assez grande majorité, que le duel ne constitue, aux termes de nos lois pénales actuelles, ni crime ni délit (1). »

La question de droit est donc encore en suspens, mais la question de fait est là, qui demande une solution prompte et équitable. Sans doute il est fort intéressant pour MM. les avocats et pour toutes les personnes adonnées à l'étude du droit de savoir où en est la jurisprudence établie ; le duel peut-il tomber sous le coup d'une répression, ou doit-il s'y soustraire ? Mais il existe une autre considération à garder ; chaque jour on a à déplorer les malheurs les plus graves et sans avoir l'espoir d'y porter remède.

La réflexion qui se présente naturellement à l'esprit de chacun de nous est celle-ci : « Vous m'avez insulté, je vous demande réparation ; vous me la donnerez ; je suis blessé grièvement, et je suis satisfait. Mon adversaire, qui m'a offensé, est blessé ; traduit en cour d'assises, on l'acquitte ; je suis doublement satisfait. Que faut-il donc faire ? »

Les anciens ne connaissaient pas le duel, ils employaient l'assassinat, ce qui a fait dire à l'un de nos ministres actuels : « Le duel est un progrès de notre civilisation. » Et nous devons l'avouer, le duel a un caractère particulier qui dès lors exige l'emploi de lois spéciales ; ces lois restent à faire. On a travaillé bien souvent et depuis des siècles pour anéantir ce

(1) Comme on parlait devant l'archevêque de Paris du duel que certains tribunaux condamnent et que d'autres absolvent, Mgr Olivier, évêque d'Évreux, dont on connaît l'impétuosité, eut l'indiscrétion de dire à M. Affre : Mais enfin, Monseigneur, si l'on vous donnait un soufflet, que feriez-vous ? — Monsieur, répondit l'archevêque, je sais bien ce que je devrais faire, mais je ne sais pas ce que je ferais. (Alphonse Karr, *les Guêpes* de septembre 1841.)

préjugé, et l'on n'y parvient pas; le passé même ne sert pas de leçon.

Nous avons eu comme moyens contre le duel l'ignominie pour le vaincu, dont le corps était traîné sur la claie; la mort simple pour le duelliste. Nous savons les exemples sévères donnés par Richelien, les édits de Louis XIV, les réquisitoires des parquets, les plaidoiries des avocats, les discours des membres des deux chambres; eh bien, après les réflexions les plus sages des hommes les plus graves, on n'en a pas encore fini avec le duel.

Et cependant, nous le croyons dans toute la sincérité de notre cœur, on peut arrêter ce fléau. Que nos législateurs daignent croire un moment le modeste professeur d'escrime, l'homme qui a consacré toute sa vie à des études sérieuses sur cette question profonde à laquelle se rattachent les intérêts les plus graves.

Oui, nous l'affirmons ici, il existe une mesure unique, un moyen efficace, et le voici : Que la flétrissure la plus intense dont la loi peut disposer, vienne frapper celui qui a contraint le citoyen probe, honnête et paisible, à se battre; punissez selon la gravité de l'offense celui qui s'est obstiné à mettre le meurtre en loterie.

Qu'on y songe bien, l'homme d'honneur ne se bat pas pour prouver qu'il ne souffre d'une offense que du moment qu'elle s'adresse à lui ou aux personnes dont il est et doit être l'appui : il ne se bat que pour prouver qu'il n'est point un lâche. Le duelliste, au contraire, se bat pour se faire un nom redoutable, pour inquiéter et dominer par la frayeur quiconque voudrait porter obstacle à la suprématie qu'il réclame.

Et la loi les punit tous les deux également ; mais de là vient tout le mal. Au nom de la raison, au nom de l'humanité, au nom du Dieu qui, dans sa balance équitable, pèsera nos actions au dernier jour, ne créez donc pas, entre ces deux hommes, une similitude que tout repousse : l'un est brave et honorable ; l'autre est lâche et infâme. Oui, mille fois on a répété avec raison, et toujours on le redira : « Entre l'assassin et l'homme honorable, mais malheureux, qui tue son adversaire en duel, il existe un abîme que rien ne peut combler. Les tribunaux doivent donc renoncer à cette monstrueuse assimilation.

L'honneur nous est plus cher que la vie, et de nos jours l'éducation tend à fortifier en nous ce principe sacré : il reste dès lors évident que vous n'arriverez à rien si vous ne déshonorez le provocateur, et ne placez l'homme offensé sous la bienveillante protection de la loi ; jusque-là, vous maintiendrez le vieux préjugé du duel, vous le fortifierez. N'est-il pas certain, en effet, que dans l'état actuel de nos mœurs, refuser un duel, c'est se vouer d'avance au mépris du monde et s'exposer pour toute sa vie à de nouvelles insultes ? Comme le disait avec autant d'éloquence que de raison Jules Janin dans une de ses brillantes pages :

« Celui-là est perdu dans le monde des lâches, qui n'a pas le cœur de se battre ; car alors les lâches, qui sont sans nombre, feront du courage sans danger à ses dépens ; celui-là est perdu dans ce monde, où l'opinion est tout, qui ne saura pas acheter l'opinion d'un coup de feu ou d'un coup d'épée ; celui-là est perdu dans ce monde d'hypocrites et de calomniateurs, qui ne saura pas se faire raison, l'épée au poing, des calomnies, et surtout des médisances : la médisance assassine mieux qu'une épée nue; la calomnie vous brise plus à coup sûr que la balle d'un pistolet. »

Le duel doit disparaître de nos mœurs, nous ne saurions trop le répéter. Il faut le proscrire, mais pour que cette proscription soit efficace, elle doit frapper le provocateur, le discréditer, le courber sous le poids du mépris public. Chacun alors sera satisfait, l'honneur sera sauf : ce ne sera plus un duel que l'on refusera, mais le rôle d'un spadassin. Le jour où l'indignation générale poursuivra le provocateur, le jour où ce nom sera le synonyme de celui de lâche et d'infâme, alors les duels ne seront plus classés que dans les exceptions les plus rares.

L'objection présentée a été celle-ci : Mais comment reconnaître le provocateur? La réponse est facile : Quand vous ne pouvez retrouver l'assassin, vous vous passez du coupable. Il n'y a rien d'absolument parfait dans ce monde.

En résumant nous dirons : on doit souhaiter que tous les duels aient leur dénouement devant un jury. Mais puisse ce nouveau vœu être exaucé, que l'on ne confonde pas les spadassins avec l'honnête homme forcé à se battre! Punissez les témoins qui auront excité au combat pour des raisons futiles; mais gardez-vous bien de toucher à ceux dont la conduite aura été honorable, ou, je le répète, ce sera tout compromettre ou tout perdre.

J'ai indiqué à la fin de mon premier chapitre l'institution d'un jury d'honneur à créer dans chaque ville pour connaître du duel : depuis trente ans que je professe les armes, j'ai été mêlé bien souvent à des rencontres; eh bien! je le déclare ici, l'institution du jury d'honneur me paraît la base de toute législation sur les combats particuliers. Les hommes honorables choisis par leurs concitoyens, et de la sentence desquels personne n'appellera, car ces hommes jugeront comme ils voudraient être jugés eux-mêmes; ces magistrats d'honneur marqueront d'un stigmate honteux le front du spadassin, et ne laisseront pas confondre le citoyen qui sauvegarde sa réputation avec celui qui se pose comme le fléau de la société.

TABLEAU

DE

L'HISTOIRE DE L'ESCRIME

Ce qui fut sert de phare à ce qui doit venir.

(Belmontet.)

TABLEAU

DE

L'HISTOIRE DE L'ESCRIME

Il nous semble rationnel de placer ici le tableau général de l'histoire de l'escrime, qui doit, selon nous, servir d'introduction naturelle aux développements que nous comptons donner sur la profession des armes et sur les devoirs qu'elle impose.

Dans son traité de l'*Art des armes*, M. de La Boëssière dit : « L'épée est l'arme la plus ancienne que l'on connaisse..... C'est cette arme qui a fondé les empires, qui en a soutenu la gloire.... C'est par elle que les Perses, que les Mèdes établirent leur puissance... Les Grecs, qui les suivirent, lui durent leurs succès, etc. »

Que M. de La Boëssière commence un traité de l'*Art des armes* par l'éloge de l'épée, rien de plus naturel ; c'est un hommage légitime rendu à l'arme à laquelle il dut sa haute réputation. Mais un éloge doit avoir des bornes ; si on les passe, on se fera inévitablement accuser d'avoir méconnu la vérité.

Ainsi M. de La Boëssière dit : « *L'épée est l'arme la plus ancienne que l'on connaisse.* » Or, aucun historien, aucun monument ne le prouve ; et tout nous porte à croire qu'avant d'avoir des épées, les hommes eurent pour armes offensives des massues, des lances, des javelots, des arcs, des flèches, etc... Il ajoute : « *C'est par elle que les Perses, les Mèdes établirent leur puissance.* » Et jamais Hérodote, ni Xénophon, ni Ctésias, ni Diodore de Sicile, n'ont écrit que les Perses et les Mèdes établirent leur empire seulement par l'épée. On peut dire tout au plus qu'elle contribua à cet établissement. Et plus loin : « *Les Grecs qui les suivirent lui durent leurs succès.* » Eh bien, voici comment se composait l'infanterie athénienne : les *Oplites* ou pesamment armés ; les armés à la légère ; les *Peltastes*, qui tenaient le milieu entre les premiers et les seconds ; les *Oplites* seuls avaient des épées. Quant à la cavalerie, elle préférait, si nous en croyons Xénophon (1), le sabre à l'épée.

Pour moi, je considère toute arme blanche qui reste fixée dans la main, comme appartenant à l'escrime, par exemple, la lance, la pique, le petit ou le grand sabre, la baïonnette, etc... Il est impossible, en effet, qu'en tenant cette arme à la main,

(1) De Re equestri, p. 944.

on n'ait pas en même temps l'idée de chercher à s'en servir plus adroitement que son adversaire.

Quoi qu'il en soit, il reste prouvé pour moi, après toutes les recherches que j'ai pu faire, que l'escrime remonte à la plus haute antiquité. Il est question de cet art dans l'histoire des Indiens; et il est encore, dit-on, en si haute estime dans les Indes, qu'on n'en permet l'exercice qu'aux princes et aux nobles. Ces grands personnages portent sur leurs armes une marque distinctive, appelée, dans leur langue, *Esaru*, qui leur est donnée par les rois eux-mêmes, avec de grandes cérémonies, à peu près semblables à celles employées lorsque l'on conférait nos ordres de chevalerie.

Les naturels du Mexique, à l'époque de l'invasion des Espagnols, avaient des épées de bois, dont ils se servaient avec une adresse qui aurait fait honneur à bien des peuples européens. Nous pourrions multiplier ces exemples ; nous sommes en droit de nous étonner que Platon veuille prouver que là où il y a adresse pour triompher de son ennemi, il n'y a pas vertu ; si ce principe était admis, chacun le comprend sans peine, il en résulterait, pour ce qui concerne notre époque, par exemple, qu'un général n'aurait aucune espèce de mérite par cela seul qu'il aurait, je suppose, exercé son artillerie à bien pointer. Napoléon comprenait que la bravoure ne suffit pas lorsqu'elle est opposée à la bravoure, et qu'il faut y joindre l'adresse, et quoiqu'il commandât aux troupes les plus braves de son temps, il n'aurait jamais renoncé aux ressources que l'on peut trouver dans l'habileté en ce qui concerne la tactique et le maniement des armes.

Ce qui a porté Platon à condamner l'escrime, c'est qu'il

n'a connu, dit-il, parmi les maîtres qui professaient ce noble exercice ou parmi leurs disciples, personne qui fût devenu un grand homme de guerre. J'ignore jusqu'à quel point l'observation de l'illustre philosophe pouvait être fondée, mais je sais bien que le jugement porté par lui n'a pas été ratifié par la postérité. Alexandre le Grand, Eumène, Ptolémée, Marçius, Annibal, Sylla, Fabius, Marius, Sertorius, Caton, Brutus, César, Pompée, Trajan, Adrien, une foule de souverains ou de généraux de l'antiquité à la plupart desquels nous avons déjà attribué la part de gloire qui leur revient à ce sujet, démentent l'assertion de Platon.

Dans un autre endroit, Platon prétend aussi que la valeur n'est pas le fruit de la nature seule, mais qu'elle est surtout l'effet de l'éducation ; Plutarque se range à cet avis. D'après cela, il me semble que Platon n'aurait pas dû avancer que l'escrime est un art inutile. En effet, comment croire que la valeur, qui s'acquiert surtout par l'éducation, doive se passer absolument de l'escrime? Évidemment, s'il n'y a pas là un jugement téméraire, il y a pour le moins une contradiction.

Dans tous les cas, en consultant les ouvrages des auteurs anciens, on y voit les Athéniens les premiers établir des règles au sujet de l'escrime ; n'oublions pas surtout qu'ils se servaient de la pointe. Leur arme de prédilection était l'épée, ils avaient des maîtres d'armes, et cet art que Platon désapprouve, était regardé comme indispensable à l'éducation des jeunes citoyens. A leur exemple, tous les autres peuples grecs, et surtout les Macédoniens, quand ils combattaient corps à corps, se servaient de l'épée, c'est-à-dire de la pointe.

Nous avons dit qu'Alexandre affectionnait cette arme, qu'il la maniait avec habileté.

Les lames d'épée des Spartiates n'avaient guère que quatorze ou quinze pouces de longueur, d'où l'on doit conclure qu'ils ne frappaient qu'avec la pointe. D'ailleurs nous en trouvons une preuve dans ce passage de Plutarque : « Agis » répondait à un Athénien qui se moquait des courtes épées » des Lacédémoniens, en disant que les bateleurs les ava- » laient sur les théâtres : Cependant avec ces épées si courtes, » nous ne laissons pas de percer nos ennemis (1). » Et nous nous rappelons les paroles du roi Agésilas à un de ses officiers qui se plaignait du peu de longueur de son glaive : « Tu feras un pas de plus. »

Les Romains, qui cultivèrent spécialement l'escrime, étaient encouragés dans cette étude par leurs généraux ou par leurs empereurs. Trajan et Adrien daignaient instruire eux-mêmes les soldats les moins expérimentés ; ils récompensaient les plus habiles, et quelquefois leur disputaient le prix de la force ou de l'adresse (2).

L'histoire romaine nous offre une foule de traits où l'épée et l'escrime jouent un rôle important.

Lorsqu'après avoir renversé quarante mille Romains qui défendaient le passage de l'Allia, Brennus au pied du Capitole jetait son épée dans la balance où les descendants de Romulus entassaient l'or qui devait racheter leur patrie, Camille, s'il faut en croire Tite-Live, vint annoncer au chef gaulois que

(1) Plutarque, *Vie de Lycurgue.*
(2) Panégyrique de Trajan (Pline le jeune). Vie d'Adrien.

ce n'était pas avec l'or, mais bien avec du fer, que la ville éternelle payait sa rançon ; démarche hardie, car les Gaulois, il le savait, maniaient avec une rare dextérité la longue épée dont ils étaient les inventeurs. Camille comprit l'importance de cette arme, et étudia non-seulement l'escrime des Gaulois, mais encore celle qu'on pouvait employer contre eux.

Le consul Publius Rutilius (vers l'an 645 de Rome) se distingua parmi ceux qui instruisirent le soldat « à manier les » armes par adresse et science, qui conjoignit l'art à la vertu : » non pour l'usage de la querelle privée, ce fut pour la guerre » et querelle du peuple romain. » Cette nation s'exerçait à l'escrime avec un enthousiasme guerrier. Végèce nous dit que les victoires des Romains sont dues à ce qu'ils se servaient plutôt de la pointe que du tranchant de leur arme.

Nous trouvons dans l'histoire le récit des nombreuses preuves d'adresse données par Marcellus. C'est lui qui tua, dans un combat singulier, Viridomare, roi des Gaulois ; cette victoire lui permit de consacrer des dépouilles opimes, alors que ce droit était réservé exclusivement aux généraux qui avaient tué de leur propre main le chef de l'armée ennemie ; et les annales de Rome ne nous montrent que trois exemples de ce fait.

Les trois généraux qui consacrèrent ces sortes de dépouilles furent Romulus, pour avoir tué Acron ; Cornélius Cossus, pour avoir tué Tolumnius, roi des Toscans ; enfin Claudius Marcellus.

Les Cimbres portaient chacun deux javelots qu'ils lançaient de loin ; et quand ils avaient joint l'ennemi, ils l'attaquaient avec leurs grandes et fortes épées. Marius avait eu raison, par conséquent, de tenir si fort à l'exercice des armes.

Un fait raconté par Plutarque nous prouve qu'il est plus avantageux pour sa défense de se servir de l'épée que de toute autre espèce d'arme : « Tous les soldats de Barguntus, dit cet historien, furent tués, excepté une vingtaine, qui, l'épée à la main, se jetèrent en désespérés au travers des ennemis pour s'y faire jour. Les Barbares furent si étonnés de cette audace, que, saisis d'admiration, ils ouvrirent leurs rangs et leur donnèrent passage.

Pompée, attaqué dans une bataille par un cavalier qui le serrait de près, lui abattit le poignet d'un coup d'épée. Scipion eût été probablement de la même force ; car il avait étudié l'escrime avec soin, et en était grand partisan. Nous lisons à ce sujet dans Montaigne : « Le jeune Scipion dit à un » jeune homme qui lui faisait montre de son beau bou- » clier : Il est vraiment beau, mon fils ; mais un soldat romain » doit avoir plus de fiance en sa main dextre qu'en la gau- » che. » Végèce nous apprend que l'on exerçait les nouveaux soldats avec des boucliers d'osier et des pieux, au lieu d'épées, dont le poids était double de celui des armes ordinaires. Ainsi armés, ils s'escrimaient matin et soir contre un poteau, feignant de porter des coups tantôt sur la tête, tantôt sur la figure, menaçant les flancs ou les jambes, avançant, reculant, s'élançant, bondissant, et, comme si ce poteau eût été un véritable adversaire, ils fondaient sur lui avec impétuosité, ou l'enveloppaient avec toutes les feintes que l'art leur suggérait. Seulement ils avaient soin de porter toujours les coups de manière à se couvrir le corps.

Végèce ajoute que les soldats apprenaient à se servir non

du tranchant, mais de la pointe de l'épée ; « car non-seulement, dit-il, les Romains ont constamment vaincu ceux qui emploient le premier moyen, mais encore ils s'en sont toujours moqués. » Puis il achève de faire l'éloge de l'épée, et après avoir démontré sa supériorité sur la contre-pointe, il termine en disant : « Tandis qu'on porte un coup de tranchant, le bras droit et le flanc sont à découvert, au lieu que le corps est garanti par un coup de pointe, et que l'adversaire est blessé avant qu'il ait le temps de s'en apercevoir. »

N'oublions pas, avant d'en finir avec l'histoire romaine, de mentionner un fait qui l'a marquée au sceau d'une originalité frappante. Nous voulons parler des combats de gladiateurs, dans lesquels l'escrime ne pouvait nécessairement qu'encourager la valeur de ces êtres infortunés, voués souvent dès leur naissance au plus misérable, au plus abject des métiers, étrangers à la société, qui ne les comptait pour rien, et que l'état ou des particuliers entretenaient à grands frais pour les faire battre entre eux ou contre des bêtes féroces.

Les gladiateurs, logés dans des maisons vastes et bien aérées appelées *ludi*, étaient l'objet des attentions les plus minutieuses. Bien nourris et bien vêtus, mais sans cesse exercés ; quelquefois ils étaient prêtés ou loués par leurs propriétaires pour des sommes énormes. Un gladiateur, coté, tarifé, garanti, était souvent une bonne fortune pour celui qui savait utiliser son adresse et sa vigueur.

Les Thraces combattaient avec le glaive et le bouclier ; les *Mirmillons* et les *Retiaires*, l'un avec le bouclier et une épée recourbée, l'autre avec un filet et un trident acéré ; le Mirmillon, ainsi nommé d'un mot de la langue qui signifiait *poisson,* parce que son casque était surmonté d'une figure de poisson, était vêtu d'une tunique courte à la manière des Gaulois. Il lui fallait une légèreté surprenante pour éviter ce filet redoutable que le retiaire lançait avec tant d'adresse, et sous les réseaux duquel il pouvait envelopper son ennemi. De temps en temps on l'entendait crier : « *Arrête, Gaulois ; ce n'est pas à toi que j'en veux, mais bien à ton poisson.* » Mais si le *retiaire* parvenait à joindre le mirmillon et à l'emprisonner dans ses mailles fatales, il perçait de son trident et immolait facilement son adversaire, qui se débattait en vain. On voyait encore bien d'autres variétés de gladiateurs ; on avait les *Homoplaques*, armés de toutes pièces ; les *Dimachères,* avec un poignard à chaque main : les *Essédaires,* montés sur des chars ; les *Andabates*, à cheval et les yeux bandés ; les *Laquéaires,* armés seulement d'un nœud coulant dont ils s'efforçaient d'étrangler leur adversaire ; les *Bestiaires,* destinés à combattre contre les bêtes féroces. Une fois lâchés par la porte du *podium,* au milieu de l'arène, ainsi nommée parce qu'elle était couverte d'un sable fin appelé *arena,* ces hommes ne s'appartenaient plus ; ils étaient tout entiers au peuple, qui exerçait sur eux le droit de vie ou de mort.

Aux jeux de Pompée, on vit deux chasses en cinq jours ; dans la première on tua cinq cents lions et un très-grand nombre d'autres animaux ; dans la dernière, les éléphants parurent ; ils semblèrent se plaindre, et implorèrent la pitié des spectateurs par des cris lamentables. Le peuple en fut touché au point de verser des larmes et de maudire un instant son idole ; mais ce même peuple ne pleurait point pour un esclave déchiré par une bête féroce, ni pour un gladiateur vaincu ; au contraire, au moment où le malheureux sentait le fer pénétrer dans son flanc, l'assemblée s'écriait avec une joie barbare : « *Il en tient.* » Alors, si le blessé demandait grâce, tous les assistants, élevant la main avec le pouce étendu, faisaient retentir le cri sinistre : *Reçois le fer : recipe ferrum.* Puis survenaient des esclaves qui saisissaient avec des crocs le cadavre du malheureux, et le traînaient dans les caves où l'on cachait le corps de ceux qui avaient péri de la même manière. Il arrivait rarement que, saisi d'une compassion inusitée, le peuple levât la main avec le pouce plié, en signe de salut.

Le serment des *escrimeurs à outrance*, rapporté par Montaigne, contenait ces promesses jurées solennellement : « Nous jurons de nous laisser enchaîner, brusler, battre et tuer de glaive, et de souffrir tout ce que les gladiateurs légitimes souffrent de leur maître, engageant très-religieusement le corps et l'âme à son service. »

« C'était en vérité, ajoute l'auteur des *Essais*, un merveilleux exemple, de très-grand fruit pour l'instruction du peuple à Rome, de voir tous les jours, en sa présence, cent, deux cents, voire mille couples d'hommes armés les uns contre les autres, se hacher en pièces, avec une si extrême fermeté de courage, qu'on ne leur vist lascher une parole de foiblesse ou commiseration, jamais tourner le dos, ny faire seulement un mouvement lasche pour gauchir un coup, etc... »

Après tout ce que nous avons dit, on ne saurait trop s'étonner que cet art, si cultivé par les Romains au temps de la république et sous les empereurs, cet art, auquel ils avaient dû la plupart de leurs nombreux triomphes, ait été négligé entièrement dans la décadence de l'empire, et tout à fait oublié après la destruction de cette immense puissance. Aussi faut-il renoncer à en retrouver les vestiges chez les peuples nouveaux qui se constituèrent au commencement du moyen âge.

Je crois que l'escrime ne fut pas assez en honneur pendant l'anarchie du monde féodal et pendant les siècles où régna la chevalerie. Les pages, varlets ou damoiseaux ne s'exerçaient guère qu'à lancer la pierre ou le javelot, et les jeux militaires des écuyers consistaient à courir avec la lance ou à jouter contre la quintaine dans les joutes, castilles, pas d'armes, combats à la foule, tournois et autres amusements de la chevalerie. On employait ordinairement la lance, et si l'on se servait de l'épée, c'était pour en frapper de toute sa force son adversaire, afin de briser son heaume ou son armure, et le mettre par là hors de combat.

L'histoire des croisades nous présente un assez grand nombre de faits d'armes sur lesquels il est bon de s'étendre.

Tout le monde connaît les exploits de Tancrède, ceux du duc de Normandie, qui, d'un seul coup de sabre fendit la tête de son ennemi jusqu'à l'épaule, et l'étendit à ses pieds. Quelques historiens des croisades prétendent encore que Godefroy de Bouillon pourfendait un homme, et le même fait est attribué à l'empereur Conrad au siége de Damas. Nous n'avons pas besoin de faire ressortir toute l'exagération de ces récits. Le roi d'Angleterre, avec une troupe de braves, affronta, en Orient, sept mille cavaliers musulmans, se jeta au milieu d'eux, et d'un coup de sabre renversa le chef des Sarrasins, qui restèrent immobiles de surprise et d'effroi. Eh bien! tous ces exemples nous prouvent que ces hommes de guerre préféraient la force à toute autre qualité. Quant à l'adresse, ils la réservaient de préférence pour le maniement de la lance, avec laquelle ils visaient fort habilement au défaut de la cuirasse ou de la visière.

Au commencement du seizième siècle, l'art des armes était cultivé par les Italiens, sous les dénominations d'*espadon*, d'*estocade*, et d'*estramaçon*, tandis qu'un faux point d'honneur, créé par les préjugés chevaleresques, le bannissait de la cour belliqueuse de François Ier, et le faisait regarder comme un art méprisable. Aussi Montaigne nous dit-il (1) que, dans sa jeunesse, la noblesse *fuyait* la réputation de bon escrimeur, et il semble lui-même approuver ce sentiment quand il écrit que l'honneur des combats consiste en la jalousie du courage et non de la science.

Cette opinion de l'ancienne noblesse ne me paraît pas le moins du monde raisonnable. Les nobles s'exerçaient à une foule de luttes, tournois, barrières, etc., et l'habitude de ces sortes d'exercices leur donnait de grands avantages sur ceux qui n'étaient pas accoutumés aux mêmes travaux. Pourquoi donc alors avoir négligé l'escrime? Il me serait peut-être facile d'en deviner le motif. Pour bien faire des armes, il faut exercer son esprit; mais la noblesse ignorante et grossière du moyen âge dédaignait tout ce qui ressemblait à une application, à une étude. Et il n'est pas étonnant que ces gentilshommes, dont un fort petit nombre savait lire, refusassent

(1) Liv. II, chap. 26.

d'étudier un art dont la pratique demande l'exercice du jugement, du tact, et de toutes nos facultés intellectuelles.

Le préjugé dont Montaigne subit l'influence ne fut entièrement déraciné que vers le milieu du dix-septième siècle. Déjà sous Charles IX quelques salles d'armes avaient été établies en France. D'Aubigné (1) raconte une discussion assez vive qu'il eut avec M. de Ségur dans la salle où la jeunesse qui composait la cour du roi de Navarre faisait des armes. Henri III était un des meilleurs tireurs de son temps, et ses mignons, ainsi que les gentilshommes de l'époque, pratiquaient l'escrime avec habileté. C'est surtout à Henri IV, qui, aux journées de Coutras, d'Arques et d'Ivry, se précipita, l'épée à la main au milieu des lances ennemies, que l'on doit d'avoir vu rétablir dans son ancien état une arme depuis longtemps dédaignée. Enfin Louis XIV, en relevant, par de sages concessions, la profession de maître d'armes, fit de l'escrime une science réellement digne, honorable, qui dès lors devint une des parties importantes de l'art militaire.

Nous avons dit à quel propos Frédéric le Grand réforma sa cavalerie et quel genre d'escrime il lui fit adopter (2); cependant la cavalerie prussienne, qui, grâce à ses soins assidus et à une instruction sérieuse, devint l'une des meilleures de l'Europe, n'égala jamais la cavalerie française ; et si à la bataille de Rosbach (5 novembre 1757), où Frédéric défit, par une ruse de guerre, les armées française et impériale, le marquis

(1) Mémoires de Théodose Agrippa d'Aubigné.

(2) Dans mon voyage à Berlin j'ai pu m'assurer que l'art des armes, sans y être précisément bien enseigné, y était cependant beaucoup cultivé.

de Castries, à la tête de notre cavalerie, enfonça et dispersa les escadrons prussiens, on ne doit attribuer ce succès qu'à la supériorité des cavaliers français à l'arme blanche (1).

Frédéric le Grand, qui, en fait de didactique et de guerre, était pour le moins aussi compétent que Platon et Montaigne, répétait souvent :

> La valeur sans adresse est tôt ou tard trompée.
> Exercez votre bras à manier l'épée.

Dans les premières guerres de la révolution, la plupart des hommes dont se composaient les troupes républicaines ignoraient les notions les plus simples de l'escrime; mais les chefs de corps étaient trop éclairés pour ne point sentir la nécessité de dresser la cavalerie au maniement de l'arme blanche, et bientôt il s'établit dans chaque régiment des salles d'armes où, à l'exemple des Romains, on enseigna aux soldats à se servir de la pointe. Cet usage fut constamment suivi sous Napoléon, qui n'eut jamais à se repentir d'avoir compté sur la bravoure et l'adresse de ses troupes. C'est ainsi que la cavalerie du brave Latour-Maubourg se couvrit de gloire sous les murs de Dresde, dans la fameuse journée du 27 août 1813; nous lui dûmes la victoire (2).

Pendant les guerres de l'empire, les bulletins de nos armées, les militaires les mieux instruits, les hommes les plus compétents, ne cessèrent d'exalter la supériorité de notre cavalerie sur celle de nos ennemis; les revers qui suivirent

(1) Les souverains du Nord imitèrent son exemple, et se hâtèrent de répandre dans leur cavalerie la connaissance de la *contrepointe*.

(2) Fain, Manuscrit de 1813. — Norvins, Portefeuille de 1813. — Koch, Mémoires pour servir à l'histoire de la campagne de 1814.

nos victoires ne modifièrent en rien ce jugement (1); d'où pouvait donc provenir cette incontestable supériorité? De l'amour de la patrie? Mais, pendant presque toute la durée de l'empire, nos armées étaient conquérantes et n'avaient point leur pays à défendre. De la confiance qu'on avait dans le génie d'un homme extraordinaire? Cette considération pouvait beaucoup, sans doute, mais au milieu de la mêlée, si celui qui attaque montre de la résolution, celui qui se défend puise dans son désir de se soustraire à la mort une singulière énergie, et, comme à Rosbach, cette supériorité de la cavalerie française résultait de son adresse à l'arme blanche.

Notre marine actuelle doit à son habileté à se servir de l'arme blanche la plupart des nombreux succès qu'elle obtient. L'empereur Alexandre répondit à un maître d'armes français qui était allé lui offrir ses services : « La bravoure russe n'a pas besoin de cela. »

Quelque temps après, il eut la bonne foi de reconnaître la hardiesse de ses paroles. Aussi il écrivit de l'armée qu'on eût à réunir tous les maîtres d'armes français qui pouvaient être à Saint-Pétersbourg, et qu'on leur donnât des élèves pris dans tous les régiments de la garde. Bien plus, il permit que ceux qui étaient attachés à un corps quelconque, soit à celui des cadets à Pétersbourg, soit à un régiment de la garde ou de l'armée, pussent recevoir des grades comme s'ils avaient eu un service effectif. J'ai connu, en Russie, des

(1) Je pus vérifier plus tard, par moi-même, toute la véracité de cette assertion. Dans un voyage accompli il y a déjà quelques années, je parvins à me convaincre que l'escrime était (à cette époque du moins) encore en enfance chez les nations du Nord.

maîtres d'armes qui étaient capitaines, majors, colonels et décorés de plusieurs ordres.

Les Hongrois et les Polonais sont habiles dans le maniement des armes ; les Polonais surtout, dont la bravoure bouillante nous rappelle la *furia francese,* passent pour être fort adroits à manier la lance et le sabre. Les journaux français ont rapporté, à ce sujet, à diverses époques, des faits vraiment extraordinaires.

Enfin, la science de l'escrime est aujourd'hui si universellement répandue qu'il serait superflu d'avoir recours à des faits pour démontrer cette vérité. Disons, toutefois, que l'étude de cet art fait partie de l'éducation des princes, et que tous les souverains de l'Europe en font apprendre à leurs enfants les utiles préceptes.

L'escrime a donc un avantage réel, et nous n'hésitons pas à écrire le chapitre suivant pour établir sa supériorité, comme moyen intellectuel et hygiénique, sur les autres exercices du corps.

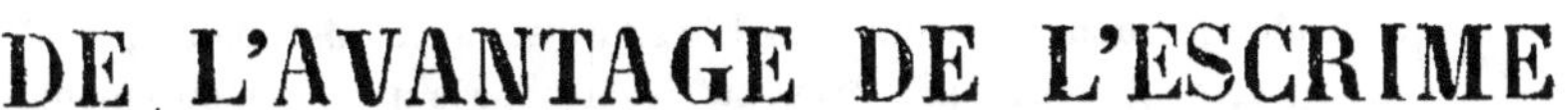

DE L'AVANTAGE DE L'ESCRIME

L'exercice est une des meilleures provisions de santé.

(BACON.)

Ce n'est pas assez de lui roidir l'âme, il faut aussi roidir les muscles.

(MONTAIGNE.)

« Voulez-vous donc cultiver l'intelligence de votre élève, cultivez les
» forces qu'elle doit gouverner. Exercez continuellement son corps,
» rendez-le robuste et sain pour le rendre sage et raisonnable ; qu'il
» agisse, qu'il coure, qu'il crie, qu'il soit toujours en mouvement,
» qu'il soit homme par la vigueur, et bientôt il le sera par la raison.

(ROUSSEAU.)

« Les exercices du corps en plein air rapprochent l'homme de sa consti-
» tution primitive, et donnent moins de prise aux causes qui tendent
» à lui créer cette incommode sensibilité, mère commune de toutes
» les névroses. »

(BROUSSAIS.

DE L'AVANTAGE DE L'ESCRIME

SUR LES AUTRES EXERCICES DU CORPS

PAR RAPPORT A L'INFLUENCE QU'ELLE EXERCE

SUR L'ESPRIT ET LA SANTÉ

Avant d'aborder les considérations à développer dans ce chapitre, nous pensons n'avoir pas besoin de répéter combien tous les exercices corporels sont utiles pour entretenir et augmenter les forces et la santé. Tout le monde sait quelle influence délétère exerce sur nos organes et notre constitution une vie inactive et déréglée. Ce serait une superfétation de chercher à démontrer les avantages obtenus par la pratique de la gymnastique. Il n'est personne qui ne soit aujourd'hui parfaitement convaincu de l'importance de cet art, auquel le gouvernement et les familles prodiguent chaque jour les encouragements les plus flatteurs.

Une des choses ou plutôt un des contre-sens qui ont le plus frappé tous ceux pour lesquels l'hygiène a été l'objet d'une étude consciencieuse et réfléchie a été le mode suivi dans les soins donnés aux enfants dès leur bas âge, et la manière anti-naturelle dont on a dirigé l'instruction de la jeunesse.

Nous ne venons pas ici reproduire les lignes de Rousseau dans l'*Émile ;* nous ne nous élèverons plus contre les liens dont on garrottait et l'on garrotte encore en certaines localités les enfants. Faire le procès au régime universitaire ne peut pas non plus entrer dans notre plan ; mais, en vérité, puisque maintenant la science et les lettres assurent seules la prééminence, puisqu'il faut acquérir l'une ou cultiver les autres de bonne heure, afin de se créer une position, aujourd'hui si difficile à conquérir, ne pourrait-on donc pas combiner l'instruction des enfants des deux sexes de manière à ne pas négliger le corps aux dépens de l'esprit, qui souvent perd une partie de ses facultés par l'oubli des exercices physiques ?

Un immense progrès a été fait déjà ; l'on a compris, en partie du moins, les résultats que pouvait avoir le passage brusque de l'enfant sortant de la maison paternelle ou des écoles dans lesquelles ses études premières étaient en rapport avec ses forces, pour entrer dans la voie régulière d'un collége ou d'une institution. On a vu que l'enfant auquel on avait permis, afin de développer ses forces, de se livrer aux amusements comportés par son âge, devait, aux dépens de sa santé, se voir assujetti aux règles nécessairement sévères d'un établissement de l'université. La gymnastique a été introduite, mais pas assez largement. Le temps des études littéraires n'est pas en harmonie avec celui des exercices corporels, et nous avons entendu bien souvent des praticiens distingués, des hommes d'une réputation européenne, entre autres le docteur Lallemand, membre de l'Institut, se plaindre devant nous de ce régime anti-hygiénique suivi dans les institutions.

On a fait de la gymnastique, et nous entendons par ce mot escrime, natation, équitation, voltige, etc., un enseignement complémentaire, une espèce de luxe d'éducation. C'est un tort grave aux yeux des savants consultés par nous, et nous leur avons toujours entendu dire : ***Mens sana in corpore sano***; paroles, disaient-ils, qu'on pourrait traduire : Esprit vif dans un corps agile.

Nous ferions un immense volume si nous voulions consigner les doléances de tous ceux qui ont négligé les travaux gymnastiques pour se donner une vie inactive, alors que les maux de toutes sortes viennent s'asseoir à leur chevet, ou qui, après avoir suivi quelque temps une bonne direction, ont abandonné les exercices corporels. Les conseils utiles ont été méconnus, et l'on se ressouvient avec douleur de la maxime du médecin de Stockholm, qui présentait comme préservatif de presque toutes les maladies l'EXERCICE et l'ACTIVITÉ (1).

Un homme célèbre a dit avec raison : ***Les travaux rustiques sont les premiers cuisiniers du monde*** (2). Mais ce

(1) Tous les médecins partagent cette opinion; mais ils ne disent pas assez aux personnes qui souffrent, de la goutte par exemple, que l'on n'a jamais vu cette maladie cruelle atteindre un professeur ou un amateur d'escrime qui a toujours continué les exercices de cet art.

(2) Alexandre répondit à la reine Ada, qui lui envoyait des présents et des serviteurs choisis dans sa propre maison, qu'il n'avait que faire de tout cela et qu'il avait des cuisiniers beaucoup plus excellents, qui lui avaient été donnés par son gouverneur, l'un pour le dîner, c'était de beaucoup marcher avant le point du jour, et l'autre qui lui apprêtait un meilleur souper, c'était un dîner fort sobre.

mot, qui ne s'applique qu'à un seul de nos organes, peut avoir, selon nous, une plus grande étendue. L'activité, l'exercice, ces deux préservatifs contre une foule de maux, ont pour résultat de fortifier simultanément toutes les parties de notre système ; et sans rappeler les mille exemples cités par les auteurs sur les prodiges de force et d'agilité dus aux exercices de la gymnastique, sans mentionner l'homme abandonné dans une île déserte, qui prenait les chèvres à la course, nous renfermant dans notre monde, nous rappellerons M. de La Boëssière, le célèbre professeur de Saint-Georges, donnant encore des leçons d'escrime à l'âge de quatre-vingt-quatre ans.

Nous lisons dans Montaigne : « Ce n'est pas raison de nourrir un enfant au giron de ses parents. . . . . .
. . . . . . Ils ne le sauroient souffrir revenir suant et poudreux de son exercice, boire chaud, boire froid, ny le voir sur un cheval rebours, ny contre un rude tireur de floret au poing, ou à la première harquebusade. Car, il n'y a remède, qui en veut faire un homme, sans doute il ne faut espargner en ceste jeunesse. . . . .
. . . . . . Ce n'est pas assez de roidir l'âme, il faut aussi roidir les muscles ; elle est trop pressée si elle n'est secondée ; et a trop à faire de seule fournir à deux offices. »

Plus loin, le même auteur parle en ces termes des exercices salutaires auxquels se livrait son père : « J'ay veu encore des cannes farcies de plomb, desquelles on dit qu'ils s'exerçoit les bras pour se préparer à ruer la barre, ou la pierre, ou à l'escrime ; et des souliers aux semelles plombées. pour s'alléger au courir et à sauter. Du prim-saut il a laissé en mémoire des petits miracles. Je l'ay veu par delà soixante ans se mocquer de nos allégresses; se jeter avec sa robe fourrée sur un cheval ; faire le tour de la table sur ses pouces, ne monter guère en sa chambre sans s'eslancer trois ou quatre degrez à la fois. »

Hâtons-nous d'ajouter maintenant que l'exercice en général, et celui de l'escrime en particulier, est, pour les gens de guerre, d'une incontestable utilité.

Notre gouvernement l'a compris, tous les ministres qui se sont succédé au département de la guerre ont encouragé les gymnases militaires. Au moment où nous écrivons ces lignes, nous trouvons, dans un journal spécial (1), le compte-rendu d'une solennité qui prouve le haut intérêt attaché par M. Moline de Saint-Yon aux écoles dont le colonel Amoros fut le fondateur en France. Nous reproduisons l'article de ce journal qui vient à l'appui de notre assertion.

— Le 11 juin, a eu lieu au gymnase normal du colonel Amoros la distribution des prix aux élèves militaires qui se sont distingués le plus dans ce dernier semestre, ainsi qu'aux élèves civils.

— La salle était remplie de spectateurs choisis, rassemblés pour cette intéressante solennité, et d'élèves du Gymnase.

— Les trois officiers qui ont suivi le cours, MM. Allègre, Astor, Huron et dix sous-officiers à qui des prix avaient été précédemment décernés, assistaient à cette séance qui a été ouverte par un discours prononcé par l'un de MM. les officiers commandant les détachements, discours aussi remar-

(1) Moniteur de l'armée du 15 juillet 1846.

quable par son style simple et élevé que par les justes appréciations et par l'intérêt des faits.

— M. Roosmalen, le savant professeur dont l'éloquence est connue, lui a succédé, et, dans une allocution plus développée, a exposé les avantages de la méthode Amorosienne, et a rendu à son auteur une justice à laquelle les applaudissements de la salle entière se sont associés.

— Les prix ont ensuite été distribués. Mention seulement a été faite, avant l'appel des élèves civils couronnés, des prix décernés aux militaires. Les sergents Eymard et Gariot ont été déclarés les plus habiles et les plus forts ; les sous-officiers Setz, Bustin, Geay, Mougenot, Amphytéjus et Armand les ont suivis de près dans le développement de leurs facultés, ce qu'ils ont prouvé en faisant un grand nombre d'exercices difficiles, en donnant plusieurs assauts et en franchissant divers obstacles avec une admirable énergie.

— Les mouvements élémentaires accompagnés de chants et des luttes ou des applications de différents genres de forces ont été également exécutés et ont inspiré un vif intérêt ; les militaires surtout brillaient par la régularité et l'ardeur qu'ils mettaient à les accomplir. L'impression que ces diverses preuves de l'habileté de tous ces élèves a produite a été manifestée par des applaudissements réitérés, et chacun est sorti convaincu des services que de pareils hommes peuvent rendre à l'armée et à l'humanité en général.

— Parmi les élèves civils qui ont obtenu des prix, nous avons remarqué les noms de Trévise, Foy, Colbert, Grammont, Pelet, Noailles, Vielcastel, Beaumont, etc., etc., qui prouvent que la méthode Amorosienne est justement appréciée dans les plus hautes classes ainsi que dans les classes moyennes. C'est la consécration de cette méthode féconde en bienfaits et dont l'art de la guerre doit spécialement retirer de grands avantages.

Les filles de Sparte, si nous en croyons l'histoire, s'exerçaient comme les garçons aux jeux militaires, non pour aller à la guerre, mais pour porter un jour des enfants capables d'en soutenir les fatigues. Une fois mariées, les filles lacédémoniennes cessaient de se livrer à ces mâles occupations.

Tous les auteurs anciens s'accordent à reconnaître que les peuples qui se sont adonnés aux exercices gymnastiques ont été les plus aptes à supporter toutes les privations que la guerre entraîne avec elle. C'est ainsi qu'on explique les prodiges accomplis par les Grecs dans l'immortelle retraite des dix mille. Les Romains avaient aussi compris cette vérité et la mettaient en pratique. Ainsi, nous voyons que les généraux de l'antiquité, auxquels la postérité a décerné le titre de grands capitaines, propagèrent dans les armées qu'ils eurent à commander le goût des exercices gymnastiques et de l'art des armes. Parmi ces généraux, l'histoire place les noms d'Alexandre, de Coriolan, de Marius, de Métellus, de César, etc.

Quand il était en marche et qu'il n'était pas fort pressé, Alexandre s'exerçait toujours chemin faisant ou à lancer le javelot ou à monter sur un char et à en descendre pendant qu'il courait le plus rapidement. Il dit un jour devant ses généraux qu'il s'étonnait que des hommes qui s'étaient trouvés à tant de combats, et qui avaient donné des marques de valeur dans de grandes batailles, ne se souvinssent plus que ceux qui avaient beaucoup travaillé et fatigué dormaient d'un sommeil plus doux que les lâches et les paresseux; et il ajoutait : « Comment, si vous comparez votre manière de vivre avec celle des Perses, ne vous apercevez-vous point qu'il n'y a rien de si servile que de vivre dans la paresse et dans les délices, et rien de si loyal que de travailler? Et peut-on s'imaginer que celui-ci prendra la peine de panser lui-même son cheval, de nettoyer sa pique et fourbir son casque, qui, par une fantaisie délicate et dédaigneuse, a perdu l'habitude d'employer ses mains à nettoyer son propre corps, qui lui est pourtant plus cher que tout le reste? Ne savez-vous pas que ce qui assure nos victoires, c'est de ne pas faire ce que font les peuples que nous avons vaincus?

La natation fut peut-être le seul exercice du corps auquel Alexandre craignit de se livrer; sans doute par suite de cette antipathie, plus forte que la volonté chez certains individus et qui leur inspire pour l'eau une frayeur qu'ils sont impuissants à dominer.

Au siége d'une ville de l'Asie, Alexandre vit que ses Macédoniens craignaient d'approcher de la place, défendue par un fleuve très-profond qui baignait ses murailles; il se présenta alors sur la rive : « Misérable que je suis, s'écria-t-il, pourquoi n'ai-je pas appris à nager! »

« Marcius, dit Plutarque en parlant du vainqueur de Coriole, forma et dressa si bien son corps à toutes sortes d'exercices et de lices, que dans les véritables combats il était toujours invincible. »

En entrant au service, Marius avait embrassé, sans la moindre peine, la nouvelle discipline introduite dans les armées par Scipion, lorsque celui-ci avait remplacé, par une vie dure et frugale, la vie molle et somptueuse qui les corrompait. Devenu général, Marius exerçait les troupes jusque dans leur marche, habituant le soldat à faire toutes sortes de courses et de longues traites. S'agissait-il du maniement des armes, Marius était le premier à exécuter les ordres qu'il pouvait donner à ce sujet, car en cela il était fort adroit ; il n'y avait pas d'homme qui eût le corps mieux exercé que lui, et il surpassait tous les autres en courage et en audace. Dans ses vieux jours, cet homme extraordinaire avait conservé les mêmes goûts, les mêmes habitudes. Poussé par l'ambition, il gourmandait sa vieillesse et sa faiblesse; il descendait chaque jour dans le champ de Mars. Il s'exercait avec les jeunes gens les plus robustes, et montrait un corps léger et adroit aux armes.

Les Romains ayant été vaincus dans une bataille et mis en déroute, Sertorius, qui avait eu son cheval tué sous lui, et qui était lui-même blessé, se jeta à la nage dans le Rhône, et tout armé qu'il était de sa cuirasse et de son bouclier, il nagea longtemps contre le courant, et traversa enfin le fleuve, tant il avait le corps robuste et endurci à toutes les fatigues par l'exercice et le travail. Sertorius ne s'était jamais adonné au vin ni aux plaisirs de la table, même pendant ses loisirs, et il s'était accoutumé de bonne heure à supporter les plus grands travaux, à faire de longues marches, à passer plusieurs nuits de suite sans dormir. — « Rien ne contribuait tant, dit encore Plutarque, à rassurer et à encourager les troupes, que de voir le grand Pompée, à l'âge de cinquante-huit ans, s'exercer encore à pied tout armé, monter ensuite à cheval, tirer l'épée facilement en courant à tout bride et la remettre avec la même aisance dans le fourreau ; lancer le javelot, non-seulement avec plus d'adresse et de justesse que les autres, mais avec plus de force, en le poussant à une distance dont les plus jeunes et les plus vigoureux pouvaient à peine approcher. »

César s'exposait le premier aux plus grands périls, et ne s'exemptait d'aucun des travaux de la guerre. Il faisait avec ses soldats tous les exercices du corps. César avait cependant un tempérament faible, ce qu'indiquait assez sa peau blanche et délicate ; il était grêle de corps, de plus, sujet à de grands maux de tête et à des attaques d'épilepsie. Mais bien loin de tirer de ces fâcheuses indisposítions un prétexte pour vivre dans la mollesse, il chercha au contraire dans la guerre un remède à ses maux, en les combattant par de longues et fréquentes marches, par un régime simple et frugal, par l'habitude de coucher en plein air, et d'endurcir par là son corps à toutes les fatigues. — César était adroit dans le maniement des armes, et très-habile en équitation, exercice qui lui était devenu très-familier par l'habitude : ainsi, il s'était accoutumé à pousser des chevaux à toute bride, en tenant ses bras croisés derrière son dos.

Plutarque nous raconte en ces termes un des épisodes de la guerre d'Égypte :

— « Les Égytiens accoururent de tous côtés pour l'envelopper (César) ; mais il se jeta à la mer, et gagna à la nage ses galères avec beaucoup de peine et de difficulté. On dit qu'alors il tenait par hasard quelques papiers, qu'il les garda toujours sans les abandonner, les tenant d'une main au-dessus de l'eau, pendant qu'il nageait de l'autre, quoiqu'il fût exposé à tous les traits des ennemis, et obligé de plonger souvent. »

Caton fortifiait son corps par les exercices les plus pénibles en s'accoutumant à supporter les chaleurs les plus excessives, les glaces, les neiges, et tous les frimas de l'hiver, la tête toujours découverte, et à voyager toujours à pied en toutes saisons.

Antoine cultivait avec succès tous les exercices militaires ; la simplicité de son costume, sa tournure martiale l'avaient fait chérir de ses soldats. Il avait sa tunique ceinte fort bas, une large épée pendue à son côté, et par dessus, une cape fort grossière. Dans une de ses campagnes, Antoine fut un exemple merveilleux pour tous ses soldats, qui, après l'avoir vu vivre dans le luxe, dans les délices, et dans la plus grande abondance, le virent boire sans peine de l'eau corrompue et se nourrir de fruits sauvages et de racines.

Tous les grands hommes que nous venons de citer pratiquaient donc les exercices gymnastiques ; ajoutons que la plupart d'entre eux, surtout le roi de Macédoine, s'étaient fait, dans le maniement des armes, une réputation d'habileté incontestable. — Plusieurs faits historiques nous prouvent encore que la science qui consiste à se servir de l'épée était, dans l'antiquité, l'objet d'une étude sérieuse, et fut plus d'une fois d'un utile secours à ceux qui s'y adonnaient. — Dans une des batailles livrées en Asie, Alexandre avait à la main une épée très-légère et d'une trempe admirable, que le roi des Citiens lui avait donnée, et qu'il portait dans les combats ; car, ainsi que l'observe Plutarque, il aimait particulièrement à se servir de l'épée.—Le même historien parle d'un certain Rœsacès qui tomba mort aux pieds de son cheval d'un coup d'épée qu'Alexandre lui donna. Ce ne fut pas le seul ennemi mis à mort de la même manière par cet intrépide monarque, qui dans toutes les occasions payait de sa personne.

Avant d'arriver à commander des armées, Eumène, de la ville de Cordia, n'était qu'un pauvre homme que la misère avait réduit à être roulier dans la Chersonèse de Thrace; néanmoins il s'était fait à lui-même son éducation et était devenu fort instruit dans les lettres et dans tous les exercices du gymnase ; il maniait l'épée fort habilement. Dans une bataille, il se rencontra avec Néoptolème ; les deux adversaires s'attaquèrent avec furie et finirent par se prendre corps à corps. Pendant qu'ils se tiraillaient de cette manière, leurs chevaux se dérobèrent sous eux ; ils tombèrent tous deux à terre sans lâcher prise, et leur combat devint une lutte désespérée. Néoptolème se releva le premier ; Eumène, profitant de ce moment, lui coupa le jarret, et se releva lui-même aussitôt. — « Jamais, dit-il quelques instants après ce combat, je ne reconnaîtrai personne plus fort que moi tant que je serai maître de mon épée. » — Il n'y avait point de combat auquel le célèbre Marcellus ne fût très-exercé et très-adroit; mais il se surpassait lui-même, et était surtout redoutable dans les combats singuliers ; jamais il ne refusa aucun défi, et fut toujours vainqueur. En Sicile, voyant son frère Atacius en danger, il le couvrit de son bouclier, tua tous ceux qui se jetaient sur lui, et lui sauva la vie.

Métellus et Pompée se servaient de l'épée avec une habileté fort rare. Ce dernier général avait soin, ainsi que César, de donner sur ce point à ses soldats une instruction sérieuse. Au combat de Dyrrachium, le centurion Cassius Scéva, qui combattait contre Pompée, ayant eu un œil crevé d'un trait, l'épaule percée d'un javelot, la cuisse traversée d'un autre, ayant reçu, en outre, sur son bouclier, cent trente coups, appela les ennemis comme pour se rendre. Deux d'entre eux s'étant approchés, il abattit l'épaule de l'un d'un coup d'épée, blessa l'autre au visage, et lui fit tourner le dos. Cassius, secouru par ses compagnons, eut le bonheur de s'échapper.

Lorsqu'à la bataille de Pharsale on en vint aux épées, il y eut un grand carnage ; comme Crassanius, un des officiers de César, poussait toujours en avant, renversant tout ce qui osait lui faire tête, un soldat de Pompée, l'attendant de pied ferme, lui porta un si grand coup d'épée dans la bouche, qu'il le perça d'outre en outre, et que la pointe sortit derrière la nuque.

On se rappelle que c'est surtout à la manière dont les soldats de César firent usage de leurs épées qu'ils durent leur victoire à Pharsale. L'aile gauche des pompéiens se composait d'une nombreuse cavalerie ; c'étaient, pour la plupart, de jeunes patriciens, des chevaliers couverts d'armes étincelantes, mais peu aguerris, et renommés seulement par leurs succès en galanterie. « Ces beaux danseurs, si fleuris, dit César, qui ordonna aux siens de frapper les ennemis au visage, tiendront à conserver leur beauté, et n'auront pas le courage de soutenir l'éclat de vos armes que vous ferez briller si près de leurs yeux. » En effet, les jeunes cavaliers de Pompée, fort novices à toutes sortes de combats, et encore moins faits à cette sorte d'escrime, à laquelle il ne s'attendaient pas, n'osèrent ni parer ni soutenir les coups qu'on leur portait aux yeux ; mais, détournant la tête, ou se couvrant le visage avec les mains, ils plièrent d'abord, et prirent honteusement la fuite.

Au moyen âge, la pratique de la gymnastique, les exercices militaires, l'art de l'escrime tiennent une large place dans l'éducation de la jeunesse, comme nous le prouvent l'histoire de la chevalerie et l'usage alors si répandu des tournois. Il serait superflu de présenter à ce sujet au lecteur un ensemble de considérations qui ne seraient peut-être plus pour lui d'un grand intérêt. Après tout ce qui a été écrit sur la chevalerie et sur les combats qu'elle livra, après l'immense publicité donnée à tous ces détails de mœurs et d'histoire dont la connaissance est aujourd'hui si universellement répandue, nous aimons mieux garder le silence, et éviter des redites. Nous nons contenterons de remarquer que l'arme si noble de l'épée fut, pendant tout le moyen âge, l'objet d'un culte presque religieux de la part des hommes de cœur qui surent s'en servir loyalement pour la défense des intérêts les plus sacrés.

Les noms de *Joyeuse* et de *Durandal* donnés à leurs épées par Charlemagne et Roland, celui de *Tisona* donné par le Cid à la sienne, viennent à l'appui de nos paroles ; alors, un guerrier illustré par de hauts faits d'armes n'était jamais enseveli sans la fidèle compagne de ses exploits. Le Cid et Bertrand Duguesclin, obtinrent cet honneur. Le premier mot que dit Jeanne d'Arc à Charles VII est qu'elle ne peut rien contre les Anglais si on ne lui donne avant toute chose une épée qui est enterrée dans le monastère de Sainte-Catherine de Fierbois (1). Bayard, frappé à mort, tint, en expirant, les yeux fixés sur la poignée en croix de son épée, dont la forme lui rappelait l'image de notre salut.

Mais avant de démontrer comment l'exercice de l'escrime donne une nouvelle vie à l'intelligence et à l'esprit, nous reviendrons encore sur l'influence qu'elle exerce sur le corps (2), et, recourant aux lumières d'un de nos amis, membre distingué de la faculté de médecine de Paris, nous publierons les notes que nous devons à son affectueuse complaisance. On y trouvera la réunion des deux avantages corporels et spirituels que présente l'escrime.

L'escrime serait indigne du rang honorable qu'elle occupe si elle se bornait à fournir au génie de la destruction une puissance nouvelle; mais il nous serait facile de prouver que, comme tous les arts nés de la réflexion, elle n'est pas étrangère aux nobles sentiments, et qu'elle concourt pour une assez large part à l'amélioration physique et morale; aussi l'hygiène et la philosophie sont-elles ses compagnes : l'une et l'autre s'en emparent, et toutes deux savent en faire une heureuse application.

De tout temps les peuples ont possédé certains exercices réglés par les nécessités de climats, de température et de coutumes dominantes, qui ont servi puissamment à les doter d'hommes forts et sains de corps, modérés dans leurs mœurs, et alliant le courage à la dignité. La *lutte*, la *course*, le *jeu*

(1) Quelques historiens prétendent que cette épée réclamée par Jeanne d'Arc était celle que portait Charles Martel à la bataille de Poitiers.

(2) Le célèbre docteur Tronchet envoyait des vieillards faire des armes chez M. de La Boëssière.

de palestre, les combats à armes courtoises des Grecs et des Romains, les tournois et carrousels du moyen âge, exigeaient des préparations que d'habiles maîtres formulaient en théories, afin de régler leur pratique aux besoins du temps et de l'homme.

Il y a quelques années encore, les gentilshommes faisaient leur *académie*, et les bourgeois leur empruntaient, avec le droit de porter l'épée, l'art de s'en servir. Pendant quelque temps, l'escrime a été négligée ; aussi voyait-on la bourgeoisie et la noblesse s'étioler et s'appauvrir, tandis que beaucoup d'hommes appartenant à certaines divisions de la classe ouvrière déployaient une grande force musculaire, et jouissaient d'une santé robuste. Maçons, charpentiers, menuisiers, etc., tous ces hommes que les rudes travaux du dehors exercent dans le sens de leur organisation, puisent dans l'application même de leur labeur l'élément d'une énergie nécessaire à leur bien-être physique et moral.

On se vit obligé de créer un art nouveau, la gymnastique, espèce de milieu entre la lutte, la course, l'équilibre et l'équitation, c'est-à-dire un mélange régulier de mouvements dans le sens des muscles et selon leur mode d'action. Cet art, utile d'ailleurs, se borne à donner une certaine assurance à la marche dans les lieux élevés et périlleux, développe les leviers musculaires par des suspensions ou des ascensions graduées, mais n'unit pas la grâce à la force, et surtout ne donne pas au moral cette puissance qui doit être le soutien assuré de la modération des passions.

Au point de vue purement physique, l'escrime, comme hygiène, satisfait à toutes les exigences du médecin, et par elle il obtient tous les bons résultats de la gymnastique. La nécessité d'une garde avantageuse habitue à placer en un repos mesuré les muscles des membres et du thorax; les parades du poignet en tierce ou quarte, demi-cercle, prime, etc., etc., forment les muscles fléchisseurs ou extenseurs de la main, en même temps que les mouvements arrondis du bras dans certains coupés, les saluts et les feintes remplissent, quant aux muscles de la poitrine et aux articulations huméro-scapulaires ou cubito-radiales, le rôle des *dombelles* (1) *anglaises*. Celles-ci ajoutent le poids qui, loin d'exercer les muscles à se contracter, fausse la contractilité habituelle en la déplaçant pour un objet inusité, et l'éloigne par conséquent du but qu'elle doit remplir dans l'état normal. L'ordre et la mesure des mouvements, l'attention vis-à-vis de l'adversaire qui modère l'impétuosité de l'action, font au contraire de l'escrime un exercice qui peut se prolonger sans fatigue et sans ennui, et qui alors est bienfaisant pour le sujet qui s'y livre.

Aussi doit-on prescrire l'escrime de préférence aux jeunes gens d'un tempérament lymphatique, à membres flasques et sans énergie, dont les muscles grêles ont besoin d'un exercice gradué pour acquérir l'embonpoint et la contractilité nécessaire aux fonctions qu'ils doivent remplir. La gymnastique, qui procède, au contraire, par temps précis, mais d'une action nette et violente, n'atteint pas aussi bien ce but.

(1) *Dombelles*, poignée de bois terminée aux deux bouts par des masses de plomb revêtues de cuir. Leur usage progressif a pour but d'accoutumer les bras à soulever des corps pesants, et, par ces mouvements de flexion et d'extension, de développer les muscles pectoraux en favorisant le jeu des poumons.

Le jeune sujet trouve encore dans l'escrime le maintien, cette seconde condition du bien-être. La bonne tenue consistera toujours dans le déploiement naturel des avantages physiques. Rien de ce qui est contraire à la nature ne peut atteindre à la véritable beauté; elle seule pose des règles esthétiques immuables. Par l'habitude des armes, l'homme porte le front élevé, regarde devant lui sans obliquité, caractère de franchise qu'il puise dans la connaissance intime de sa force. Il présente les épaules effacées, la poitrine légèrement saillante, et alors le diaphragme s'élève ou s'abaisse au gré de l'aspiration et de l'expiration atmosphériques. L'oxygénation du sang s'accomplit avec facilité, le cœur bat régulièrement, et l'imminence des affections de cet organe sinon disparaît, au moins s'éloigne d'un sujet normalement organisé et sagement conduit. Chez les jeunes gens disposés, par un principe de rachitisme, aux déviations de la colonne vertébrale, les muscles opposés à la courbure peuvent, par l'exercice et l'action, rétablir l'équilibre, et l'escrime devient alors un des bons moyens orthopédiques. Il suffit seulement, suivant le côté dévié, de porter le fleuret de la main droite ou de la main gauche (1).

Quant aux extrémités supérieures ou inférieures, nous avons dit que les muscles des bras prenaient un grand développement. C'est ce dont on peut s'assurer en prenant, aux premières leçons, la mesure du diamètre du bras ou de l'a-

(1) Si le sujet présente une courbure à droite, en devenant gaucher, les muscles opposés à la flexion, et qui par conséquent se sont relâchés, s'habituent à une nouvelle puissance de contractilité, et arrivent bientôt à neutraliser ceux de droite.

vant-bras. Après quelques mois, le membre exercé acquiert une notable augmentation.

Par la bonne tenue du torse les extrémités inférieures sont mieux placées, les genoux s'écartent, et les pointes des pieds forment une équerre parfaite. On sait que cette position est la plus conforme aux règles du beau dans la marche et le maintien.

Nous pouvons ajouter que la connaissance approfondie des armes réagit puissamment sur le moral de ceux qui les ont étudiées avec ardeur. Loin de donner au caractère un ton querelleur qui tendrait à provoquer incessamment une lutte injuste, l'homme a la conscience de sa force, et, s'appuyant sur elle, il est plus disposé à l'indulgence et à une politesse digne et convenable. Peu d'hommes ont été assez vils pour utiliser, au bénéfice d'une nature violente et emportée, la connaissance qu'ils avaient de l'escrime. L'homme probe et fort connaît les dangers qu'il offrirait à un adversaire inhabile ; il sait que son adresse, le sang-froid qu'il lui doit le mettraient bientôt à sa discrétion, et, sans déroger à l'honneur, il accepte une médiation dont il n'a point à rougir.

En résumé, favorable comme exercice au maintien de la santé, l'escrime devient pour le médecin une ressource précieuse soit pour prévenir, soit pour combattre un grand nombre de maladies. On peut même avancer, sans paradoxe, qu'en rendant les hommes forts elle contribue à leur amélioration morale, puisqu'elle utilise la force au profit de la justice et des grandes actions.

Ainsi, pour nous résumer, nous dirons en nous répétant, car nous ne saurions trop insister sur l'utile emploi de cette partie de la gymnastique, parmi les exercices prescrits par les médecins pour conserver ou rétablir la santé, l'escrime occupe sans contredit le premier rang. En effet, celui qui fait des armes tient dans une action continuelle la plupart des muscles du corps, et il est évident pour toutes les personnes qui ont assisté à un assaut ou même à une simple leçon d'escrime, que, dans une foule de circonstances, un pareil exercice doit produire les plus heureuses modifications. En effet, la circulation est accélérée, la figure s'anime, la sueur ruisselle sur la peau, et tous les organes éprouvent une vive excitation. La médecine réclame donc avec raison ce moyen gymnastique, qui convient parfaitement dans les maladies entretenues par la langueur et l'inertie, et dans les cas si nombreux où le praticien veut imprimer une forte impulsion au système circulaire ou provoquer une abondante transpiration.

Ce sujet est plutôt du ressort de l'hygiène, et il ne nous appartient pas de le traiter avec tous les détails qu'il pourrait comporter. Nous ajouterons cependant que l'escrime a toujours été regardée par les médecins comme un des exercices les plus propres à développer le thorax et les organes qu'il renferme. Il nous serait facile de citer ici un grand nombre d'adolescents chez lesquels une mauvaise conformation de la poitrine ou une constitution éminemment lymphatique pouvait faire craindre l'invasion prochaine de la phthisie pulmonaire, cette terrible maladie qui fait aujourd'hui tant de victimes ; après quelques mois de salle, ces jeunes gens, naguère si frêles, si débiles, acquièrent de l'embonpoint et des forces, leur poitrine s'élargit, la toux cesse pour ne plus revenir, et bien des médecins nous ont assuré, en pareil cas, que l'escrime seule avait produit cet heureux changement. Il est presque inutile d'ajouter que, dans ces circonstances, l'exercice doit être proportionné aux forces; qu'il faut procéder avec précaution, et éviter surtout une fatigue excessive.

Enfin l'escrime, par cette fatigue réglée et salutaire, entraîne un repos forcé et sert ainsi de remède et de préservatif contre le défaut mortel qui fait tous les ans tant de victimes parmi les enfants, et que la vigilance la plus assidue ne saurait ni prévenir ni arrêter.

Montaigne avait raison de dire en parlant de l'escrime *que l'esprit s'en exerce*. En effet, l'un des avantages de cet exercice est, sans contredit, de tenir l'intelligence en jeu. Comparons l'escrime aux autres exercices du corps.

En équitation, vous avez affaire à un être évidemment inférieur à vous sous une foule de rapports, et dont vous parvenez à vaincre presque à coup sûr et les résistances et la volonté, Dans la danse, vous ne rencontrez aucun obstacle qui contrarie le développement de vos facultés naturelles; bien plus, la musique, qui accompagne les pas du danseur, l'aide et l'enlève. Dans la natation, personne ne vous gêne et ne s'oppose à la précision de vos mouvements. Dans les armes, au contraire, vous avez toujours en présence une intelligence qui combat la vôtre; vous avez là, devant vous, un être pensant et exécutant comme vous, dont tous les efforts tendent à déjouer les vôtres. En un mot, dans l'escrime, on n'est plus isolé, on a un adversaire, et celui qui vous fait face, dans un assaut, est intéressé par l'amour-propre, ce grand mobile de toutes nos actions, à faire avorter tous vos projets. En duel, les mêmes soins tendent à conserver notre vie, et ce motif est assez puissant pour que chacun cherche à empêcher son antagoniste de faire ce qu'il sait et ce qu'il veut.

Ainsi, l'esprit se trouve puissamment occupé, et cette occupation même consiste à deviner ce qui va s'accomplir ; aussi peut-on dire que le succès de l'homme de bon sens, de l'homme réfléchi et calculateur est, dans un combat, à peu près certain.

Ce que je me suis proposé de démontrer pourra donc surprendre seulement les personnes qui n'ont aucune connaissance des armes, et celles qui cultivent cet art sans l'approfondir ; le nombre en est grand, mais cela se conçoit aisément, puisque beaucoup de gens ne font des armes que dans le seul but de se livrer à un exercice physique, sans avoir l'intention d'étudier à fond la science que nous professons. Ainsi, que de simples amateurs trouvent une excuse dans la raison que nous venons de donner, rien de plus juste ; mais que penser du maître qui raisonne assez peu pour ne voir dans cet art qu'un exercice du corps qui ne donne rien à l'esprit?

Parmi les preuves nombreuses qui viennent à l'appui de notre assertion, nous nous contenterons de citer ces deux exemples : — M. Caselli, ancien administrateur, me donnait des leçons d'armes à Paris. C'était pour lui un amusement dans lequel j'ai puisé une partie de l'instruction que je puis avoir en fait d'armes : M. Caselli était, ainsi que M. le comte de Bondy, certainement le plus habile et savant amateur qu'il y eût en France ; cependant il faisait rarement assaut. En le voyant donner leçon, surtout en l'entendant raisonner, on était persuadé qu'il avait été d'une force supérieure dans les armes ; toutes les démonstrations auxquelles on pouvait l'entendre se livrer à ce sujet vous confirmaient de plus en plus dans cette opinion. J'insiste plus particulièrement sur ce point, pour prouver que, s'il est des circonstances où le raisonnement est indispensable, et s'il est vrai de dire que certains individus raisonnent mieux que d'autres, l'homme d'esprit fera mieux des armes qu'un sot.

M. L'Homandie, homme fort instruit, professeur de langues anciennes et belles-lettres dans nos meilleures institutions, s'était occupé, dès sa jeunesse, à faire des armes. Comme tant d'autres, il se vit forcé de renoncer à des études étrangères à sa profession ; il craignait la médisance et la méchanceté : il avait peur qu'on ne se servît de ce moyen pour le desservir, et qu'on n'insinuât qu'il donnait plus de soins aux armes qu'aux honorables fonctions dont il était chargé. Il m'avoua un jour que depuis plusieurs années il ne s'occupait plus des armes comme exercice mais comme théorie, pour se dédommager d'en avoir abandonné la pratique. Il me confia que son imagination avait été tellement frappée de la beauté de cet art, qu'après avoir pensé longtemps et mûrement réfléchi, il n'avait pu se priver du plaisir d'écrire sur l'escrime, et, qui plus est, de mettre la leçon d'armes en vers. — Je crus d'abord qu'il plaisantait ; rien n'est plus aride, en effet, que l'explication des armes par des mots techniques dont la répétition continuelle ne peut rendre que fort ennuyeuse la lecture d'un ouvrage spécial sur la profession. Je pris jour le lendemain pour qu'il me lût son ouvrage. Je me rappelle qu'à propos des appels de pieds que les maîtres d'armes font exécuter, et que les amateurs répètent si souvent sans en savoir la cause, il disait :

« Par de fréquents appels le sol interrogé
» Vous répond que le corps ne s'est pas dérangé. »

Ainsi M. L'Homandie avait résolu une énorme difficulté, celle de rendre intéressant un sujet qui prêtait bien peu à la poésie. Dans les assauts où je l'ai vu à l'œuvre, j'ai pu me convaincre que sa tête présidait continuellement à tout ce que son bras exécutait, sachant fuir ou attaquer à propos, évitant l'extrême vitesse de son adversaire par la régularité et la simplicité de ses mouvements, se rendant parfaitement compte de ce qu'il devait entreprendre ou redouter dans telle ou telle position, prévoyant sans cesse toutes les intentions possibles. M. L'Homandie, dans un âge avancé, parvint à tenir tête à de jeunes et vigoureux maîtres.

Il est mathématiquement démontré qu'on ne peut réussir à toucher souvent et sûrement son adversaire qu'en lui trompant l'épée, c'est-à-dire les mouvements qu'il peut faire ; or, ces mouvements se multipliant à l'infini, il faut penser sans cesse et surtout bien penser ; ainsi, il faut savoir quelle est la parade que peut faire l'adversaire sur tel coup, puis discerner celle qu'il a choisie, et enfin *lui tromper* cette même parade en saisissant pour cela l'instant favorable. Cette simple démonstration prouve d'une manière irrécusable que l'escrime tient essentiellement l'esprit en activité (1).

(1) On voit tous les jours des gens qui font des armes porter à leur adversaire des coups à peu près semblables, et qui tombent dans une même parade, puis s'obstiner à vouloir réussir sans tromper cette même parade, qui, jusqu'alors, a tout enveloppé, et a, pendant cette longue série

Ainsi donc, le génie des armes consiste à deviner son adversaire, à juger au premier coup d'œil ses moyens physiques, l'emploi qu'il en sait faire, et à voir s'il est homme de tête, et par conséquent difficile à émouvoir, si sa garde est régulière, s'il est pareur, ou si sa force et son adresse ne consistent qu'à attaquer, s'il est prudent ou téméraire, s'il donne au hasard ou si tout ce qu'il fait est réfléchi et compris dans l'ordre normal. Sans aucun doute il est difficile d'acquérir sur-le-champ une complète certitude ; il le faut cependant si l'on veut sortir victorieux de la lutte.

Désormais les parents resteront persuadés que, bien loin de nuire au développement de l'intelligence chez leurs enfants, l'exercice des armes ne peut que fortifier, étendre le jugement et donner de bonne heure des habitudes de discernement et de prévision toujours nécessaires dans une foule de circonstances de notre vie.

Nous croyons avoir suffisamment démontré que les combinaisons mathématiques qui servent de base à la science des armes font travailler l'esprit autant que le corps, et nous pourrions, aux exemples déjà cités, en ajouter bien d'autres pour achever de prouver combien cet exercice agit sur nos facultés intellectuelles. Il semble, en effet, réveiller notre intelligence de l'assoupissement où elle est souvent plongée ; il lui fait honte, en quelque sorte, du repos qu'elle aime, au moment où tous nos organes devraient être en activité. Or, c'est de cette union de l'intelligence avec les forces physiques

de coups, protégé celui qui s'en est servi. Il me semble voir un homme tenant en main la clef d'un appartement, et qui, pour entrer, préfère en briser la porte.

que naissent toutes les qualités si précieuses dans les soldats. Dès lors le général ne commande plus une masse inerte et compacte, trop souvent incapable de saisir et de deviner sa pensée ; ce sont des intelligences armées, qui, soumises aux lois d'une discipline sévère, exécutent l'ordre donné et remplissent jusqu'aux moindres intentions du chef.

L'usage de la baïonnette, universellement adopté, a surtout été utile aux compagnies détachées, aux hommes isolés qui avaient fait de l'escrime une certaine étude. Il y a, entre tous les principes dont se compose la science des armes, une connexité qui empêche les individus adonnés à cette science même d'être étrangers à l'emploi de l'arme dont ils sont pourvus. A ce sujet, nous ne pourrons assez nous élever contre l'incurie avec laquelle on a négligé en France l'étude du sabre : c'est un grand malheur dont il faudrait accuser trop de monde ; plus tard nous entreprendrons la tâche de suppléer à cette lacune regrettable. Et cependant que de services cette arme ne peut-elle pas rendre? Après la victoire qu'il remporta à Molwitz, où sa cavalerie avait été battue, Frédéric II sentit la nécessité d'améliorer cette partie de l'instruction de son armée, et il adopta un genre d'escrime composé de coups d'estramaçon et d'estoc que l'on nomma contre-pointe ou *sabre droit.* Par contre-pointe on entend la manière dont on doit se défendre avec son sabre contre la pointe de celui de son adversaire. Sous l'Empire, deux de nos maréchaux, Murat et Lannes, avaient la réputation d'excellents sabreurs. Le prince Louis, frère du roi de Prusse, n'eût peut-être pas été tué s'il eût bien su se servir de son sabre. Les soldats d'ailleurs aiment mieux combattre avec leur sabre qu'avec leur pistolet, ils en conviennent tous. Un auteur célèbre disait à ce sujet : « Il est bien plus apparent de s'asseurer d'une espée que nous tenons au poing, que du boulet qui eschappe de nostre pistolle, en laquelle il y a plusieurs pièces, la poudre, la pierre, le rouet, desquelles la moindre qui vienne à faillir, vous fera faillir vostre fortune. On assène peu seurement le coup que l'air vous conduit. » (MONTAIGNE.)

Pour nous résumer sur le sujet que nous venons de traiter, et qui devient de jour en jour moins controversé, nous dirons : Tant qu'on a fait des armes d'une manière pour ainsi dire mécanique, le corps seul a pu profiter de l'exercice donné à tous les membres; la tête n'étant point occupée, la pensée ne dirigeait aucun de nos mouvements. Mais lorsque le raisonnement est venu en aide au mécanisme, lorsqu'on a fait une science de ce qui d'abord n'était qu'un métier, alors l'esprit a participé de l'activité du corps, l'un et l'autre ont fonctionné ensemble. Depuis cette époque, une révolution importante s'est opérée. En Europe, tous les souverains ont appris l'exercice des armes. Le prince Eugène, vice-roi d'Italie, le pratiquait avec succès (1). L'empereur Nicolas, comprenant, comme son immortel aïeul, Pierre le Grand, tous les avantages qu'on peut retirer des exercices du corps, a encouragé l'escrime dans tous les corps de sa grande armée.

Les hommes haut placés dans les armées, dans les sciences (2), dans les arts, dans la littérature, dans la diplo-

(1) Le prince Eugène avait attaché à sa personne, comme professeur d'armes, M. Lamotte.

(2) On voit, dans la biographie d'Helvétius, que ce célèbre philosophe était grand amateur de l'escrime.

matie, se sont adonnés à l'escrime ; plusieurs d'entre eux sentirent, d'ailleurs, pendant vingt ou trente années de leur vie passées à pratiquer cet art, combien il était nécessaire pour se reposer des fatigues de l'étude et du cabinet. Tout cela explique la préférence que des maréchaux de France, M. le comte de Bondy, lord Seymour, S. Ex M. le général Gorgoli, le célèbre peintre David et une foule d'hommes distingués accordèrent à l'escrime sur les autres exercices du corps. Leur imagination y trouvait autant d'attrait qu'on peut en rencontrer dans tous les actes où le raisonnement, la réflexion, l'esprit d'à-propos, donnent à l'homme intelligent une supériorité incontestable.

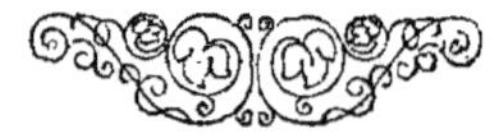

LES ARMES

L'ART DES ARMES

THÉORIE

Si vis pacem, para bellum.

L'art est une révélation, mais l'on peut être initié à ses mystères ; en escrime, les principes sont certains ; nos maîtres nous en ont dicté les lois. Ils se résument en peu de mots ; les voici :

Juger promptement des moyens intellectuels et physiques de son adversaire, et déterminer l'emploi qu'il sait en faire ;

Se convaincre si c'est un homme de tête, et par suite difficile à émouvoir ;

Pénétrer ses intentions et combattre son jeu ;

Profiter des avantages qu'offre sa garde si elle est irrégulière ;

Savoir reconnaître s'il est pareur ;

Rechercher si sa force et son adresse s'appliquent à la défensive ou à l'offensive ;

Enfin s'il donne au hasard ou si tout ce qu'il fait est calculé et contenu dans l'ordre normal.

L'ordre logique, suivi régulièrement dans la théorie, rendra facile la conception de ces règles : en les suivant avec méthode, on pourra conquérir une supériorité réelle.

Nous devons ajouter, toutefois, qu'à un grand sang-froid il faut joindre une extrême vitesse pour exécuter les mouvements conçus, beaucoup d'aplomb sur les jambes, et une souplesse qui permette au corps de se développer facilement. Parer sans emportement, et pourtant avoir assez de force et de tenue pour éviter le coup de son adversaire ; feinter avec une vitesse calculée, de manière à ce que, dans les mouvements accélérés, l'épée ne vous expose pas à rencontrer celle de votre antagoniste, qui aurait cherché à en suivre les mouvements.

Enfin la perfection des armes consiste en cinq qualités nécessaires qui sont inséparables, savoir : la connaissance, la justesse, la vitesse, l'œil et la main.

TENIR L'ÉPÉE.

Pour tenir avantageusement l'épée, il faut que le pouce soit allongé sur la poignée à six lignes de distance de la coquille ou garde, l'index sous la partie inférieure de la monture et à même distance que le pouce ; le majeur, l'annulaire et l'auriculaire embrassent aussi la poignée et ne doivent jamais la quitter, comme le prétendent plusieurs professeurs.

Lorsqu'on prend une arme pour défendre sa vie, il faut en être maître ; je n'ai jamais pu comprendre que l'on mît l'index à une certaine distance du doigt du milieu; toute division de force est nuisible; lâchant un seul doigt, vous perdez la tenue et la pointe tombe. Avec ce vicieux procédé, on ne peut conserver la ligne, et la parade manque de vigueur.

Toutes ces considérations n'ont pas empêché l'école moderne de dire qu'il faut abandonner l'index.

La même école veut encore qu'on ouvre la main lorsqu'on développe un coup! Cela n'est pas croyable, mais cela est.

On doit éviter l'excès contraire. Serrer son épée constamment avec force, énerve et paralyse la flexibilité. Il faut donc avoir l'art de bien maintenir son arme; mais si l'on exagère la tenue dans un sens quelconque, nous croyons la force préférable.

DE LA GARDE.

C'est être couvert dans la ligne que l'adversaire a prise, c'est-à-dire se maintenir, avec tenue d'épée, dans la direction de son corps.

On doit placer le corps droit, la tête et les épaules bien effacées, les bras flexibles et le long du corps.

La main gauche sur le fourreau de l'épée, les deux talons l'un contre l'autre formant l'équerre.

On détache la main droite en arrondissant le bras, et on la fait passer devant le corps en la reportant à droite, mais ouverte, et à la hauteur de l'épaule, le bras étendu; ce mouvement indique à l'adversaire qu'on va mettre l'épée à la main.

On arrondit de nouveau le bras droit du haut en bas, en

portant la main droite sur la poignée, la main gauche sur la lame, et l'on arrondit les deux bras au moins à la hauteur de la tête ; là, on laisse le bras gauche dans la position où il se trouve, formant un demi-cercle de l'épaule au bout des doigts, très-effacé et soutenu avec grâce.

Le bras droit se place devant le corps, le coude ployé et rentré en dedans, le pommeau à la hauteur de la poitrine, la pointe de l'épée bien soutenue par les doigts placés dans la ligne de quarte, vis-à-vis l'œil droit de l'adversaire.

Le talon du pied droit sera à la distance de deux semelles environ (les pieds n'étant pas toujours proportionnés à la taille), et vis-à-vis le talon gauche, les pointes des pieds forment un angle droit, les deux genoux ployés également, le corps bien soutenu dans une ligne perpendiculaire au plan horizontal.

Mêmes observations pour les gauchers.

Être en garde ne veut pas dire seulement avoir les bras ou les jambes ployées, mais bien aussi se couvrir du côté où se trouve l'épée de l'adversaire.

Il y a deux gardes, celle de quarte et celle de tierce ; on n'occupe jamais que l'une ou l'autre; c'est un tort que de ne pas enseigner à se mettre en garde à partir des huit positions connues.

La garde de quarte couvre le dedans des armes, celle de tierce couvre le dehors.

La garde défensive doit être la première, la garde offensive ne doit passer qu'après.

Les hommes d'une petite taille doivent avoir la garde très-haute, à la hauteur de leur cou.

Ceux d'une taille ordinaire doivent la placer un peu au-dessus du milieu du buste.

Les hommes d'une grande taille doivent la prendre au milieu du buste.

Bien qu'on ait dû prendre une garde selon sa taille, il faut savoir la varier, car il y aurait un danger réel à ne pas régler sa hauteur de garde sur celle de son adversaire.

Ces règles appellent, en raison de la conformation différente des élèves, quelques modifications. Aussi en effaçant le corps, le buste, un peu en arrière, donne plus de grâce, mais fait présenter le bas-ventre, ce qui est fort dangereux. La position inverse expose à des coups moins meurtriers. Elle ne gêne en rien les parades ni les attaques, et ne peut nuire au jugement, ainsi que le pensait, chose incroyable, un maître étranger dont j'ai l'ouvrage sous les yeux.

Je n'admettrai jamais l'aphorisme : il ne faut pas contrarier les indications de la nature; car les arts ont certaines exigences qui peuvent singulièrement modifier les habitudes corporelles ou les tendances de l'esprit. Devrait-on, en escrime, laisser agir à leur gré, ou suivant leur conformation, ceux qui se montrent prédisposés à courir sans réflexion ou à parer sans utilité, à ne pas garder la position effacée, à se tenir la poitrine rentrée ou à quitter les lignes, etc. ? Certainement non, car souffrir ces infractions aux principes, c'est ne pas gêner leur tendance à mal faire, c'est se rendre complice des fautes inévitables qui en résulteraient.

COROLLAIRES DE LA GARDE.

LE FORT ET LE FAIBLE

Le fort est la partie de l'arme la plus rapprochée de la monture. — Le faible est la partie qui en est la plus éloignée.

Opposer sans cesse le fort de son épée au faible de celle de l'ennemi est un des secrets de l'art des armes; il est certain qu'alors on exerce une puissance continuelle, car, dans aucun cas, le faible ne peut lutter contre le fort : c'est pour cela que je recommande sans cesse de placer dans les lignes hautes le poignet un peu au-dessus de celui de l'adversaire, afin de dominer son épée.

Pour les lignes basses, je conseille d'avoir le poignet plus bas que celui de l'adversaire, par cette même raison qu'il faut toujours placer le fort de l'épée dans la position la plus avantageuse.

Il est bien entendu que tous ces conseils s'adressent à celui qui veut faire des armes dans les bons principes, car comment pouvoir agir ainsi sur des ferrailleurs qui, dans leur manière de tirer, exagèrent toutes les positions de la main ?

LES LIGNES.

On appelle ligne la direction que doit avoir l'épée pour menacer l'adversaire, ou se défendre contre lui.

La ligne s'adresse toujours à une partie du corps de préférence à une autre, puisqu'il est reconnu qu'il est faux d'ajuster dans les bras, dans les jambes, dans la tête, etc. C'est une erreur d'assigner pour limite à la ligne, le fer de l'ennemi, jamais elle ne doit le suivre dans ses nombreux écarts.

Il faut joindre l'épée ennemie dans les lignes qu'elle prend, lorsque ces lignes menacent votre corps ; mais si elles s'en écartent, il ne faut pas l'y suivre.

N'importe la ligne où l'on est engagé, si elle n'est pas couverte droite et bien sentie jusque dans la pointe, un tireur habile y pénètrera.

Les lignes sont offensives lorsque l'on a la pointe de l'épée menaçante, c'est-à-dire placée à la hauteur de la figure de l'adversaire et la garde un peu avancée.

Les lignes sont défensives quand le bras est ployé comme dans une garde naturelle, et que la pointe se trouve fixée dans l'œil droit, au sommet de la tête ou même au corps de l'adversaire. Il y a autant de lignes que de positions ou de parades.

J'ai toujours fait travailler mes élèves à partir de toutes les lignes hautes ou basses en joignant le fer de l'adversaire, car j'ai reconnu de bonne heure qu'il était peu logique de ne donner leçon qu'à partir de deux positions lorsqu'il y en a huit.

OPPOSITION.

On appelle opposition cette action de notre épée sur l'épée de l'ennemi qui a pour but de maintenir la pointe adverse hors de la ligne de notre corps.

L'opposition appliquée à la parade ne s'emploie que dans certaines conditions. Notre article spécial sur les parades donnera l'exacte mesure de cet emploi.

Dans la garde, en parade, en riposte, en attaque, partout enfin, elle est d'une absolue nécessité.

Lorsque le professeur enseigne les principes fondamentaux de l'art, l'opposition est une des premières choses dont il doit instruire son élève. Nous combattrons plus tard ce déplorable principe d'un professeur qui, négligeant de prendre la moindre opposition sur un dégagement, ou sur une riposte droite, prétendait que ce léger mouvement si nécessaire ralentissait l'action.

ACTION DE LA MAIN.

La garde connue, la ligne observée, c'est-à-dire les jambes bien placées, l'épée menaçante pour l'adversaire, l'arme bien en main, on doit attendre l'attaque, CAR LA PARADE EST LE PREMIER DEVOIR. L'expérience m'a fait reconnaître cet axiome ; il sert de base à ma méthode.

Le développement du bras et du corps doit être enseigné après les parades, et celles-ci sont simples ou composées, en raison des attaques auxquelles on les oppose.

Dans les attaques ou les parades, la main prend deux positions, la pronation ou la supination (1).

Tourner la main en supination quand on porte un coup à l'adversaire, est un mouvement fort utile qui, s'il ne facilite pas la justesse du coup, en augmente la rapidité.

Je trouve trois avantages à tourner la main : on déplace l'épée de l'adversaire ; on voit mieux le coup que l'on porte, et l'on a plus de vitesse.

(1) Supination. Le dictionnaire dit : s. f. terme didactique. On appelle mouvement de *supination* celui par lequel on tourne le dos de la main vers la terre.

Pronation. D'après le dictionnaire : s. f. terme didactique. On appelle mouvement de *pronation* celui par lequel on tourne la main de manière que la paume soit tournée vers la terre. Il est opposé à la supination.

PARADES.

ÉNUMÉRATION ET LIGNES QU'ELLES OCCUPENT.

Parer, c'est détourner les coups que l'on vous porte.

Les parades sont au nombre de huit ;

1° Prime, ainsi nommée parce qu'en sortant l'épée du fourreau c'est la première qui se présente.

2° Seconde. Le dessous étant découvert, seconde est la parade qui succède à *prime*.

3° Tierce. En formant *seconde*, le dessus des armes reste sans défense ; tierce vient garantir cette ligne.

4° Quarte. En exécutant *tierce* on laisse une large place à gauche de l'épée ; quarte est le mouvement consacré pour couvrir cet espace.

5° Quarte croisée. Après avoir paré *quarte dans les armes*, les lignes de dessous offrent un passage ; on a imaginé quarte croisée pour le fermer.

6° Quarte sur les armes. La parade de *quarte croisée* laisse toutes les lignes hautes à découvert, quarte sur les armes vient alors les défendre ainsi que l'aurait fait la parade de tierce.

7° Demi-cercle. Tout le dedans étant à la merci de l'adversaire, après avoir paré *quarte sur les armes*, on emploie le demi-cercle.

8° Octave. En employant le *demi-cercle*, il reste libre une ligne du dessous du côté droit; on se préserve avec l'octave.

DÉVELOPPEMENTS.

L'idée première et constante de la théorie que nous exposons est la parade, mais celle-ci ne peut être que la conséquence d'une attaque.

Donner, dès le début de l'exposé des principes, le moyen de la provoquer, si on ne l'effectue pas immédiatement, pourrait faire naître la confusion dans les idées de l'élève ; donc, après la connaissance de la garde et de ses corollaires, viennent pour nous se placer les développements.

Le développement a pour but de se rapprocher de son adversaire en lui portant un coup, car en se mettant en garde, la prudence commande impérieusement de se tenir hors de mesure.

Étant en garde, selon les règles établies plus haut et à partir de l'engagement de quarte, pour donner au corps un développement complet, l'on avance le bras dans la ligne qu'il occupe ; il doit être très-développé sans cependant lui ôter une légère flexibilité dans l'articulation de la saignée, la main tournée en supination.

Vous tendez promptement et avec vigueur le jarret gauche, et du même temps vous laissez descendre de sa position le bras gauche au-dessus et à la distance de quinze centimètres de la cuisse, et vous terminez en portant simultanément votre pied droit à la distance de quarante-cinq centimètres de la garde que vous occupiez ; le bras bien placé et couvrant le dedans des armes, le coude rentré, la tête haute, effacée, l'œil droit regardant devant vous, et apercevant tout entier l'effet du coup que vous venez de porter.

Il faut, dès les premières leçons, exécuter le développement du corps en trois temps, puis en deux, puis en un seul lorsque l'on est plus fort.

Mais le développement présente deux écueils : l'écrasement et l'abandon.

S'écraser, c'est faire un développement forcé, c'est laisser tomber la tête en avant, ne pas garder les positions voulues par les règles de l'art, c'est faire ployer les jambes sous le poids du corps, c'est manquer de grâce.

S'abandonner, c'est négliger toutes les tenues d'épée, de bras et de corps.

RETRAITE APRÈS LE DÉVELOPPEMENT.

Pour vous relever en garde, ployez le jarret gauche, chassez la hanche droite en arrière en soutenant le haut du corps sur les reins avec beaucoup de vigueur, et reprenez généralement toutes les positions que vous occupiez avant de vous développer. Ces mouvements doivent être faits d'un seul temps et avec toute la promptitude possible.

RETRAITE DU CORPS.

C'est, sur l'attaque de l'adversaire, jeter le corps plus ou moins en arrière, selon que l'on se croit gagné par son coup.

Ce mouvement est plutôt machinal que méthodique.

Lorsque l'on est fendu, on fait une retraite de corps sans bouger le pied; celle-ci a lieu pour se préparer à une remise de main.

COUPS DROITS.

Le coup droit, *son nom seul sert à le définir*, est le résultat de l'impulsion qui porte l'épée dans la voie la plus directe.

Les coups droits sont certainement les meilleurs ; ils vont le plus vite, peuvent et doivent s'exécuter le plus souvent.

On les emploie sur un tireur peu ou point couvert, sur toutes les prises d'épée, telles qu'engagements, pressions, menacés, coulés, faux temps, faux battements, battements réels, croisés, toutes les fois que ces coups sont faits sans bonne tenue d'épée, sans prévoyance, ou quand après ces mouvements on quitte la ligne, faute peu excusable et très-commune.

Les coups droits sont très-bons, très à propos sur les absences d'épée, sur les feintes trop multipliées, mais le hasard ne doit point y présider. Tirer droit du fort au faible de l'adversaire est toujours un excellent procédé. Sur un tireur qui a une assez bonne tenue d'épée on peut encore tirer droit en assujettissant, en maîtrisant du fort de son épée le faible de celle de son adversaire et parcourant dans cette situation la ligne jusqu'au but.

LA MESURE.

La mesure est la distance de laquelle on peut atteindre l'adversaire sans forcer les positions du corps. On est parfaitement en mesure lorsque l'on peut frapper le coup sans faire ployer le fleuret.

Il y a toujours deux mesures qu'il faut parfaitement connaître, celle de son adversaire et la sienne; savoir d'où il peut vous toucher et à quelle distance vous pouvez l'atteindre en conservant dans votre développement toute la régularité des principes.

Pour éviter toute surprise, le bon sens a toujours commandé de se mettre en garde hors de mesure.

Entrer en mesure, c'est marcher à l'adversaire lorsqu'il est trop éloigné, en ayant soin de proportionner la marche à la distance qui vous en sépare.

Rompre la mesure, c'est se mettre hors de portée afin que l'adversaire ne puisse toucher de la place où il se trouve ; si l'on rompt la mesure, il faut encore que cette retraite ait pour objet de rassembler les idées et les forces physiques, de contraindre l'adversaire à une ou plusieurs marches, et aussi d'acquérir les moyens de connaître une partie de ses ressources et de ses desseins.

On n'oubliera donc pas qu'il faut attacher une aussi grande importance à connaître sa propre mesure qu'à connaître celle de l'adversaire.

Les grandes marches sont toujours inutiles et très-dangereuses lorsque l'on veut gagner la mesure.

PASSES.

Il y a deux sortes de passes : la passe en avant et la passe en arrière.

En prenant pour point de départ la garde exacte, la passe s'exécute ainsi : — Le talon gauche s'approche près de la cheville du pied droit, puis l'on porte ce même pied droit en avant pour prendre la position de la garde.

La passe en arrière est l'inverse de celle-ci : — On porte la cheville du pied droit en arrière, près le talon gauche, puis le pied gauche se recule pour prendre la même distance qui existait auparavant entre le pied droit et lui.

Ces passes donnent beaucoup de facilité aux jambes et beaucoup de grâce au corps ; elles s'emploient dans le salut des armes ou *le Mur*.

La passe en avant équivaut à plusieurs marches.

Dans l'assaut ou dans le duel on doit éviter les passes en avant. Faites sans la plus grande précaution, elles exposeraient trop, mais faites en arrière quand on est trop engagé, elles sont opportunes.

DE L'ENGAGEMENT.

La jonction des deux fers est un engagement, sa régularité dépend de l'observation des principes.

Il est important de bien engager le fer de l'adversaire, de

manière à lui fermer la ligne droite, car si vous êtes bien en ligne, il n'y sera certainement pas.

Il y a maintenant beaucoup trop de tireurs qui ne veulent pas engager le fer ; mais ce mode vicieux donne lieu à une quantité de coups pour coups dans les assauts ; ceux qui ont la manie de faire ainsi des armes doivent redouter un combat réel.

Il est très-facile de déterminer d'une manière précise la position du poignet dans les engagements. Dans les lignes hautes, il doit être un peu au-dessus de celui de l'adversaire, et dans les lignes basses un peu plus bas, et cela dans le but d'avoir toujours le fort sur le faible ennemi.

Une des conditions d'un bon engagement dans les lignes hautes est d'avoir la pointe de l'épée vis-à-vis les yeux de l'adversaire, ce qui l'inquiète beaucoup plus que de l'avoir au corps.

Un engagement bien fait présente un angle obtus dont la main est le sommet et dont les deux côtés sont l'épée et le bras.

Aussitôt que l'on sait tirer en tierce ou en quarte il faut savoir engager l'épée de son adversaire des deux côtés. Quand d'une garde vous voulez passer dans l'autre, faites un très-petit mouvement de la pointe de votre épée en passant le plus près possible dessous l'arme de votre adversaire ; ce mouvement doit être prompt, serré, exécuté des doigts avec tenue d'épée sans baisser le poignet, qu'il change ou non d'opposition.

On cherche souvent et avec raison le moment favorable pour tromper l'engagement ou les doubles engagements, ce qui réussit assez bien ; il est évident que l'homme gêné ou inquiété dans sa garde veut en changer ; ce sont des cas qui se présentent sans cesse, et qui se joignent encore à la volonté que doit avoir chaque homme de passer dans une autre garde pour inquiéter son adversaire et entamer tel ou tel coup sur lui.

La conséquence de ces mouvements est l'attention constante à tromper les engagements et doubles engagements, excellente préoccupation de l'esprit dans les assauts.

SENTIMENT DU FER.

Le sentiment du fer est le contact rationnel de l'épée de l'adversaire. En le possédant, on s'abstient d'une pression trop forte, qui peut faire tomber l'épée, et l'on se préserve de la mollesse de tenue qui provoque le coup droit.

Le sentiment du fer est une des qualités les plus rares et les plus nécessaires ; il est d'une telle puissance que l'on pare plus vite par son contact que par la vue. Il nous avertit du moment où l'on quitte notre épée pour nous faire une feinte ou pour nous attaquer.

Mais il ne faut pas croire, tout précieux qu'il est, qu'il nous fasse comprendre ou qu'il nous avertisse des desseins ennemis. Il est certain que le sentiment d'épée le plus parfait ne me dira pas si mon adversaire veut me faire Une-Deux, doubler l'épée ou me croiser le fer, etc.

Le sentiment du fer s'acquiert assez vite lorsque le maître sait en faire comprendre l'importance ; son succès dépend de la pulsation et de la souplesse des doigts.

Le sentiment du fer nous indiquant le moment certain du départ de l'adversaire, il est facile de comprendre que si nous voulons l'attaquer, le surprendre à son point de départ, nous pouvons y réussir ; mais le jugement doit être si prompt, que souvent on en est à se demander si on a calculé ou si on a improvisé.

On peut expliquer et enseigner facilement le sentiment du fer, et voici comment : on fait prendre à l'élève l'épée dans une ligne droite ; si sa garde est molle, on tire droit, s'il appuie, on cède, ce qui fait tomber son épée. Ces deux exemples donnent l'idée que l'on doit sentir sans mollesse l'épée en ligne et sans appuyer sur elle.

DU DOIGTÉ.

Doigter, c'est conduire la pointe de son épée par l'action seule des doigts et sans le secours du poignet, qui toujours veut agir dans cette circonstance (1).

Impossible de tromper l'épée avec succès si vous ne pouvez doigter finement la pointe de votre lame.

On fait généralement les coupés au moyen du bras, et l'on serait bien surpris de la vitesse à laquelle on pourrait parvenir en étudiant ces sortes de coups par l'unique emploi des doigts. Seuls ils doivent conduire la pointe avec la plus grande rectitude, le plus près possible de l'épée ennemie, dans les lignes latérales les plus rapprochées.

(1) Il est tellement rare de rencontrer un tireur qui ait du doigté, qu'un jour le général de Brichembault me voyant plastronner, s'écria en se levant brusquement : Mais vous avez du doigté !

Avoir des doigts, dit-on par extension, c'est sentir l'épée de tous les doigts, la maintenir sans force, et lui faire prendre à l'improviste et selon les circonstances toutes les directions. C'est tromper finement les parades : enfin ce terme signifie, conduire avec art, justesse, précision, dextérité, vitesse, la pointe de son épée, mais avec le mouvement unique des doigts.

DÉGAGEMENTS ET COUPÉS.

Dégager, c'est passer à l'aide d'un doigté la pointe de son épée du côté opposé à celui où elle est engagée.

On dégage dans toutes les lignes, chaque fois que l'on ne peut tirer droit, qu'une trop forte pression de l'aversaire gêne ou fatigue, ou enfin que par le déplacement on provoque un mouvement dont on espère profiter.

Le dégagement se fait en doigtant l'épée de manière que le contact simultané du pouce et de l'index sur la poignée fasse passer rapidement la pointe du côté opposé. Ce mouvement doit se faire, autant que possible, très-près de l'épée ennemie.

Le dégagement s'opère en dessous de la lame.

Le dégagement par un coupé se fait en dessus en retirant son épée dans une ligne verticale, et se portant, sans s'arrêter, par-dessus la pointe ennemie.

Le bras suit, dans son développement sur l'adversaire, le dégagement qui l'a précédé.

DE LA RETENUE DU CORPS.

Retenir le corps signifie ne pas se fendre, ne pas avancer le buste par un mouvement quelconque.

La retenue du corps est une des plus précieuses qualités du tireur d'armes. Elle aide à l'accomplissement parfait d'un coup, soit attaque, soit riposte, et souvent préserve celui qui la possède de la violence d'un choc toujours meurtrier.

Le travail du professeur qui veut inculquer cet excellent principe à son élève est toujours pénible ; se retenir d'aller en avant est hors nature.

Nous recommanderons donc aux amateurs de travailler cet exercice avec toute la persévérance possible.

C'est un point capital de l'assaut. C'est la sauvegarde en duel.

LE COUP.

On a souvent dit qu'il n'y avait rien d'aussi rare qu'une bonne définition ; le mérite qu'on lui attribue consiste dans la clarté et la précision. On ne saurait admettre une double dénomination pour un seul objet ; on rejettera donc la subdivision du coup d'armes en coup et en botte. Je nomme coup, par exemple, le dégagement sur les armes exécuté sans se fendre, même sans intention de toucher, c'est alors un *coup simulé;* mais je ne comprends pas la nécessité d'appeler *botte* le moment de la rencontre du corps de l'adversaire.

L'escrime est un art assez sérieux pour qu'on ne le livre pas aux mauvaises plaisanteries que le mot *botte* suggère. Nous appellerons donc *coup*, et nous conserverons uniquement cette expression, la seule convenable, les mouvements de l'arme portée vers et sur le corps de l'adversaire.

DES APPELS.

C'est frapper la terre du pied.

On peut faire un seul appel, mais il est toujours mieux d'en faire deux.

On comprend qu'ils ne peuvent se faire en marchant.

On peut frapper le pied dans l'action de la marche, mais cela ne constitue pas un appel.

Les appels se font de pied ferme, dans le but de s'assurer si le corps a conservé son aplomb.

Ils figurent dans le salut des armes et l'exercice du mur.

Les professeurs ont raison de les exiger assez souvent dans les leçons; ils s'assurent, par ce moyen, que le corps de l'élève a conservé les positions régulières.

On les fait, espérant par leur bruit troubler l'adversaire, l'inquiéter, et tirer parti d'un moment favorable.

Un appel peut accompagner la démonstration d'un coup simple ou de coups compliqués.

DU MUR ET DU SALUT DES ARMES.

Le mur est un exercice qui dispose à l'assaut et le précède.

Tirer le mur, c'est dégager alternativement en quarte dans les armes et sur les armes vis-à-vis de l'adversaire, qui fait une parade simple et ne riposte pas.

Le salut est un acte de déférence, de politesse envers le public et l'adversaire.

Le nombre des saluts avec le fleuret a été, jusqu'aujourd'hui, fixé à trois ; le second pourrait sans inconvénient être retranché (1). C'est à la salle d'armes que l'on acquiert la pratique ; nous nous bornerons ici à l'indication des mouvements principaux.

Toucher le corps de son adversaire en prenant sa mesure pourrait être considéré comme un manque d'usage et de politesse.

Les dégagements dont se compose cet exercice doivent se faire avec vitesse, précision, le plus près possible de l'épée adverse, en se couvrant et en allongeant le bras, le corps suit immédiatement ce premier mouvement.

L'adversaire pare chaque dégagement qui, après son exécution, nécessite une retraite. En se remettant en garde, il faut attendre la pression de l'épée ennemie pour repartir dans la ligne contraire.

Les parades adoptées contre les dégagements sont tierce ou quarte. Il faut, en les exécutant, bien se couvrir du côté où est l'épée de l'adversaire.

Celui qui a paré ne doit point quitter sa ligne de parade ; agir différemment serait une faute grave. Cette infraction à ma règle est commune aujourd'hui.

Lorsque celui qui tire le mur veut terminer, il doit se mettre en garde, faire deux appels, et se découvrir en portant la main en tierce.

Ces mouvements indiquent à l'adversaire que c'est à lui à

(1) Je crois que le salut qui peut être retranché est celui exécuté par les deux tireurs après que le premier des deux adversaires a tiré le mur, car cette politesse se répète à la fin.

prendre sa mesure, et à répéter cet exercice. Chacun des deux adversaires doit terminer le mur par un dégagement dans les armes.

Il arrive souvent qu'en faisant le mur, le fleuret cède à l'action de la parade qui le frappe, et déplace le poignet de la ligne d'opposition; c'est un vice; il est plus prudent de conserver une opposition de la lame et de la main. Elle peut préserver d'un accident, résultant souvent de la distraction d'un pareur.

Toute personne qui a un peu cultivé l'escrime sait que l'on ne doit prendre sa mesure qu'à une distance régulière logiquement parlant. Tout ce qui tendrait, dans l'exercice du mur, à enfreindre cette règle pourrait être considéré comme un principe vicieux.

PIED FERME.

C'est tirer de sa place sans faire glisser le pied, c'est ne pas marcher pour attaquer; c'est ne pas rompre sur les attaques.

Il est toujours mieux de tirer de pied ferme, tous les beaux tireurs ont compris les avantages que ce mode présentait. Mais les exigences de l'assaut ou du duel ont amené les retraites et les marches.

MARCHES ET RETRAITES.

La marche se fait pour gagner la mesure et se trouver assez près de celui que l'on veut toucher.

La distance qui existe entre les deux pieds doit être

scrupuleusement maintenue pour conserver les lignes, la grâce et l'aplomb.

Étant bien en garde, toutes les positions observées, on marche en avant et de l'étendue d'une semelle à peu près à chaque pas. La marche s'éxécute en portant le pied droit en avant et en faisant suivre immédiatement le pied gauche.

En vue du danger que les marches font naître, je dirai qu'il faut qu'elles soient toujours petites, et qu'il est mieux de répéter ce mouvement en le faisant avec précaution que de l'employer une seule fois avec imprudence.

La retraite se fait en sens inverse de la marche, c'est alors le pied gauche qui commence le mouvement; le pied droit le suit, en conservant comme dans les marches toujours la distance de deux semelles.

La marche est faite pour entrer en mesure, la retraite pour se placer hors de mesure et parer aux effets d'une attaque trop brusque.

On s'éloigne aussi par ruse pour attirer l'adversaire et exécuter un mouvement de surprise sur sa marche.

La retraite se proportionne au danger que l'on court; la seule conséquence qui puisse arriver d'une trop grande distance serait de manquer la riposte sur son adversaire.

La marche et la retraite, exercices très-bons à cultiver, placent bien sur les jambes, contribuent à l'aplomb, et entretiennent la vigueur nécessaire.

DES PARADES EN GÉNÉRAL

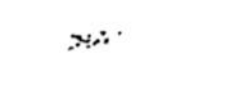

DES PARADES EN GÉNÉRAL.

LEURS RÈGLES.

La parade, ainsi que nous l'avons dit, est l'action de détourner de son corps le fer ennemi. Cette définition est admise en thèse générale, mais les moyens d'exécution varient suivant les professeurs. Les uns soutiennent la parade d'opposition, les autres recommandent la force et les grands mouvements.

Gage de sécurité pour celui qui sait régler ses coups en raison de l'attaque de son adversaire, la parade demande aplomb, justesse et confiance. — Bien parer, c'est employer avec discernement l'opposition nécessaire pour paralyser une attaque, c'est donc bien déterminer où la main, le fort et le faible doivent être placés en raison du coup dont on est menacé.

La parade d'opposition m'a toujours semblé la plus rationnelle au commencement d'un assaut ; elle n'entraîne pas la main en dehors des lignes menacées.

Parer d'opposition par un simple ou un contre, c'est se porter à la jonction du fer de l'adversaire en fermant la ligne qui conduit à votre corps, maintenant toujours l'action de votre fort sur le faible, et jamais, comme on a osé l'avancer, *le faible sur le fort*. En un mot, la parade d'opposition s'explique par son nom, s'opposer, donc ne pas frapper.

La parade d'opposition, qu'elle procède par un simple ou par un contre, présente un obstacle qui ne frappe point. Sa dénomination explique son emploi. La parade change-t-elle de marche, c'est-à-dire agit-elle en frappant ou chassant avec force l'arme de l'adversaire, alors elle change aussi de nom (1).

Il faut, dans les parades, une tenue exacte depuis l'extrême pointe jusqu'au fort de la lame, car il y a des tireurs assez habiles pour pénétrer dans le défaut de tenue.

Les principes de l'escrime expliquent la position respective des deux fers dans les parades. Parer quarte en supination serait une faute grave, car on se défendrait moins bien que si l'on avait la main légèrement inclinée en pronation. Cette dernière position ne saurait être conservée en parant le demi-cercle. Le désarmement en serait la conséquence funeste.

Nous ne saurions trop recommander l'usage des doigts dans la parade, l'action du fer sur le fer peut seule être efficace. En faisant agir le bras, le mouvement imprimé par la force qui se trouve augmentée, dérange la ligne et entraîne quelquefois le corps.

On ne doit pas parer avec le bras tendu, parce qu'il faut, dans l'intérêt de la vitesse et pour riposter avec succès, conserver à la saignée toute l'élasticité de son ressort et au poignet sa puissance de rotation.

L'avantage que présente le rapprochement du poignet près

(1) Pour nous faire bien comprendre, nous prendrons une comparaison palpable : la parade d'opposition représente une barrière empêchant de poursuivre une route commencée, mais ne repoussant pas littéralement celui dont elle interrompt la course.

du corps est contrebalancé par l'inconvénient de placer le faible de son épée sur le fort de celle de son adversaire. On doit donc être sobre des retraites de bras.

Parer en tranchant le fer, c'est frapper outre mesure et en s'écartant de la ligne où l'on doit se maintenir, c'est parer avec saccade.

Les parades se divisent ainsi :

Les *simples*, les *demi-contres*, les *contres*.

On appelle les premières parades simples parce qu'elles ne ressemblent en rien aux demi-contres et aux contres, et qu'elles joignent l'épée ennemie par le moyen le plus vif.

La parade simple est celle qui prend le moins d'espace pour joindre l'épée de l'assaillant ; comme toutes les autres parades, elle frappe le fer ennemi à des degrés différents, soit d'opposition, d'un tact sec ou de grande force.

PRIME

PRIME.

La désignation *Prime* indique clairement que c'est la première des parades ; elle se présente naturellement en tirant l'épée du fourreau. Elle est favorable aux hommes de petite taille ; elle les couvre en dehors, ce que n'aurait fait que très-imparfaitement le demi-cercle, qui les exposerait surtout si le coup était dirigé en haut du dessus au dedans.

La parade de prime doit être ainsi prise : le poignet à la hauteur du front et de manière à voir l'adversaire dans la ligne au-dessous de celle qu'occupe votre épée. La position de celle-ci doit être à peu près horizontale. La riposte se fait de gauche à droite pour éviter la remise en seconde. La tradition veut que l'on évite celle en quarte en opposant, lors de la riposte, la main gauche à l'épée, mais sans avoir la volonté de la toucher.

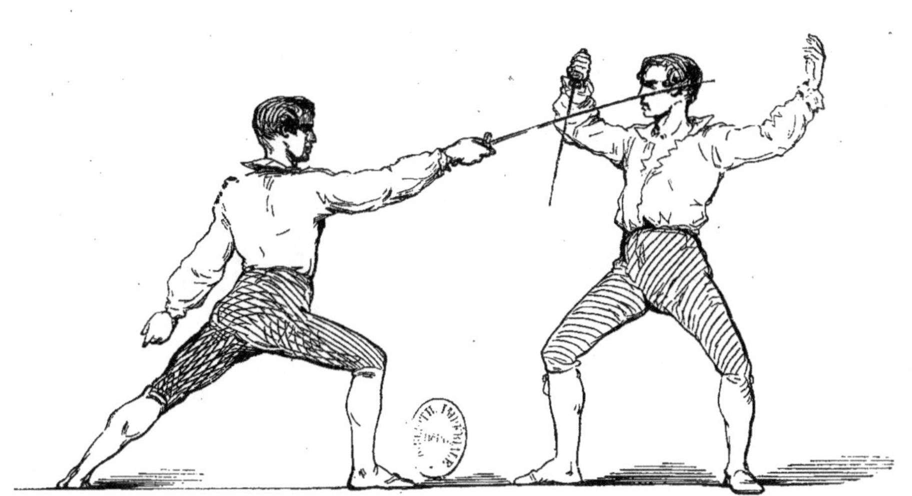

SECONDE

SECONDE.

La *Seconde* est parée : le poignet en pronation plus bas que l'épée adverse, la pointe horizontale et même un peu plus haute que le poignet, dirigée vers le corps, et passant du dehors au dedans ; cette manière de parer est plus terrible que de tenir la pointe basse.

La parade de seconde réussit bien contre les mauvais jeux en ce qu'elle a beaucoup de force et peut parcourir un grand espace ; elle jette l'épée ennemie en dehors et donne lieu à de bonnes et vigoureuses ripostes.

On est sujet a s'emporter dans cette parade, il faut y faire la plus grande attention, car non-seulement on se découvrirait, mais encore on aurait trop de peine à revenir parer tierce.

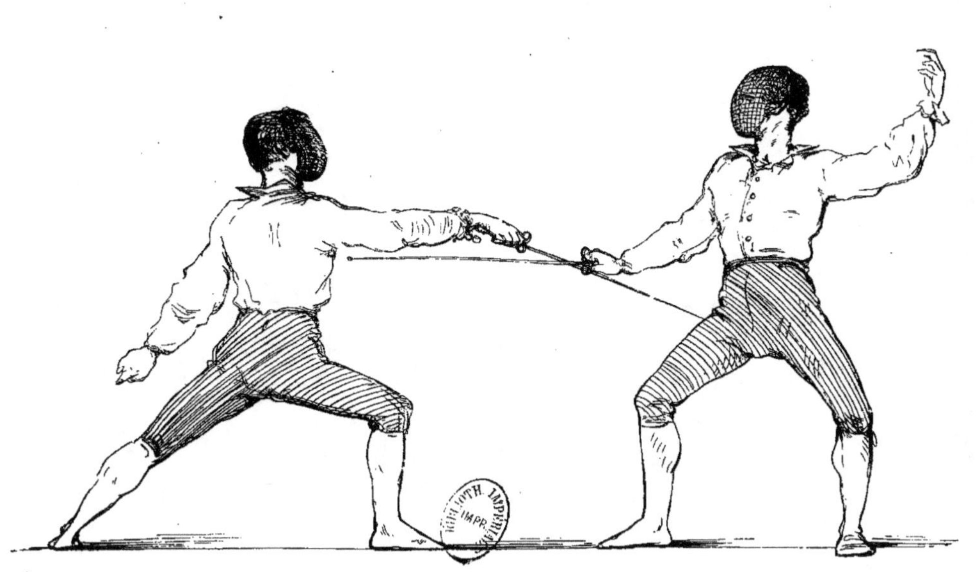

TIERCE

TIERCE.

C'est la parade que l'on doit prendre absolument après celle de seconde. (*V. l'article quarte sur les armes.*)

La tierce est parée : la pointe haute en dehors et au défaut de l'œil gauche de l'adversaire. La main est en pronation, c'est-à-dire tournée vers le sol.

Il faut prendre garde à un écart de la main dans cette parade, ainsi que dans celle de seconde, car le corps de l'adversaire ne présente, de ce côté, qu'une surface très-peu étendue ; on serait trop découvert au dedans des armes.

La pointe de l'épée, dans cette parade, ne peut être à la figure de l'adversaire, il faut qu'elle soit à sa gauche à hauteur de tête.

Cette parade doit être faite exactement dans sa ligne, car, laissant l'épée ennemie dans le dehors du corps, il n'y a pas de danger.

Elle a généralement plus de force que celle de quarte sur les armes ; elle doit lui être préférée contre les jeux durs et même contre la tenue de l'épée.

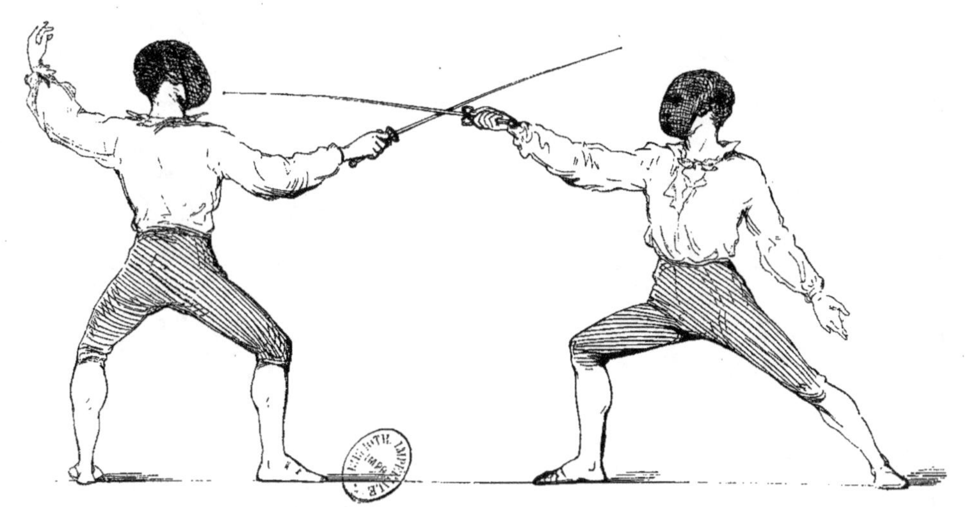

QUARTE

QUARTE.

Quarte vient naturellement après tierce, et sert à parer tous les coups du dedans des armes, soit en haussant, soit en baissant la main vers les points où l'on est menacé.

La quarte est parée : la main légèrement inclinée en pronation, la pointe à l'œil droit de l'adversaire.

Cette parade doit être soigneusement soutenue, attendu que l'épée ennemie est ramenée du côté où il y a plus de danger, puisqu'il y a plus de surface.

On doit maintenir son arme avec fermeté dans la ligne qu'elle occupe, et s'éloigner le moins possible de l'horizontale quand on veut attaquer.

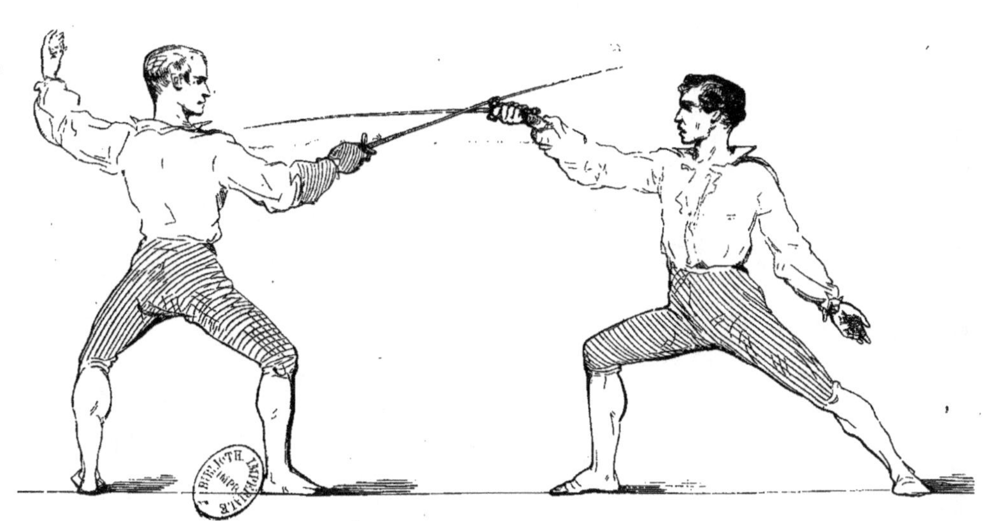

CINQUIÈME OU QUARTE CROISÉE

CINQUIÈME OU QUARTE CROISÉE

La *quarte croisée* est parée : la main basse en pronation fortement prononcée, le fer placé parallèlement au sol et en travers du corps.

Elle garantit des coups fourrés ou à bras raccourcis portés vers les parties inférieures du corps par des ignorants ou des hommes emportés. Il faut, dans cette circonstance, abaisser rapidement l'épée par le travers et dans toute l'étendue où l'on est accessible, et quand on a joint celle de l'ennemi sans quitter son fer, tourner la main en supination et riposter dans cette position en ligne droite de quarte.

Menacé des mêmes coups que pare quarte croisée, si l'on avait la main dans la position de prime, il faudrait la porter, sans que la direction de l'arme que vous tenez changeât d'aucune manière, à la hauteur de la ceinture et parallèlement à la ligne du corps. Vous parez, dans cette situation, tous les coups qui seront dirigés contre vous au-dessous de l'épée.

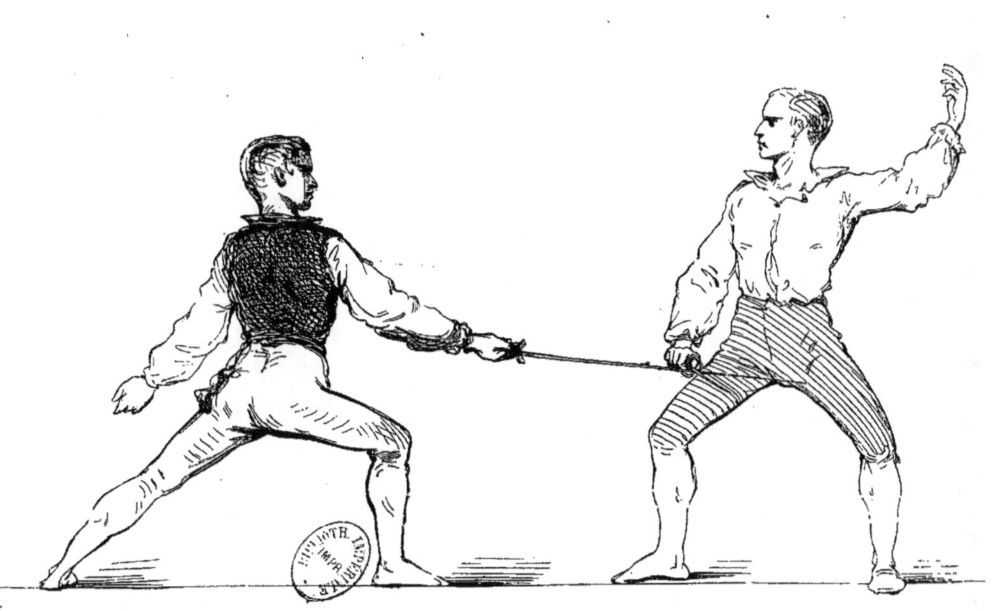

SIXIÈME OU QUARTE SUR LES ARMES

SIXIÈME OU QUARTE SUR LES ARMES.

La *quarte sur les armes* est parée en dehors, la pointe est au défaut de l'œil gauche de l'adversaire.

Cet parade diffère de la tierce, dont elle tient la position, en ce que la main est tournée en supination.

En l'employant, on exécute toutes les ripostes qui dérivent de la tierce.

La parade de tierce a plus d'énergie que celle de quarte sur les armes ou sixième.

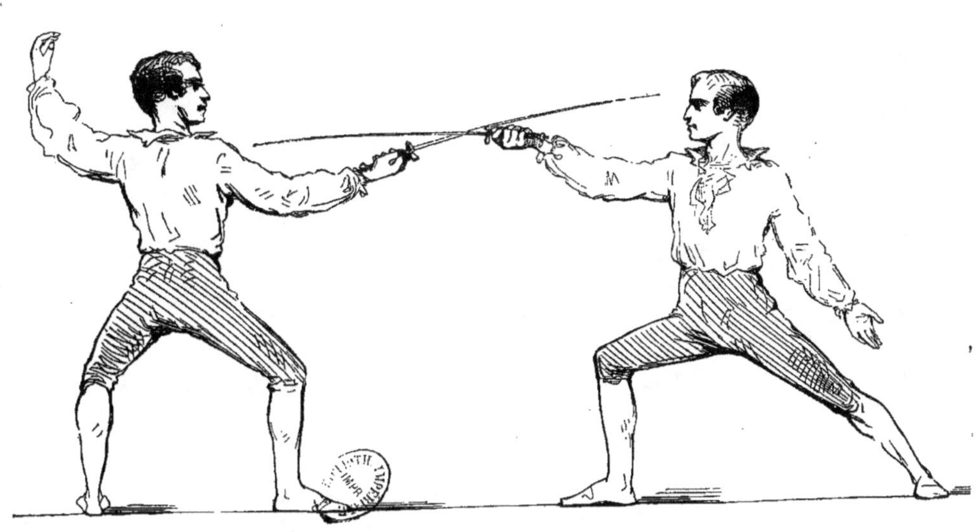

SEPTIÈME OU DEMI-CERCLE

SEPTIÈME OU DEMI-CERCLE.

Le *demi-cercle* est paré : la main en supination, la pointe horizontalement placée et dirigée vers le corps de l'adversaire.

Cette parade s'oppose au dégagement de dedans au dessus en abaissant la pointe par une courbe figurant un demi-cercle plus ou moins régulier et se portant à la rencontre de l'épée de l'adversaire.

Le demi-cercle sert à parer les coups dirigés vers la ceinture, mais il est moins efficace, en ce cas, que la parade de quarte croisée qui se fait en présentant le travers de la lame à celui qui tire.

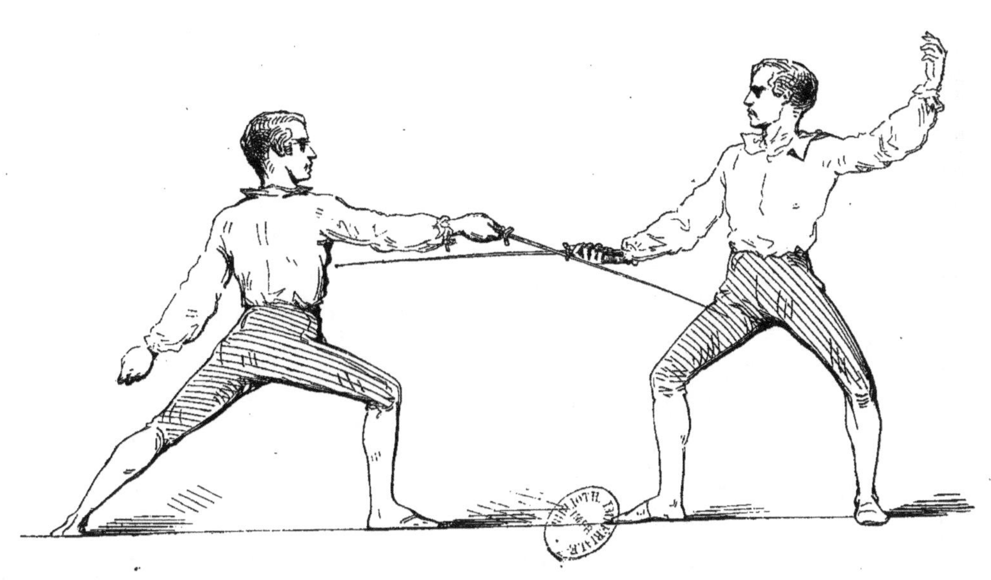

HUITIÈME OU OCTAVE

HUITIÈME OU OCTAVE.

L'*octave* est parée : la main en supination, le poignet plus bas que l'épée adverse, la pointe doit être au corps, horizontalement placée, et même un peu plus haut que le poignet.

La huitième, l'*octave*, pare les coups que l'on nous tire en trompant le demi-cercle, ainsi que ceux qu'on lance en dehors et au-dessous des armes.

Toutes les parades doivent être fixées dans la ligne du corps où l'on aurait pu diriger les coups. Si l'adversaire a tiré droit au corps, la parade est exacte ; a-t-il tiré hors de la ligne, on ne rencontre pas son épée, mais on est couvert alors qu'il ne l'est pas.

Les parades s'exécutent généralement du fort de l'épée, même celles d'opposition. Une faute souvent commise est celle du manque de tenue d'épée vers la pointe quand les lames sont en contact et qu'on se fie seulement à l'opposition du fort. Malgré la sécurité que donne cette dernière position, on serait en danger si l'adversaire tirait sur la pointe.

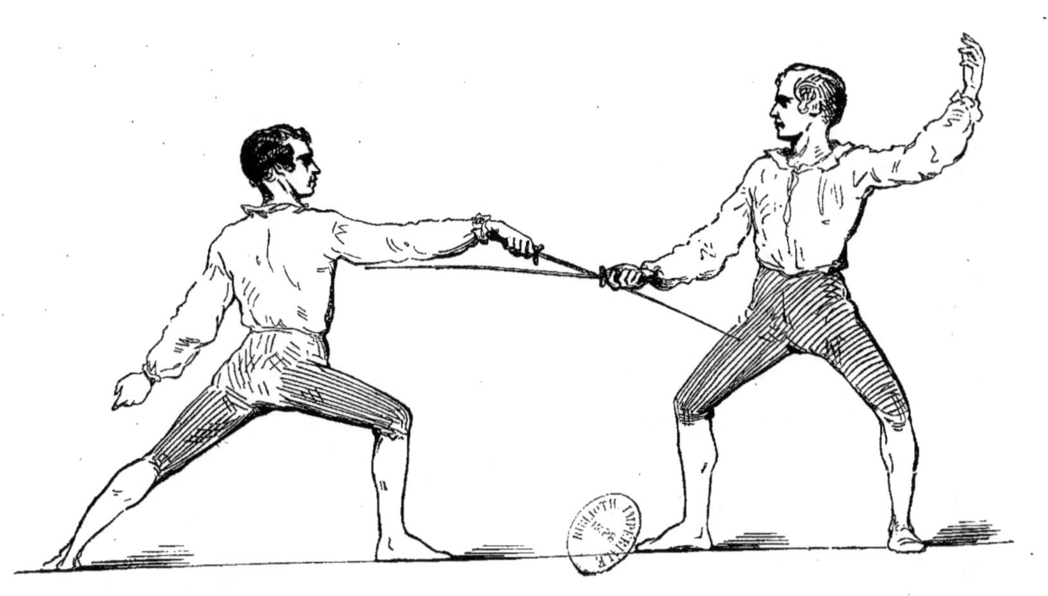

PARADES DE CONTRE.

Un CONTRE est un cercle entier exécuté par la pointe qui, partant du point où l'on est en garde, revient s'y fixer après son parcours. Le contre prend toujours le nom de la position de son point de départ.

Les contres sont des parades de l'incertitude, car il est évident que lorsque l'on a jugé le coup de l'adversaire, il est plus prompt de prendre la parade simple du coup qu'il vous porte; on ne doit donc parer beaucoup de contres que parce qu'il est trop difficile de juger l'intention et la direction du coup de l'adversaire.

En employant sans cesse les contres et comme moyen d'éviter tous les coups, il advient très-souvent que les épées se joignent en sens inverse, c'est ce qu'on nomme contraction, ce qui rend les ripostes très-difficiles.

Le contre a deux avantages marqués : l'un de rencontrer l'épée dans plus de lignes, l'autre de reprendre l'épée de l'adversaire dans une ligne où il n'est pas couvert,

CONTRES OPPOSÉS.

Placé en garde de quarte, parer tierce et le contre de tierce, ou en garde de tierce parer quarte et le contre de quarte; ces mouvements ont inutilement reçu le nom de contres opposés.

PARADE DE CONTRACTION.

Je la comprends ainsi : agir contre l'action naturelle : Exemple : engagé de quarte, on dégage sur les armes ; l'action naturelle doit être de parer tierce, c'est précis et logique ; si je pare le demi-cercle, j'agis contre l'action naturelle, véritable, en entraînant avec force et dangereusement pour moi, l'épée ennemie dans une ligne où il n'y avait aucune nécessité de la conduire. Autre exemple : nous sommes dans la ligne du demi-cercle, vous dégagez en octave, je pare seconde et ramène votre fer dans la ligne de quarte, je fais une contraction. On peut encore comprendre comme contraction la parade qui ayant trouvé l'épée dans une ligne l'entraîne dans un cercle, et la ramène où l'on venait de la rencontrer.

L'enseignement de la parade de contraction est nécessaire, car il faut en démontrer la fausseté sur tous les points ; de plus, on doit mettre à même de se garantir de ses conséquences fâcheuses l'élève qui par imprudence s'en serait servi. Cette faute se présente dans les assauts où se manifestent à la fois les intentions les plus intelligentes et les moins rationnelles.

DEMI-CONTRES.

On nomme demi-contre une parade qui affecte la forme demi-circulaire ; cette parade s'effectue dans toutes les lignes.

Exemples :

1° Étant en garde de tierce si l'on se porte dans la ligne de seconde ;

2° Si de cette ligne de seconde on revient en tierce ou en quarte ;

3° Si de quarte on se porte dans la ligne de demi-cercle ;

4° Et si de cette dernière on se porte en tierce ou en quarte ;

On a dans toutes ces circonstances fait une parade qui peut se nommer demi-contre ou demi-circulaire.

J'ai dû me borner dans ma théorie à cette définition d'une exactitude égale à sa simplicité. On trouvera dans mes réflexions la critique de toutes ces subdivisions que l'on semble avoir agglomérées à plaisir pour l'ennui et la fatigue des élèves.

DOUBLES CONTRES.

La répétition des parades du contre prend le nom de double contre. L'on gagne en sécurité par leur emploi, car il vous préservent mieux encore que les contres ordinaires, qui protégent eux-mêmes mieux que les parades simples.

Nous regarderions donc comme une grande faute l'oubli de la mention du double contre.

PARADES EN MARCHANT.

L'attaque faite sur la marche de l'adversaire est un axiome en escrime, nous ne le répéterons pas, mais nous devons rappeler que l'on peut en marchant parer avec la même facilité que de pied ferme. Croire le contraire, serait une légère erreur. Étant hors de mesure, en conservant l'idée de prévoir une attaque sur la marche, en ayant le soin constant d'opérer d'une manière sage, prudente et calculée, à une portée raisonnable, on peut arriver à une grande perfection de parade en marchant.

Il serait inutile de chercher à maîtriser une épée qui engage mollement ; il suffit, dans ce cas, pour toucher, de tirer droit en conservant une forte opposition. Le fer ennemi qu'il faut maîtriser est celui qui, sans être engagé avec mollesse, n'atteint pas la dernière perfection de la tenue.

Nous conseillerons toujours l'attaque sur l'absence d'épée, car cette position provient-elle de la négligence ? l'attaque réussira ; est-ce un piége ? rien de plus facile que de faire une feinte ayant pour but de tromper la parade à laquelle l'adversaire s'est peut-être disposé.

MAIN GAUCHE EMPLOYÉE COMME PARADE.

L'usage de se servir de la main gauche est blâmable sous plusieurs rapports : si cette action paralyse quelquefois le coup de l'adversaire, et par conséquent annihile une partie de ses moyens, elle est cependant fort dangereuse pour celui qui l'emploie comme parade : il peut se faire traverser la main par l'épée adverse. Nous souhaitons de voir cet abus retranché du catalogue des parades accidentelles.

L'emploi de la main gauche a toujours existé, et ce qui peut me forcer à le croire, c'est que ce mouvement, tout vicieux qu'il est, doit être regardé comme instinctif et naturel.

RIPOSTES.

La riposte est le coup qui fait suite à la parade. L'avantage de la riposte sur l'attaque, c'est qu'elle se fait au moment le plus favorable, celui où l'adversaire, ayant développé tous ses moyens dans l'attaque, est très-inquiet de sa retraite. Les coups que l'on donne en ripostant sont plus meurtriers que ceux donnés par l'attaque, et cette vérité serait bien plus sensible si les amateurs, recherchant davantage la parade, n'étaient pas toujours disposés à faire de grandes retraites de corps sur la plus petite feinte, ou à quitter la mesure en se portant en arrière à une trop grande distance au moment d'une attaque qu'ils devraient supporter de pied ferme.

Se sauver sur toutes les attaques, c'est prouver qu'on a peu de confiance dans son savoir.

DE COUPS SIMPLES AVEC ATTAQUES A L'EPÉE.

Les coups droits, les dégagements, les coupés et les coups dans les lignes basses, ont reçu le nom de coups simples. Leur exécution est souvent précédée d'une attaque à l'épée, c'est-à-dire du mouvement que nous allons définir. C'est avec le secours de ces derniers que les coups simples présentent le plus d'avantages.

Ainsi, par exemple, le coup de seconde préparé par un menacé dessus dans la ligne de quarte sur les armes a de grandes chances de succès; il inquiète dans la ligne où l'on ne veut pas toucher et offre plus de sécurité que *Seconde* tirée simplement, car le menacé préoccupe toujours l'adversaire.

LE MENACÉ.

On peut menacer de tous les coups possibles, mais ici, parlant des attaques à l'épée, nous ne nous préoccupons que du menacé direct. Le menacé simple se fait en figurant le commencement du coup droit et en s'arrêtant pour observer ce que l'on a produit, différence qui existe entre lui et le coulé, qui ne doit pas s'arrêter et s'emploie toujours comme coup jugé.

La retenue du corps est indispensable, afin de rester maître de ses mouvements.

LE COULÉ.

S'emploie toujours comme coup jugé.

Ce coup se fait en glissant tout doucement le long de l'épée ennemie, jusqu'au moment où il reste encore assez de détente dans la saignée pour terminer le mouvement avec la plus grande promptitude.

A-t-on reconnu que l'adversaire n'était pas absolument couvert, on achève droit; l'on dégage, si l'on a jugé qu'il allait vouloir se garantir par une opposition.

LA PRESSION.

Se fait pour écarter un peu la ligne que tient l'adversaire. On presse légèrement son faible avec la partie moyenne de l'épée, ou avec le fort pour pouvoir tirer droit ; et s'il répond en se couvrant, le dégagement est facile.

FROISSÉS.

C'est sans quitter l'épée, la froisser dans sa longueur en commençant du fort sur le faible de l'épée ennemie et tirer droit.

Les froissés sont préférables aux battements en ce qu'ils n'obligent pas à quitter l'épée et ne forment qu'un temps. Ils s'emploient avec avantage contre les épées tendues.

BATTEMENTS RÉELS.

Ils se font en frappant, sous un angle très-aigu, l'épée ennemie, de votre fort sur son faible, et par ce moyen on facilite un coup d'attaque ou une riposte.

Les battements s'emploient contre les gardes tendues, afin de déplacer l'épée ennemie sur laquelle les feintes n'avaient pas d'effet ou présentaient un danger.

On peut aussi les faire dans les lignes opposées à celles où l'on se trouve. Mais dans les lignes d'en haut il est plus sûr de battre l'épée en coupant que de passer en dessous par un dégagement, ce qui n'a pas la même puissance.

FAUX BATTEMENTS.

Le faux battement, ainsi que toutes les attaques à l'épée, a pour but d'inquiéter l'adversaire ; ce petit mouvement est, en général, d'un effet incontestable : car on y répond malgré soi ; aussi est-il employé souvent par les forts tireurs.

Il se fait en frappant d'un petit tac l'épée ennemie dans la ligne où l'on est. Il se fait aussi dans les lignes opposées à celle où l'on se trouve engagé, c'est-à-dire après ou dans l'action d'un dégagement.

CROISÉS.

C'est lorsque l'on rencontre une arme maintenue rudement et placée dans une position horizontale que l'on cherche à s'emparer du faible de cette épée en employant le fort de la sienne. On décrit alors à peu près les trois quarts d'un cercle, car la courbe doit s'arrêter dans la ligne de seconde ou dans celle de demi-cercle, suivant le côté où l'on opère. On chasse ainsi fortement le fer ennemi, mais l'on doit bien soutenir la pointe au-dessus du poignet, car en négligeant cette position le croisé ne produirait pas tout l'effet qu'on se propose.

Les croisés s'effectuent en seconde et en demi-cercle et sont très-utiles à employer pour les désarmements.

FLANCONNADE.

La flanconnade s'exécute en dirigeant la pointe par-dessus celle de l'ennemi et en la conduisant dans la ligne basse du dedans, mais bien soutenue de manière à ce que le coup tiré porte sous le bras de l'adversaire.

Ce coup se place avantageusement quand un tireur, couvert dans sa garde de quarte, développe un coup droit dans lequel sa main est beaucoup plus élevée que sa pointe. Alors le faible de son épée est opposé au fort de celle du pareur.

La flanconnade tirée sur un coup ainsi dirigé devient à peu près certaine. On comprend, dans ce cas, l'inutilité qu'il y aurait à se fendre. Mais si on l'exécute sur un coup peu prononcé, le développement est nécessaire.

LIEMENT D'ÉPÉE.

Le liement s'exécute sur une épée dont on maîtrise le faible. L'exemple suivant donnera la manière de l'exécuter ; supposons-nous engagés en tierce, sans quitter le fer, je l'entraîne avec le fort de ma lame en décrivant un cercle et en le ramenant au point où il était. Cette explication suffit pour faire comprendre comment on doit l'exécuter dans les autres lignes.

On peut employer le liement comme piége pour donner l'idée à l'adversaire de le tromper en doublant le dégagement; par ce moyen, on se ménage une parade et une riposte également brillantes. — On peut aussi lier l'épée pour terminer par un coup d'attaque quelconque; mais alors, si l'on veut terminer par un coup droit, on doit étendre son bras vers l'adversaire dans l'action de lier l'épée.

ABSENCE D'ÉPÉE. APPAT.

Les attaques à l'épée demandent la rencontre ou le contact

du fer ennemi ; l'appât et l'absence d'épée ne devraient donc pas rigoureusement être classés parmi ces mouvements, mais comme ces piéges tendus à l'adversaire sont plus efficaces après une tenue rigide de l'arme qui vous est opposée, je n'hésite pas à les placer ici tous deux.

Lorsque l'adversaire a une tenue d'épée qui fatigue, et que l'on a déjà remarqué qu'il se livre principalement aux parades simples, c'est alors que l'absence d'épée est du meilleur effet. Elle s'exécute en quittant un peu l'épée ennemie de la pointe seulement, puis en portant immédiatement le coup droit : ce coup donne le change et trompe parfaitement les parades simples. Il est préférable à Une-Deux ; il est moins long à exécuter.

L'appât est pour les tireurs inexpérimentés une grande place que l'on offre pour les engager à y tirer ; mais, pour les adversaires habiles, c'est un petit jour qu'on laisse comme par négligence et dans lequel ils croient pouvoir pénétrer sans danger. Si le piége est bien tendu, on peut faire une parade et une riposte d'autant plus brillantes qu'elles auront été prévues; ou l'on peut prendre un coup de temps en saisissant une meilleure position.

On peut employer cette ruse avec des préparations simples ou dans les feintes compliquées; ainsi je marque lentement Une-Deux-Trois, et j'attends sur chacun de ces mouvements, ou je laisse du jour, afin que l'ennemi veuille en profiter.

L'appât et l'absence d'épée présentent une différence notable. L'absence d'épée offre constamment un jour, l'appât ne nécessite pas toujours cette circonstance.

Ainsi, entre autres exemples, je menace d'un coup droit en élevant la main et baissant la pointe vers le fort de l'adversaire, il est amené à tirer le coup de flanconnade. Je profite de ce mouvement que j'ai préparé ; voici un piége ou un appât.

PARADES COMPLIQUÉES.

L'homme trouve instinctivement une parade plus ou moins bonne, plus ou moins à propos contre les coups qu'on lui porte ; de là dérivent les parades compliquées. Je vais en citer quelques exemples.

On m'attaque d'un coup dessous porté en dehors des armes, je pare seconde ; on me fait une feinte dessous pour tirer dessus, je pare seconde et tierce, ou seconde et prime.

Si l'on m'attaque par un doublé, je pare contre et simple ou double contre, selon la position ou la vitesse que je suppose à l'épée ennemie. Ainsi, comme on le voit, ce sont les feintes de l'adversaire qui m'obligent à toutes les parades successives, attendu qu'il est de la plus haute importance de ne pas se fendre si l'on n'a pas rencontré et bien saisi l'épée.

Je conviens qu'il est bon de multiplier ses parades, mais il faut aussi leur donner une variété telle que l'adversaire ne puisse lire dans votre jeu ou vos combinaisons. Ainsi, j'établis une variation sur des feintes faites pour m'inquiéter. Je commence, étant en garde de quarte, par parer le double contre, puis le contre et le demi-cercle, et le contre suivi d'une parade simple, puis le demi-cercle et le cercle, et varié encore par le demi-cercle et quarte, le demi-cercle et seconde, etc., etc.

On ne finirait pas si l'on voulait donner ici l'énumération de toutes ces variétés de parades prises de toutes les positions et sur des chiffres plus ou moins élevés, car ici il n'y a variation que sur deux parades; j'ai donc dû me borner à l'exemple qui précède.

Ce principe de variation de parades est surtout profitable à l'homme de petite taille, qui ne peut jamais combattre un adversaire plus grand que lui sans gagner la mesure (ce qui doit toujours être fait à petits pas). Le tireur de haute taille de son côté ne sera jamais assez imprudent pour laisser approcher un homme inférieur à lui en grandeur.

FEINTES.

Feinter, c'est simuler un coup quelconque, ainsi on peut feinter d'un coup simple ou d'un coup compliqué. Il n'est pas toujours nécessaire que la feinte emprunte toutes les conditions du coup réel pour produire un grand effet, car sans bouger le corps, on feinte des doigts en allongeant progressivement le bras; mais il faut ne lui donner toute son extension que lorsque l'adversaire a un grand calme, et c'est seulement contre les personnes qui s'émeuvent trop difficilement qu'il est bon d'accompagner d'un appel de pied la feinte d'une grande étendue.

Par la démonstration d'une feinte, on attire l'attention de

l'adversaire dans la ligne opposée à celle où l'on veut toucher.

Les feintes sont à ne pas finir, et comme plus elles se compliquent, plus elles compromettent, il devient indispensable d'en faire le moins possible.

Un maître d'armes qui écrit sur son art ne doit pas donner la nomenclature de toutes les feintes. Si pour un amateur il est nécessaire et agréable de s'exercer avec un bon démonstrateur sur tout ce que l'imagination peut suggérer, il faut convenir qu'il serait certainement fastidieux de l'écrire. Selon la nécessité, il faut non-seulement travailler toutes les feintes, mais encore il faut, ce qui est indispensable, les nuancer, les diminuer, les augmenter, les faire sur place, les porter en avant par degrés, les marquer pour donner l'idée à l'adversaire de vous surprendre dans l'une d'elles, et alors parer et riposter, et s'en servir pour terminer par des attaques franches. On les fait encore sans se fendre ou en se fendant, sans intention de toucher et dans le but unique de donner à parer à l'adversaire afin de le prendre sur ses ripostes.

Il faudrait donc compiler des volumes pour donner l'explication nécessaire de tout ceci, et la lecture de cette foule de ramifications ne serait recherchée que par un très-petit nombre de professeurs. Mais voyons-en la difficulté en prenant un exemple entre mille.

Supposons qu'il m'est prouvé que le menacé dégagé peut toucher souvent mon adversaire ; cependant si je le fais sans cesse dans toute sa simplicité, il est certain qu'il s'en apercevra et que cette manière d'attaquer ne me servira plus contre lui ; il faut donc forcément que je masque cette attaque soit en simulant une retraite pour la reprendre à son premier mouvement, soit en ayant l'air d'y renoncer pour y revenir plus tard avec succès, soit en donnant l'idée que je veux me livrer à la parade lorsque mes espérances sont dans l'attaque, soit en précédant ce coup d'un engagement simple ou double, ou encore d'un petit ou fort battement, d'une pression, d'un coulé, d'un liement, d'un froissé, d'un appel, d'un dégagement, d'un coupé ou d'une feinte quelconque plus ou moins compliquée.

Cette foule de petits détails très-légèrement esquissés prouvent jusqu'à l'évidence qu'il ne faut pas ou qu'on ne peut pas donner l'explication de ces feintes et des nuances qui y sont attachées; ce serait vouloir écrire vingt volumes. J'ai acquis la conviction que si l'on a le désir de les exécuter à la salle d'armes, on n'a jamais celui de les lire dans une théorie.

EXERCICES D'ARMES.

LE MUR.

On a toujours reconnu qu'il était très-important en salle d'armes de s'exercer à tirer le mur, mais on n'a pas assez insisté sur l'obligation d'étendre les exercices jusqu'aux contres et aux feintes, qui sont cependant bien nécessaires, car on peut les appeler nos gammes et nos vocalisations.

Ainsi le développement dans les coups simples qui s'emploie dans l'exercice du mur pour disposer le bras et le corps à l'extension nécessaire à l'exécution des coups peut être comparé à la vocalisation qui a pour but d'étendre la voix et de la préparer.

Dans le mur, les dégagements préparent bien le coup d'œil, la justesse, l'opposition et la vitesse ; on comprend donc leur utilité.

DE L'EXERCICE DES CONTRES.

L'exercice particulier des contres et des doubles contres devant se faire avec justesse et vitesse dans le but d'entretenir la main dans une activité constante très-favorable pour devenir pareur, peut se comparer aux gammes que font les pianistes pour s'entretenir les doigts.

L'exercice des contres serait un excellent moyen si l'on se donnait la peine de les faire comme il faut; mais je ne les ai jamais vu pratiquer que d'une manière pitoyable.

Celui qui attaque ne doigte pas bien la pointe de son épée, ne fait pas partir son bras avec assez de justesse avant le corps et en se couvrant. Celui qui pare fait toujours les contres trop larges et avant de s'être couvert ou relevé. Ces défauts que j'ai signalés augmentent de beaucoup lorsqu'on fait l'exercice des doubles contres.

Le contre est un cercle, dit-on, mais on doit toujours le faire en ellipse.

DE L'EXERCICE DES FEINTES.

L'exercice des feintes est indispensable pour entretenir l'esprit en activité, car il s'agit de chercher à pénétrer l'intention de celui qui est chargé de les parer.

Exercer les feintes veut dire à l'adversaire, je vous porte le coup Une-Deux. Parez; ou Une-Deux-Trois, parez; ou un *doublé*, parez. Le coup est annoncé d'avance, ainsi que les parades qui doivent être faites. — Mais *tirer des feintes*, en terme d'escrime, veut dire faire à sa volonté toutes les feintes sans les annoncer au préalable. Celui qui cherche à les parer renonce au droit de prendre le coup de temps. On convient que l'un tire des feintes sur son adversaire et qu'il ne fera que parer; c'est un bon exercice que les élèves négligent trop et qui cependant abrégerait pour eux le temps qu'il faut pour acquérir une grande force.

DE L'A-PROPOS ET DE LA JUSTESSE.

Les maîtres donnent des leçons dans lesquelles il est trop rarement question de l'*à-propos*, et dans les assauts ils en exigent toujours de la part de leurs élèves.

La justesse est la fille de l'étude et de l'observation. Le coup d'œil seul serait suffisant pour la donner.

Je ne ferai pas compliment aux tireurs qui manquent de justesse; cependant je suis forcé de convenir que j'en ai trouvé qui, privés de cette qualité essentielle, n'en sont pas moins devenus des *toucheurs* habiles et dangereux.

Souvent on tend un piége, et lorsque l'on veut toucher à l'instant projeté, on tire trop tôt ou trop tard, ce qui s'appelle manquer d'à-propos. Cela arrive si souvent qu'il devient prouvé que les hommes les mieux organisés doivent encore emprunter beaucoup au travail, à l'observation et à l'étude.

DE LA VITESSE.

Vitesse : Faculté naturelle à l'homme, qu'on augmente ou qu'on développe en en réglant l'emploi.

Il y a vitesse de main et vitesse de corps, celle-ci dépend principalement de la vigueur des jarrets.

Vitesse naturelle.

Vitesse provenant d'une parfaite régularité.

Vitesse que donne l'habitude de l'exercice.

Cette qualité, que son nom définit, consiste à toucher l'adversaire avant sa parade. Saint-Georges est le type de la vitesse. Il y a des hommes qui ont une vitesse de nature bien extraordinaire. Cependant l'art peut ajouter encore à ce don précieux en donnant la précision, la régularité, l'à-propos, trois qualités qui jointes au travail concourent à donner la perfection idéale de la vitesse dont Saint-Georges sera toujours le plus parfait modèle.

Nous voyons tous les jours dans nos salles des hommes qui refusent de croire aux meilleurs principes par la seule raison qu'ils touchent, avec la seule vitesse de nature, des hommes lents qui en savent plus qu'eux. Mais les premiers ne réfléchissent pas que s'ils avaient un duel avec un adversaire qui eût leur qualité ou leur défaut, ils se tueraient ensemble, ce qui, très-malheureusement n'est pas sans exemple.

J'ai connu un maître qui disait parfois que la vitesse l'emportait sur les combinaisons savantes; mais heureusement un autre jour il soutenait le contraire, en ajoutant que l'homme lent qui aurait de l'à-propos et de la justesse l'emporterait sur l'homme *vite* privé de ces deux qualités.

Chacun des tireurs aujourd'hui a sa balourdise favorite, qu'il caresse avec amour, qu'il prône à tout venant, et qu'il fait accepter, car il n'y a pas de chose si ridicule qu'on ne puisse faire croire à quelqu'un. Il y a des bredouilleurs qu'on ne comprend pas et qu'on croit cependant!

La science ne demande pas compte de leurs sottises à ces ignorants. Elle n'a rien de commun avec eux, puisqu'ils ne veulent ou ne peuvent rien avoir de commun avec elle. Mais elle doit les enregistrer, à l'usage des aveugles qui voudraient voir clair; c'est le petit nombre : *rara avis in terris*.

Voici une des plus belles.

On fait vite, et on touche un grand nombre de coups. Si c'était là le seul but, la question de méthode serait résolue. Mais par malheur pour les ignorants, il n'en est pas ainsi. Il s'agit aussi de n'en pas recevoir. Dès lors la question se déplace. Elle est tout entière dans ces mots : fait-on bien?

Un seul mot juge et condamne la théorie de la vitesse *quand même*. Le voici.

Un de mes vieux amis, grand amateur d'escrime, M. Ch..., qui a eu un peu trop de duels, toujours heureux pour lui, (chez qui, par conséquent, mes leçons ont été corroborées par la suprême sanction de l'expérience,) remarquait avec surprise, dans ma salle d'armes, que lorsqu'il prononçait le mot *savoir*, et qu'il exaltait les principes, ses classiques convictions éveillaient des sourires.

On en vint un jour à une petite explication amicale, et les plus forts gymnastes lui soutinrent qu'en définitive la vitesse était tout.

Il fournit contre cette opinion, des preuves qui, aux yeux d'hommes intelligents, eussent été irrécusables.

Les contradicteurs ne se rendirent pas, et conclurent par ce raisonnement, en tout point digne de l'exorde : Mais enfin, si l'on arrive à la vitesse du boulet, à quoi sert la science? Nous vous défions de combattre cette assertion. Que mettrez-vous au-dessus d'une pièce de siége tirant à toute volée?

Il répondit simplement : « Je mettrais l'artilleur (1). »

(1) Cette anecdote est extraite du second ouvrage qui sera le complément nécessaire du présent volume. Nous ne donnerons ici que l'énumération de quelques chapitres que contiendra ce livre, encore inachevé : Duel. — Assauts. — Les élèves. — Grosses balourdises. — Anecdotes, etc. Nous aurons occasion de faire mention plus détaillée de ce travail.

DES IMPRUDENCES.

On n'imagine pas combien l'on néglige les précautions nécessaires en cultivant un art dont peut dépendre la vie. Je vais énumérer ici quelques-unes des fautes dans lesquelles on tombe généralement.

On se met en garde de trop près et sans avoir préalablement réfléchi.

On ne donne pas l'épée, ou, dans le cas contraire, on ne sent pas assez celle de l'ennemi, ce qui est de la plus grande utilité, ou bien l'on appuie trop, ce qui découvre et tient hors de ligne.

On porte des coups sans discernement, on se précipite sur l'adversaire avant de l'avoir étudié, ce qui est le comble de la témérité, mais plus ordinairement de l'ignorance.

La plupart du temps on fait des marches trop grandes, à des intervalles égaux, ce qui facilite les coups d'arrêts, et cela, lorsqu'il serait mieux de commencer par attendre les attaques de l'adversaire et de les parer en rompant, afin de se mettre à l'abri d'un furieux, ou pour juger sans péril des moyens qu'on emploie contre vous.

On reste fendu, ce qui expose aux blessures les plus graves; on ne se relève jamais assez vite.

On tient la main haute lorsqu'il faudrait la tenir dans les degrés bas ou intermédiaires, et *vice versâ*.

Toutes les fois que l'on fait une faute ou que les idées se confondent, on ne fait pas une retraite assez prompte avec l'intention de parer.

On préfère arriver en cavant que de ne pas toucher.

On redouble les coups sur tous les tireurs, même sur ceux qui redoublent eux-mêmes, ce qui est absurde et dangereux.

DES COUPS DE TEMPS.

Le coup de temps est un coup qui a pour but d'arrêter l'adversaire dans l'exécution de sa feinte ou de son attaque réelle ; il se fait donc de pied ferme ou en se fendant.

Le coup d'arrêt est absolument la même chose, mais il se nomme ainsi parce qu'il est pris dans la marche de l'adversaire.

C'est le cas de dire ici que le ridicule est à côté du sublime ; en effet, rien de plus beau qu'un coup de temps bien pris, et rien qui prouve mieux l'absence du jugement et l'incapacité que ce coup fait mal à propos.

A l'occasion du *temps,* l'on fera remarquer que c'est un coup droit qui s'exécute sur une marche à découvert et que l'on doit nommer temps d'arrêt ou coup droit sur la marche et au pied levé. Quand on tire un coup droit sur les armes à découvert, ou en attirant sur soi-même un coup droit, il faut prendre alors l'adversaire avec opposition suprême.

On nomme encore coup de temps, l'action de tirer flanconnade sur un développement amené par un coup tiré droit dans les armes. Il en est de même si l'on suit la même marche sur l'Une-Deux ou tout autre coup se terminant en dedans.

ATTAQUES SUR PRÉPARATIONS.

L'attaque sur préparation est celle que l'on effectue au

moment où l'adversaire se dispose à porter un coup quelconque.

Il existe une nuance bien tranchée entre les coups de temps et l'attaque sur préparation.

Celle-ci peut s'exécuter au moyen de deux remarques, l'une portant sur les préparations du corps, l'autre sur celles de l'épée.

Certains tireurs ne porteraient pas un coup sans au préalable renverser le corps ; d'autres, plus exercés et plus redoutables, parfaitement immobiles dans leur garde, tant qu'ils attendent une attaque et se disposent à la riposte, ont le tort de se laisser entraîner à un mouvement de corps dès qu'ils veulent attaquer ; entre autres exemples, ils ploient les jarrets pour augmenter leur élasticité. A ces signes d'une attaque, signes qui deviennent non douteux lorsqu'on apporte du jugement dans les assauts, si l'on opérait l'agression, elle serait faite alors sur préparation de corps.

D'autres attaques sur préparations se font sur tous les mouvements de l'arme qui ont pour but de préparer un coup. Ainsi un homme fait un battement, espérant que vous répondrez à ce mouvement en vous inquiétant et en vous emportant dans votre parade, et qu'il en profitera pour déterminer sur vous une attaque réelle ; si au contraire vous l'attaquez sur cette préparation de battement, il est évident que vous le surprenez dans son intention et que vous avez attaqué sur préparation d'*épée*.

REMISES.

J'entends par remise, remettre mon épée dans la ligne où j'ai voulu toucher.

La remise se fait dans la ligne où l'on a tiré en y replaçant son épée, soit que l'adversaire riposte dans des lignes découvertes ou reste tranquille. Elle se fait aussi sur le tireur qui marche après avoir paré.

Avant d'oser entreprendre les remises, on doit être persuadé que l'adversaire ne riposte pas, qu'il a la main placée trop bas dans sa parade ou que sa tenue est imparfaite.

Sans doute l'on peut toucher l'homme qui riposte lentement ou celui qui riposte en quittant la ligne qui le couvre, mais c'est déjà un commencement d'imprudence que de le tenter dans ces deux cas, lesquels, il faut l'avouer, ne sont pas rares.

REDOUBLEMENTS.

J'entends par redoublement, donner, étant fendu, un autre coup que celui que j'ai porté.

C'est, étant fendu, porter à son adversaire tous les coups qui se présentent à la pensée et toujours dans d'autres lignes que celles où l'on a tiré.

C'est moins tirer l'épée que le fleuret que de se donner à ce genre d'escrime, l'un des plus mauvais que l'on puisse employer, et malheureusement, l'un des plus tolérés.

Redoublement d'attaque : attaquer, se remettre très-promptement en garde en s'assurant bien de l'épée et attaquer encore, mais de suite, sans repos, avant la riposte de l'adversaire.

DÉSARMEMENT OU CROISÉ.

Le désarmement est un mouvement qui s'opère de la position de quarte à celle de seconde et de celle de tierce à la ligne de demi-cercle.

On emploie toute l'énergie que possèdent les doigts pour effectuer ce mouvement, qui ne s'exécute que sur des épées tendues droit. Le mouvement est circulaire. Il se termine à hauteur de ceinture, la main placée en position de demi-cercle ou de seconde, selon le point de départ, qui doit toujours être tierce ou quarte.

L'homme de petite taille l'emploie avec succès contre l'adversaire dont les moyens sont redoutables comme longueur de bras et d'épée.

COUPS COMPOSÉS.

Tous les coups qui ne sont pas formés d'un seul temps, ne fussent-ils précédés que d'une légère attaque à l'épée, telle que la pression, le froissé, le faux battement, etc., prennent le nom de coups composés. Ils ne doivent jamais dépasser trois temps faits sans interruption, car il est évident que, lorsque vous en faites quatre, vous êtes trop exposé aux coups de temps.

Lorsque l'on reconnaît l'indispensable nécessité de dépasser trois temps, on doit séparer par l'intervalle le plus court la complication des feintes ; ainsi on fait *Une-Deux*, la pointe menaçante en joignant avec opposition l'épée de l'adversaire, afin d'être certain qu'il ne tire pas ; que s'il eût tiré droit, on était couvert dans cette ligne et que l'attaque le trouble ; alors, ne perdant que le temps le plus imperceptible, on termine l'attaque par n'importe quelle autre feinte de deux ou trois temps, jamais plus, ce qui permet de faire des attaques de quatre et même de cinq temps, sans être aussi exposé que celui qui en fait quatre sans interruption.

DES GAUCHERS.

On a, de tous temps, reconnu cette vérité, qu'il n'y a pour les gauchers qu'un seul avantage, celui de tirer avec des droitiers plus souvent que ces derniers n'ont l'occasion de tirer avec des gauchers ; les gauchers éprouvent le même embarras lorsqu'ils sont opposés à d'autres gauchers. Ainsi donc les observations que l'on a pu faire sur des coups ou parades qu'il faut employer contre les gauchers ne sont toujours que ce que les gauchers peuvent faire sur les droitiers. Exemple.

Le droitier engagé en quarte dans les armes est dans une position désavantageuse ; sa tenue ne doit pas être aussi bonne que celle de l'adversaire ; il doit craindre les froissés et les battements vigoureux qui laissent, après le choc sur l'épée, quelquefois la main un peu ouverte, le dessus et le dessous fortement exposés aux coups de l'adversaire, qui obtient un grand espace vers lequel il dirige ses coups. Le gaucher cherche ordinairement à engager son ennemi par la quarte, le droitier doit vouloir s'emparer de la même position, de là résultent les feintes et tous les coups par lesquels on espère se tromper réciproquement.

FAUX-TEMPS.

C'est une feinte employée pour faire tirer sur soi ou pour inquiéter l'adversaire et l'entraîner à des mouvements irréguliers ou dangereux pour lui. Ils s'emploient pour s'assurer que l'adversaire ne veut pas tirer en même temps que vous ; s'il fait la moindre démonstration de cette intention, il faut continuer votre assaut en précédant toutes les attaques de faux temps, afin de parer et riposter dans le but d'éviter le coup double. Le faux temps est le mouvement simulé d'un coup quelconque. Il est d'une grande utilité contre les hommes qui tirent au moment où vous-même portez un coup franc.

Il est très-utile de l'employer contre l'ignorant qui se précipite mal à propos sur une de vos attaques, ou contre l'homme hardi qui veut faire coup double. Il précède toujours une parade ; il faut distinguer le faux temps du menacé, qui ne s'emploie que comme précédent d'attaque.

Le faux temps s'emploie comme moyen d'attraction pour faire tirer l'adversaire dans une ligne contraire à celle où l'on est opposé.

Il ne faut jamais commencer un assaut sans préalablement faire plusieurs faux temps pour bien s'assurer des intentions de l'adversaire.

L'ASSAUT.

C'est mettre à exécution tout ce que le maître a dû vous enseigner. C'est simuler le combat à l'épée, et *non pas le combat au fleuret,* ce que l'on confond toujours ; il y a beaucoup trop de gens qui ne voudraient pas faire à l'épée ce qu'ils font au fleuret.

Il y a deux genres d'assaut bien distincts ; l'un, celui que les grands maîtres ont toujours préféré et que j'ai dû adopter, est un assaut sans ambition, fait exprès pour se rendre compte de tous les moyens intellectuels ou physiques de l'adversaire, afin de les combattre avec succès.

On ne fait jamais ces sortes d'assaut sans que la force et l'expérience en retirent un profit certain.

L'autre manière est ambitieuse et n'a qu'une seule pensée, toucher bien ou mal, mais toucher ; c'est de là que sortent les mauvais jeux, ce qui multiplie les ferrailleurs et porte le dégoût chez les amateurs, par lesquels la grande question des armes est toujours traitée au point de vue le plus sérieux.

Tels sont les principes théoriques rassemblés avec le plus d'ordre et le plus de simplicité que j'aie pu employer. J'ai cherché avant tout à donner des explications claires et précises ; je n'ai point voulu surcharger de détails inutiles la mémoire de l'élève ou comprimer son intelligence sous le poids d'une multiplicité fatigante de préceptes superflus. Une théorie doit être lucide et brève avant tout, j'ai gardé pour les *Réflexions* les annotations d'un ordre plus élevé ; à l'écolier la théorie, à l'amateur plus instruit la seconde partie didactique de l'ouvrage, entre les mains de tous deux ma récompense, si j'ai pu conquérir leur double suffrage par mes leçons et l'intérêt de mes observations.

QUELQUES TERMES D'ESCRIME.

Aller à l'épée. C'est suivre l'épée adverse dans tous ses mouvements bons ou mauvais.

Assaillant. Celui des deux tireurs qui attaque.

Assiette. Mot ridicule qui a pour but d'exprimer l'aplomb.

Avoir de la main. C'est avoir de la justesse, saisir habilement la manière de tromper l'épée, agir avec vitesse; c'est une main légère.

Avoir de l'épaule. C'est faire les mouvements avec cette partie du corps. Grand défaut qui nuit à la force, à la grâce, à la vitesse, au jeu du bras et des doigts.

Avoir de la tête. Bien concevoir un plan d'attaque ou de défense, profiter de tous les avantages, lire dans l'intention de l'adversaire. C'est étudier sans cesse le jeu de son ennemi, établir des combinaisons rationnelles, et prouver par le succès qu'on a vu juste. C'est ne pas s'étonner des attaques, c'est prévoir beaucoup, c'est varier ses parades, c'est masquer le coup que l'on veut porter, c'est tromper les parades, c'est tendre des piéges, C'EST TOUT.

Avoir des jambes. C'est, indépendamment de la force du jarret, de l'emploi bien mesuré de cette force, savoir conserver l'aplomb, l'équilibre dans les attaques, soit que l'on se fende, soit que l'on se relève, soit enfin que l'on poursuive ou fasse retraite. Avoir des jambes exprime qu'elles doivent bien soutenir le corps dans sa garde, et permettre la plus grande vitesse dans les développements ou les retraites sans avoir avoir besoin de recourir au tâtonnement pour reprendre une position régulière.

Botte. On donne ridiculement ce nom au coup touché, quel qu'il soit.

Caver. C'est porter la main totalement hors de ligne et dans le sens le plus opposé à l'opposition; c'est une faute grave en escrime; l'homme cave en tirant dans une diagonale pour frapper son adversaire. Ce coup découvre trop celui qui l'exécute.

Changer l'épée. Encore un mot à proscrire, car il ne veut pas dire autre chose que *changer l'engagement.*

Coup pour coup. Se toucher ensemble; effet de l'ignorance, d'un amour-propre irrité ou de trop de fougue, coup fourré; c'est le plus fort des deux qui a le plus grand tort, car il devait prévoir.

Coup jugé. Lorsqu'on a deviné le coup de son adversaire.

Corps à corps. Se dit de deux tireurs qui font des armes à une distance par trop rapprochée, alors on dit, par amplification, qu'il sont corps à corps, position défectueuse que le maître doit prévenir ou empêcher.

Donner l'épée. C'est placer franchement son épée dans de bonnes lignes où l'adversaire puisse la joindre sans s'écarter.

Découvert. C'est ne pas bien fermer les lignes que l'on occupe; c'est laisser un petit ou un grand espace à l'épée ennemie, c'est une faute ou une ruse, selon la négligence ou l'adresse que l'on y a apportée.

Escrime. S'instruire dans tous les coups possibles, marches, retraites, feintes, parades, positions du corps dans le cas de défensive ou d'offensive.

Epée, Fleuret, Carrelet. Il y a environ deux cents ans que pour la leçon on a remplacé l'épée par un fleuret. Il est peut-être mieux de se servir de fortes lames plates pour la leçon, elles gardent moins la courbe. A l'assaut, il faut toujours se servir des lames demi-carrées et éviter les lames dites *carrelets,* si dangereuses lorsqu'elles se brisent.

Etrenner. Pour dire toucher en assaut : mot ridicule.

Ebranler. C'est forcer l'adversaire à rompre en désordre et sans mesure, ou lui faire prendre des parades incertaines.

S'ébranler. C'est ne pas garder les positions du corps ou de la main; c'est manquer de prévoyance; c'est perdre la tête; c'est chercher en désordre le fer de l'adversaire.

Eperonner. C'est faire un mouvement de pied comme pour donner un coup d'éperon avant de se fendre, faute grave d'où il résulte perte de temps et peut-être mauvaise direction.

Être en ligne. C'est avoir les jambes bien placées, le pied droit sur la ligne de celui de l'adversaire, l'épée menaçante pour lui, et le mettre ainsi dans l'impossibilité de toucher par un coup droit sans caver.

Ferrailler. Parades de contraction, redoublement de parades inutiles, agir sans discernement, ne s'occuper qu'à toucher sans s'inquiéter de la qualité des coups et des suites qu'ils peuvent avoir, vouloir tromper des parades que ne fait pas l'adversaire.

Jeu. On dit avoir beau ou vilain jeu ; cet homme ne comprend pas bien les armes, car il se fait un jeu. En employant toujours les mêmes coups, les mêmes parades, les mêmes marches ou retraites, en courant, en restant fendu, on se fait un jeu. Le talent est de combattre ses habitudes, afin de ne pas avoir un jeu, car ce serait annoncer peu de ressources d'imagination.

La main a marché. La main ne marchant pas, il faudrait encore retirer cette expression.

Main dure. Qui emploie trop de force.

Partir du corps. C'est le corps qui fait un mouvement avant le bras, faute qui compromet beaucoup.

Phrase. Comme dans la conversation, il y en a de plus ou moins longues. La plus petite serait sur une attaque de parer, riposter ou toucher ; il y en a de très-longues où l'on ne touche pas.

Plastronner. Prendre leçon d'armes, parer les coups du maître, l'attaquer de coups simples et de coups compliqués, tromper toutes les parades, etc.

Rompre. Se mettre hors mesure.

Sauter. Se dit d'un tireur qui fait un bond en s'enlevant sur ses deux pieds, soit pour se porter en avant ou en arrière. Se porter ainsi en avant expose, et en se servant de ce moyen en arrière, on se prive presque toujours de la riposte.

Souplesse. L'opposé de roideur ; celle-ci nuit à la promptitude et à la dextérité.

S'enferrer. Ceci résulte de trop de précipitation, de mauvais principes reçus ; c'est se jeter sur l'épée sans l'avoir détournée de la ligne.

Se couvrir. C'est tenir l'épée de l'adversaire hors ligne, soit à droite, soit à gauche, soit dessus, soit dessous. C'est se garantir toujours du coup droit, soit que l'on engage l'épée, que l'on pare, que l'on attaque, que l'on riposte, que l'on feinte d'une manière simple ou compliquée.

Se croiser. Défaut général consistant à porter son pied droit devant le gauche lorsqu'il doit être sur la ligne du talon gauche, en dehors, de manière à pouvoir se porter également en avant ou en arrière sans heurter le pied gauche.

Se loger. On se loge de beaucoup de manières, soit en approchant le pied gauche seul ou le pied droit seul, soit en avançant le haut du corps, en marchant ou en glissant son épée le plus près possible de son adversaire ; mais la manière la plus certaine est d'avancer le pied gauche seul.

Prendre le temps. Arrêter son adversaire sur des feintes trop larges, sur des absences d'épée, des dégagements, des menacés, etc., sur des mouvements d'épée faits en marchant ; le temps se prend lorsqu'il y a commencement d'exécution.

Tenue. C'est juger par le contact des deux lames et en maîtrisant, en quelque sorte l'épée de son adversaire, de son point de départ ; c'est le forcer, en le gênant, à chercher une autre position, et le saisir sur le mouvement qu'il opère. On ne pèse point sur l'épée, on la maintient.

Tromper, me paraît devoir être employé lorsque l'on tend un piége à son adversaire ; quand, par exemple, on feint un désordre pour le faire marcher imprudemment. Mais s'il s'agit de mouvements d'épée, je crois plus rationnel de se servir du mot *éviter*.

Tirer dans le fer. C'est tirer dans une ligne où l'adversaire est couvert.

Tendre. Cela dérive, en général, du pressentiment que l'on a de l'impuissance de parer : Tendre son fer au hasard.

Tirer de pied ferme. C'est ne pas marcher ou rompre sur les attaques que l'on vous fait ; on peut cependant tirer de pied ferme après une marche nécessaire, mais il faut qu'il se soit écoulé au moins le temps dont on aurait eu besoin pour parer si l'on avait été attaqué. Ainsi c'est ne pas rompre.

Tac-au-tac. C'est riposter à l'instant précis de la jonction des épées, sans appuyer sur le fer, lorsqu'on le rencontre en parant.

Voltes. Se jeter le corps à droite et à gauche ; elles ne s'emploient que contre des furieux.

RÉFLEXIONS SUR LES ARMES

Est quadam prodire tenus, si non datur ultra.

(*Horat. Ep.* 1, *lib.* 1.)

RÉFLEXIONS SUR LES ARMES

Nous croyons opportun de placer ici les réflexions que nous avons faites sur l'art et la théorie des armes. Les premières conditions à observer dans l'exposé des règles d'une science sont la précision et la clarté. La réunion des préceptes et des réflexions ne pourrait servir qu'à jeter la confusion dans l'esprit des élèves. La théorie que j'ai tracée convient aux personnes qui commencent l'escrime ; les réflexions s'adressent aux amateurs déjà habiles ou aux maîtres qui voudront bien les étudier.

TENIR L'ÉPÉE.

Il faut tenir l'épée de tous ses doigts, car la première condition pour un homme qui a une arme dans la main, c'est de la bien tenir ; le marin ne monte pas à l'abordage en tenant son poignard avec le pouce et l'index, pourquoi donc tiendrions-nous notre épée avec ces deux doigts seulement, et comment pourrions-nous ajouter foi à ces hommes qui veulent nous prouver que ce moyen est plus gracieux et plus léger ? ce n'est ni l'un ni l'autre ; cette fausse manière expose beaucoup trop aux désarmements.

Comment d'ailleurs bien ajuster un but que le bras veut atteindre lorsqu'en ouvrant les doigts la pointe de l'arme qui tombe fait rencontrer un autre point que celui vers lequel on tendait ? l'abandon des doigts rend les distances incertaines, on doit donc l'éviter.

Mais tenir l'épée n'est pas serrer vigoureusement la poignée, c'est avoir le sentiment du fer, c'est calculer la force que l'on possède.

Ainsi, quelques tireurs ont une tenue très-forte au talon du fleuret, mais leur pointe est faible ; d'autres ont une épée entièrement molle. La faute des premiers provient de leur négligence de tenue dans le pouce et l'index, celle des seconds est due à une mollesse générale de la main.

La tenue de l'épée doit exister de la pointe du fleuret à la poignée, sans roideur, de la manière la plus égale et sans pousser la garde hors des lignes.

Semblable à un mur, l'épée doit être fixée de façon à empêcher l'adversaire de pénétrer dans la ligne droite, et la main doit être tellement maîtresse du fleuret que l'abandon subit de l'épée ennemie ne puisse produire aucun entraînement dans la garde.

LA GARDE.

La *garde* est de la plus grande importance, et cependant il semble que l'on prenne à tâche, non-seulement de la négliger, mais encore de la rendre ridicule.

Pour les petits hommes, il faut qu'elle soit prise uniquement en faveur de la parade, c'est-à-dire la pointe ferme et un peu haute ; pour les hommes d'une taille élevée, elle doit être toute offensive, et pour les personnes d'une taille ordinaire elle varie selon la nécessité de la défense ou de l'attaque.

J'ai pour principe que les hauteurs d'épée doivent être relatives, avec cette petite modification que, dans les lignes hautes, il faut avoir la main un peu plus haut que celle de son adversaire, et dans les lignes basses la placer un peu plus bas, afin de maîtriser la pointe ennemie.

Ainsi, d'après moi, parler de l'élévation de la main dans les lignes basses est certainement ce qu'il y a de plus faux, car, par la même raison qu'il est reconnu que dans les lignes hautes celui qui a un peu d'élévation sur la garde ennemie a l'avantage, on ne peut se refuser à reconnaître que dans les lignes inférieures celui qui a la main un peu plus bas prend mieux avec le fort de son épée le faible de celle de l'adversaire.

LE FORT ET LE FAIBLE.

PORTER LES COUPS OU DÉVELOPPEMENT.

La tradition conseille l'abaissement de la pointe de l'épée et l'élévation de la main pour porter le coup.

On donne pour motif l'avantage que l'on trouve en plaçant le fort de son épée sur le faible de celle de l'adversaire. Le prétexte est spécieux, car en laissant tomber votre pointe, elle rencontre à son tour le fort de l'épée ennemie, et une trop grande élévation de la main vous oblige à laisser la pointe de l'adversaire sous votre ancienne ligne et devant votre corps, qui n'est alors protégé par aucune opposition.

On peut dire qu'il y a deux développements; le premier, celui du bras, qui précède toujours le second, celui du corps.

Je n'ai jamais été d'avis de tendre le bras dans tout son développement. Il faut au contraire lui laisser un peu de flexibilité, qui donne une grande facilité pour exécuter les mouvements qui suivent.

Pour le corps, il ne doit pas quitter, en se portant en avant, la position qu'il occupait étant en garde.

OPPOSITION.

Faire opposition, avons-nous dit, signifie fermer à l'ennemi la ligne qui peut le conduire directement à notre corps.

La négligence de ce principe amène les adversaires à se toucher mutuellement. On ne doit donc, dans aucun cas, enfreindre la règle de l'opposition.

J'ai entendu avancer qu'il était préférable de dégager sans opposition, car on y trouvait, disait-on, plus de vitesse. Cette opinion fantasque de mon confrère, opinion que j'ai toujours rejetée, est à la mode aujourd'hui parmi ceux qui font du *romantisme* en armes.

On doit rechercher l'opposition et l'étudier sévèrement. L'illusion est souvent si grande quant à ce mouvement, qu'il nous arrive de porter un coup avec la conviction que l'opposition nous protége, et cependant il n'en est rien.

L'homme dont l'opposition est puissante doit réussir par le seul fait de la force imprimée à son épée.

Nous recommanderons aux élèves d'étudier et de se rendre parfaitement compte de l'opposition, la moindre négligence dans l'exécution de ce mouvement pour coûter la vie.

Il ne faut pas manquer de tourner les ongles légèrement en pronation dans la garde de quarte dans les armes, et en supination dans celle de quarte sur les armes ; cela rend l'opposition certaine et empêche le désarmement, qui peut s'effectuer lorsqu'on a négligé ce principe.

Tous les coups portés sous les lignes hautes, doivent, comme tous les autres, être dirigés avec opposition.

PARADES.

J'ai donné, dans la théorie, les anciens noms et l'ancienne énumération des parades dans l'ordre numérique établi de nos jours ; mais dans ces réflexions, où je vais expliquer, d'une manière plus détaillée, les questions que je soumets à la sanction du public, j'ai cru nécessaire de modifier l'énumération suivie jusques à aujourd'hui. La raison, l'expérience, mes seuls guides dans ma classification nouvelle, m'ont persuadé du peu de raison qu'il y avait dans l'ordre autrefois observé. Si l'usage ne doit pas toujours avoir force de loi, c'est surtout dans cette circonstance.

Parer, avons-nous dit, c'est détourner les coups que l'on vous porte. Il y a, selon nous, urgence, dans une parade, à couvrir le plus de lignes possible, et c'est d'après cet axiome incontestable que j'ai suivi l'ordre que je présente aujourd'hui.

Il est bon de conserver les noms numériques pour désigner les positions ; c'est une obligation que nous avons à Camillo Agrippa, qui écrivait en 1553 ; mais il est inutile de nous donner ces noms numériques en latin (1).

(1) Viggiani, qui écrivait en 1575, reconnaît sept gardes portant des noms numériques. La Boëssière, qui écrivait en 1818, est pour l'ordre numérique.

TABLEAU

DES

DIFFÉRENTES MANIÈRES DE COMPRENDRE LE CLASSEMENT DES PARADES.

CLASSEMENT de nos jours et que j'ai conservé dans ma théorie pour ne pas jeter de la confusion dans l'esprit de ceux qui la lisent.	CLASSEMENT d'après mes réflexions.
PRIME.	PRIME.
SECONDE.	SECONDE.
TIERCE.	TIERCE.
QUARTE.	QUARTE.
CINQUIÈME (quarte croisée contre les mauvais jeux).	CINQUIÈME (demi-cercle).
SIXIÈME (quarte sur les armes).	SIXIÈME (octave).
SEPTIÈME (demi-cercle).	SEPTIÈME (quarte sur les armes).
HUITIÈME (octave).	HUITIÈME (quarte croisée contre les mauvais jeux).

Je n'ai pas craint de changer l'ordre numérique des parades, cet ordre adopté depuis que l'on fait des armes et qui selon moi, est contraire aux lois du sens commun. Je n'ai pas encore pu trouver d'où provenait la cause d'une erreur si grande.

PARADE DE PRIME.

Nous avons défini et donné la parade de prime. Elle a des règles que l'on ne saurait enfreindre; nous allons les détailler.

La *prime haute* doit *absolument* se parer la main à la

hauteur du front ; si elle était plus basse, la figure serait trop exposée. Cette parade pour les hommes de petite taille est une des plus utiles ; elle est surtout indispensable lorsqu'on vous porte un coup la main de prime. Nous ne saurions trop recommander que la parade de prime soit prise de manière à fermer exactement toutes les lignes du dedans.

A partir de la position du demi-cercle ou de celle de prime, il est également facile de remonter la pointe pour la défense de la ligne d'en haut.

Si l'on juge que l'adversaire veut vous porter des coups très-haut en dedans, il est mieux de parer prime que le demi-cercle ; cette dernière parade ne couvre le corps que trop imparfaitement et laisse le visage tout à découvert.

La prime ne se trompe pas, comme le contre de tierce, mais bien comme le demi-cercle ; dans le premier cas on termine en quarte dans les armes, la main en supination ; dans le deuxième on termine en seconde ou octave.

Sur le coup droit tiré dans la ligne haute du dehors, on croit que la prime est la parade unique, mais cependant rien n'empêche de parer soit en quarte sur les armes, la main en supination et la pointe un peu en dehors et soutenue ; soit en tierce ; seulement dans ces deux positions, votre main doit prendre une plus grande élévation que celle de l'assaillant.

SECONDE.

La parade de seconde s'effectue sur un coup porté sous la ligne de tierce.

Le principe veut que l'on place toujours le fort de sa lame

sur le faible de celle de l'adversaire ; on peut être forcé dans cette parade de baisser la main pour joindre ce faible. Si la pointe de votre épée restait à la même hauteur que le poignet, elle serait alors dirigée vers les jambes de votre ennemi.

Malgré la déclaration officielle d'un auteur qui, à l'exemple de Charles Besnard, en 1653, prétend qu'on ne doit pas chercher des perfectionnements impossibles à trouver aujourd'hui, je me suis permis un assez grand nombre d'innovations dont le succès a justifié l'emploi. Je donne donc ici le conseil suivant : Placez la main en pronation, l'extrémité de la lame au corps de l'adversaire, et conservez la tenue et la force, ces deux éléments de sécurité et de réussite. Prise après la parade de quarte, la parade de seconde est une anomalie.

TIERCE.

Pour la parade de tierce, nos explications dans la théorie nous dispensent de toute réflexion. Nous en avons exposé les préceptes, nous nous y rapportons entièrement.

QUARTE.

Cette position veut que l'on ait la main très-légèrement inclinée en pronation, et il faut y apporter une attention scrupuleuse, car dans cette position on a beaucoup plus de tenue et l'on est infiniment mieux couvert qu'avec la supination.

La nature nous a certainement donné la même vitesse dans

les positions de tierce ou de quarte. Mais les tireurs prenant cette dernière de préférence, trouvent plus de facilité d'exécution et se persuadent à tort qu'ils ont plus de vitesse dans cette ligne.

CINQUIÈME PARADE.

Ici commence la série des modifications que nous avons apportées à l'ordre des parades, conseillé que nous étions par la logique.

Dans les anciennes théories, la cinquième parade était appelée demi-cercle; nous aurions compris le mot quinte, nous l'aurions même adopté, sans le peu de nécessité que nous trouvons dans cette circonstance à emprunter notre énumération au latin.

Cette cinquième parade, nommée abusivement demi-cercle, (expression qui ne détermine pas un nombre) n'est véritablement que la cinquième dans l'ordre normal des coups tirés. Elle s'exécute en prenant pour base la position de quarte. La pointe s'incline dans le dessous en décrivant un demi-cercle qui doit passer par le dehors, et cela sans que la main fasse autre chose que tourner sur place. — La pointe doit s'arrêter juste dans la ligne perpendiculaire partant du point qu'elle occupait en quarte, c'est-à-dire vis-à-vis l'œil droit de l'adversaire; c'est toujours une parallèle au diamètre.

Presque tous les professeurs ont envisagé la cinquième parade (quinte) sous un point de vue différent. Mes maîtres la définissaient : une position intermédiaire entre la quarte basse et la seconde. Leurs successeurs immédiats la nommaient quarte basse avec la modification du poignet en dehors, la pointe sur la gauche en ligne du poignet, le tout, placé horizontalement. Pour un autre maître, c'est une garde de quarte haute la main en pronation. Pour moi, c'est le demi-cercle, par la raison bien simple que lorsqu'on quitte une ligne pour parer dans une autre, il faut adopter celle qui nous donne le plus de sécurité; or après avoir paré la quarte, vous êtes découvert dessus et dessous, le demi-cercle peut parer ces deux lignes, ce que ne ferait pas, dans cette circonstance, l'ancienne quarte croisée qui, à partir de la garde de quarte, pare le dessous, mais laisse le dessus vulnérable.

Mais celle qu'on nomme *quinte* aujourd'hui et qui se fait la main fortement située en pronation, l'épée horizontalement placée en travers du corps, la main à la hauteur voulue par la nécessité de couvrir la ligne dans laquelle on vous porte le coup, a été bien imaginée contre les mauvais jeux et s'emploie pour parer du haut en bas, à partir principalement de tierce ou de quarte sur les armes. Pour moi, cette parade est la huitième, par la raison que j'ai déjà expliquée, qu'il faut en quittant une ligne se porter dans celle qui offre le plus de sécurité; or, après quarte sur les armes, celle-ci garantit mieux que quarte dans les armes ou le demi-cercle. Elle s'emploie peu parce qu'elle nuit à la grande justesse; cependant, malgré cet inconvénient, il est très-facile, à partir de la huitième parade, de bien riposter dans une ligne couverte, celle de quarte dans les armes.

La quinte a été la pierre d'achoppement contre laquelle

l'accord des professeurs sur l'ordre des parades est venu se briser.

Parler de la position d'une parade, c'est bien définir où la main, le fort et le faible de l'épée doivent se trouver ; le demi-cercle en est une preuve. Exemple : Parez le demi-cercle contre les coups bas, la main basse, vous serez touché par Une-Deux, et le coupé dégagé etc., etc... qui se terminent au-dessus de cette ligne. Parez-le au contraire, comme on l'a toujours enseigné à tort jusque aujourd'hui, la main haute et la pointe basse, vous ne parerez certainement pas les coups de dessous. Le demi-cercle a été inventé pour parer un coup bas porté en dedans des armes, il n'a été primitivement imaginé que pour cela, bien qu'il barre le chemin à beaucoup d'autres. Donc, le demi-cercle doit se parer sans élévation de main, décrivant avec la pointe un demi-cercle en dehors et ramenant la pointe à la hauteur du poignet placé en supination dans une ligne horizontale, afin qu'elle ait plus de force et qu'elle soit au corps de l'adversaire.

Ainsi, qu'il soit bien entendu que le demi-cercle pare très-difficilement les coups d'en haut, portés dans les lignes du dedans, à moins que ce ne soit le demi-cercle en liant.

SIXIÈME.

Improprement appelée *Octave* par quelques professeurs, n'est autre que la sixième parade des armes. — En raisonnant un peu, il faut s'apercevoir qu'il y a lacune entre la cinquième et l'octave, et que la sixième et la septième doivent combler ce vide qui existe depuis si longtemps. En voici la théorie : en exécutant la cinquième, on découvre le dessous dans le dehors, ce qui nécessite un transport de la position entière du demi-cercle sur la droite. — Il est facile de juger que cette parade, qui jusqu'à aujourd'hui a été nommée octave, avait une classification vicieuse; l'enchaînement forcé des différentes positions m'oblige à rectifier cette erreur.

Cette parade s'effectue dans la ligne basse du dehors; elle remplace, mais sans avantage, celle de seconde. On doit, pour l'employer, avoir la main en supination, la pointe de l'épée un peu plus haute que le poignet. Ainsi garanti contre l'attaque, on acquiert plus de force, et l'on a l'extrémité de son arme au corps de l'adversaire.

SEPTIÈME.

La parade de quarte sur les armes, classée la sixième par quelques maîtres, et à laquelle je donne le septième rang, par des motifs que je vais déduire, remplace la parade de tierce, tient l'épée dans la ligne du dehors, la pointe un peu haute, au défaut de l'œil gauche de l'adversaire, et la main en supination. Moins forte que la tierce, elle réclame beaucoup de tenue, car sans cette précaution on pourrait forcer le passage.

J'estime que cette parade doit être la septième, en voici la raison : c'est qu'après le demi-cercle, la ligne la plus découverte est celle du dessous, connue sous le nom d'octave; l'on doit donc s'y porter, et forcément alors cette dernière ligne doit prendre rang comme sixième. Mais cette parade laissant à découvert le dessus des armes, nécessite une autre opposition dans la ligne haute, opposition qui prend le nom de parade de quarte sur les armes et le septième rang.

HUITIÈME.

D'après notre définition dans la théoric, nous croyons devoir répéter seulement que la huitième est une parade de quarte bâtarde. La main, au lieu de se trouver placéé en quarte régulière, occupe le travers en bas comme prime l'occupe en haut, le poignet reste devant le corps, et la pointe se trouve à l'extrême gauche ; la main est placée en pronation.

PARADES.

L'homme doit mettre plus de soins à conserver sa vie qu'à l'ôter à son ennemi; l'esprit des armes le veut et l'humanité le commande.

Il y a trois manières de parer, la première est la parade franche, vigoureuse ; la seconde consiste en une simple opposition; la troisième s'effectue en faisant glisser l'épée de l'adversaire sur la sienne. Celle-ci est ce qu'on nomme parade de pointe volante, ou dans d'autres cas, céder à l'épée : ainsi, lorsqu'à partir de l'engagement de quarte on vous fait un vigoureux croisé pour tirer seconde, et que par un mouvement liant vous laissez aller votre épée de manière à vous retrouver en quarte basse, vous cédez à l'épée.

Il y a aussi trois degrés de position de parade pour les hauteurs, la parade haute, la parade intermédiaire, la parade inférieure.

Une fois votre garde prise dans la hauteur relative à celle de l'adversaire, il ne faut, dans l'action de la parade, ni lever ni baisser outre mesure le poignet. Dans le premier cas il serait facile de tromper la hauteur ; dans le second vous n'opposez que le faible de l'épée.

Mais si l'adversaire attaquait en élevant ou en descendant le poignet, on doit alors le suivre, à moins qu'il ne quitte trop les lignes qui conduisent au corps.

La parade doit plutôt protéger la retraite que la retraite protéger la parade.

Quand on n'est pas certain de sa parade, on l'est encore moins de sa riposte.

Parez le plus possible de pied ferme, votre riposte en sera meilleure et plus sûre.

Si l'on a paré le demi-cercle, *Cinquième*, en s'emparant du faible de l'épée, on peut la ramener en tierce et tirer quarte sur les armes ou tierce sur tierce.

Il est mieux pour un homme de moyenne ou petite taille de parer prime que demi-cercle, dans des circonstances semblables, attendu qu'avec prime il se garantit jusqu'au sommet de la tête, ce qu'il ferait en se gênant trop, s'il prenait le demi-cercle, qui d'ailleurs laisse presque toujours un vide sur les armes.

La meilleure parade à faire sur la riposte de prime, c'est la parade de quarte basse ; formée en travers, elle désarme même l'homme le plus vigoureux.

Tous ceux qui ne savent pas faire des armes parent naturellement dans les positions de prime et de seconde.

On intercepte plus de lignes par un contre que par deux parades simples.

PARADE CONTRE LE CROISÉ.

On pare un croisé d'épée en suivant le mouvement exécuté par l'adversaire sans quitter son épée, et l'on reprend la garde de quarte de laquelle on avait été dérangé.

PARADES EN POINTE VOLANTE.

Je n'aime pas ces sortes de parades, qui ont pour but de donner naissance à une riposte plus ou moins brillante dans l'assaut, mais qu'il est dangereux d'employer dans une affaire sérieuse ; cependant si je les enseignais, je dirais : Si après la parade de quarte en pointe volante, on emploie le coup droit de revers, ce n'est point à la parabole décrite par la pointe que le coup porté doit sa vitesse, mais bien à la rapidité du poignet et à l'élasticité de la saignée. Exécutée rapidement ou sans force, la courbe parabolique est la même ; de l'agilité du ressort moteur dépendent la force et la vitesse ; faite à partir de la parade de quarte en pointe volante, la courbe décrite par la pointe de l'épée ne gagne rien en vitesse en raison de la forme parabolique (1). La vigueur du poignet et l'élasticité de la saignée donnent seules la force et la vitesse au coup lancé de cette manière.

Ainsi, par exemple, deux mortiers placés dans les mêmes conditions de dimension, et également inclinés, sont chargés dans les rapports de un à cinq, c'est-à-dire que l'un reçoit un kilogramme de poudre et l'autre cinq, on les fait partir ; les deux paraboles décrites par les deux bombes sont égales de forme, mais les effets sont différents en raison de la charge. Donc le ressort moteur donne seul la vitesse.

Il y a trois parades que l'on peut faire de pointe volante : la quarte, la tierce, la sixième (quarte sur les armes) ; elles s'exécutent en rapprochant l'épée dans la ligne la plus verticale.

CONTRES ET DEMI-CONTRES.

Les contres et demi-contres ont été jusqu'ici exécutés à l'aide de cercles et de demi-cercles. Nous croyons, nous, l'expérience et la configuration des corps corroborent cette as-

(1) On sait qu'une parabole est une courbe résultant de la section d'un cône, parallèlement au côté générateur du cône. C'est donc une courbe qui ne se termine point.

sertion, que l'emploi des courbes circulaires et demi-circulaires parfaites manque d'exactitude ; on doit employer la forme elliptique. En effet, parer, c'est protéger, c'est couvrir. Or l'homme placé en garde présente une surface dont la largeur est le tiers environ de la hauteur. La parade exécutée tend donc à couvrir cette surface. La pointe de l'épée décrit alors, non un cercle, ainsi qu'on l'a écrit jusqu'ici, mais bien une ellipse dont la hauteur et la largeur du buste sont les diamètres. Le demi-contre est par conséquent une portion d'ellipse et non un demi-cercle. Nous estimons donc juste notre rectification sur les mots employés avant nous.

Si l'art de l'escrime demande, en raison de ses rapprochements géométriques, une grande rectitude dans ses définitions et la démonstration de ses théorèmes, il ne faut pas cependant apporter de minutieuses difficultés, ou un purisme de diction que la pratique contraint de rejeter.

Une longue fréquentation des salles d'armes, mes rapports nombreux avec les professeurs, les élèves ou les amateurs, m'ont fait entendre de singulières arguties. On trouve des personnes qui blâment l'emploi du mot *cercle* (ellipse), lorsqu'en garde de tierce on revient à la garde de *quarte* sur le menacé d'un coup droit. Leur objection se base sur ce que l'épaisseur du fleuret de l'adversaire contre lequel le vôtre vient frapper empêche l'achèvement complet de la courbe. A cette guerre d'expressions on peut répondre que le contact des deux fers occasionne un dérangement de ligne plus considérable que la largeur de la lame, ensuite on devrait donc, pour justifier ces appellations, employer dans une leçon les mots de *degrés*, *minutes* et *secondes*.

Que dirait-on d'un professeur recommandant un demi-contre de 359°, 55', etc... Pour la facilité de la démonstration, nous dirons le *cercle ;* mais, il est bien entendu que cette expression devra toujours entraîner l'idée de l'ellipse, ou alors il faudrait dire parez l'*ovale.*

Depuis que je fais des armes j'ai entendu ceux qui voulaient se poser comme forts, soutenir ceci : Nous sommes en garde de tierce, on me menace d'un coup droit, je change l'épée en quarte ; j'ai d'après eux décrit seulement un demi-cercle, et cela par la raison qu'il serait resté l'épaisseur de l'épée ennemie, car, dit-on, étant parti du dehors, vous occupez la ligne du dedans. Cependant cette épaisseur est toujours dépassée de beaucoup par l'emportement de la parade, ce qui fait qu'étant parti de la ligne de tierce et me trouvant un peu au delà de celle de quarte, j'ai dû parcourir plus d'un cercle, puisque je l'ai dépassé de la distance qu'il y a de *tierce* à *quarte.*

J'ai déjà combattu cette thèse contre M. Lhomandie lorsque je le faisais plastronner, lui, l'inventeur de ce fait trop minutieux. Ces sortes d'innovations sont conçues dans le but unique d'embrouiller l'intelligence des amateurs, car en définitive le cercle a 360 degrés, et ils appelleraient demi-contre celui qui *d'après eux* n'en aurait que 358 ou 359 ; mais, encore une fois, cela est impossible.

En décrivant la moitié d'un cercle (ellipse), en exécutant les mouvements de quarte à demi-cercle, ou de seconde à tierce, l'on opère un demi-contre.

Ces mouvements, dont nous avons parlé avant le paragraphe précédent, sont, selon nous, des superfétations que l'on peut indiquer aux élèves pour leur en faire reconnaître la nullité ou le désavantage résultant de leur emploi.

Je regarde, et tous les professeurs penseront comme moi, qu'il est inutile de fatiguer la mémoire et l'intelligence des élèves par des enseignements de la force de celui que je donne pour exemple. J'ai lu quelquefois des définitions du demi-contre ainsi données : vous baissez la pointe en seconde, on attaque ou l'on n'attaque pas : vous reprenez comme engagement ou comme parade, la position de quarte, vous avez, d'après leur assertion, décrit un demi-contre ; vous baissez la pointe en seconde, on ne vous attaque pas ou on vous attaque, vous reprenez la position de tierce, vous avez, d'après l'inventeur de cette théorie, décrit une ligne demi-circulaire ou parade simple. Nous ne pouvons approuver ces principes, ce serait embrouiller l'escrime.

Les professeurs ont toujours plus de confiance dans les *contres* que dans les *simples*.

Un auteur a écrit naïvement qu'un mouvement circulaire en quarte était un moyen infaillible de parade. Il aurait bien dû ajouter, si on ne vous trompe pas ce mouvement.

Si un homme peut parer le double contre sans être touché, c'est qu'il a plus de vitesse que son adversaire, mais cela ne prouve pas qu'il ait plus de jugement. Que les amateurs n'oublient pas cela, qu'ils détruisent cette grave erreur que, depuis trop longtemps, ils ont logée dans leur cerveau en disant : Voyez comme cet homme a du talent, il pare le *double-contre*, on ne peut pas le toucher ! Le contre ou le cercle est la parade circulaire (l'ellipse), qui, par exemple, parti de l'engagement *couvert* de tierce ou de quarte, revient au même point, ayant passé sous l'épée de l'adversaire.

Mais si l'on possède assez de vitesse pour parer un coup droit lorsque, engagé de tierce, on peut revenir par un mouvement circulaire dans la ligne de quarte, c'est bien un contre et non pas un demi-contre que l'on a paré.

Ainsi voici leur résumé : Si de tierce vous allez en seconde, et si de seconde vous revenez en tierce, ce dernier mouvement est une parade simple.

Et si de tierce vous allez en seconde, et si de seconde vous allez en quarte, vous avez fait un demi-contre.

Et le *grand secret,* le voici, c'est que dans la première intention vous êtes revenu d'où vous étiez parti sans dépasser l'épaisseur de la lame, et que dans l'autre on a dû faire un demi-contre parce que l'on revient dans la ligne opposée en tierce.

Je le répète encore, c'est inventer pour embrouiller.

En 1766, Danet combattait cette théorie, que le bon sens le plus vulgaire repousse; un critique l'accuse de ne pas avoir parlé *en oracle* sur cette question; nous pouvons, nous, dire au commentateur de celui qui a écrit à la fin du dix-huitième siècle sur la *manière la plus certaine de se servir utilement de l'épée,* qu'en faveur de Danet on peut reproduire le vers de Racine :

Cet oracle est plus sûr que celui de Calchas.

Toutes les fois que vous faites la moitié d'un cercle, vous faites un demi-contre, soit de bas en haut, soit de haut en bas.

De même, que vous soyez parti de la ligne du demi-cercle ou de celle d'octave, vous avez paré un contre en décrivant un cercle et en passant au-dessus de l'épée de l'assaillant pour reprendre la place que vous occupiez.

DEMI-CERCLE EN LIANT.

Le demi-cercle en liant est une parade qui a pour but de trouver l'épée de l'adversaire dans l'une des trois lignes qui conduisent au corps; cette parade est une continuation circulaire du demi-cercle, et d'une importance telle que nous n'en comprendrions pas l'oubli.

Elle s'exécute en faisant décrire à la pointe (à partir de la garde de quarte), un demi-cercle tel qu'on le pratique ordinairement, puis on continue la parade de façon à former encore une portion de cercle assez considérable avec laquelle, restant parfaitement couvert, on a la faculté de frapper l'adversaire. Ce dernier temps s'exécute en allongeant le bras pour toucher; il est considéré comme riposte du premier mouvement, dont on ne le sépare par aucun temps d'arrêt.

Le demi-cercle en liant est fort utile au gaucher, qui l'emploie ordinairement d'une façon exceptionnelle, c'est-à-dire en le terminant toujours la main placée en tierce, ce qui lui réussit; mais cette position est bien compromettante, elle expose au désarmement; aussi les droitiers doivent-ils s'abstenir de l'employer dans le cas de tierce sur tierce avec les gauchers.

Dans un moment de désordre en retraite, lorsqu'on ne sait plus où rencontrer le fer de l'ennemi, cette parade est alors celle qui offre le plus de sécurité, car elle a l'avantage de ramener la pointe au visage ou au corps de celui qui vous poursuit.

DE L'ENCHAINEMENT DES PARADES.

L'enchaînement trop prolongé des parades, dont on peut varier le nombre à l'infini en théorie, n'est bon qu'à rebuter les élèves, car on les effraye par la multiplicité des combinaisons, tandis que la pratique en démontre l'inutilité comme emploi.

Si l'on devait exécuter dix parades de suite, ce qui n'est jamais nécessaire, on ne devrait pas même employer les mots de combinaison et d'enchaînement : nous regardons comme une superfétation de parler d'un grand nombre de parades suivies que l'on n'effectue jamais.

Il serait mieux de commencer par dire : Il n'est jamais arrivé qu'on ait osé, dans une affaire grave, tromper six parades. Quant à moi, je puis affirmer qu'il ne m'est arrivé qu'une seule fois qu'on m'en ait trompé quatre faites sans interruption dans un assaut sérieux. J'ai dû conclure de ce fait, qu'on devait enseigner jusqu'à cinq ou six parades de suite sans s'interrompre, mais jamais trente. Il y a des professeurs qui ne croient pas cela et qui regardent comme un grand mérite d'en exécuter davantage.

La différence d'un tireur fort à un tireur faible consiste en ce que le tireur fort calcule ses enchaînements d'épée et les motive, tandis que l'autre les fait au hasard ou pare les contres de quarte ou les contres de tierce à l'infini, rencontrant alors bien ou mal l'épée, ce qui ne peut pas être autrement toutes les fois qu'il y a absence de calcul.

Une des causes qui empêchent cette multiplicité d'enchaînements de parades que nous venons de blâmer, c'est que, par exemple, à partir de la garde de quarte, on pourrait employer comme variations : 1° deux fois le contre de quarte; 2° deux fois le demi-cercle; 3° contre de quarte et tierce; 4° tierce et contre de tierce ; 5° tierce et seconde; 6° demi-cercle et quarte; 7° tierce et quarte; 8° demi-cercle et seconde; 9° tierce et prime; 10° prime et seconde ; 11° prime et quarte ; 12° contre et prime; 13° contre et demi-cercle; 14° prime et contre de prime ; 15° demi-cercle et tierce, etc. Cette grande variation, sur deux parades seulement, prouve avec assez d'évidence, combien il serait difficile de tromper un tireur qui varierait ainsi. Que serait-ce donc sur une plus grande échelle ?

VARIATIONS DES PARADES.

Lorsque l'on veut bien varier ses parades, il faut avoir le soin de ne jamais faire suivre deux manières de parer, qui pourraient être trompées par le même moyen, je ne citerai qu'un seul exemple et qui peut guider pour les différentes méthodes à suivre. Engagé de tierce, on emploie quarte pour parer un dégagement, et l'on reprend sa première position. Si, sur un nouveau dégagement, l'on varie sa parade en plaçant l'épée en seconde, on commet une grande erreur, car si l'adversaire eût fait la feinte Une-Deux, on eût été également trompé. On doit donc, après la parade de quarte, prendre le contre de tierce comme variation.

PARADES.

Il faut toujours parer avec le fort de l'épée, afin de pouvoir résister à celui de l'adversaire, ou pour exercer une domination sur le faible du fer opposé. Mais en parant avec le fort, on doit se garder de négliger une certaine tenue d'épée dans la pointe.

PRIME.

Si l'on pare prime, on commettrait une erreur en présentant une tenue d'épée trop énergique ; car alors l'adversaire conserve son arme vis-à-vis du pareur, et ce dernier n'ose pas quitter l'épée dont il sent le poids. On doit, au contraire, laisser incliner un peu la pointe en parant ; l'adversaire, obéissant à cette flexion, laisse, à son tour, tomber la sienne involontairement.

PRIME ET BATTRE L'ÉPÉE.

Un homme tire-t-il souvent la main tierce? Nous conseillerons de parer prime et de couper en battant l'épée; on arrive ainsi au désarmement.

Prime, en battant, est aussi convenable, si l'on suppose à l'adversaire la volonté d'effectuer une remise.

DU CONTRE DE QUARTE ET PRIME.

J'ignore d'où provient la répulsion des maîtres pour l'enseignement de la parade du contre de quarte et prime vis-à-vis du doublé sur les armes. Je l'ai toujours mise à profit lorsque je me laissais emporter dans la parade du contre de quarte; alors j'ai tourné seulement la main, les ongles en dessous, sans déranger le poignet de la position qu'il occupe. Par ce moyen, la parade est plus rapide que celle qui ramènerait à quarte sur les armes.

CONSEILS POUR LES PARADES DE CONTRE.

POSITION DE LA MAIN.

Une fois que la main a pris position, il ne faut plus la déranger pour parer les contres, à moins que ce ne soit les contres opposés, c'est-à-dire de l'engagement de quarte parer tierce et le contre de tierce, ou de l'engagement de tierce parer quarte et le contre de quarte.

Quand on fait tromper le demi-cercle, on dit de se couvrir dans la position d'octave, mais on néglige de recommander, si l'adversaire exécute le demi-cercle en haut, de se couvrir en quarte dans les armes.

On enseigne à parer le demi-cercle et seconde, et l'on n'enseigne pas à parer seconde et demi-cercle ; et cependant c'est un acte de prudence et un des bons moyens à employer si l'on n'a pas eu le temps de juger où était l'épée ennemie. A-t-on la certitude de rencontrer le fer de l'assaillant, l'on doit préférer la parade de seconde et tierce, ou de seconde et prime.

Il faut savoir parer deux fois la même ligne lorsque l'on sait que l'adversaire fait des remises.

PARADES EN MARCHANT.

L'homme de moyenne taille apportera tous ses soins à parer, il marchera à l'épée en variant sans cesse ses parades, et saura prendre le fer ennemi dans tous les sens avant ou après sa marche. En avançant, il emploiera les doubles engagements ; il exécutera de faux mouvements pour se faire arrêter, afin de parer et riposter. A-t-il bien acquis toutes ces notions, il doit marcher sans crainte, mais prudemment, et sachant d'avance la variation de parades qu'il doit exécuter en abordant.

COUPS DÉTOURNÉS DE LEUR LIGNE D'ATTAQUE.

Les coups peuvent être détournés de la ligne d'attaque; ainsi : je veux dégager dans les armes, la règle prescrit à mon adversaire de parer quarte, mais il n'a pas bien jugé, et il a paré seconde; il est évident qu'il a déplacé le coup que je lui portais; cela se voit à chaque instant dans toutes les lignes.

MAIN GAUCHE COMME OPPOSITION.

L'emploi de la main gauche comme parade étant un moyen instinctif, a dû prendre naissance chez les sauvages qui se servaient d'épées de bois (1).

Les auteurs écrivant sur l'art des armes vers 1550, parlent de cet usage de la main gauche. Il devait nécessairement exister à cette époque des passes en avant, en arrière et de côté, pour esquiver le coup. On l'employait en tendant l'épée à la poitrine de l'adversaire. Beau temps des grands coups d'estramaçon (2), des estocades (3), et des gardes bizarres!

Nous avons eu longtemps l'infernale mode du poignard dans la main gauche, ou celle, plus terrible encore, parce

(1) Collection abrégée des Voyages autour du monde, rédigée par F. B. L. 1808.

(2) Estramaçon, sabre coupant.

(3) Estocade, coup donné de la pointe.

qu'elle était déloyale, des saisissements d'épée avec cette main.

Philibert de la Touche indique cette méthode (1). Il parle aussi de l'épée tenue à deux mains.

Nous voyons donc à toutes les époques la main gauche jouer un rôle souvent indispensable. Mais aujourd'hui, que nous n'avons plus à tenir *l'épée dans une main et le poignard dans l'autre*, que nous n'avons plus cette lourde épée qu'il fallait tenir à deux mains; aujourd'hui qu'il n'entre plus dans nos mœurs de faire des subtilités, que notre combat est franc, loyal, à poitrine découverte; aujourd'hui qu'on ne demande plus qu'une part égale de terrain et de soleil, en priant Dieu de protéger la bonne cause; aujourd'hui que l'épée seule peut nous sauver, nous ne voulons plus de la main gauche.

La raison la plus forte de toutes pour ne pas employer cet auxiliaire est, que ceux mêmes qui la *conseillent* dans les assauts la *défendent* dans un duel.

Quant à moi, je suis complétement de l'avis de Charles Besnard, qui, en 1653, recommandait de ne pas se servir de la main gauche; je dis avec lui que ce mouvement est *vicieux et dangereux*.

Si vous mettez la main gauche, l'adversaire la mettra; cette manœuvre de bras sera bien disgracieuse à l'œil.

S'occupe-t-on de parer de la main gauche, on riposte moins vite.

Si vous soutenez que vous avez mis la main gauche parce

(1) En 1670. Page 78 de son livre.

que l'adversaire voulait faire coup double, et que des professeurs enseignent, dans ce cas, cette opposition, on vous répondra : Vous avez mal jugé, je ne voulais pas faire ce coup.

Avez-vous un duel avec un homme de mauvaise foi, il peut dire que vous lui avez saisi la main ou l'épée dans une suite de coups.

Vous pouvez vous faire couper la main ou traverser le bras.

Enfin, si vous mettez la main gauche, vous pouvez, saisissant involontairement l'épée de votre ennemi, faire dire que vous êtes déloyal; si vous le blessez dans le même moment, on vous traitera d'assassin.

Autre temps, autres mœurs. Aujourd'hui, les témoins feront bien de défendre l'usage de la main gauche. En principe, on ne peut plus l'employer. Sans son secours, on se couvrira sur tous les coups; si un amateur l'ignorait, je puis le lui enseigner. Un homme qui veut faire un coup double *en tendant le fer*, peut être combattu de différentes manières sans employer le bras gauche.

Une multitude de moyens reçus autrefois en escrime se sont perdus peu à peu; les uns, parce qu'ils ne nous offrent plus aucun avantage; les autres, parce qu'ils étaient entachés de déloyauté. Il serait trop long d'énumérer tant d'erreurs; nous citerons entre autres : pousser l'adversaire vers un fossé ou un endroit où il soit gêné dans ses mouvements; le placer près d'un bourbier; lui passer la jambe pour le renverser; saisir son épée, et le tuer s'il ne veut pas se laisser désarmer.

J'ai déjà dit tous les inconvénients que l'on rencontrait en se servant de la main gauche ; mais constatons leur peu d'analogie avec les *passes* et *voltes,* qui sont et ne peuvent jamais être faites que loyalement.

Toutes les démonstrations doivent être explicatives. L'élève doit être mis à même de discerner le bon grain de l'ivraie. Appelés peut-être à lutter contre des adversaires employant certains procédés défectueux ou peu conformes à la stricte loyauté, ils doivent en reconnaître le danger.

RIPOSTES.

Des maîtres ont prétendu qu'il ne fallait pas toujours riposter ; cette opinion est erronée, car il est évident que le défaut de riposte entraîne nécessairement des remises, des redoublements de la part de l'adversaire. Si je ne puis riposter droit ou par élévation du fort au faible, je riposterai dessous ; si l'on tend le fer dans la retraite, je riposterai en froissant, en croisant, ou j'emploierai la flanconnade. Enfin, si l'on appuie, je dégagerai. L'épée ennemie, n'étant pas un bouclier, ne peut m'empêcher d'employer un de ces moyens.

Il est bien des ripostes dont je ne parle pas, telles que celles du couronnement, du coup cavé, qui exposent, sans doute, et que cependant, dans des circonstances très-favorables, j'ai vu employer avec succès.

Les ripostes en faisant des feintes sont dangereuses ; il est prudent de ne pas s'y fier, à moins que ce ne soit lorsque la retraite de l'adversaire est faite, et que l'on sait posséder cette qualité précieuse : la retenue du corps.

Nous admettons facilement et nous comprenons parfaitement les grandes retraites de corps. Au moment où Laperche du Coudray venait d'inventer la riposte (1670), on pouvait craindre le retour même à temps perdu de l'arme de l'adversaire et le coup bien plus terrible de la riposte du tac au tac; mais depuis l'usage du masque, c'est-à-dire vers le milieu du dix-huitième siècle (1), on a dû et l'on doit attendre avec plus de confiance et dans une position plus stable l'attaque de l'ennemi. Cette habitude excellente prise à l'assaut doit inspirer une grande sécurité dans l'éventualité d'un combat réel.

Par le tac qu'on imprime sur le fer de l'adversaire, on doit écarter son épée de la ligne, mais en la conservant soi-même. La riposte du tac au tac peut prendre ce nom toutes les fois qu'elle suit rapidement la parade sans perdre le plus petit temps; elle se fait dans les lignes droites, les lignes hautes et les basses.

Les parades du tac au tac, qui ont toujours été reconnues les meilleures, sont surtout certaines lorsqu'elles prennent l'épée dans le sens opposé à celui qui tire. Ainsi, je suis engagé en quarte sur les armes, vous me portez Une-Deux, je pare quarte et le contre, je rencontre votre épée dans une ligne découverte où elle n'est pas opposée à la ligne droite

(1) Saint-Georges, qui commença l'escrime chez M. de La Boëssière, a été très-longtemps sans employer le masque, bien que son illustre maître ait fait adopter ceux en fil de fer à la place de ceux en ferblanc, si incommodes et si dangereux.

que je vais parcourir dans ma riposte. Si dans le même cas j'avais paré tierce, je ripostais dans une ligne à peu près fermée. On ne doit pas dire *parer du tac au tac*, mais bien *riposter du tac au tac*, car on entend certainement que le moment où l'on rencontre l'épée ennemie par la parade est un *tac*, et que le coup que l'on touche par la riposte en est un autre ; cette idée se suit dans la contre-riposte. Bien juger une attaque est une garantie certaine pour faire de bonnes ripostes.

La riposte la plus terrible est certainement celle de la flanconnade. La riposte à temps perdu est celle qui ne suit pas rapidement la parade, elle est le résultat d'observations faites sur l'assaillant.

RIPOSTES A TEMPS PERDU.

Il y a des hommes qui atteignent un grand degré de force dans la riposte à temps perdu, mais ceux-là savent préalablement bien s'emparer de l'épée ennemie et exercer sur elle un empire qui fait leur succès dans ce genre de riposte.

Cette riposte peut être simple, de près comme de loin, mais elle ne doit jamais être compliquée lorsque l'assaillant reste fendu.

RIPOSTE PAR UN COUP COMPOSÉ.

A la retraite de l'adversaire on peut essayer des ripostes de dégagement, mais on ne doit faire celles à deux temps que lorsque l'on est parfaitement assuré que l'assaillant s'est remis en garde.

Avant d'oser riposter par des attaques compliquées en se fendant, il est préférable de riposter par de faux mouvements, c'est-à-dire de montrer, en se couvrant, la riposte que l'on veut faire tout en se tenant prêt à parer la remise ou le redoublement. Ce genre d'escrime prouve de la tête, de la retenue de corps et du savoir.

RIPOSTES DE PRIME.

Après la parade de prime, on enseigne ordinairement, comme riposte, le coupé en quarte, et même on ajoute le battement dans l'action du coupé. Mais il nous semble judicieux d'enseigner aussi le froissé en tierce, ou, pour simplifier, la position de tierce sur tierce ; on acquiert ainsi plus de certitude, car on ne quitte pas l'épée.

Après avoir paré prime dans une haute région, la main à la hauteur du front, le fort sur le faible de l'assaillant, le maîtrisant ainsi, on peut faire une riposte que *je ne vois jamais* enseigner en pareil cas. Elle consiste à entraîner le faible dans la ligne de *tierce sur tierce,* ce qui couvre très-bien et dessine un coup brillant.

RIPOSTE APRÈS PRIME.

Dans cette position, on est découvert dans la riposte ; si l'on recherche l'opposition, elle ne s'acquiert qu'au moyen d'une tenue d'épée trop gênée ; l'adversaire vient-il à parer quarte, le désarmement peut en être la conséquence. Il sera donc toujours préférable de riposter de prime en quarte dans les armes, ce qui n'est jamais enseigné et qui, cependant me semble bien rationnel.

LIEMENT EN OCTAVE COMME RIPOSTE.

Je n'aime pas le liement en octave comme riposte, car on fait passer le fer ennemi devant le corps, et si l'assaillant ne se relève pas, le corps reste exposé à un coup presque certain. Il faut préférer la flanconnade ; elle agit perpendiculairement dans la ligne de quarte haute à quarte basse sur le faible de l'épée ennemie, et la tient captive dans une position si basse qu'il est très-difficile à l'adversaire de s'en débarrasser.

DÉGAGEMENT DE SECONDE OU D'OCTAVE.

Après la parade de tierce ou de quarte sur les armes, on peut dégager en seconde ou en octave.

A partir de la position de quarte dans les armes, on peut dégager dessous, mais alors la pointe doit être plus basse que le poignet, qui reste soutenu pour maintenir l'opposition.

DÉGAGEMENT EN QUARTE SUR LES ARMES.

Ce dégagement ou coupé doit se faire à temps perdu lorsque l'on sait que l'adversaire va venir se couvrir et que l'on est décidé à saisir cet instant pour passer dans la ligne opposée ; mais lorsqu'on a acquis la certitude qu'il se couvrira vite, il y a coup jugé, il devient très-inutile de riposter à temps perdu.

Ces réflexions sont les mêmes pour le dégagement ou coupé de quarte dans les armes, et toutes les autres lignes.

DÉGAGEMENT DE QUARTE EN RIPOSTE.

Le dégagement dans la ligne haute du dedans ne doit pas s'exécuter contre l'assaillant qui a tiré la main basse, mais bien contre celui qui a attaqué la main haute, et qui prend de suite l'opposition de tierce.

Je ne cesserai de répéter que les hauteurs d'épée doivent être relatives afin de bien conserver les oppositions. Il est donc évident que si votre attaque en quarte sur les armes est faite la main trop basse, et qu'ayant paré tierce, je riposte la main haute en quarte dans les armes, j'agirai dans une ligne où mon fer ne sera pas en opposition avec le vôtre.

DÉGAGEMENTS DE REVERS APRÈS PRIME.

Cette risposte ne se fait qu'après la parade de prime, n'importe à quelle hauteur on l'aura parée ; mais ce qui est indispensable, c'est de conserver son fer à la hauteur de l'épée ennemie et sans quitter l'opposition, en faisant le mouvement circulaire qui passe de la ligne du dedans, la pointe basse, à celle du dedans, la pointe haute, où elle revient par l'effet d'un cercle, et se termine par le coup droit de quarte dans les armes.

Le coup droit de prime ne doit pas être une riposte à temps perdu.

Cette riposte, facile et naturelle, expose, car il est impossible, de telle manière qu'on s'y prenne, de la faire en se couvrant parfaitement; on est forcé d'employer la main gauche en opposition à l'épée ennemie, moyen qu'on approuve tous les jours un peu moins.

C'est une grande faute que de vouloir riposter la *main de prime* pour éviter l'opposition de la parade du demi-cercle, en voici les raisons :

Veut-on riposter d'une manière plus compliquée, on lie l'épée de son adversaire jusque dans la position de quarte sur les armes, et sans s'arrêter on tire dans cette ligne. Si la tenue de l'assaillant est dure, il est difficile de lier, mais on peut passer rapidement dans la ligne de seconde, frapper en même temps l'épée ennemie d'un coup sec et vigoureux, de manière à envoyer son épée hors votre corps et dans la ligne d'opposition outrée où elle se portait avant le coup.

Je n'aime pas les directions obliques et cavées puisqu'elles laissent du jour sur celui qui s'en sert; la riposte de prime cavée pour éviter l'obstacle de l'opposition, me semble aussi mauvaise que celle que l'on fait par imitation en riposte de quinte (la main de quarte en pronation), aussi ai-je toujours eu le soin, après cette parade, de forcer mes élèves à se couvrir; ce que je ne trouve pas une difficulté, et qui, d'ailleurs, est indispensable, car il s'agit, dans cette circonstance, de remettre l'épée en ligne le plus vite possible.

C'est surtout lorsque l'adversaire ne se relève pas, qu'il est on'ne peut plus mauvais de riposter par le coup de prime.

Après la parade de prime, si votre antagoniste se retire, ayant la main dans la position du demi-cercle ou dans celle de prime faisant une pression sur votre épée et s'il a la main très-haute, il faut riposter en seconde; mais si sa main est à une hauteur ordinaire, vous pouvez riposter en seconde ou en octave.

RIPOSTES APRÈS LES PARADES DE SECONDE OU D'OCTAVE.

RIPOSTES DU TAC AU TAC.

1° Le coup droit de seconde ou d'octave.

On a tort de croire qu'après la parade de seconde, on soit obligé de riposter le *coup droit de seconde,* car on peut aussi riposter en *octave*, il arrive même souvent que ce mouvement de rotation du poignet contribue à déplacer l'épée ennemie. Cette réflexion est la même pour la parade d'octave, après laquelle on peut riposter seconde, si l'on n'a préféré riposter dans celle de la parade.

2° Le dégagement en quarte sur les armes, qui s'est toujours nommé : *Parer seconde et riposter dessus.*

Comprenez bien que : soit qu'on ait paré *seconde* ou *octave,* on peut faire cette *riposte* du tac au tac *sans temps perdu.*

3° Ripostes à temps perdus par coups simples.

4° Dégagement dans la ligne du demi-cercle.

Sur un tireur d'épée qui vous inquiète il serait imprudent de faire cette riposte après avoir paré seconde ou octave, même lorsqu'elle serait motivée, si, en passant dans cette ligne, on ne faisait un vigoureux battement.

Après la parade de seconde, on riposte quarte sur les armes, mais s'il arrive que l'assaillant se retire vivement en parant tierce, il devient alors très-facile de riposter quarte dans les armes.

De même, après la parade du demi-cercle, on riposte dans la ligne haute de quarte, et si l'adversaire se portait vivement en parade dans cette ligne, cela permettrait de dégager en quarte sur les armes.

RIPOSTES PAR COUPS COMPOSÉS.

Je répéterai là ce que j'ai dit au sujet des feintes, que c'est la prétention d'un homme fastidieux que d'expliquer encore ce que savent tous les professeurs ; qu'on peut en riposte menacer d'un coup droit pour dégager dans la ligne opposée, qu'on peut montrer l'épée dessous pour riposter dessus ; que si l'adversaire se relève en changeant l'épée, il faut lui tromper le changement, etc... Comprenez bien que si vous écrivez pour un amateur, il sait cela ; si votre livre est lu par un ignorant dans notre art, il n'y comprendra rien ; il faut donc que les feintes s'enseignent dans les armes, mais ne pas humilier les maîtres en leur disant qu'elles existent.

Ce qu'on doit dire souvent en démonstration, c'est qu'il ne faut pas faire des feintes à fond en riposte, pas plus qu'en attaque, sans les avoir faites préalablement en faux-temps avec l'intention de parer et riposter, pour bien s'assurer que l'adversaire ne vous fera pas une remise, ne vous prendra pas un coup de temps, ou enfin ne fera pas une faute dont vous seriez victime sans cette importante précaution. Voilà ce que ne disent pas assez souvent les professeurs et ce dont leurs ouvrages ne parlent jamais, ce qui est une lacune désespérante. On dirait qu'ils écrivent pour ceux dont ils espèrent hériter.

Après la parade simple, la ligne que parcourt la riposte doit se faire au plus près de la ligne que parcourt l'adversaire.

Après la parade du contre sur un dégagement, on riposte droit autant que possible, car dans cette ligne l'adversaire n'est pas couvert.

TIERCE SUR TIERCE.

En ripostant tierce sur tierce, on commet une erreur en prenant la hauteur avant d'avancer la main. Ces deux mouvements doivent être simultanés.

A l'objection que l'on peut faire sur ce conseil et qui consiste dans la grande hauteur prise par l'adversaire, je réponds de tirer seconde et je détruis ainsi toute observation.

RIPOSTES DIVERSES.

Lorsque l'on enseigne à parer légèrement d'un petit coup sec, il faut que ce soit pour riposter dans la même ligne ; lorsque l'on pare plus fort, il faut que ce soit pour s'ouvrir un plus grand passage. Exécute-t-on sa parade en dominant et en pressant un peu l'épée ennemie, on se propose d'obtenir de l'assaillant une pression qui rend facile le dégagement.

RIPOSTE APRÈS LE CONTRE DE QUARTE.

Après le contre de quarte, il est assez facile de riposter ; mais après avoir paré deux contres on riposte généralement moins bien ; cela vient de ce que l'on s'abandonne trop et que l'on emploie beaucoup de force dans la première parade.

LE COURONNEMENT.

Le couronnement se termine toujours sur les armes, la main de tierce. Il serait bien, lorsqu'on ne peut le réussir dans cette position, de l'indiquer seulement et de le terminer soit en seconde, soit par un coupé dans les armes.

MESURE.

Lorsqu'on tire hors de mesure, on a beaucoup de peine à se relever. Calculer la mesure est toujours de première nécessité.

Il faut bien se pénétrer de cette vérité, que rien n'est plus beau ni plus avantageux que de tirer de loin, en observant les règles.

DES COUPS SIMPLES.

COUP DROIT.

Le coup droit doit être tiré un peu au-dessus du poignet et relativement au degré d'élévation auquel s'est placé l'adversaire; l'on évite ainsi de tomber tout à fait sur le fort de son épée, et l'on a, dans la ligne de quarte, le pouvoir de tromper la hauteur du demi-cercle.

En prenant pour guide cet axiome géométrique : « La ligne » droite est le plus court chemin d'un point à un autre, » j'en suis arrivé à dire que le coup droit est la meilleure attaque de l'art des armes.

Elle est la meilleure, parce qu'en armes comme en mathématiques il faut simplifier pour arriver sûrement au but.

Le coup droit est la fin de tous les coups et de toutes les phrases d'armes possibles ; c'est la base principale de toutes les attaques, c'est l'âme de la riposte.

Quelques tireurs, à partir de l'engagement de quarte dans les armes, tirent droit en tournant la main en tierce. Cette façon d'agir est fausse pour plusieurs raisons.

Elle expose à un désarmement ;

Le coup est irrégulier.

Dans la ligne de quarte principalement, il est bon de ne tourner la main, les ongles en l'air, qu'à la fin du coup ; la tenue d'épée se conserve mieux.

Les coups droits se font facilement sur des feintes trop multipliées, en saisissant l'épée dans un de ses passages de feintes.

Le coup droit n'est pas seulement une action mécanique.

Je n'ai jamais compris que les maîtres disent si peu sur le coup droit. Le silence qu'ils gardent viendrait-il de ce qu'ils sont persuadés que ce coup ne peut tromper aucune parade?

Si l'adversaire a sa garde à une hauteur ordinaire, mais l'épée placée horizontalement, et qu'il pare quarte dans cette même ligne, il est facile de lui tromper cette parade en tirant droit avec la même élévation. Sa garde est-elle mieux placée, c'est-à-dire la pointe plus haute, mais a-t-il le poignet beaucoup plus bas, il est bien simple de tirer droit sur son faible, et sa parade de quarte sera encore en défaut.

Si la garde est parfaite comme position du bras et de la

lame, mais si la tenue est faible ou molle (ce qui arrive à tant de tireurs), on peut tirer droit.

Placé en garde de quarte ainsi que votre adversaire, si vous remarquez en lui l'habitude de parer le demi-cercle sur vos attaques, vous le toucherez certainement au moyen du coup droit tiré au-dessus de la ligne de sa parade.

Si, lorsque l'on tire droit, l'adversaire a l'habitude de changer l'épée en tierce, il est certain qu'à vitesse égale il sera touché. Il y aura une raison de plus de toucher dans ce cas, s'il change l'épée en baissant sa main, car alors, non-seulement il n'aura pas eu le temps d'effectuer son contre, mais encore il n'aura pas eu assez de force dans la pointe de son épée pour arrêter celle de l'assaillant.

L'objection que l'on peut faire à ces deux théorèmes est celle-ci : Vous tirez du fort au faible, vous trompez la hauteur. J'admets ces deux données ; mais si je touche malgré la parade, j'ai trompé votre intention, et si vous me contestez l'habileté avec laquelle j'ai su annuler votre parade, vous conviendrez au moins que j'ai trompé le tireur, résultat peut-être plus grand à mes yeux.

Certains tireurs laissent ouverte la ligne de quarte et s'empressent de la fermer quand on cherche à y pénétrer. S'ils reconnaissent que la tentative faite contre eux n'est qu'une feinte, ils reprennent leur première position. Vis-à-vis de pareils adversaires, je conseille l'emploi de la feinte du coup droit, et celle d'une retraite, en rassemblant les plus grands moyens d'impulsion pour porter ce même coup droit au moment où, plein de confiance, il se replace avec la garde découverte qu'il affecte.

COUP DROIT AVEC ABSENCE D'ÉPÉE.

En faisant précéder le coup droit de la plus imperceptible absence d'épée, on peut tromper beaucoup de parades. Trop modeste pour vouloir donner une leçon à mes confrères, mais assez sûr de moi-même pour émettre mon avis, je citerai un seul exemple pour justifier mon assertion. — Étant engagé de quarte, vous jugez que sur votre attaque l'adversaire parera tierce, le demi-cercle, ou changera l'épée en tierce ; précédez votre coup droit d'une absence d'épée, vous toucherez très-bien. Enfin on tire droit même sur un coup droit.

Si dans l'enseignement les coups simples seulement doivent passer avant les faux-temps, dans un assaut sérieux, et surtout dans un duel, il est de la plus indispensable rigueur de commencer par employer ces derniers.

FAUX-TEMPS.

Une grande question en armes est celle-ci :

Est-il mieux, en commençant un assaut, d'attaquer du coup possible ou de le simuler ?

Pour moi seul, peut-être, il est mieux de le simuler ; comme on peut tirer sur moi pendant que je simule une attaque, voilà la question des faux-temps établie. Aussi les ai-je posés comme principes dans ma théorie.

Le faux-temps a pour but d'inquiéter dans une ligne découverte, en gardant la pointe très-menaçante, et se tenant prêt d'avance à parer dans la ligne que l'on n'a pu couvrir.

Les conséquences des faux-temps doivent être prévues. — On pourrait être victime de leur oubli.

Vous devez même les faire avant un coup droit, que vous auriez l'espoir de toucher en tirant dans une ligne découverte.

Il y a des amateurs qui tirent sur toutes les feintes et même sur le plus petit mouvement que l'on indique. — Si l'on eût tiré à fond, ils étaient dans leur tort, mais vous étiez touché ; il est donc mieux de faire un faux-temps, s'étant d'avance préparé de tête pour la parade que l'on veut prendre.

Je ne comprendrais pas, et tous mes confrères partageront mon avis, l'oubli des faux-temps — ces mouvements si rigoureusement utiles — de la part d'un homme qui s'érigerait en professeur et écrirait une théorie de l'escrime.

En commençant un assaut, il est d'une absolue nécessité de faire des demi-temps, surtout lorsque l'on combat un homme pour la première fois. — Avec le secours de cette précaution, on s'assure si l'adversaire a l'intention de faire *coup pour coup*, s'il est craintif, s'il est pareur. Lorsque l'on a fait l'appréciation des moyens et de la pensée de son antagoniste, alors seulement on peut aborder le jeu franc sans crainte de tomber dans un mauvais pas.

Il est indispensable que les élèves reviennent toujours à cette pensée : — Se méfier du coup de temps.

Il est partout : dans les marches, les feintes compliquées, celles qui le sont peu, et même sur les coups droits.

C'est surtout après un coup composé qu'il faut revenir absolument à l'idée des faux-temps pour s'assurer que l'on n'a pas à craindre le coup de temps.

DÉGAGEMENT.

Beaucoup de tireurs ont dû leur réputation au dégagement. Doués d'une vitesse extraordinaire, ils prévenaient toutes les parades. Un de mes plus intimes amis annonçait d'avance le dégagement, l'exécutait, et touchait sans se fendre. Son bras était retiré avant que son adversaire eût pu l'arrêter ou même rencontrer son fer. L'inimitable Saint-Georges, au nom glorieux duquel nous voyons quelquefois certaines célébrités grimacer une espèce de sourire, Saint-Georges, notre maître, exécutait ce même coup cité plus haut; mais plus habile encore, il passait ce même dégagement en se fendant à partir de la plus grande distance et sans faire précéder ce coup du plus imperceptible mouvement.

Le dégagement réussit encore sur un adversaire qui, sans intention de toucher, montre un dégagement comme feinte et pour vous inquiéter ; dégagez en ce moment, mais avec une meilleure opposition et plus de tenue, et vous réussirez; car voulant vous troubler par son attaque feinte, il n'est pas du tout en disposition de parade. Le dégagement, précédé d'un appel du pied, a le double avantage d'inquiéter l'adversaire et de préparer l'élan nécessaire au développement.

Le dégagement est surtout infaillible sur un adversaire qui, à partir de l'engagement de quarte, pare seconde, ou qui de l'engagement de tierce pare demi-cercle, surtout si l'on dégage un peu plus haut.

Il est une faute dans laquelle quelques-uns de mes confrères tombent souvent, et qui peut mettre en danger la vie de leur élève, qui n'ayant pas de point de comparaison établi entre son professeur et un autre maître, donne toute confiance aux principes qu'on lui a inculqués. Cette faute consiste en ce que souvent à partir de quarte on fait parer seconde, et à partir de tierce on fait parer le demi-cercle. — Ces deux parades, faites ainsi, sont un contre-sens matériel, c'est-à-dire non discutable. En effet, en calculant les armes à vitesse égale, — on ne peut discuter qu'à cette condition, — l'homme qui attaque a toujours une avance sur le pareur; or, le fer de l'assaillant, partant de la ligne de tierce et dégageant dessous, arrivera toujours avant le demi-cercle partant aussi de la même ligne. La faute se trouvera identiquement la même à propos de seconde ayant pour point de départ la position de quarte. Cette erreur, que la pensée corrige lorsqu'elle se fixe sur elle, existe depuis l'invention de l'escrime. Je n'ai pas pu trouver non plus, pourquoi cette idée fausse est restée vivante depuis si longtemps.

DE L'APPRÉCIATION DU COUP SIMPLE.

Dire que dans l'attaque les fers se séparent est une erreur, car, étant en garde, quelle que soit la ligne, il y a toujours un des deux tireurs qui est couvert, ce qui doit l'autoriser à tirer droit, et ce coup peut certainement s'exécuter sans que les fers se séparent. J'attaque en tirant flanconnade, mon adversaire s'oppose, soit en octave ou seconde, ou revient en quarte en cédant au liemen t; dans tous ces cas, les fers n'ont pas été séparés. Autre exemple : Je tire droit en quarte le long de votre lame, vous pouvez, sans quitter la mienne, parer quarte ou seconde. Je tire droit dans la ligne de quarte sur les armes, vous pouvez parer tierce, quarte sur les armes, prime, demi-cercle, sans quitter le fer. Ces exemples viennent à l'appui de ma première assertion.

DESSUS ET DESSOUS.

Il ne faut tirer dessous qu'après avoir reconnu l'impossibilité de tirer dans les lignes hautes.

Il ne faut jamais attaquer dessous sans préalablement avoir inquiété dans les lignes du dessus ; agir différemment serait s'exposer au coup pour coup.

Lorsque le dessous est paré, on feinte dans cette ligne pour tirer sur les armes.

L'homme d'une grande taille doit porter son attention vers le dessus des armes, où il doit préférer diriger ses attaques.

L'homme d'une taille ordinaire ou petite doit faire l'étude contraire.

RETENUE DU CORPS.

Il n'existe pas de principe, quelque bon qu'il soit, que l'on puisse nommer infaillible pour réussir. Le génie peut seul donner la puissance qui procure le triomphe. Il enseigne à disposer les éléments du combat ; avec lui la marche est prudente, la retraite est préparée, les feintes sont savantes et les ripostes terribles. Or, on conçoit, si on accepte la définition de Buffon : *le génie, c'est le travail*, combien la réflexion, en escrime, est préférable à des qualités purement physiques.

Ainsi le doigté est une qualité précieuse, mais elle n'est pas exclusive ; car je connais des tireurs qui, ne la possédant pas, sont cependant fort redoutables.

Les choses les plus simples, les plus compréhensibles, sont souvent celles qu'il faut le plus expliquer ; les élèves sont des années à comprendre les avantages immenses que procure la retenue du corps. Il faut, chez le professeur, une persévérance incessante pour leur faire saisir une vérité incontestable au premier examen. En effet, si l'on se fend toujours au premier mouvement, il est impossible d'en faire trois qui peuvent vous être nécessaires ; il y a même des tireurs dont le corps part avant le premier mouvement, et, chose incroyable, que je ne m'imaginerais jamais si je ne l'avais vue souvent, ce sont ceux-là qui, après avoir paré, marchent deux ou trois fois avant de riposter, lors même que leur adversaire est fendu ou se relève lentement.

Toutes les premières leçons doivent être données de manière que le bras ait entièrement terminé tout ce qu'il doit exécuter avant que le corps commence son développement. Lorsque l'on est certain d'effectuer les mouvements étant bien maître de son corps, alors on laisse un intervalle moins long entre le développement du bras et celui du corps, et enfin l'on arrive, lorsque l'on est fort, à exécuter ces deux mouvements avec une telle simultanéité, que l'œil le plus exercé a quelquefois de la peine à reconnaître si le principe a été bien observé (1).

(1) Pour bien faire comprendre la succession de ces deux mouvements, on se fend sur une porte, et l'on entend le coup touché avant le bruit de la sandale.

— Une des erreurs assez fréquentes que j'ai observées est celle dans laquelle tombent certains tireurs. — Après une ou deux parades, manquant de retenue de corps, ils se fendent sans avoir trouvé l'épée. Ils ignorent ou ils oublient que le tact du fer est le signal unique de la riposte. — Ces fautes graves, que le manque d'étude ou de réflexion fait naître, ont les conséquences les plus funestes.

LE MUR ET LE SALUT.

Le *Mur* est un exercice que l'on fait pour se préparer à l'assaut. Il consiste à parer les dégagements de l'adversaire et ensuite à lui en porter soi-même.

Une fois en garde, on se découvre et l'on s'invite réciproquement à prendre la mesure ; celui qui l'a prise est celui qui commence le mur.

Les dégagements doivent être toujours parés en tierce ou en quarte. Il faut bien se couvrir pour les faciliter.

Il est indispensable que toutes les positions du corps et de la main soient on ne peut mieux soutenues et dans les proportions qui auront été indiquées dans les leçons précédentes.

Cet exercice et cette politesse se tiennent ensemble. A l'heure où j'écris, je ne crois pas qu'il y ait six hommes en France qui fassent ces deux choses dans la perfection; mais le ridicule de la prétention existera longtemps.

Dans le dix-huitième siècle, le salut des armes précédait ordinairement le duel. Avant de se tuer de la manière la plus barbare, la plus exquise politesse était de mise. Cet usage est parti avec les habits brodés du temps, et aujourd'hui la plupart des bons tireurs s'en préoccupent peu. Quant aux ferrailleurs, c'est une de leurs antipathies; ils ne veulent pas comprendre que l'exercice du *mur* est de toute nécessité, et que le salut, qui est fort gracieux, est aussi une marque de politesse envers son adversaire et les personnes qui regardent l'assaut.

Nous regrettons que cet usage utile se perde; je dis utile, parce qu'il conserve l'habitude des égards que l'on se doit toujours dans le monde, et qui quelquefois sont méconnus lorsque, dans la chaleur d'un assaut, on est emporté par un faux amour-propre.

Le *Mur* consiste à tirer des dégagements sur l'adversaire qui n'a le droit de les parer qu'au simple et qui ensuite les tire sur vous dans les mêmes conditions.

Pour que cet exercice ait une valeur réelle, il faut observer les distances, ne pas négliger le doigté, donner au bras toute son extension avant que le corps et surtout les jambes aient fait le plus léger mouvement. Après ces préliminaires, le développement s'effectue, le corps se porte en avant et vient se placer en ligne droite avec la tenue la plus régulière. Cet exercice rationnel du *Mur* donne au bras vitesse et rectitude et prépare le corps à l'aplomb. Le fleuret à la main, le salut doit être grave et noble. Le regard doit accompagner le geste.

La politesse veut que l'on offre à son adversaire de prendre le premier sa distance. Prendre ses dimensions est nécessaire pour s'assurer que l'on est à une portée convenable; on devrait donc toucher son adversaire, mais l'usage s'oppose à cette démonstration. Si la défense de toucher l'adversaire en prenant sa distance me paraît anormale, je comprends que, tirant le *Mur*, l'adversaire puisse être touché, car il doit parer en tierce et en quarte les dégagements (jamais par le contre); si on le touche, il est évident qu'il ne peut parer, même par le moyen le plus simple, un coup qu'il connaît. Agir ainsi est donc le prélude du ridicule que l'on va se donner en acceptant l'assaut. On a généralement adopté, lorsque l'on voulait cesser de tirer le *Mur*, de montrer un dégagement, d'avancer le talon gauche auprès du droit et de se retirer ensuite. Je préférerais voir employer deux appels du pied et se découvrir en tierce.

Il y a des personnes qui préfèrent en tirant le *Mur* céder à l'action de la parade et laisser aller leur fleuret le long de leur bras à droite et à gauche. Ce mouvement n'est pas sans inconvénient, car ceux qui l'emploient laissent aller leur poignet avec l'épée, ce qui livre la figure et peut être cause de graves accidents au visage dans le cas où, par inadvertance, l'adversaire riposterait (ce que j'ai vu). Je recommande donc la plus grande attention lorsqu'on veut se laisser aller à ce gracieux mouvement.

Le *Mur* n'est pas, comme on le croit, le moyen unique d'acquérir toutes les qualités physiques indispensables à l'art des armes; mais il entretient dans ces qualités, prouve qu'on les connaît, et dispose le bras et le corps avantageusement à l'assaut qu'on va faire.

RETRAITES.

Les retraites sont de trois espèces :

1° Les retraites de corps, mouvement instinctif;

2° La retraite après le développement ;

3° La retraite par les jambes pour se mettre hors de portée.

Les retraites sont bonnes, savoir :

Lorsque l'on se jette sur vous avec ambition ;

Lorsque l'on a mal jugé l'attaque, et qu'on se trouve surpris ;

Lorsque vous avez souffert un battement, un croisé qui a dérangé l'épée ou fatigué la main ; enfin quand les idées se troublent.

Multiplier les retraites est une faute, si elles n'ont point pour objet d'attirer l'ennemi dans un piége, en lui faisant croire que vous êtes en désordre ou que vous le craignez.

Il ne faut jamais se relever en jetant les épaules en arrière, attendu qu'il y a inconvénient à présenter le ventre à l'instant même où l'adversaire riposte ; il faut donc faire retraite par la force des jarrets et des reins. La flexion du jarret gauche doit précéder tous les autres mouvements.

On ne doit jamais se relever en changeant l'épée, à moins que l'on n'y soit obligé par une forte pression de l'adversaire ou que l'on ne soit convaincu que l'on est hors d'atteinte.

C'est une faute de faire trop souvent des retraites de corps ; en s'y confiant on pare avec négligence ou tout au moins on n'emploie pas toute l'activité dont on est susceptible, et la riposte manque de vigueur et d'à-propos.

Lorsqu'on s'est mis un peu trop près de l'adversaire ou qu'il a fait cette faute, il faut à l'instant même faire une retraite qui consiste à faire un pas en arrière ; cela se nomme aussi *se mettre hors de mesure.*

A l'armée il n'est pas nécessaire d'avoir attaqué l'ennemi pour faire une retraite ; c'est de même en escrime, cette miniature de l'art de la guerre.

La retraite doit être instantanée, et si quelque chose pouvait la précéder, ce serait la parade; car cette dernière évite le coup de la riposte, tandis que la retraite n'a pas toujours cet avantage. Méditez ce conseil; car, de près, les ripostes sont toujours terribles.

Lorsqu'on s'est défendu et qu'il faut se remettre en garde, on se sert de deux locutions différentes : Faites votre retraite ou relevez-vous. Cette dernière est plus en usage.

Vouloir parer en restant fendu est une mauvaise méthode ; car si l'on est touché, ne se relevant pas, le coup est presque toujours mortel. La parade doit protéger la retraite et celle-ci faciliter la parade. Lors même qu'on a touché sur l'attaque, il faut faire sa retraite, car on ne doit pas se fier à ce que l'on peut avoir produit, et je regarde cette mesure comme tellement importante que j'ai toujours conseillé, *comme principe en duel*, après une attaque touchée, non-seulement de se relever, mais encore de rompre un pas.

Nous regardons comme préférable la parade précédant la mise en retraite, car elle permet de tenir le faible de l'adversaire si celui-ci, selon les règles de l'escrime, se fendait pendant votre mouvement rétrograde. Cependant la parade, étant fendu, présente aussi des chances de succès, car l'ennemi ne peut se développer sur vous ; un pareil mouvement de sa part serait inutile; il serait même une faute contre un homme qui se trouve rapproché de lui.

Bien qu'il soit mieux de parer et de se mettre en retraite, la parade faite pendant le mouvement rétrograde n'a pas plus de chances de réussir que la parade étant fendu, car si l'on pare dans cette dernière position, l'adversaire ne se développe pas, parce que ce n'est pas admis et qu'il serait inutile de se fendre sur un homme qui est sur vous.

Si l'on se fend lorsque vous vous relevez, on a raison, et votre parade, faite en retraite, court vers le faible de l'adversaire.

La parade est la première nécessité de la retraite.

La parade simple doit être prise la première, après avoir attaqué. Comment, en effet, imaginer un contre exécuté étant fendu? ils ne peuvent se prendre qu'après; j'en suis désolé pour ceux qui disent le contraire.

Je ne comprends pas qu'on recommande avec tant d'instance le changement d'épée en se relevant; je sais bien qu'il pare la majeure partie des coups, mais il a le grand inconvénient de ne pas parer le coup droit, le plus dangereux de tous, Le changement d'épée est donc, dans ce cas, un très-mauvais moyen; c'est peut-être pour cela qu'on y tient depuis si longtemps. Il n'est cependant pas absolument inutile de s'y exercer à la leçon, surtout lorsque l'on comprend bien le côté dangereux que j'ai expliqué. Mais ce que je recommande avec le plus d'instance et de conviction, c'est de bien comprendre qu'il ne faut jamais, dans cette action, que la pointe soit sur le fort de l'adversaire.

Il y a encore certaines gens qui trompent le changement d'épée, que l'assaillant fait à sa retraite, par un *menacé droit dégagé*; ils ne réfléchissent donc pas que le coup droit touche celui qui change l'épée à sa retraite (ainsi que je l'ai dit plus haut).

La retraite faite avec dessein et désordre est un excellent moyen qui fait tomber dans des piéges terribles l'homme trop confiant :

Souvent un beau désordre est un effet de l'art.

Après un coup porté on donne le conseil suivant : Parez ma riposte après vous être remis en garde. Il est plus avantageux de parer et riposter pendant le trajet de la retraite. Le premier mode était suivi avant l'invention des masques.

Quant au bond en arrière, que j'entends préconiser comme moyen de sortir promptement de l'étreinte de l'adversaire, il est peu praticable, car il exige certaines préparations de corps, telles que le ploiement des jarrets, etc., etc. Je vote donc pour son rejet.

Le jarret gauche et les hanches doivent être mis en œuvre pour se remettre en garde. Il faut éviter de se relever des épaules; ce mouvement est à la fois long et dangereux, car il fait avancer le bas-ventre.

DES APPELS.

Les appels du pied se font pour assurer la position du corps qui souvent se dérange dans l'assaut; ils aident à convaincre que l'on s'est remis dans la bonne position de la garde.

Le but d'un appel est souvent d'inquiéter et d'effrayer.

L'appel se place avantageusement dans l'action d'un coup compliqué; par exemple : je veux doubler et couper, je crains le coup de temps à la fin du doublé, c'est alors que je place mon appel, pour étonner et me faciliter mon coupé.

Rien n'est de plus mauvais goût et n'est moins utile que de faire sans cesse des appels. Cependant on peut, lorsqu'on en a reconnu l'utilité, précéder son attaque d'un appel ou le placer dans une feinte avant le coup qui doit terminer; on peut s'en passer lorsque, sans quitter l'épée, on fait une attaque décisive.

MARCHES.

L'élève doit frapper avec le pied en marchant, pour témoigner de sa sécurité.

Celui qui rompt peut avoir le projet d'attaquer dans la marche ou de se retirer parce qu'il a peur.

Veut-il tendre un piége, il n'osera pas tirer avec confiance vis-à-vis d'une marche ferme et imposante. Redoute-t-il, au contraire, une attaque, sa crainte redouble en voyant marcher d'après les préceptes que je viens de signaler.

Il ne faut marcher qu'au moment où la plus absolue nécessité le commande.

Dans les marches, le corps doit être ferme et la garde bien assurée. La pensée précède et indique la parade qu'il faut prendre en cas d'attaque.

Les marches et les retraites irrégulières, les attaques hors de portée ont leur origine dans l'inobservation des distances, faute grave chez ceux qui prétendent à quelques connaissances en escrime.

Malgré l'espoir d'une réussite complète avec les grandes marches, j'ai toujours insisté auprès d'un élève pour qu'il suivît la route opposée.

Marcher c'est entrer dans le danger. On comprend donc la réserve avec laquelle on doit procéder, et la nécessité d'avoir toujours présente l'idée de la retraite lorsque les combinaisons viennent à vous faire défaut.

TROMPER L'ÉPÉE.

On appelle feinte un mouvement d'épée qui a pour objet de détourner l'esprit de l'adversaire de l'idée du coup que l'on veut lui porter. Par exemple : deux combattants sont engagés en quarte, et dans un état d'immobilité qui, nécessairement doit être rompu, afin d'atteindre le but que l'un et l'autre se proposent.

Après avoir tiré un coup droit, une quarte basse ou un dégagement, sans avoir touché, il est indispensable dans ce cas de tenter d'autres moyens, et l'on passe du simple au composé, tel qu'un *menacé* dedans ou dessus les armes pour tirer de l'autre côté (*Une, Deux*). On essaye ensuite le *double menacé* ou démonstration de la pointe en quarte dessus, quarte dedans pour tirer dessus ; ce *double menacé* est vulgairement nommé *Une-Deux-Trois*. Mais ces deux expressions de *Une-Deux* et *Une-Deux-Trois*, consacrées aujourd'hui, m'ont toujours semblé d'une justesse équivoque.

En effet, *Une-Deux*, n'est autre chose qu'un menacé dans une ligne pour tirer dans celle opposée, et *Une-Deux-*

Trois, n'est autre chose que la feinte *Une-Deux*, pour tirer dans une ligne opposée à celle où *Une-Deux* a été parée.

Il faut en feintant avancer la main et toujours soutenir la pointe de l'épée. Il y a bien des nuances dans la manière de feinter ; ordinairement on suit une marche progressive dans les feintes en raison des distances à parcourir et du nombre de feintes à exécuter, en gardant assez d'élasticité pour déterminer vite sur le dernier temps. Quelquefois on fait de suite la première feinte très-étendue, très-menaçante, pour inquiéter fortement l'adversaire.

Il faut plus de retenue de corps, pour tromper l'épée, en ripostant qu'en attaquant ; car en avançant démesurément le corps, l'épée est trop engagée.

Lorsque l'adversaire est fendu, on ne doit pas chercher à le tromper par des feintes ; on tomberait dans une faute grossière. S'il ne se relève pas assez vite, on riposte du tac au tac, plus souvent droit que dessous, et plutôt dessous que par des dégagements ou coupés.

Si l'on engage l'épée, on cherche le moyen d'éviter l'engagement ; mais si l'on engage dans le dessein de se faire tromper, on fera précéder l'attaque d'un petit battement, lors même de l'engagement.

Les feintes doivent être faites très-près de l'épée ; plus elles ont de rectitude, moins elles embrassent d'étendue et donnent ainsi peu de prise au coup de temps.

Les coups simples sont de plus facile exécution et moins aventureux que les coups composés. La raison en est que plus les feintes sont multipliées, plus elles exigent de temps pour les former, et dans ce cas, il est possible qu'un homme habile atteigne son adversaire pendant que celui-ci marque ses feintes, et même plus d'un ferrailleur a obtenu, le hasard s'en mêlant, un succès peu honorable sans doute, mais enfin un succès.

Une suite de feintes tentée sur un tireur qui ne prend pas *le temps*, doit réussir; on l'ébranle et l'on profite du désordre. Mais la difficulté est de s'assurer que *l'adversaire ne part point sur les mouvements*, et ceci est le sujet d'une étude grave dont nous avons donné l'analyse aux *faux temps*.

ABRÉVIATION DANS LES FEINTES.

Nous ne saurions trop recommander d'abréger les temps dans les feintes, lorsque l'on a la certitude, avec ces abréviations, d'atteindre le même but qu'avec les feintes compliquées.

Par exemple : un homme pare le demi-cercle à tout propos, à partir de l'engagement de quarte ; on fait alors *Une-Deux et l'on trompe le demi-cercle*, c'est régulier ; mais cependant si l'on tirait droit, on ferait mieux ; on pourrait encore, dans ce cas, faire une absence d'épée et tirer droit ; ces deux modes abrégent beaucoup.

Une feinte faite après une attaque réelle à l'épée, telle que *battement*, *froissé*, etc., etc., est une faute.

Je combats énergiquement l'opinion de l'auteur qui avance que la dernière feinte, dans telle circonstance que ce puisse être, doit passer sous le bras.

Danet dit qu'il faut faire les feintes à deux doigts de l'épée ennemie ; c'est encore une erreur. Les élèves ont généralement tous le défaut d'effectuer des mouvements trop larges.

La qualité la plus éminente parce qu'elle tient à l'intelligence est celle de découvrir les intentions de parade de l'adversaire, et c'est lorsqu'on a rempli cette tâche qu'il faut feinter pour éviter ces mêmes parades ; de là les coups composés. Il faut bien se méfier, avant de les entreprendre, car on peut vous annoncer l'intention de faire beaucoup de parades, on peut même les accompagner d'un trouble factice pour vous engager à vous livrer à une combinaison de feintes et vous arrêter d'un coup simple sur votre premier mouvement.

Il ne faut pas de grands efforts d'imagination pour comprendre que l'on doit menacer dans une ligne découverte. Il y a donc plus de talent à menacer droit dans une ligne que l'adversaire veut couvrir, qu'il couvre imparfaitement ou qu'il couvre tout à fait. Le menacé droit peut toujours se tenter par la raison que peu de gens savent se bien couvrir, qu'il est fort rare qu'une ligne fermée ne soit pas vulnérable pour un rusé et savant tireur qui saura vous prendre par la hauteur ou dans votre défaut de tenue, etc... Enfin, ceux qui peuvent se couvrir dans la plus grande perfection sont encore accessibles à une certaine crainte qui leur fait répondre à l'épée même dans la ligne où ils sont couverts.

FEINTES.

Je suis parfois tenté de croire que je n'ai pas compris la partie didactique de mon ouvrage, et sans l'intime conviction de son opportunité, je l'abandonnerais en lisant certains traités d'escrime et surtout les articles FEINTES. Élève laborieux et assidu des hommes que la science regrettera toujours en songeant au progrès qu'elle leur doit, j'ai appris comme tout le monde ces semblants d'attaque, ces coups simulés avec lesquels on trompe ou l'on cherche à tromper son adversaire. Mais, je l'avoue, jamais il ne m'est venu dans l'idée de concevoir et de garder l'interminable nomenclature dont on veut nous obstruer l'esprit et avec laquelle on étouffe l'intelligence. On ne croira jamais, et moi-même je n'aurais pas voulu croire aux singulières assertions de certains écrivains; il m'a fallu, comme le dit Molière, *voir, oui, de mes yeux voir* sur des feuilles imprimées, feuilles que je conserve pour convaincre les incrédules, les méthodes étranges à l'aide desquelles les uns font exécuter *trois cents parades* consécutives, les autres font *quinze cents feintes,* et les plus audacieux en innovation subtilisent leur épée de DOUZE MILLE MANIÈRES ! !

J'ai lu dans les Souvenirs d'un voyageur (feu M. le baron de l'Escallier, pair de France), qu'un poëte indien avait composé un poëme de cent mille vers sur les amours d'un ciron; j'avais pensé que c'était une *impression de voyage,* maintenant je crois au récit du noble pair. Les chapitres sur les feintes m'ont convaincu. Mais, de même que M. de l'Escallier nous a fait grâce de son poëme indien, je renonce à fatiguer mes lecteurs de l'énumération soporifique dont j'ai été par position la victime.

Dans un traité d'escrime, en évitant les sentiers trop battus, on doit aussi rejeter les épines et les ronces qui entravent la marche. *Parlons des feintes lorsque nous le jugeons nécessaire*, mais présentons surtout, avec ce que nos devanciers et nos maîtres ont laissé de bon et d'utile, nos réflexions et les modifications nouvelles que l'expérience et l'étude nous enseignent. Chaque jour amène un progrès, le livre de l'esprit humain a toujours une page blanche ; la loi du développement intellectuel est immuable ; on a bien perfectionné l'escrime depuis le seizième siècle. Nos successeurs, profitant de nos labeurs, ajouteront encore à notre enseignement, et s'ils daignent nous emprunter quelque chose, au moins ils n'auront pas, avant de trouver ce qu'ils voudront bien remarquer, à lire l'interminable chapitre des feintes, dont nous sommes décidés à ne pas grossir notre volume.

Je ne veux pas expliquer les feintes une à une, employer cent pages pour dire de toutes ce que je puis dire comme exemple et comme guide de la feinte Une-Deux, qui, prise de la position de quarte dans les armes, trompe tierce, le demi-cercle, car il y a toujours une place vulnérable dans la ligne haute de l'adversaire. Cette feinte, Une-Deux trompe celui qui aurait paré prime, croyant qu'on lui tirait un dégagement sur les armes ; elle trompe encore celui qui parerait tierce et demi-cercle la main basse. Elle peut mettre en défaut celui qui voudrait parer tierce et le contre. Le coupé dégagé n'étant autre que l'Une-Deux prise d'une autre manière, trompe également les parades que je viens d'annoncer.

Si je joins un temps de plus à cette feinte Une-Deux, cela m'oblige à des indications beaucoup plus nombreuses et d'un ennui peu surmontable. Enfin, il ne faut pas faire l'injure aux maîtres de croire qu'ils ignorent les premiers éléments de leur art ; en effet, comment dire à celui qui s'intitule *professeur*, qu'il y a la feinte Une-Deux-Trois, qui trompe deux parades simples, et le doublé qui évite le contre ; que le *doublé dégagé* a été inventé pour ne pas tomber dans la parade d'un contre et d'un simple ; qu'il existe la feinte seconde pour tirer sur les armes, etc., etc. ? On me répondra : mais nous écrivons cela pour les élèves. Oh ! alors, ceci est beaucoup plus fort, car jusqu'aujourd'hui personne n'a pris leçon uniquement dans un livre, et si cela arrivait un jour, il faudrait encore avoir en même temps recours à un professeur.

Le dernier passage de la pointe indique la ligne et le coup que l'on veut porter, ou celui qui a été touché.

DE LA MANIÈRE DE TROMPER LES CHANGEMENTS OU ENGAGEMENTS D'ÉPÉE OU LES ATTAQUES A L'ÉPÉE.

Le système des compensations trouve des applications constantes en escrime, l'écueil est à l'entrée du port. Les avantages de l'attaque sont égaux aux dangers qu'elle présente. Dans une attaque au corps, si l'on procède par attaque à votre épée, vous avez le droit de tromper le mouvement de l'adversaire ; mais s'il attaque votre corps, non-seulement vous n'avez plus ce droit, mais vous pouvez être perdu si vous en usez. Et cependant rien n'est plus facile que de confondre ces deux opérations. Les preuves de mon assertion sont nombreuses.

Lorsque l'adversaire a bien combiné un coup d'armes, que vous le voyez s'organiser pour vous le porter, alors changez l'épée subitement, et soyez assuré que vous avez rompu son dessein.

Le double engagement est la répétition du premier ; il s'emploie pour occuper l'adversaire et l'attaquer à la suite de ce mouvement.

C'est une erreur de croire que le double engagement ne doit s'exécuter que dans les lignes hautes.

Pour bien faire le double engagement en marchant, il faut lever le pied dans le moment où l'on touche l'épée adverse dans le premier engagement, et le second se fait en s'emparant de l'épée de l'adversaire au moment même où vos pieds terminent la marche ; toucher ainsi l'épée vous prouve que vous n'êtes pas trompé sur vos mouvements ; ce serait très-dangereux si l'on effectuait le double engagement de toute autre manière, puisque l'on sait que, par exemple, on ne doit pas engager l'épée en marchant, mais bien marcher après avoir engagé.

On a tort de présenter comme une difficulté le moyen de tromper le double engagement. Mes élèves sont tous persuadés de la simplicité du mécanisme de ce coup. Tout le secret consiste à supporter le premier temps de l'engagement et à tromper le second.

Pour tromper *l'engagement,* il faut bien garder la ligne dans laquelle on se trouve couvert, ne pas lui faire subir le plus petit écart, puisqu'elle est exactement celle dans laquelle vous allez tirer.

Pour exécuter des feintes sur les préparations d'attaque de l'adversaire, il faut un doigté parfait, une attention soutenue, un sang-froid admirable, une grande retenue de corps.

Il faut aussi, et les maîtres l'oublient, faire tromper le double engagement dans les lignes basses.

Il faut aussi tromper le double engagement de ceux qui le font en employant des coupés pour prendre l'épée des deux côtés.

Les doubles engagements ont été imaginés pour garantir la marche que l'on fait ; c'est une bonne chose. L'engagement simple qui précède la marche est aussi très-bien lorsqu'il a pour but de se faire tromper et que la pensée a préparé la parade que l'on doit prendre en cas de surprise.

VITESSE.

Lorsque depuis des siècles on travaille à une méthode, lorsqu'à toutes les époques, des maîtres en réputation ont épuré ce qu'avaient fait leurs devanciers, on comprend difficilement que, selon certaines gens, la *vitesse* puisse détruire l'édifice que l'on a voulu construire.

Cependant l'homme qui a travaillé avec le meilleur démonstrateur, qui est devenu le plus méthodique, qui a tout combiné géométriquement, peut être touché plus souvent par un homme qui ne comprend pas bien l'escrime, mais qui a deux fois plus de vitesse que lui. Les armes doivent être calculées à vitesse égale ; sans cela il n'y a pas de raisonnement possible, car alors ceux qui parent un pied plus loin qu'il ne faut, qui feintent trop large, qui ne ferment jamais les lignes, sont autant de gens qui auraient donc raison, dans le cas où ils toucheraient en faisant de telles fautes. Si je n'avais entendu soutenir cette thèse ridicule en faveur de grotesques tireurs, je n'aurais jamais pensé que la folie allât si loin.

> Les hommes, la plupart, sont étrangement faits :
> Dans la juste nature on ne les voit jamais.
>
> (MOLIÈRE.)

ATTAQUES A L'ÉPÉE.

Les attaques à l'épée, en raison de leur importance, demandent le plus grand soin et l'emploi de la ruse. En effet, supposons que l'on connaisse le *battement tiré droit*, on peut, dans le cas où l'adversaire s'oppose mieux et davantage, être pris dans cette ligne droite que l'on avait recherchée. L'ennemi vous trompe encore en dégageant du côté opposé.

Nous donnons ce premier conseil : a-t-on affaire à quelqu'un dont l'habitude est de tenir l'épée tendue, on doit simuler le battement ; et si l'on ne tire pas à ce mouvement, alors on simule une attaque quelconque et l'on revient au *battement tiré droit*.

On comprend tellement la nécessité de ces précautions, qu'il nous paraît inutile de les mentionner plus longtemps. Ainsi le battement emporte la main, le croisé encore plus ;

vous seriez donc sans ressource, si par prévoyance, ou même par hasard, votre adversaire vous a trompé; rien de plus nécessaire que les faux-temps, puisqu'ils donnent les moyens de n'être pas surpris.

On peut considérer les engagements comme des attaques à l'épée. En voici les raisons :

L'engagement s'empare de l'épée ennemie, la maîtrise; sous ce rapport, on peut dire qu'elle l'attaque. On fait d'ailleurs les engagements en battant le fer ennemi si on le juge à propos.

Le double engagement a donc deux fois les qualités dont je viens de parler.

On attaque ainsi dans le but de s'emparer de l'épée ennemie de la manière la plus avantageuse et tirer parti de cette position.

On attaque ainsi dans le but de se faire tromper ce mouvement, afin de se ménager des parades certaines.

LA PRESSION.

On s'en sert dans beaucoup de circonstances de la manière la plus heureuse. Avec elle on sait si l'on peut se permettre d'appuyer sur tel ou tel point de l'épée ennemie dans le but de s'ouvrir un passage.

Elle fait comprendre que si on lui résiste, il faut encore l'employer pour saisir avec avantage le moment où, cette pression vous étant rendue, vous pouvez dégager.

On emploie encore la pression lorsque l'on veut faire avantageusement une absence d'épée, car il est évident que si je ne presse pas un peu sur le fer de l'adversaire, l'absence d'épée sera moins sensible ; enfin on presse pour exciter l'adversaire à se rendre assaillant.

De toutes les attaques à l'épée, la pression est la plus douce; il faut, en la faisant du fort sur le faible de l'adversaire, avoir le soin de bien conserver la pointe vis-à-vis la figure de l'ennemi.

Je répéterai encore pour les attaques à l'épée ce que j'ai déjà dit pour les feintes ; les professeurs savent où elles doivent se placer, il ne faut pas fatiguer de ces énumérations sans fin à charge aux lecteurs.

LE LIEMENT.

Le liement forme un cercle complet, ramenant l'épée adverse au point de départ de l'engagement ; il l'entraîne et la fait passer dans toutes les lignes. C'est un excellent moyen dont un tireur adroit obtient de grands succès. En répétant ce mouvement, il oblige l'adversaire à le lui tromper ; prévenu de cette attaque, il pare avec certitude et riposte d'une manière brillante.

Du moment où l'on blâme le liement dans une ligne, on ne peut l'admettre dans une autre, puisqu'il a toujours l'inconvénient de faire passer l'épée ennemie devant le corps ; s'il y avait un choix à faire, ce serait dans les lignes basses qu'il faudrait le proscrire, par la raison toute simple que si l'adversaire vous trompe en ce moment et tire sur vous, vous aurez trop de distance à parcourir pour venir parer.

DE L'ABSENCE D'ÉPÉE.

Une *absence d'épée* est régulière lorsque la pointe de l'épée seulement abandonnant le fer ennemi, on reste en ligne et l'on se couvre.

— Dans l'absence d'épée, le corps ne doit jamais bouger.

— Le premier principe à suivre pour employer ce mouvement comme attaque est d'ouvrir une ligne à l'adversaire ; on lui donne la pensée du coup droit ; s'il l'exécute, la parade et la riposte sont faciles, car elles sont prévues. Ne veut-on qu'ébranler son ennemi, et parvient-on à réaliser son projet, l'absence d'épée sert à prendre les plus beaux coups de temps.

Mais les plus grands services qu'elle peut rendre sont quand elle s'emploie pour remplacer les feintes. Exemple : Nous sommes remplacés en quarte, sur une feinte que je fais sur les armes, l'adversaire pare tierce, sur Une-Deux, il pare tierce et le contre ; alors, pour éviter de tromper l'épée par Une-Deux, trompé le *contre de tierce,* je fais simplement une absence d'épée de la pointe en perdant le moins de temps et d'espace possible, et je tire droit, vu que l'adversaire, croyant à mon attaque, se porte à la parade de tierce et à celle du contre de tierce, où il ne peut rencontrer mon épée.

DE LA FAUSSE ATTAQUE.

La fausse attaque est la mine la plus féconde de l'escrime ; elle permet la répétition de toutes les attaques et oblige à toutes les parades et à leur enchaînement; si pendant son exécution l'adversaire vous adresse des attaques par des coups simples ou compliqués, on est obligé alors à toutes les parades connues et à leur enchaînement.

Dans l'hypothèse d'une fausse attaque, on peut répondre par un coup réel, une feinte, ou une attaque à l'épée.

Le principal but de la fausse attaque est de voir si l'adversaire veut tirer en même temps que vous.

On généralise et on précise à la fois la fausse attaque en disant deux choses bien simples : 1° Tout ce que l'on peut exécuter en attaque peut être fait en fausse attaque; 2° si l'on a affaire à un tireur difficile à émouvoir, on fait la fausse attaque plus prononcée.

BATTEMENTS.

Le jeu des battements est souvent très-bon, employé à propos sur les épées tranquilles ou tendues. Il faut avoir le plus grand soin que l'adversaire ne puisse découvrir l'instant où vous effectuez le battement ; car il est fort difficile de revenir à la parade lorsqu'on a été trompé dans ce mouvement qui emporte la main. Il faut donc masquer avec adresse le côté où l'on veut battre l'épée.

On exécute le battement devant soi ; mais on peut aussi l'employer en passant dans la ligne opposée, en agissant par-dessous ou par-dessus l'épée ennemie ; je préfère ce dernier mode d'exécution, qui a l'avantage de posséder par lui-même une force supérieure et plus de précision.

Lorsque l'on a souffert le battement, il ne faut plus espé rer le tromper. Si l'on pensait ne pas avoir assez de doigté pour éviter ce mouvement, il faudrait tirer droit au moment du battement. Ce moyen réussit très-bien avec de l'énergie dans le poignet, de la tenue d'épée, de la justesse, et lorsque l'adversaire n'emploie pas contre vous une force lourde et supérieure.

L'attention d'un bon professeur doit se porter sur l'emploi des forces de son élève, qui tend à s'éloigner des lignes de direction dans les attaques vigoureuses. On doit conserver la saignée souple, la pointe au corps et éviter un jeu dur. En suivant ce conseil et attaquant avec énergie, on déplace l'épée de son adversaire, et ce qui est bien utile, on ébranle fortement son moral.

Dans la ligne haute en dehors, le battement peut se faire en supination, puisque alors on prend la position de quarte sur les armes; mais il y a plus de force en pronation. Dans la ligne haute en dedans, il ne doit jamais se faire en supination, cette position étant incompatible avec cette ligne.

En employant le *battement* ou le *croisé*, l'on doit bien se garder de l'ébranlement. Toutes les attaques doivent partir d'un point fixe. Précédées de feintes, elle doivent avoir pour moteurs les doigts et l'avant-bras, mais le corps doit garder sa position d'immobilité.

LE FROISSÉ.

Il joint à tous les avantages de la pression celui de s'employer avec une force plus active et de pouvoir s'exécuter en tirant ; il est d'un bon effet contre les hommes tranquilles et difficiles à émouvoir.

PETIT OU FAUX BATTEMENT.

Le petit battement inquiète bien l'homme attaqué. Il est d'un plus puissant effet qu'on ne peut se l'imaginer, en forçant toujours instinctivement l'adversaire à se porter dans la ligne où cette inquiétude lui est donnée. Il se place très-avantageusement sur les engagements de l'ennemi, dans le double contre, dans le but de l'interrompre. Il doit être bien travaillé, car il est un des moyens les plus infaillibles pour tromper la vitesse du double contre. Sur un homme qui a paré prime et n'a pas riposté, faites un petit battement sur sa prime avant de dégager en seconde ; ce sera, dans ce cas, d'un bon effet comme moyen d'attraction.

L'homme qui n'ose pas compter entièrement sur sa vitesse doit faire précéder ses attaques de faux battements.

Il est impossible de préciser si le petit battement doit se faire sur le faible et le fort de l'adversaire ; sa garde et l'inquiétude que lui cause cette attaque doivent servir de règle.

Les armes se calculant à force et vitesse égales, il n'existe donc pas de tireur qui puisse se soustraire au petit battement ou à la pression d'épée, quelle que soit sa finesse.

CROISÉ.

Le croisé doit s'employer contre les hommes qui tendent le fer, contre ceux que l'on veut étonner par une attaque brusque, agissant non-seulement sur leur épée en la déplaçant beaucoup pour s'ouvrir un large passage, mais encore dans le but de désorganiser le moral de celui qui supporte cette attaque.

Ainsi que le battement et pour les mêmes raisons, ce coup demande à être bien masqué.

Lorsque l'on fait ce coup en riposte, il faut attendre l'instant favorable. Il ne doit se faire qu'à la retraite de l'adversaire. En effet, si l'on croise l'épée sur un homme fendu, on ne peut exécuter ce mouvement qu'en agissant sur son fort, on fait passer l'épée devant soi dans un moment dangereux ; tandis qu'en croisant lors de sa retraite, le danger diminue et on agit sur son faible.

LA FLANCONNADE.

La flanconnade a dû se faire depuis les temps les plus reculés.

Je ne vois dans la flanconnade qu'un liement d'épée qui, partant de la ligne de quarte, se dirige dans la même ligne, mais plus bas que celle que l'on occupait, maîtrisant le faible de l'adversaire et ne se portant pas dans la ligne d'octave, comme on le croit généralement. Les anciens avaient compris la flanconnade comme je la comprends. Elle s'exécute, sans opposition de la main gauche, dans la ligne de quarte en tenant le faible de l'épée ennemie de manière à agir constamment sur ce faible. On baisse la main, on remonte la pointe, on maîtrise alors si puissamment l'épée ennemie, que l'on opère sans efforts l'effet du levier, et le désarmement est infaillible. Par ce moyen, on a encore l'avantage de pénétrer dans le vide qui existe ; car l'adversaire, ayant la main haute et bien couverte en quarte, offre par sa position toutes les sûretés désirables.

Faire la flanconnade lorsqu'on ne peut avec confiance s'emparer de l'épée est une faute impardonnable ; ce coup ne peut s'entreprendre que sur une épée que l'on vous tend en se couvrant bien (mouvement qui a pour but de vous effrayer). Dans cette circonstance, la flanconnade sera toujours, comme attaque, employée avec avantage et avec un succès plus grand lorsqu'elle sera faite en riposte.

Il ne faut pas entraîner l'épée ennemie dans la ligne d'octave en dehors, c'est du temps perdu ; c'est chercher une opposition que l'on tient ; c'est chercher l'épée ennemie dans son fort, que de se porter en octave ; enfin c'est faire passer l'épée de l'adversaire devant soi, ce qui est fort dangereux.

Il faut bien expliquer cela aux élèves.

DES COUPS DE TEMPS ET DES COUPS D'ARRÊT.

L'emploi des *coups de temps* avec l'intention de s'en servir pour tirer réellement n'a jamais eu mon entière approbation. Je préfère les voir utiliser comme moyens d'inquiéter l'adversaire. A l'appui de mon opinion j'apporte les données suivantes : pour prendre un *coup de temps* avec succès, il faut connaître d'une manière certaine la ligne dans laquelle tire l'adversaire ; il est bien évident que, connaissant cette ligne, votre sûreté sera plus garantie en parant et ripostant, car en employant ce mode, vous avez l'avantage bien précieux d'écarter l'épée ennemie.

Un homme marche-t-il avant d'attaquer? on peut en conclure qu'il a voulu prendre une distance convenable. Avec du coup d'œil, de la présence d'esprit et de la justesse, on peut en tirant juste au moment du pied levé attaquer pendant sa marche un pareil adversaire ou lui prendre un *coup d'arrêt*.

Mais ceux qui rendent dans leur course le *coup d'arrêt* presque impossible sont ceux qui viennent, avec la plus grande vélocité, frapper leur pied gauche au talon droit qu'ils poussent violemment en forçant la jambe droite à se développer, réunissant avec une extrême rapidité les deux temps de la marche et de la feinte. Ils rendent on ne peut plus dangereuse la tentative de les arrêter par des coups de temps.

L'usage du *coup de temps* ou du *coup d'arrêt*, dans toutes les conditions possibles, demande l'observation continuelle d'une bonne opposition; agir différemment serait violer le principe fondamental de l'escrime.

J'ai quelquefois honte d'être forcé de répéter ce que des amateurs savent aussi bien que moi : que le coup de temps se prend de pied ferme avec opposition sur l'attaque de l'adversaire développé ; que si l'on forme une attaque sur un homme qui marche pour parer, cela se nomme attaquer dans la marche ; que si la marche est faite pour attaquer et que l'on tire pendant cette marche et qu'on touche, cela s'appelle coup d'arrêt.

Prendre les *coups de temps* et les coups d'arrêt par des contres diminue les chances de danger. Menacé d'un dégagement sur les armes, rompez et parez tierce. Êtes-vous poursuivi, et redoutez-vous un autre dégagement dans les armes, enveloppez l'épée ennemie au contre de quarte sur les armes, et tirez de manière que les deux mouvements n'en fassent qu'un. Cela se fait ou peut se faire dans les lignes hautes ou basses, en subordonnant les mouvements aux positions que vous occupez.

Si l'on ne songeait aux résultats funestes que peuvent amener les coups de temps pris d'une manière inopportune, on rirait volontiers en entendant les parois des salles d'escrime retentir des exclamations glorieuses de ces singuliers amateurs qui, après dix *coups pour coups*, ont vu le hasard, favorisant une fois leur maladresse, leur permettre de prendre un coup de temps. Ces cris joyeux s'élèveraient moins souvent encore, si les maîtres, préférant l'utile au clinquant, préparaient, au moyen de leçons prudentes, leurs élèves contre ces mouvements, et s'ils ne toléraient pas dans les assauts ce qui serait impraticable dans un combat réel.

On dit depuis trop longtemps : le coup de temps pris en opposition dans le dehors haut couvre mieux que celui du dedans, et l'on croit que c'est le bras qui en est cause ; erreur impardonnable. Il est si facile de voir et de comprendre que cela vient de ce qu'il y a plus de corps en dedans qu'en dehors !

On dit encore : le coup de temps pris en dedans ne garantit pas assez celui qui le fait, d'autant plus qu'il est impossible de savoir à quelle hauteur l'adversaire portera son coup d'attaque. Dans le doute où l'on est, il ne faut jamais prendre le temps la main de quarte en supination. On risquerait de manquer la ligne de l'épée ennemie. Il ne faut pas non plus, et je le recommande bien, ramener l'épée de l'adversaire dans la ligne basse du dehors (octave), la main en supination, car on ferait passer l'épée ennemie devant son corps dans un moment bien dangereux, puisqu'alors elle arrive sur lui. Il ne reste donc plus que la flanconnade, qui, faite la main en pronation, dans la ligne de quarte basse en dedans, a l'avantage de ne pas faire passer l'épée devant soi, de maintenir le faible de l'épée avec son fort et de placer la pointe au corps avec un mouvement qui n'est pas si large que celui d'octave, qui maîtrise mieux l'épée et qui enfin expose beaucoup moins.

Sur des feintes, il y a plusieurs manières de prendre le coup de temps; 1° Au début de la première feinte (avec opposition), ayant jugé que l'adversaire en ferait trois; 2° après avoir paré les feintes, prendre le temps à la dernière avec opposition; 3° enfin, il est toujours bon de prendre le temps sur des feintes qui sont faites lentement ou sur celles qu'on simule dans le seul but d'effrayer.

Sur *Une-Deux* vouloir prendre le temps au premier mouvement me semble offrir des chances désastreuses; je ne tenterai jamais ce coup que sur des feintes composées de trois temps.

Le proverbe : à trompeur trompeur et demi, m'a souvent fait penser à l'étude du coup appelé le *temps du temps*, et que nos maîtres actuels laissent dans un oubli bien peu mérité selon moi. Ainsi, par exemple, paraître accepter toutes les conditions que se ménage un adversaire pour vous *prendre un temps* et l'envelopper lui-même dans le réseau qu'il avait préparé, est, selon moi, une des feintes les plus savantes et les plus gracieuses de notre art.

DU REDOUBLEMENT OU DE LA REMISE.

Il faut toujours parler de la *remise* avant le *redoublement*, car la remise est un coup plus simple, elle expose donc moins. Les tireurs sans esprit, sans réflexion, sans calcul, tirent et redoublent de suite sans s'inquiéter des malheurs qui doivent résulter de cette extravagance. Les hommes de talent ne redoublent qu'avec la persuasion qu'on met trop de lenteur dans la riposte ou qu'on ne la fait pas du tout.

Toutes les fois que, sans vous relever, vous portez un second coup, vous faites une *remise* ou un *redoublement*. Mais il existe une distinction importante : c'est une remise, si vous replacez votre épée exactement dans la ligne où vous avez tiré ; c'est un redoublement, si vous portez un coup dans toute autre ligne.

Avant d'exécuter un *redoublement*, il faut avoir attaqué plusieurs fois et s'être convaincu que l'adversaire ne riposte pas, et encore ce mouvement peut être fatal ; car si l'on a manqué de riposter dix fois, on peut enfin s'y décider.

Les redoublements faits en même temps que les ripostes ne sont pas toujours des fautes. Je ne conseillerai jamais de redoubler sur l'homme qui riposte, mais j'avouerai qu'il y a cependant certaines exceptions où le redoublement, ainsi exécuté, peut être dans le vrai, quoique téméraire.

— On peut *redoubler* dans toutes les lignes.

Vouloir redoubler ! — tous les tireurs ont cette malheureuse tendance ; heureux ceux qui s'aperçoivent à leur début que cette fatale manière de faire des armes est en dehors de tout principe et enlève toute sécurité !

Un maître prudent indique les dangers de cette faute, et lorsqu'il fait travailler les redoublements, il a le soin de prévenir l'élève que c'est dans le but unique de donner de la vitesse à son bras.

Nous avons déjà dit que les hauteurs d'épée étaient relatives ; donc, il ne faudrait pas *redoubler* avec une grande élévation de main sur celui qui aurait paré tierce ou quarte un peu bas, par la raison que vous laisseriez l'épée ennemie sous la vôtre, ce qui serait un danger réel pour vous ; à plus forte raison si l'on a paré bas, seconde ou demi-cercle.

Il arrive que l'on juge d'avance qu'on pourra faire un *redoublement*. Quelquefois on en doute, alors on attend le moment favorable, qui est l'exagération d'une parade de l'ennemi sans riposte.

La *remise* ne doit (comme le redoublement) s'entreprendre que lorsqu'on a acquis la certitude que la riposte sera lente ou ne se fera pas. Il faut savoir encore, afin de la faire avec sûreté, quel est le défaut de la parade de celui que vous attaquez. Lorsque vous le connaissez, votre remise peut être bien faite si vous avez le soin d'avoir une bonne tenue d'épée ; car il s'agit de déplacer celle de son adversaire ou de lui barrer le chemin.

La remise ne suppose pas un temps perdu ; celui qui la fait doit, au contraire, agir avec la plus grande vélocité ; car, dans le temps qu'il perdrait entre son action et l'attaque (remise), il pourrait se faire toucher. Il faut que la remise soit si rapide que vous puissiez, comme par un coup de temps, barrer le chemin à l'épée ennemie, dans le cas imprévu d'une riposte vive du tac au tac.

Je sais que l'on fait avec succès dans les assauts des remises en forme de coups de temps sur celui qui riposte ; cependant je ne conseillerai jamais cette témérité dans un duel.

La remise, ainsi que le redoublement, peuvent venir quelquefois et heureusement de l'inspiration ; mais ces coups seront toujours plus dans la vérité lorsqu'ils proviendront du calcul et de l'observation scrupuleuse des règles de l'escrime.

On est quelquefois forcé de se répéter dans un ouvrage qui a pour but principal d'établir de bons principes qui peuvent sauver la vie ; je dirai donc encore : La *remise* se fait toujours par le coup droit. Le *redoublement* se fait dans la ligne opposée à celle où l'on a tiré.

La remise par une fausse retraite est très-bonne, si on la simule en sentant le fer, avec l'intention première de parer la riposte et de ne remettre l'épée au corps de l'adversaire que lorsqu'on voit qu'il n'ose pas riposter.

Dans ce cas de fausse retraite, si l'adversaire dégage dans la ligne opposée à celle dans laquelle vous le tenez, vous pouvez lui prendre un coup droit couvert au moment de son passage. Il faut nommer cette action du nom qui lui est propre, *c'est un coup de temps;* mais il expose beaucoup trop. Il faut connaître ces mouvements, mais ne pas les employer en duel. Ces coups de temps peuvent se comparer à ces mots qu'on apprend dans toutes les langues, mais qu'on ne voudrait pas répéter en bonne compagnie, car ils compromettraient.

Je ne puis comprendre qu'il y ait des tireurs qui fassent la faute d'attaquer à dessein hors de la ligne du corps, dans l'espoir de placer ensuite une remise. D'autres, étant fendus, simulent des contres pour se les faire tromper et prendre des coups de temps.

Celui qui ne riposte pas s'expose aux redoublements, ainsi que celui qui pare et fait de trop grandes retraites de corps, ce qui ralentit ses ripostes.

Le redoublement ne se fait qu'après une attaque fort décidée, on le place sur l'homme qui ne riposte pas ou sur celui qui, en parant, fait une retraite de corps.

Ne tentez jamais de remise sur le tireur qui riposte du tac au tac et avec vitesse; vous lui donnez, en ne vous relevant pas, le temps nécessaire pour que sa riposte vous atteigne.

Avant de tenter une remise, il faut préalablement être convaincu que l'adversaire ne riposte point ou ne riposte pas vite, ou qu'il riposte en perdant un temps ou en quittant la ligne, ou que d'abord il fuit pour rentrer de suite en mesure; ce dernier cas est plus certain que les autres.

Un bon amateur doit savoir, avec la méthode, combattre toute espèce de jeux : un de ceux qui sont le plus difficiles à vaincre est celui des remises et des temps incertains. Exemple : on porte un dégagement dans les armes, et l'on gêne votre riposte en voulant faire une remise; évitez-la en parant une seconde fois quarte, ou après la première parade de quarte, croisez l'épée, ou flanconnade.

DU DÉSARMEMENT.

Si dans la théorie que nous exposons et si dans notre livre nous n'avions pas toujours écrit au point de vue de moraliser le combat et d'en diminuer les chances meurtrières, nous nous serions contenté de mentionner le désarmement comme un coup ordinaire, praticable, mais quelquefois dangereux. Fidèle à l'esprit qui nous a guidé dans notre travail, nous devons consacrer à cette partie de l'escrime quelques développements.

Lorsque l'homme, voulant résister contre la force corporelle, s'arma d'abord d'un bâton ou d'une fronde, et ensuite d'un fer, qu'il apprit bientôt à façonner en glaive, la première pensée qui dut lui venir pour frapper plus sûrement son ennemi, fut de chercher à le désarmer. L'adversaire, privé des moyens de défense, était à la merci du vainqueur, et sa mort était certaine. Les poëtes grecs et latins nous racontent mille exemples de guerriers terrassés implorant inutilement pour leur vie. Les progrès de l'esprit humain sont bien lents, dit Voltaire; nous ajouterons, nous, les mauvais penchants de l'homme sont si nombreux et si enracinés, que le sentiment féroce qui porte à tuer un ennemi désarmé n'a pu être étouffé facilement. L'esprit chevaleresque lui-même fut impuissant. Il y eut, vers le dixième siècle, une modification; l'on pouvait racheter sa vie, la rançon put être proposée et acceptée, mais elle avait ordinairement cours à la guerre seulement.

Les rencontres particulières à la suite d'une offense l'admettaient rarement, et souvent les maréchaux du combat ne sauvaient pas un vaincu par leur intervention.

Désarmer un ennemi pour le tuer sans défense, était dans les mœurs ; les professeurs d'escrime devaient donc se conformer aux usages et enseigner le *désarmement ;* aussi lisons-nous dans Philibert de la Touche, qui écrivait en 1670 :

— Quand l'ennemy vous pousse une estocade, il faut parer, et en même temps, sans quitter la suite de l'espée, avancer le pied gauche et saisir la garde de l'espée de l'ennemy avec la main gauche en la passant par-dessous votre espée, etc., etc.

— En saisissant l'espée, comme je viens de le dire, on peut oster l'espée à l'ennemy, ou le frapper s'il ne veut pas se laisser désarmer, comme je l'ay remarqué. Mais, parce qu'il est plus généreux de ne pas le tuer, et qu'il arrive *quelquefois* qu'on le veut épargner, il faut que j'ajoute encore la manière avec laquelle on peut lui arracher l'espée quoi qu'il en aye.

..... Il faut la saisir (la garde) en passant la main dessus votre espée, et ensuite presser et pousser en bas la lame de son espée avec la vôtre et en tirer fortement la garde avec la main gauche pour la luy arracher. —

Antérieurement à Philibert de la Touche, c'est-à-dire en 1536, pendant que François Ier régnait en France, un ouvrage d'escrime italien, par Achille Marozzo-Bolognèse, *maestro generale dell' arte delle armi*, donne des explications nombreuses sur le désarmement, et comme appendice à son œuvre, il présente vingt gravures, dans lesquelles on voit tracés les moyens employés pour enlever le poignard d'un adversaire (1).

Tous les historiens et tous les chroniqueurs auxquels nous avons eu recours pour étudier les combats singuliers, s'accordent à nous montrer deux ennemis essayant le désarmement.

Si l'une des épées échappe aux mains d'un des combattants, tous deux s'élancent pour la ressaisir ; si l'adversaire, encore armé, arrive au but le premier, il place le pied sur le fer de son adversaire, qu'il frappe sans pitié. Dans les luttes auxquelles plusieurs duellistes se livrent ensemble, on voit celui qui s'est débarrassé de son adversaire attaquer un ennemi occupé par un autre assaillant, le désarmer ou le tuer par surprise.

Cette guerre individuelle, où les ruses et les surprises étaient autorisées par l'usage, la politesse et les convenances dont les raffinés du seizième siècle avaient donné l'exemple avant le combat, la modifièrent, et quand les témoins remplacèrent les seconds, on continua de pratiquer le désarmement ; mais si l'on réussissait à priver son adversaire de son arme et si l'on s'en emparait, on la lui rendait courtoisement en la lui présentant par la poignée.

Aujourd'hui l'on enseigne toujours le désarmement dans les salles d'escrime, seulement on le nomme *froissé*, *battement*, *croisé*, etc. Des maîtres disent même dans leurs leçons : Monsieur, *faites-moi un croisé ou désarmement.*

Le désarmement ne s'exécute plus pour profiter de cet avantage. Démonstration de supériorité, il peut s'employer,

(1) Cet ouvrage se trouve à la Bibliothèque impériale, nous l'avons consulté.

mais la noblesse des procédés qui l'accompagnent doit faire éviter l'écueil contre lequel on pourrait se briser soi-même en l'essayant.

On désarme son adversaire en tirant la flanconnade, en croisant l'épée en seconde ou demi-cercle, en battant l'épée sur les armes, surtout par un coupé ou par des froissés vigoureux.

L'étude de l'escrime, tout le monde le sait, n'est pas seulement un exercice gymnastique destiné à fortifier l'intelligence et le corps ; il faut apprendre à défendre sa vie. Les lois modernes contre le duel seront-elles plus fortes que les anciens édits de nos rois et des parlements ? En attendant que l'avenir ait résolu ce problème, nous devons songer à nous sauvegarder nous-mêmes. Le professeur doit donc insister sur la bonne tenue d'épée, qui, sous le prétexte de légèreté, se perd tous les jours. La position de l'index, avancé le long de la garde, est une anomalie que la mode fait suivre, mais que les conséquences funestes qu'elle peut amener doit faire abandonner. Nous avons dit *conséquences funestes*, car, malgré la loyauté que nous accordons à chaque adversaire, il arrive tous les jours que si un des combattants exécute un croisé, un battement, ou l'un des moyens de désarmement indiqués par nous, ce coup se trouve rapidement uni à l'attaque, et qu'alors l'adversaire désarmé livre sans défense sa poitrine au coup de son ennemi.

Certes, on ne peut, sans injustice, imputer au vainqueur l'idée d'avoir voulu désarmer son ennemi pour le frapper avec plus de certitude. Là encore, nous insistons sur le choix des témoins, ces hommes si utiles et si honorables, quand ils comprennent bien leur mission, mais plus dangereux que les épées s'ils ne se rendent pas un compte exact et sévère de leur mandat.

OBSERVATIONS SUR LE JEU DU GAUCHER.

L'avantage des gauchers sur les droitiers n'est jamais mis en doute ; il est reconnu de tous. Les gauchers seuls ont intérêt à contester cette supériorité. Ils refusent d'avouer les immenses avantages que leur présente la rencontre continuelle du corps du droitier, alors que celui-ci trouve sans cesse un vide là où il avait devant lui un adversaire dans une situation homogène. A force égale, l'homme qui se sert de la main droite voit inutiles les deux tiers de ses attaques ou de ses ripostes. Pour ne pas être exclusif, nous réduisons à moitié l'avantage du gaucher sur son adversaire employant la main droite.

Un autre inconvénient pour les droitiers, c'est que le gaucher, cherchant toujours à prendre l'épée en quarte, fait des battements dans cette ligne ou des parades sèches qui dérangent l'épée de la main du droitier, par la raison que c'est le côté des doigts où l'épée peut sortir. Le droitier est donc toujours dans la crainte de ne pouvoir soutenir le choc ou même d'être désarmé.

Enfin, cette éternelle preuve incontestable contre laquelle ils n'ont jamais rien pu dire, c'est qu'ils ne font des armes qu'avec des droitiers, tandis que ceux-ci font quelquefois des assauts pendant une année entière sans rencontrer un gaucher.

Le *gaucher*, par sa nature, ne se trouve que bien peu gêné lorsqu'il est pris dans la ligne de quarte. Pour le droitier, cette position est insupportable, elle gêne ses mouvements, paralyse ses attaques et prend sur son moral. Le *gaucher*, connaissant l'avantage qu'il retire de cette position, la recherche sans cesse avec le plus grand soin ; enfin, c'est toujours là une ligne qu'on se dispute le plus possible, car si le droitier la tient, c'est que le gaucher ne l'a pas.

On a depuis longtemps prouvé que tout ce qui est connu en escrime peut se faire de *droitier* à *gaucher* ou réciproquement ; ce sont de ces banalités qu'on est forcé de répéter. Cependant chacun voulant combattre avec le plus d'avantages, il s'ensuit, comme je l'ai dit plus haut, que le gaucher veut tenir l'épée en quarte, riposte difficile à parer, car le droitier, à partir de la position de *quarte sur les armes* où il se trouve engagé, doit avoir l'habitude de parer *seconde* pour le dessous. Cette parade est difficile contre le gaucher, dont on craint en même temps la riposte droite, alternative assez désespérante, car on ne peut prendre le *demi-cercle* en cette circonstance ; ce serait trop long, trop gênant et trop faux.

Toutes les oppositions changent pour le droitier, exemple : Étant engagé de *quarte*, de droitier à droitier, je trompe le contre en doublant, je termine en quarte sur les armes. Si le *gaucher* me tient engagé en quarte et que je lui trompe ce contre en *doublant*, je termine, ayant ma main en quarte dans les armes.

Il y a encore le coupé sur les armes qu'il recherche beaucoup, par la raison que s'il pare tierce sur une attaque, et riposte droit, l'adversaire se porte toujours avec trop d'emportement dans la ligne de quarte et livre un passage facile.

Comme corollaire de la proposition énoncée plus haut, sur la faculté donnée aux deux mains pour opérer les mêmes mouvements, nous retrouvons le droitier recherchant les mêmes positions que celui qui tire de la main gauche, et réussissant également bien.

De ce que tous deux se donnent à la position de quarte, il s'ensuit naturellement que la parade de tierce leur est moins familière. Lorsqu'ils l'emploient, ils doivent l'un ou l'autre riposter la *main de tierce* en pronation, et cela dans le but de placer le fort sur le faible ennemi. S'ils oublient ce principe, ils tombent en ripostant dans la force de la parade de quarte, et c'est encore là un des motifs qui les empêchent de préférer la parade de tierce.

Lorsque l'on a paré quarte ou tierce, la ligne basse ne vaut pas mieux sur eux que la ligne haute, surtout si celui qui a été paré a la main basse dans son attaque. S'il attaque dessous, n'ayant que la pointe basse et la main haute, il est mieux de lui riposter dans la ligne basse ; pas plus sur eux que sur d'autres, il ne faut riposter en *cavant.*

Comme nous l'avons dit d'abord, une grande partie de leur force consiste dans cette habitude de n'être jamais gênés dans leurs mouvements et d'agir toujours contre celui qui est gêné dans les siens, avantage incalculable.

J'ai travaillé de la main gauche dans le but de donner leçon à mes élèves avec cette main, ce que je regardais comme indispensable ; je n'ai jamais pris un prévôt sans exiger qu'il donnât leçon des deux mains. J'ai cru devoir faire davantage : dans les nombreuses leçons que j'ai données à mon neveu, depuis quinze ans, dans l'espoir de le faire arriver au premier rang, un quart de ces leçons ont été données à sa main gauche, moins avec l'intention de le faire briller dans les assauts comme gaucher qu'avec celle de le mettre à même de donner leçon de cette main. De cette manière, on ne se trouve pas si embarrassé si l'on a affaire à un gaucher.

Je ne comprendrais pas un maître d'escrime ne recherchant pas ce genre de travail, et j'ai toujours regardé comme fort heureux ceux que la nature a créés ambidextres.

OBSERVATIONS SUR LA LONGUEUR DE L'ÉPÉE.

La longueur des épées a dû nécessairement varier avec les époques et la force corporelle des hommes. L'adresse et l'expérience acquises par les peuples qui se sont succédé ont amené des modifications progressives.

Les Grecs et les Romains avaient adopté pour la guerre l'épée courte ou plutôt le sabre-poignard, dont celui de nos troupes est une mauvaise imitation (1). La gymnastique, les exercices du champ de Mars, auxquels tous les citoyens se

(1) L'épée romaine mesurait 22 pouces et demi, sa largeur était de 15 lignes à la poignée, vers la pointe elle n'offrait que 6 lignes et finissait en langue de carpe. Ce glaive était épais, pesant, tranchant des deux côtés. La poignée en bec d'aigle présentait 6 pouces de long et 4 de circonférence, la traverse 4 pouces et demi de long et 4 lignes de hauteur. (Polybe. Essai sur les milices romaines. Bibliothèque militaire, t. II, page 25.)

livraient avec ardeur, développaient activement les forces et donnaient une grande souplesse.

L'épée courte était donc une arme d'un choix judicieux vis-à-vis de l'ennemi qui faisait usage de lames plus longues et plus lourdes. Protégés par leur bouclier, adapté fortement au bras gauche, les Romains paraient facilement, glissaient en quelque sorte sous le coup de l'adversaire, qui, serré de près, ne pouvait faire usage de sa longue et lourde épée.

Ces avantages de l'arme d'une faible portée devaient cesser à mesure que la stratégie et les combinaisons de la tactique remplaçaient les combats individuels dans lesquels, chez les peuples primitifs, se résumaient les batailles. Le choc des bataillons, en nécessitant les grandes piques, fit allonger les épées. Rome conquérante empruntait aux vaincus tout ce qu'elle croyait nécessaire pour arriver à la domination du monde que les oracles lui avaient promise. Lorsque Camille eut défait Brennus, il emprunta aux Gaulois et leur manière de combattre et leur arme ; mais la trempe en fut perfectionnée, car, au dire de Polybe, elle était tellement défectueuse, qu'elle se courbait à chaque coup.

Le perfectionnement des armures dut faire croître la longueur et le poids des épées. La force corporelle, plus que l'adresse, était nécessaire ; l'ennemi, couvert d'une cotte de mailles, d'un bouclier, d'un casque, les jambes et les bras protégés par des lames de fer, ne laissait aucune place à la pointe ; l'épée devint massue, et nous lisons dans un auteur contemporain des Ludovic Sforza, des Forte-Spada, de ces fameux condottieri du moyen âge, le récit d'un combat pendant une journée entière, dans lequel trois hommes périrent...

étouffés dans leur armure. A la bataille de Fornoue, lorsque Charles VIII, revenant en France, passa, à la tête de huit mille lances, sur le corps de quarante mille Italiens, au cri de Mont-Joie et Saint-Denis, il n'y eut pas cent hommes qui perdirent la vie.

Le musée d'artillerie de Paris contient une curieuse collection de ces gigantesques épées que l'on maniait à deux mains et qui font croire à une force surnaturelle de la part de ceux qui s'en servaient.

Nous avons démontré dans le cours de cet ouvrage combien l'on devait encourager l'art de l'escrime dans les régiments, et surtout dans les corps de troupes à cheval ; mais une des conditions premières pour arriver au but important de donner une grande confiance au soldat dans l'arme qui le protége, est, selon tous les écrivains militaires et selon nous, qu'une longue expérience a instruit, de proportionner le poids et la longueur des armes aux forces de ceux auxquels on les confie.

Le recrutement des différents corps chez lesquels l'usage du sabre est de première nécessité, s'opère en raison de la taille.

Les Carabiniers doivent être plus grands que les Cuirassiers, dont la stature est plus élevée que celle des Dragons ; mais souvent la force corporelle n'est pas en raison directe de la taille, et le poids de ces grandes épées (vulgairement appelées lattes) fatigue souvent le bras peu robuste du Carabinier ou du Cuirassier admis dans ces armes en raison de quelques centimètres de hauteur au-dessus de la stature exigée.

L'artillerie, cette arme que l'on nomme à juste titre savante, et dont les officiers, pour la plupart élèves de l'école Polytechnique, *cette poule aux œufs d'or de la France*, se distinguent par des connaissances si variées, l'artillerie, disons-nous, est chargée de diriger la confection des armes. C'est à son comité, composé d'officiers généraux du plus grand mérite, et présidé par un homme chez lequel le plus noble caractère s'allie à la science la plus vaste et à l'amour le plus profond de la patrie, pour laquelle il a tant fait déjà, que nous soumettons humblement ces observations (1).

Les sabres devraient être montés en raison directe des forces des hommes qui les emploient, et nous ne croyons pas que la régularité de l'uniforme doive passer avant l'impérieuse condition de la vie des soldats. Dans les régiments, il y a, comme partout, des hommes moins forts les uns que les autres, des mains de différente largeur. On comprend donc le besoin de varier les lames et les poignées, et nous ne voyons pas d'obstacles bien difficiles à surmonter dans la fabrication des armes sur trois numéros de dimension, comme on confectionne les habits.

En combat singulier, le choix des armes demande une bien grande attention ; il est temps d'en finir avec ce ridicule et barbare usage, qui veut qu'on apporte sur le terrain *des armes égales*, qui ne le sont que trop rarement pour les deux combattants. On a toujours, je ne dirai pas compris, mais bien laissé établir jusques à aujourd'hui que des armes égales étaient de même longueur et de même poids ; jusque-là, c'est très-bien ; mais comme il est fort rare que deux hommes qui

(1) M. le lieutenant général baron Gourgaud.

se battent aient justement la même taille, la même vigueur, il s'ensuit naturellement que l'un des deux se sert d'une arme qui doit lui donner un grand désavantage.

Cette injustice peut coûter la vie ; il est donc de notre devoir de la combattre.

L'homme fort et d'une grande taille se sentira toujours gêné avec une faible et courte épée ; pour ses moyens physiques, il la lui faut grande et forte. La raison lui commande, dans le combat, de tenir éloigné, d'inquiéter et d'attaquer l'ennemi qui tenterait de l'approcher. Il doit conserver toujours une grande distance.

Le petit, au contraire, se servira bien de cette arme, mais s'exposera beaucoup en se servant de celle qui ne peut convenir qu'à l'homme d'une grande taille. Le petit homme, avec l'épée plus courte, conserve le seul avantage qui lui est donné par la nature ; il peut combattre de près, débarrasser vivement cette épée contre l'homme qui a une grande épée et un grand bras, et alors conquérir l'avantage qui lui est disputé par le plus grand. L'homme de petite taille n'a de refuge que dans la parade et la riposte ; on pare mieux avec l'épée courte, et les ripostes peuvent avec elle se succéder plus vite.

Nous formulerons donc l'axiome suivant qui repose sur la raison et la loyauté : PROPORTIONNEZ L'ARME A L'HOMME.

J'ai connu une personne qui a été tuée en duel : on avait employé le sabre. Un accident, précédemment éprouvé, lui enlevait une grande partie de ses forces, et ce n'était qu'avec une extrême difficulté que sa garde pouvait être maintenue dans une bonne ligne. Je prévins ses témoins, MM. le comte de la Rif... et le marquis de Par... qu'il périrait infailliblement si on le laissait se servir d'une arme qu'il ne pouvait manier ; mais les parrains jouent souvent la vie des hommes qu'ils devraient protéger, leur mission est constamment incomprise, et ils apportent une négligence funeste là où ils devraient unir leur esprit, leur prévoyance et même leur génie.

C'est donc à eux que je m'adresse aujourd'hui, je les conjure de se souvenir que *combattre à armes égales* c'est donner à chacun l'épée qui convient à ses moyens physiques. Laissez donc les combattants se servir chacun de l'arme qui leur est propre, qu'ils prennent des épées de 80 à 90 centimètres ; car si une arme longue a un avantage, celui-ci se trouve annihilé lorsque le tireur est serré de près par l'adversaire.

Pourquoi donc empêcher un homme, n'importe sa taille ou ses moyens physiques, de se servir d'une épée plus ou moins longue ? C'est une injustice flagrante, du moment qu'il ne s'oppose pas à ce que son adversaire choisisse celle qui lui convient.

La plupart de nos grands tireurs ont, dans nos salles, des fleurets de différentes dimensions, et cela dans le but de combattre dans les assauts les différentes manières qui leur sont opposées.

Pourquoi donc dénier en duel ce qu'on trouve très-bien, très-loyal dans les assauts, lorsqu'on ne refuse pas à l'adversaire le droit d'agir comme on agit soi-même ?

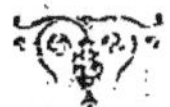

LA LEÇON.

Faites choix d'un censeur solide et salutaire,
Que la raison conduise et le savoir éclaire.
(BOILEAU.)

Sans application, point de progrès.

La leçon d'armes a subi depuis vingt ans un changement qui n'a eu pour résultat que la décadenee de l'escrime dans l'esprit des amateurs.

— L'indifférence, cet obstacle à tous les progrès, le dégoût même, sont venus à ceux qui, devant certains professeurs, ne recevaient que des leçons dont le ton monotone et les mêmes paroles répétées chaque jour fatiguaient bien vite l'esprit.

— Tous les coups doivent être enseignés lentement et doivent être décomposés pour l'intelligence de l'élève.

La leçon d'armes n'est point, selon nous, une chose toute mécanique. Les mots dont elle se compose ne doivent pas être considérés au seul point de vue des bras et des jambes.

Nous devons donc blâmer cette erreur chez ceux qui récitent à leurs élèves une leçon qu'ils ont apprise par cœur et dont les mots ne varient jamais.

En jetant un coup d'œil sur un pareil abus, nous en tirerons ces deux conséquences : L'homme intelligent doit s'ennuyer d'une pareille leçon ; l'homme dont l'esprit est peu étendu n'y trouve point de plaisir. — Voilà un des motifs qui ont causé le ralentissement du zèle des amateurs.

— Les principes de la leçon ne sont pas bornés. — Ils varient selon que l'homme est petit ou grand, hardi ou timide, intelligent ou non.

Elle doit être donnée avec facilité et logique ; l'élève qui la prend doit comprendre l'esprit qui entre dans les combinaisons ; il faut qu'il y ait réciprocité de bon vouloir entre celui qui la donne et celui qui la reçoit. La leçon doit expliquer le danger d'un mouvement mal fait et l'indispensable nécessité des faux temps.

La leçon ne doit admettre aucune négligence, aucun mouvement qui manquerait de raisonnement ; c'est alors que très-certainement l'élève prendra un goût si particulier à l'exercice de la leçon, qu'il finira par la préférer à l'assaut, ce que j'ai vu même chez des maîtres.

La pratique doit marcher simultanément avec les connaissances théoriques ; si l'on suit une autre marche, il arrivera (j'en ai la conviction) qu'il faudra dire à certains hommes : Faites des armes, mais n'en parlez jamais.

Si l'on ne venait pas en aide aux dispositions naturelles, si l'on n'appelait pas l'art au secours des moyens instinctifs, la science de l'escrime serait renfermée dans des limites bien étroites.

Il y a pour l'homme qui prend une arme dont il ignore le maniement, et qui veut se défendre avec elle, seulement deux parades de nature : ce sont *Prime* et *Seconde*. Chez l'élève qui n'a jamais reçu de leçons, les attaques sont faites sans précaution, son corps est découvert, son bras se lève, fait de grands écarts ou se retire sans à-propos.

Mais toujours sage et immuable, la nature garde avec persévérance son admirable équilibre. Si les moyens de protection qu'elle nous donne sont en petit nombre, ceux d'attaque sont aussi restreints ; c'est donc à l'artiste vraiment digne de ce nom qu'il appartient d'agrandir le cercle de nos connaissances naturelles.

La leçon d'escrime doit être donnée en conservant une distance normale ; le professeur doit rechercher d'abord à reconnaître les moyens de son élève, afin de ne pas forcer ses dispositions physiques ou fatiguer son intelligence ; mais il faut surtout se garder de comprimer ses facultés intellectuelles.

Une fois le jugement établi sur les moyens de l'élève, on adopte une méthode en raison du but que l'on veut atteindre ; mais les circonstances peuvent modifier l'enseignement. Ainsi, par exemple, l'hygiène prescrit l'exercice de l'escrime comme réparateur des forces épuisées ; l'on comprend alors quels ménagements on doit apporter dans la progression des travaux. Mais l'art parvient-il à dompter le mal, les précautions cessent peu à peu, et l'énergie finit par être employée avec succès.

Le maître doit toujours être en étude avec son élève ; il a besoin d'une attention scrupuleuse, car dans les armes les fautes se multiplient avec une facilité infinie. Tout ce que le professeur exécute doit être rigoureusement exact. Sans cette observation continuelle de lui-même, il peut donner à celui qui suit ses préceptes des indications fausses, lui laisser quitter les lignes, tirer ou parer sans justesse, manquer de précision ou se précipiter en aveugle, mouvements auxquels on n'est que malheureusement trop enclin par nature.

Le professeur devra donc s'astreindre à redresser une foule de fautes légères, qui, réunies, paralysent les progrès. Il faut apporter son attention à réprimer les tendances qui portent, par exemple, à lever le pied, tenir dans la garde la pointe de l'épée au-dessus de la tête, trop monter la main pour porter les coups, laisser vaciller la pointe de l'épée en tirant, quitter les lignes dans les attaques ou les ripostes, pencher la tête ou le corps alors qu'on devient assaillant, ne pas se remettre en garde avec promptitude, poser son pied en deux fois et amener l'élévation du pied par un battement trop fort de la sandale; enfin, parer dans une direction plus éloignée que les lignes qui protégent le corps.

Dans tous les enseignements, les progrès sont subordonnés aux soins du professeur, à ses explications lucides et à l'intérêt qu'il apporte dans les leçons qu'il donne.

Il doit donc, et nous le répétons :

Mesurer sa leçon sur l'intelligence qu'il a reconnue;

En régler le mode sérieux ou léger en raison du caractère de son disciple;

Multiplier les encouragements, graduer son enseignement en raison des progrès, faire ressortir tous les motifs de prudence, interdire certains coups spéciaux que l'élève voudrait cultiver de préférence, éviter la monotonie, et surtout avoir toujours en vue la conservation de celui dont il dirige l'instruction.

Il m'est arrivé souvent de formuler un aphorisme qui amenait le sourire sur les lèvres de certaines personnes; on le trouvait étrange, et cependant je persiste à le reproduire, car j'ai la conviction profonde de son importance : *La leçon doit être donnée* RELIGIEUSEMENT. Si le professorat est un sacerdoce, c'est surtout en escrime, car en apportant de la négligence, il ne s'agit pas seulement d'une question de temps et d'argent, c'est la vie de celui qui s'est confié à vous, à votre zèle et à votre conscience, que vous pouvez compromettre.

La pensée principale du maître sera donc de s'attacher à rendre fort l'homme qui a de grandes dispositions et celui qui n'en a que de médiocres. A celui dont le jugement ou l'intelligence ne rendent pas facile la conception des règles théoriques, le professeur fera préparer avec méthode la première attaque seulement, et cherchera, pour les phrases qui suivent l'agression, à donner à la main l'habitude et la grande vivacité.

Avoir l'épée légère est une des qualités de celui qui enseigne, car sans elle l'élève s'accoutume aux fortes pressions, et s'il se rencontre un jour vis-à-vis un adversaire auquel la légèreté de main soit donnée, alors son embarras est extrême et ses chances de défaite sont certaines.

Le corps de l'élève sera maintenu dans une ligne perpendiculaire, soit dans sa garde, soit dans les coups qu'il porte. Laisser tomber le corps en se fendant est un principe défectueux ; on devient lourd, les retraites sont lentes. Je crois devoir insister principalement sur l'attention que l'on doit apporter à relever ce défaut, car on a généralement de la propension à porter le corps en avant.

Le maître aura soin de rappeler sans cesse les notions préliminaires à la mémoire de l'élève et d'arrêter continuellement sa pensée sur les principes. Il lui redira souvent que l'on nomme :

DESSUS OU DEHORS des armes, la position respective de deux droitiers, c'est-à-dire lorsque l'épée se trouve à droite de l'adversaire et réciproquement, mais la pointe plus élevée que le bras, et que tirer en dehors a la même explication que tirer dessus.

DEDANS se trouve naturellement compris dans la définition précédente, puisque cette position est l'inverse de celle du DEHORS ; l'on pourrait adopter comme locution *le dessus du dedans*.

Le DESSOUS est conséquemment la position où l'on est lorsque, partant du dessus, on se place sous une ligne dominée par l'adversaire.

Le professeur ajoutera que dans l'EXTENSION, c'est-à-dire dans le développement du bras, il faut toujours conserver une certaine flexibilité ; qu'une trop grande étendue roidit, rend le jeu dur, fait perdre une partie de la *vitesse* et empêche d'ajuster.

L'élève se souviendra que :

L'ENSEMBLE est une harmonie parfaite des mouvements qui doivent concourir au développement qu'il effectue.

SE FENDRE, c'est se développer, c'est porter le pied droit en avant dans la ligne qu'il occupe. Par ce mouvement, on cherche à atteindre l'adversaire ; mais un coup trop développé rend la retraite bien difficile.

SE RELEVER, c'est reprendre les positions occupées avant de se fendre.

Il n'oubliera jamais que :

Dans la garde de quarte, il est bien d'avoir la main inclinée très-légèrement en pronation ; on est mieux couvert. Pour la riposte, comme il faut beaucoup tourner le poignet pour arriver à la supination, le coup a plus de vitesse.

Tirer avec opposition, c'est se couvrir dans les lignes, soit que l'on pare, soit que l'on attaque ; c'est tirer dans la ligne où pourrait tirer l'adversaire, mais avec une meilleure position que lui, et en écartant, par ce moyen, son épée du point où elle tendait ou pouvait tenter d'arriver.

Ce serait une grande faute de la part d'un maître de tolérer, dans sa leçon, que la position de la main de l'élève subisse la plus légère altération, soit en se baissant, soit en s'élevant dans les gardes, les parades ou les ripostes. Ce défaut ne se présente que trop lorsqu'on est livré à soi-même.

Il est mieux de donner leçon en joignant l'épée de l'élève, mais il faut aussi procéder en ne la joignant pas, car la mauvaise méthode employée dans certaines salles rend aujourd'hui cette précaution indispensable.

La tenue d'épée doit être bien sentie, mais sans force et sans dureté.

La leçon doit être prise dans les quatre lignes principales de tierce, quarte, demi-cercle et seconde ; non-seulement je n'y ai jamais manqué, mais encore j'ai donné leçon à partir de prime.

Le maître apportera toute son attention à ne pas laisser prendre à l'élève une élévation de main trop exagérée en plaçant le fort de son épée aussi haut que possible pour qu'il puisse atteindre le faible de l'épée qu'il a devant lui et en même temps laisser tomber la pointe de façon que cette position se rapproche le plus possible de l'horizontale. Il faut avoir assez de logique pour ne pas dire : Je place ma main très-haut pour mettre mon fort sur le faible de l'adversaire car en même temps la pointe tombant se place à son tour sur le fort ennemi, et il est trop évident que l'on perd d'un côté ce que l'on a pu gagner de l'autre.

On appellera les réflexions de l'élève sur les difficultés que présente l'élévation trop forte de la main ; mais on lui expliquera que si dans les premières leçons on insiste sur cette hauteur du poignet, c'est en raison de la tendance naturelle que tout le monde éprouve à le baisser, et que si la main ne devait pas descendre en vertu d'un principe physique, cette exagération de hauteur serait une faute, car géométriquement l'on doit perdre en longueur ce que l'on gagne en élévation.

Il faut élever proportionnellement la main à la garde et à la taille de l'adversaire et en soutenant la pointe de manière qu'elle ne soit pas à plus de quatre ou cinq pouces au-dessous de l'horizontale dans laquelle est le poignet.

L'élève ne devra jamais perdre un temps en tournant la main ; le poignet doit effectuer sa rotation de manière à ce qu'elle soit terminée au moment du coup touché.

La position de la main bien appliquée, la progression de la vitesse bien comprise, on s'occupe de l'activité nécessaire aux jambes.

Pour acquérir cette qualité, l'élève doit marcher et rompre. Après les attaques il rompra un pas, et attaquera de nouveau sur les marches de l'adversaire.

POSITIONS DE L'ÉPÉE.

Les positions de l'épée sont au nombre de huit.

— La première, la seconde, la troisième, la quatrième, la cinquième, la sixième, la septième, la huitième. Cependant il faut convenir que pour le langage d'escrime, les noms *prime, tierce, quarte, octave,* sont d'un emploi plus ordinaire, et par suite nous les avons conservés.

En donnant les différentes manières de parer le même coup, il faut avoir soin de signaler quelle est la meilleure.

Le maître fait souvent la faute, alors qu'un écolier, se trompant, prend fortuitement par exemple une parade pour une autre, de l'arrêter court afin de lui expliquer l'erreur qu'il a commise et la parade qu'il devait prendre. Il nous paraît bien plus rationnel de le laisser continuer la marche défectueuse qu'il suivait, car le point essentiel pour lui est de parer; on a donc, en agissant ainsi, l'avantage de l'amener à sortir de l'embarras dans lequel il s'est jeté, puis on lui explique ensuite ce qu'on voulait exiger de lui.

Tirez-moi d'abord du danger,
Vous ferez après la harangue.
(LA FONTAINE.)

Commence-t-on à faire lier les coups aux élèves, afin de les disposer à suivre une phrase d'armes, on aura le plus grand soin de leur faire prendre l'épée dans tous les sens, en exigeant qu'ils se relèvent en se couvrant dans la ligne droite où se trouve l'épée du maître, afin qu'ils conservent la régularité la plus parfaite et la plus précieuse. Quand les élèves ont acquis l'habitude de se bien relever, alors on peut les habituer à prendre par des changements d'épée, les lignes opposées, mais l'enseignement qui comporte le *Redresser* du corps en parant dessous ne doit être donné qu'en dernier lieu.

Jamais je n'ai négligé de donner à mes élèves l'important conseil de rompre un pas au moment même d'une attaque dirigée contre eux et qu'ils n'ont pas comprise assez vite. C'est une très-bonne préparation pour les défiances à avoir lors d'un assaut.

Évitez dans les premières leçons l'enseignement des coups de dessous. Ils entraînent avec eux la confusion des idées, dérangent le corps et la main.

Il est bon de donner souvent leçon sans que l'écolier se fende, afin de le bien disposer à faire partir la main avant le corps et de l'habituer aux doubles ripostes.

Aux élèves qui commencent l'escrime et à ceux qui possèdent déjà quelques connaissances assez étendues, il est nécessaire de faire travailler souvent la retenue du corps, car cette qualité si essentielle en escrime tend chaque jour à se perdre.

Après le moyen si généralement connu de faire avancer la main sur chaque feinte et de ne laisser partir le corps qu'après l'exécution du dernier temps, un des modes que je conseille le plus, et l'expérience me sert de guide, est de travailler les feintes en riposte, car dans ce moment le corps tend essentiellement à se porter en avant et à précéder la main.

Attaquez l'élève dans des temps inégaux pendant la leçon, car si le maître exécute ses mouvements avec la régularité d'un chronomètre, alors l'écolier croit à la possibilité de ramener à un mécanisme grossièrement exact tous les temps et toutes les combinaisons auxquels l'intelligence doit présider.

Les marches du maître sont quelquefois brusques ; il habituera aussi son disciple aux attaques violentes et le prémunira contre les surprises et les ébranlements qui à l'assaut dérangeraient ses mouvements.

Une des fautes commises dans l'enseignement vis-à-vis surtout des élèves trop dociles, est celle qui indique les enveloppements d'épée au demi-cercle, même quand on porte les coups dessous. Et cependant c'est une erreur bien grossière, car dans les assauts, la force du bras se trouvant dessous avec l'épée, il devient impossible de la ramener dans la ligne haute. Alors, les élèves cessent de comprendre comment l'assaut rend inabordables les difficultés dont ils triomphaient dans la leçon. Et cependant la solution de ce problème, qui leur offre tant de recherches, est bien simple ! Le maître lâchait son épée et ne livrait à l'élève que la partie faible de sa lame. Complaisance funeste, car jamais un adversaire sérieux ne voudra l'avoir dans le combat.

LE COUP DROIT

— La géométrie nous prouve que c'est le plus court chemin d'un point à un autre. La négligence dans la garde ou l'ignorance de l'escrime déterminent contre vous le succès de l'adversaire qui emploie le coup droit, car il a pu prendre sur vous une position que vous n'avez pas su défendre.

PARADES.

Non-seulement il faut enseigner à faire toutes les parades, mais encore les contres de ces mêmes parades, afin de former la main de l'écolier.

Lorsque l'on pare seconde, on ne doit pas avoir le poignet plus en dehors que l'épée, car la ligne ne serait plus directe et l'égalité dans la parade serait impossible.

CINQUIÈME PARADE.

QUINTE. — La parade de quinte, que l'on appelle quarte croisée, est bonne dans certains cas; par exemple, sur les coups cavés. Si l'on pare tierce après la parade de quinte, on peut ramener l'épée devant la figure; prime est beaucoup mieux.

Ils est très-bon d'exercer seconde et tierce, de même que seconde et quarte, pour couper l'Une-Deux-Trois en seconde, c'est-à-dire feinte seconde, feinte dessus pour tirer dessous.

DES DEGRÉS DE PARADES.

Il est utile de faire comprendre à l'élève déjà avancé les nuances qu'il peut mettre dans ses parades. Exemple : Avec l'intention de riposter du *tac au tac*, la parade doit être un coup sec pour s'ouvrir un passage dans la ligne droite. Veut-il riposter dessous, il élèvera un peu la main pour être plus libre dans sa riposte. Parant pour dégager, il observera rigoureusement la tenue d'opposition, sentant bien l'épée pour faciliter son dégagement à la moindre pression de l'adversaire.

Vis-à-vis d'une attaque en deux temps, sa première parade sera très-légère. Par ce moyen, il ne se décomposera pas, et réservera son énergie pour obvier au coup porté à fond.

Il est essentiel, lorsque l'on fait exécuter plusieurs parades de suite à l'élève, de le ramener toujours à n'en faire qu'une seule, parce que la main habituée à cette série de parades ne ferait plus qu'imparfaitement la première.

Après la parade de tierce, il est aussi utile de savoir riposter la main de tierce que la main de quarte sur les armes, à moins qu'on ne soit d'une très-grande taille : dans ce cas, la dernière manière suffirait.

Un élève est-il fort, enseignez-lui à faire des feintes, pour se faire prendre des coups de temps.

Ainsi, sur Une-Deux-Trois, faites exécuter chacune de ces feintes doucement, en donnant un peu de place pour que l'on puisse prendre le temps ; alors il pourra parer et riposter de pied ferme. Cette étude est une des plus complètes, car elle oblige à feinter, à attendre avec sang-froid, à parer et riposter, ce qui exige prudence, savoir et retenue de corps.

CONTRES.

Les contres ont cela d'avantageux que l'on trouve l'épée dans plus de lignes et que l'on reprend le fer de l'adversaire dans celle où il est le plus découvert. Un seul exemple : Vous dégagez dessus; si je pare le contre de quarte, je trouve votre épée dans une ligne découverte ; il n'en est pas de même si je pare tierce.

OPPOSITION DE LA MAIN GAUCHE.

Il serait bien temps de supprimer l'opposition de la main gauche, car elle est inutile et peut faire naître des discussions.

Après avoir paré prime, on peut riposter en ramenant l'épée et la main dans la ligne de quarte sans battre ou en battant le fer de l'ennemi, position qui vous couvre.

On peut encore après prime, sans quitter l'épée, ramener celle-ci dans la ligne de tierce en la liant, et riposter tierce sur tierce, ce qui n'est pas encore en usage.

RIPOSTE DE PIED FERME.

Non-seulement il ne faut pas négliger d'enseigner les ripostes de pied ferme, mais encore après elles il faut faire travailler les retraites; car il arrive souvent dans un assaut que non-seulement on se jette sur vous d'une manière violente, mais encore que l'on s'obstine à ne pas vouloir se relever et à gêner beaucoup votre développement en fermant la ligne droite qui conduit au corps ; c'est alors, dans ce cas, qu'après votre riposte il est bien de rompre un pas pour éviter le danger et déjouer ainsi les desseins de celui qui fait des armes hors de tout principe.

TROMPER L'ÉPÉE.

Il faut beaucoup enseigner à tromper l'épée, soit en attaque, soit en riposte, soit même contre des parades fausses. Savoir tromper seconde lorsque l'adversaire prend cette parade à partir de son engagement de quarte, ou demi-cercle à partir de celui de tierce, et encore seconde et demi-cercle, à partir de toutes les positions.

Dans toutes les gardes, à partir de tous les engagements ou sur tous les changements d'épée de l'adversaire, savoir tromper les hauteurs.

On doit toujours enseigner à tromper l'épée de deux manières : la première, qui est la plus essentielle, s'exécute en trompant temps par temps : à mesure que l'adversaire fait un mouvement de parade, l'autre s'exécute rapidement et d'un seul jet, mais, pour réussir, il faut deviner juste ce que pare l'adversaire.

Il ne faut pas, à la leçon, tenir les élèves trop longtemps sur chaque mouvement qu'on fait exécuter même avec soin ; cela n'est bon qu'à produire de jolis tableaux bien froids, c'est le moyen d'ôter la vitesse si nécessaire dans cet art.

D'autres veulent donner trop de vitesse et négligent la régularité :

> Souvent la peur d'un mal nous conduit dans un pire.
>
> (Boileau)

On pourrait concilier ces deux extrémités : faire travailler un coup en y mettant tout le temps, toute la régularité possibles; ensuite faire tirer quelques coups extrêmement vite, afin de rendre à la main toute sa vivacité; c'est sans doute dans cette intention que le maître de Saint-Georges faisait passer très-souvent dans sa leçon des dégagements de toute vitesse.

Dans l'enseignement de l'escrime, j'ai toujours vu donner aux élèves les moyens de tromper les *engagements,* les *croisés* etc. Je préférerais beaucoup conseiller de tirer droit sur ces mouvements. Le coup droit me semble plus beau, plus certain, et surtout parfaitement applicable dans l'hypothèse d'un assaut sérieux ou d'un duel, et ce n'est qu'après que l'on doit tromper les engagements.

RETRAITES.

Lorsque l'on est certain que l'écolier prend bien toutes ses positions, on doit exiger absolument qu'après tous les coups qu'il porte il se relève avec la plus grande vitesse, que le coup de bouton produise en touchant l'effet d'une balle qui frapperait sur un mur.

Un maître d'armes doit craindre, en tirant avec ses écoliers, de perdre cette bonne habitude de se relever.

Il faut, aux hommes de petite taille, donner fréquemment la leçon en leur faisant serrer le pied gauche; c'est pour eux un moyen indispensable.

Ils doivent serrer le pied gauche, étant en mesure pour pouvoir atteindre ceux qui font une légère retraite de corps, lorsqu'on développe sur eux un coup d'armes quelconque.

Ils doivent serrer le pied gauche étant fendus, lorsque l'adversaire se sauve pour éviter l'attaque.

On comprend la nécessité première qui est de les rendre pareurs en étudiant ce mouvement.

Il faut enseigner beaucoup les faux temps pour faire tirer sur soi, parer et riposter ; il faut bien faire comprendre aux élèves qu'il est de rigueur de se rendre très-forts en ce genre d'escrime, qui peut les empêcher de s'enferrer mutuellement car si l'on a négligé de donner souvent cette leçon, il peut arriver que deux hommes se tuent. Il est assez malheureux que la vie d'un homme soit exposée dans un duel, il faut donc faire ses efforts pour que, par l'emploi utile de ces faux temps ils ne se tuent pas tous deux.

Il ne faut pas que le maître ait le bras trop tendu en donnant sa leçon, cela gênerait les mouvements d'un élève qui n'est pas d'une grande force.

Il ne faut pas non plus qu'il ait le bras trop ployé, c'est donner une facilité trop grande, qu'il ne faut pas présumer être assez heureux pour rencontrer au jour du danger.

Il faut qu'un élève soit fort sur les parades d'opposition avant de lui enseigner les parades en frappant, car l'emploi de la force tend toujours à faire perdre la régularité.

Il faut toujours faire exécuter à l'élève les coups à la distance voulue par la mesure ; cependant il est très-bon quelquefois de les exiger d'un peu plus près ; car, dans l'assaut, il ne dépend pas toujours de soi de se maintenir dans des limites raisonnables.

Faire toujours gagner la mesure à l'homme de petite taille, avec intention de parer et lorsqu'il est à distance d'attaque, qu'il soit assez certain de sa parade pour ne pas reculer, sans cela il aurait l'air d'être sur des roulettes.

Pour doigter convenablement et retenir le corps, il est très-bien de travailler les feintes les plus compliquées; mais il faut dire en même temps à l'élève que le jeu simple est toujours préférable.

N'enseigner les remises, les redoublements, les coups de temps qu'aux élèves les plus forts, et en leur expliquant le danger réel de ces coups.

RÉSUMÉ ET FIN DE LA LEÇON.

Je crois devoir terminer ici cette leçon écrite avec mes souvenirs et mon expérience; mais le public comprendra facilement que, dans la position que l'on a voulu faire aux professeurs d'escrime, nous avons dû conserver aussi quelques-uns des secrets de notre enseignement, puisque nous sommes entourés d'une concurrence souvent pernicieuse, non-seulement pour nous qui pourrions la souffrir, mais pour les élèves.

Analyser une leçon entière avec toutes les combinaisons qu'elle peut présenter, remplirait un volume, et nous conduirait à tomber dans les défauts que nous avons reprochés nous-mêmes à certains ouvrages du genre de celui que nous écrivons aujourd'hui.

Nous avons insisté sur l'harmonie complète qui devait exister entre les mouvements du maître et ceux de l'élève, nous avons appelé l'attention du maître sur le besoin continuel de parler à l'intelligence de son écolier.

Mais pour qu'une leçon soit profitable, il y a encore une exigence à laquelle le véritable professeur doit obéir; c'est un sacrifice bien entendu de l'amour-propre, c'est une abnégation momentanée de la satisfaction que peut éprouver le fort tireur. Certes, je n'admettrai pas qu'un maître doive laisser prendre sur lui un avantage trop marqué; mais je ne voudrais pas qu'on se laissât influencer dans le choix d'un professeur dont le mérite consisterait seulement dans une exécution brillante et rapide. C'est à la leçon et d'après les résultats des élèves que l'on doit juger celui qui enseigne; c'est se fourvoyer que de prendre un guide d'après un assaut dont la vivacité a fait tous les frais.

Ce conseil, dicté par la prudence, se trouve résumé dans les paroles de l'illustre M. de la Boëssière à son disciple Saint-Georges :

— Vous touchez, lui disait-il quelquefois, parce que vous avez le départ de la main d'une vitesse extraordinaire, mais votre coup est très-mal fait. — Saint-Georges, reconnaissant la vérité de l'observation de son maître, parvint, en suivant ses doctes avis, à cette perfection idéale qui, malgré certaines prétentions, ne pourra jamais être égalée.

Puissent mes lecteurs, mes élèves et surtout mes confrères voir dans les principes que j'ai exposés le désir qui m'a constamment animé, celui d'être utile et de reproduire les leçons que je suis heureux d'avoir reçues et que je veux transmettre à celui que mon affection appelle à me seconder et à continuer un jour l'œuvre que j'ai commencée.

RUSES.

INTRODUCTION.

L'escrime est une science dans laquelle l'intelligence et la vitesse d'action doivent marcher du même pas. Mais à l'intelligence se rattachent nécessairement la conception, le savoir, la prudence et les RUSES.

Ces dernières sont le mobile de l'assaut; elles doivent être combinées dans le but d'arriver à la solution d'un problème dont on a d'avance saisi toutes les données.

La ruse, qui prépare le piége, demande du talent; mais elle exige encore plus de prudence et de retenue; car au moment où l'on doit saisir l'instant favorable pour frapper l'adversaire, on doit être toujours entièrement maître de soi.

Il faut une grande pénétration et une longue expérience pour amener son antagoniste à tomber dans un piége et garder assez de sang-froid pour exécuter avec précision les coups que l'on a médités. Mais une remarque importante à faire est celle qui conduit à observer d'où dépend le succès d'une ruse et à se prémunir contre la défiance qu'une tentative heureuse de votre part a dû inspirer à votre adversaire.

En garde, comme ruse, il est bien de prendre l'attitude de l'homme qui veut se rendre assaillant, tandis qu'au contraire on veut par prudence parer en rompant si l'on est attaqué. Par ce moyen, on peut effrayer l'adversaire sans se compromettre.

Ne fût-ce que pour embarrasser, il faut être assez adroit pour s'emparer de l'épée de celui qui ne veut pas la donner, et retirer la sienne à qui veut s'en emparer.

Une des plus grandes finesses est de toucher l'adversaire par les moyens les plus simples ; ainsi c'est donc à sa garde qu'il faut faire la plus scrupuleuse attention, y pénétrer par la hauteur, dans le défaut de tenue, ou s'il se découvre.

Celui qui présente le coup droit veut le parer, et il y a des hommes assez confiants dans leur parade pour oser braver ce coup en se découvrant prétentieusement; alors on peut ruser ainsi. Faire semblant de vouloir profiter de l'avantage offert, puis retirer doucement la main avec l'attitude d'un homme découragé qui renonce à son projet; le bras en se retirant ainsi annonce, par la position qu'il prend, qu'il a besoin de repos et abandonne l'attaque ; puis, dans cette situation, on s'apprête moralement en remarquant la ligne que l'on va parcourir et en se préparant physiquement et en assouplissant les muscles à l'instant favorable; alors on lance le coup droit à l'adversaire dans le moment même où il croit que l'on renonce à tout projet hostile.

Souvent on menace en ligne droite avec intention de se faire porter des coups sur lesquels on projette de tirer droit; exemple : Je menace droit dans les armes, et j'ai l'intention de donner l'idée à mon adversaire de me tirer flanconnade ; répond-il à cette préparation, je tire droit en octave, ou je pivote sur l'épée ennemie sans la quitter, et termine par un coup droit dans les armes.

On peut procéder de la même manière dans la ligne de tierce lorsqu'un tireur opère le liement d'épée qui se termine dans la ligne haute du demi-cercle. On cède alors en tournant et pivotant avec lui, et l'on se retrouve en tierce, d'où l'on peut riposter droit, soit la main de tierce, soit la main de quarte sur les armes.

Il est possible d'éviter de se porter jusqu'à la ligne de tierce en s'arrêtant dans celle du dessous, tournant vivement le poignet et prenant la position du demi-cercle, ligne dans laquelle on termine par un coup droit.

Un assez bon moyen, étant en garde de tierce ou de quarte, est de retirer la pointe de l'épée dans un sens presque vertical, et cela sans quitter la garde et la tenue, puis tirer droit : par ce moyen vous pouvez lancer avec une grande vitesse votre épée dans la ligne directe. Ce mouvement a l'avantage de faire croire au coupé que l'on peut exécuter si l'adversaire fermait la ligne droite.

La ruse marche de pair avec la prudence ; on reprendra donc l'épée où on l'a laissée en faisant tel ou tel coup, à moins qu'il n'y ait une forte pression sur votre lame, ce qui nécessite alors le changement d'épée.

Il y a des tireurs qui ne peuvent pas se tenir fermes et longtemps sur leurs jambes ; on comprend qu'il faut les harceler toutes les fois qu'ils veulent se redresser pour reprendre du repos.

Un homme qui n'a pas le poignet fort, doit toujours céder à l'épée lorsqu'il sent la moindre pression. L'homme vigoureux s'efforce toujours de comprimer sous sa tenue imposante l'homme qui n'est pas assez adroit pour lui échapper.

On engage l'épée plusieurs fois de suite afin de donner l'idée à l'adversaire de tromper, et lorsqu'il tombe dans ce piége, on fait de bonnes parades et ripostes, car on avait prévu.

C'est une assez bonne ruse que de forcer l'engagement dans le dessein de faire tirer sur soi. Ce procédé s'emploie encore avec avantage lorsque, gêné par cette pression, l'ennemi se voit forcé de changer l'épée; ce mouvement que vous avez fait naître vous donne la facilité de tromper avec plus de justesse et de rapidité.

Il faut toujours faire craindre le côté opposé à celui où l'on veut tirer.

Il faut savoir feindre tous les coups, témoignant l'intention d'attaquer lorsqu'on est bien décidé à parer.

On doit simuler des coups simples ou des feintes, retirer le bras au delà de la garde qu'on occupe ordinairement, et repartir de suite par un coup vif et déterminé. L'adversaire, trompé par ce semblant de retraite, doit être victime de ce stratagème.

Pour mieux cacher son dessein, il faut toujours attaquer lorsque l'adversaire s'y attend le moins. Il est donc très-habile, très-prudent de menacer de tel coup que ce puisse être, et de simuler, en se retirant, l'intention de parer lorsque l'on veut, abandonnant les parades, partir d'une attaque franche sur celui qui se croit en sécurité.

Il ne faut jamais donner l'épée aux hommes qui sur une feinte exécutent plusieurs parades; il est plus adroit de les menacer et de retirer vivement l'épée, afin de les précipiter dans leur série de parades, et lorsqu'ils sont disposés à s'arrêter, on attaque vivement par un coup simple.

Les ruses exigent que les attaques à l'épée soient faites de pied ferme avec grande retenue de corps, principalement lorsqu'on les fait avec intention de parer et riposter, et quand l'adversaire croit vous surprendre en les trompant.

Si l'on a renoncé à employer les attaques à l'épée comme pareur, et si l'on veut s'en servir comme assaillant, il faut annoncer d'abord une tout autre intention, afin de masquer son plan d'attaque ; cette remarque est d'autant plus judicieuse que la plupart des attaques à l'épée emportent la main hors des lignes.

Les ruses sont bien nécessaires à l'homme de moyenne taille, qui, sans cesse en s'approchant, est forcé d'entrer dans le danger.

Il faut qu'il gagne la mesure en cachant autant que possible les moyens qu'il emploie à cet effet ; ainsi, il doit rapprocher son pied gauche toutes les fois qu'il forme ses parades, ce qui fait qu'au moment de la retraite de l'adversaire il l'atteint à une plus grande distance.

Devant toujours être inquiété ou attaqué sur les demi-temps qu'il forme étant un peu hors de mesure, il doit être assez rusé pour ne les employer presque toujours qu'avec l'intention de parer.

Après s'être bien emparé de l'épée, ses attaques doivent être simples, vigoureuses ; il doit préférer le jeu de près et les suites de coups.

RIPOSTES.

De pied ferme, après une riposte droite dans la ligne de quarte, si l'on est paré, il faut passer un coupé ; mais il y a des gens qui sur ce passage de l'épée tirent un coup de temps, il y a même des maladroits qui portent au hasard un coup dessus ou dessous. Il faut donc faire la seconde riposte du coupé en se couvrant sur les armes ; si l'assaillant veut y pénétrer, on s'oppose davantage ou l'on pare prime. Comme dans la situation du coupé on a dû sentir l'épée, on s'est aperçu si elle est passée dans la ligne du dessous, alors on pare seconde.

Après la parade du demi-cercle ayant riposté droit, sans me fendre si je suis paré, il me faut passer dans celle de seconde. Mais il arrive souvent que dans l'action du dégagement, l'adversaire fait la faute de porter un coup droit sur les armes, ce qui prouve qu'il est plus adroit, pour éviter le coup pour coup, de simuler le coup de seconde et de revenir spontanément parer quarte sur les armes ou prime.

Pour effrayer l'adversaire, on peut, comme ruse dans l'action de la riposte de la main, ajouter un mouvement de tête en avant qui inquiète beaucoup l'assaillant dans sa retraite et lui fait par cela quitter les lignes qui doivent le protéger.

Les absences d'épée sont protectrices des ruses, car si vous avez par vos feintes fait croire que vous vouliez attaquer par Une-Deux trompé tierce et le contre de tierce, il est évident que vous pouvez, en simplifiant, toucher l'ennemi par le seul effet d'une absence d'épée tiré droit dans la ligne de quarte.

On peut, sans quitter l'épée de tierce, faire croire à l'adversaire que l'on veut tirer dans la ligne basse, et cela en tournant les ongles en dessous.

L'exécution de ce mouvement présente deux hypothèses : l'adversaire trompé peut aller chercher la parade de seconde, alors le coup rentre dans les feintes ordinaires ; mais conserve-t-il sa première tenue d'épée, le coup s'exécute en pivotant rapidement sur le fer ennemi.

L'ASSAUT.

C'est dans l'assaut que toutes les ruses sont mises en usage, souvent même elles commencent avant lui. J'ai connu des amateurs qui ne se sont que bien rarement mis en garde sans annoncer qu'ils étaient malades et qu'ils voulaient faire des armes seulement dans l'espoir que l'exercice leur ferait du bien. Il faut se défier de ce premier piége de l'assaut, et ne pas ménager cet homme souffrant, car il ne manquerait certainement pas d'aller dire qu'il vous a battu.

Il faut être assez prévoyant à la première vue de son adversaire pour se faire, avant de se mettre en garde, une idée de l'assaut qu'on aura à soutenir.

Toutes les fois que l'ennemi vous laisse le moindre temps de réflexion, il faut en profiter pour tracer vite votre plan de défense et d'attaque.

Non-seulement il faut savoir profiter de toutes les circonstances favorables dans un assaut, mais encore il faut amener ou faire naître les coups, les positions, les parades, les marches, et cela avec tant d'art et de ruses que l'adversaire ne puisse s'en douter.

Sur une attaque, se sauver en désordre, l'adversaire veut vous poursuivre, vous l'arrêtez dans sa marche ; ceci est assez bon pour les innocents, mais il faut être plus rusé avec de vieilles expériences.

Il faut ne rompre, ne simuler de la crainte qu'en raison des mouvements qu'on a faits pour vous inquiéter ; car si vous faites plus, vous éveillez la défiance. Motivez donc sur les inquiétudes que l'on veut vous donner le désordre que vous voulez feindre ; alors l'ennemi, croyant vos retraites commandées par la peur, pourra se livrer imprudemment.

Une bonne ruse est de montrer un piége, persuadé qu'on n'y tombera pas ; alors on attend l'adversaire dans une autre ligne où il y a bonne chance de succès.

REMISES ET TEMPS.

Les remises sont toujours faites avec plus de ruse lorsque, restant fendu, l'on exécute une retraite de corps pour persuader qu'on se retire, alors que l'on ne veut que remettre l'épée.

Nous avons dit qu'il est toujours mieux de varier ses parades ; cependant, lorsqu'on veut prendre le temps, il faut en adopter une et la répéter pour forcer le jugement de l'homme qui vous est opposé en le décidant à vous tromper ; c'est alors que vous lui prenez le temps.

Le temps du temps demande bien de l'adresse ; exemple de ce coup : engagé de quarte sur les armes, je double dessous et trompe le demi-cercle ; mon adversaire me prenant le temps en octave, je marque, avant de terminer par l'effet de ma retenue de corps, un temps qui a pour but de prendre une meilleure position que celle de l'adversaire ; c'est-à-dire, je baisse ma main plus que la sienne, je lève ma pointe, je prends plus de tenue, et par ce moyen je l'arrête mon fort sur son faible.

Pour nous résumer, nous dirons que dans une embûche préparée même avec soin, il faut se défier de la vitesse ; elle conduit souvent l'épée d'une manière assez prompte pour devancer la parade. Enfin ruser, c'est en partie simuler la crainte pour attirer l'ennemi dans un piége.

CONSEILS AVANT L'ASSAUT.

Lorsque l'on reste fendu sur vous, il faut redoubler d'activité dans vos ripostes, en faire plusieurs ou rompre en ordre, en se préparant à attaquer si l'on veut vous serrer de nouveau.

Par la même raison que l'on doit varier ses parades, on doit varier ses attaques ; mais il faut toujours commencer par les plus simples, les coups droits, les menacés, les dégagements, les pressions, les coulés, les absences d'épée, les petits battements pour dégager, les battements réels, les froissés, les croisés, et enfin chercher à tromper la hauteur des parades par les moyens les plus simples. On ne passera donc aux attaques compliquées que lorsque l'on se sera bien assuré que les premières ne peuvent réussir.

Lorsque vous faites assaut avec un fort tireur, il faut présumer que lorsqu'il annonce une parade sur vos demi-temps, il a l'intention de former la parade qui suit celle qu'il a annoncée.

Les hommes veulent savoir l'escrime et ne pas la travailler ; alors ils s'abandonnent à des coups non calculés ; d'où je conclus que lorsqu'ils ne sont pas victimes l'épée à la main, ils sont dans le cas de l'homme qui, tombant par la fenêtre, ne se tue pas.

La raison veut que pour commencer on se mette en garde de très-loin, que l'on joigne l'épée, de la pointe seulement ; que l'on ne s'approche que peu à peu, et que l'on ne fasse des faux temps que pour parer, avant d'oser risquer une attaque, fût-elle d'un coup droit sur un homme découvert.

En étude, n'employez que la force nécessaire dans vos parades ; l'on ne s'emporte que trop dans les assauts.

Ne faites jamais en deux temps un coup qui peut être fait en un seul, à moins d'une de ces raisons particulières que les circonstances font naître.

Pour éviter les coups de temps, il faut feinter très-serré, ne partir du corps qu'à la dernière feinte, et porter tous les coups avec opposition.

Il faut bien masquer les attaques, les battements surtout ; car on est bien en danger si l'on est trompé ; il faut encore masquer l'instant des marches ; enfin, ne pas se laisser deviner.

Faites craindre le côté opposé à celui dans lequel vous voulez tirer.

Lorsqu'un tireur exécute bien les attaques en deux temps, on doit toujours l'attaquer dans sa première intention.

PRUDENCE.

Contre un homme qui ne donne pas l'épée, il faut procéder par des demi-temps pour le faire tirer, l'on pare alors et l'on riposte.

Lorsque l'adversaire persiste à rester fendu, il faut faire retraite après la parade et la riposte. Ce mouvement de prudence gênera votre antagoniste, si toutefois il a lieu rapidement, et en observant les règles de la défense.

Il ne faut jamais parer et tirer sans être parfaitement couvert de l'épée ennemie.

On doit bien rarement marcher et tirer. Si cependant on se décidait à cette imprudence, on devrait au moins être certain de déranger l'épée ennemie de la ligne offensive.

A chaque faute il faut faire une retraite, et si l'on est poursuivi, plutôt parer que songer à attaquer.

Un des premiers devoirs dans les assauts est d'étudier de préférence les coups que l'on croit les meilleurs l'épée à la main ; ce principe, tout prudent qu'il est, se trouve aujourd'hui tout à fait méconnu et dédaigné. On tire pour satisfaire sa vanité, rien de plus.

Il faut tout travailler en armes, même ce qui n'est pas de la méthode la plus pure ; mais alors on agit dans le but de vaincre des difficultés dans le cas où elles se rencontreraient malgré vous, et aussi pour donner de l'habileté à la main ; enfin, pour tout savoir.

Travaillez donc quelquefois les remises droites, les contre-ripostes étant fendu, les demi-retraites pour attaquer de nouveau.

Attaquez et ripostez, même avec des redoublements ; mais ayez toujours présent à la pensée que tout cela expose, que tout cela est mortel.

FORCE.

Il faut l'employer pour avoir de la vivacité, et l'erreur est d'employer sa force comme force.

Évitez les parades de contraction, car rien ne prouve mieux qu'on n'a pas jugé.

On ne doit point combattre un jeu dur par la dureté, mais par la souplesse qui prive l'adversaire de tout point d'appui.

AMBITION.

L'homme qui se jette sur vous avec trop d'ambition ne peut d'ordinaire faire qu'une mauvaise retraite, parce qu'il n'aura pas eu, dans son emportement, l'idée de la parade nécessaire à la défense, même après un coup touché.

L'ambition abâtardit les jeux, et de réguliers qu'ils étaient, ils deviennent romantiques; je crois peu que l'ambition augmente le nombre des coups touchés, mais je suis certain qu'elle fait un grand tort à la méthode.

Lorsque l'on se trouve placé de manière à ne pouvoir plus rompre, il faut de toute nécessité faire une volte.

ATTAQUE.

Contester l'avantage d'une haute stature est impossible. L'homme d'une taille exiguë doit, avant de marcher, se faire un thème de parades, les changer souvent pour éviter qu'on ne les lui trompe, et feinter continuellement pour inquiéter son adversaire. Dans ce dernier travail, il doit encore se garantir contre toute surprise, et c'est après l'observation minutieuse de tous ces soins qu'il peut attaquer.

L'homme d'une grande taille, au contraire, inquiète le petit sans être lui-même inquiété, et lorsqu'il sent que l'on gagne la mesure sur lui, il fait une retraite et annihile tout le travail de son adversaire.

Ce n'est point à mes yeux une objection sérieuse que celle qui refuse aux hommes d'une grande taille la vigueur des jambes, l'agilité, et leur attribue la mollesse. — Il faut prendre les adversaires avec des moyens égaux; mais encore en supposant à l'homme d'une grande taille une partie des défauts que nous venons de mentionner, en lui donnant un antagoniste de petite taille et pourvu de tous les autres avantages, il y aurait toujours peut-être un équilibre difficile à rompre.

En commençant un assaut, il faut toujours croire que votre adversaire vous atteindra d'une très-grande distance.

Une faute bien générale chez tous les maîtres est de parler des coups avant de parler des parades; ils sont de l'avis de Molière, qui n'a eu qu'un tort dans sa vie, celui de dire : « Les armes ne consistent qu'en deux choses, donner et ne pas recevoir. » Comme professeur, il eût dit le contraire.

L'attaque demande beaucoup de jugement, car elle a pour but d'étonner, de prévenir l'adversaire et de neutraliser tous les moyens dont il peut se servir. Les meilleures sont celles qui ont été bien calculées.

Mais toutes celles qui sont faites sans causes déterminantes, et qu'on veut appeler attaques d'inspiration, doivent changer ce nom contre celui d'attaques insensées.

On est souvent très-compromis dans des attaques assez bonnes; exemple : On vous livre un dégagement, vous le faites, c'est naturel; que peut-il arriver? Que vous touchiez ou que l'on vous pare; sans doute, disent en riant les plus forts amateurs, voilà tout, il ne peut exister autre chose. Voyez l'erreur, et comme elle compromettrait : sur ce dégagement, on peut vous tirer un coup droit avec opposition; on peut même dégager en même temps que vous, en se couvrant, et comme l'ignorance se fourre partout, on peut tirer dessous, ce qui est une faute sans doute; mais, l'épée à la main, vous ne pouvez pas obliger votre adversaire à bien connaître les armes et à exécuter avec pureté. Ainsi la première attaque que l'on veut faire doit, sans exception, être précédée d'un faux temps qui consiste à menacer avec opposition dans la ligne découverte de l'adversaire, se tenant prêt à parer, s'il voulait en même temps pénétrer dans celle qui offre un passage à son épée.

Il est mieux d'attaquer sur les marches ou les préparations de l'adversaire.

Comme je viens de le dire, on est très-souvent compromis dans des attaques assez bonnes, tandis qu'on se tire d'affaire quelquefois avec une mauvaise parade; d'où je conclus qu'il faut donner la préférence à l'action de parer, à moins qu'on ne soit d'une bien plus grande taille que celui que l'on combat.

Une attaque dont on ne parle jamais et qui est, je crois, la plus dissimulée, c'est celle qui se fait subitement en abandonnant les parades que l'on exécutait par ruse, et comme un homme inquiet, pour détacher une attaque dont on a d'avance calculé la réussite.

DE QUELQUES MOYENS D'ATTAQUE ET DE DÉFENSE

USITÉS

PAR LES ANCIENS, ET ABANDONNÉS PAR L'ÉCOLE MODERNE

LE COULÉ.

On conduisait autrefois un coup simple ou une feinte le plus près du corps de l'adversaire, à six pouces environ, pour inquiéter autant que possible ; et lorsque, entraînée par la peur, la main de l'adversaire s'emportait, on passait du côté opposé le coup décisif médité d'avance.

Ceci de nos jours est encore très-bon, seulement il faut avoir la précaution de disposer ces sortes de coups avec intention première de parer. Le coulé peut donc se faire toujours, mais il ne faut pas avoir la naïveté de croire qu'on ne peut pas dans ce mouvement être attaqué et surpris.

Attaqué au début du coulé, la parade est certaine ; l'adversaire au contraire hésite, il n'a pas compris qu'il était prévenu. Quand on a reconnu chez son adversaire une timidité qui paralyse ses moyens, alors on peut employer cette méthode dans le but de porter un coup décisif.

Créé spécialement pour tenter une réussite, on l'essayait dans la ligne droite ou le dégagement, et son but unique était de forcer l'ennemi à venir à la parade (là était l'erreur).

L'homme timide y viendra effectivement, mais l'homme déterminé voudra peut-être attaquer sur cette préparation, et c'est toujours cela qu'il faut prévenir et craindre. Pour se servir utilement du coulé, le problème à résoudre est double. Prévoyant une attaque pendant vos mouvements, employez le coulé, mais dans le but unique de parer dans la ligne découverte et opposée à celle que vous devez couvrir en menaçant. Êtes-vous certain que l'on craint vos mouvements? Êtes-vous sans inquiétude sur votre exécution? Menacez franchement avec l'intention d'une attaque réelle.

LES PASSES.

Les passes ont eu une grande vogue, le développement du pied droit en avant les a à peu près détrônées, et je ne sais s'il faut regarder cette invention comme bien heureuse, car ce développement expose beaucoup. Cette vérité impressionne tellement en duel, que dans les combats singuliers, une défiance instinctive empêche souvent de se fendre à fond, tant la retraite dans cette position se trouve difficile.

Aujourd'hui, je ne vois aucun inconvénient à faire une passe en avant contre un ennemi qui est trop éloigné ; seulemen elle doit être faite dans le but unique de parer si l'on était attaqué en s'approchant ainsi.

Quant aux passes en arrière, nous en conseillons toujours l'emploi dans le but d'éviter un grand danger.

Se fendre en arrière est un de ces coups qui nous sont

restés de nos anciens maîtres, les Italiens. Ce mode consiste à lâcher le plus possible le pied gauche en arrière, en penchant le corps en avant au moment même de l'attaque de l'adversaire. On espère, par ce moyen, que cette attaque passera par-dessus la tête, et qu'on pourra toucher l'ennemi dans les lignes basses. La réussite de ce coup doit son succès au hasard et non à une bonne méthode. Nos ferrailleurs d'aujourd'hui l'estiment assez, mais ils n'osent pas le faire l'épée à la main; c'est que, pierre de touche de l'escrime, l'épée voit annihiler toutes les sottises.

Si l'on se décide encore à employer de nos jours la fente en arrière, ce ne doit être que contre un furieux qui va se lancer sur nous en courant; lâchez le pied gauche en arrière, afin d'éviter le choc trop brutal, après avoir rompu un pas.

VOLTER.

Volter est et sera toujours indispensable pour le sabre (1), mais à l'épée, on doit contester ce genre d'escrime tout exceptionnel, qui consiste à tendre le fer au corps de l'ennemi en portant le pied gauche vers la droite à la distance de trois ou quatre pieds de la position qu'il occupait et en présentant le flanc ou le dos.

(1) Pour les voltes, voir l'article sabre.

L'ASSAUT.

L'assaut doit représenter fidèlement le combat à l'épée.

L'assaut n'est pas seulement une improvisation continuelle, ainsi que je l'ai entendu dire trop souvent, il faut que le jugement précède cette improvisation. Dans toutes les luttes, la tête doit toujours agir avant les bras. Si vous voyez votre adversaire ne pas répondre à la combinaison que vous avez préparée, alors l'improvisation et la spontanéité doivent vous guider. Dans l'assaut, procédez par le calcul ; l'improvisation vient après.

Il existe deux genres d'assaut bien distincts, l'un est celui d'étude, l'autre est l'assaut d'ambition. Le premier est un heureux et instructif exercice, le second peut donner tous les défauts.

L'assaut d'étude se fait en vue du duel, celui d'ambition représente le duel lui-même ; on doit donc y apporter prudence, calcul, vitesse et résolution, pour éviter l'infériorité d'abord, et ensuite le danger.

Image des combats, l'assaut est une action sérieuse. Le professeur seul doit indiquer le commencement de cet exercice, car à lui seul appartient, s'il connaît bien sa mission, d'apprécier la force et l'intelligence de son élève.

L'assaut ne doit pas être un *délassement de la leçon*, mais son application ; une leçon d'armes bien donnée offre assez d'intérêt pour ne pas fatiguer inutilement l'esprit, et la force physique de l'élève doit en déterminer les limites.

Nous avons toujours éprouvé un sentiment pénible en entendant formuler devant nous cette question si habituelle à tous les élèves : *Quand ferai-je assaut?*

Mettant de côté la question des intérêts matériels, à laquelle aucun professeur digne de ce nom ne peut songer un instant, n'écoutant pas même la voix de l'amour-propre froissé, alors que l'on semble rabaisser notre art en voulant immédiatement en connaître tous les secrets, nous dissuaderons toujours des assauts prématurés.

Comment! vous craindriez le sarcasme si vous entrepreniez un tableau de grande dimension, ne possédant encore que les premiers éléments de peinture; vous refuseriez avec raison de toucher sur le piano une ballade de Schubert, en ne sachant que les premières gammes, et vous n'hésitez pas à compromettre votre vie en contractant, par l'usage des assauts entrepris avant le temps, des habitudes vicieuses, presque impossibles à corriger! Mais agir ainsi est l'œuvre d'un insensé, et bien coupable serait le maître qui autoriserait une semblable conduite. L'escrime est intelligente avant d'être matérielle, et l'intelligence doit marcher de pair avec le jugement; sans ce correctif, elle deviendrait folie.

Oui, nous le répétons, l'assaut doit être soumis à des règles certaines, et la première est l'opportunité du moment où l'on doit le commencer.

CONSEILS GÉNÉRAUX.

Voici quelques détails sur ce qu'il faut observer en assaut.

Dans le doute de ce qui va se passer, se tenir prêt à rompre en parant pour pouvoir étudier l'adversaire. Suivre ce principe malgré la précaution nécessaire de se mettre en garde hors de mesure.

Les retraites peuvent toujours se faire grandes dans les assauts d'étude, ou pour fuir un danger réel, ou pour tendre un piége.

Les marches doivent être on ne peut plus prudentes.

Les premières attaques seront précédées de faux temps avec intention de parer; on s'assure ainsi que l'adversaire ne veut pas tirer en même temps que vous.

Il ne faut faire de grandes retraites (comme ruse) qu'en raison des grandes inquiétudes que l'on vous donne. Sans cette précaution on devinerait le piége que vous préparez.

Sur les feintes que l'on vous fait, annoncez la parade que vous ne voulez pas prendre lorsqu'on vous attaquera.

Engagez le fer ou formez des battements pour amener l'adversaire à vous tromper, afin de faire de brillantes parades et riposter sur les coups faits pour vous surprendre.

Multipliez les marches simulées pour forcer l'adversaire à se fendre sur vous lorsqu'il sera à une trop grande distance.

C'est une preuve d'habileté de simuler le trouble, l'inquiétude, et de former beaucoup de parades pour engager un adversaire à faire plusieurs feintes afin de lui prendre un coup de temps sur la première qu'il entreprendra.

Bien que les tireurs en première ligne doivent faire leurs préparations d'attaques avec prédisposition à parer, il est encore mieux de les attaquer en ce moment qu'à celui où ils vous attendent avec l'intention manifeste d'arriver à la parade.

Gardez une grande distance avec les hommes qui tirent à bras raccourci et contre ceux qui veulent s'approcher ou courir sur vous.

La parade devient pour ainsi dire accessoire chez l'homme d'une grande taille qui combat celui d'une petite, car avant de parer, il a trois ressources, rompre, inquiéter ou tirer à fond.

Après cette esquisse rapide que je n'essaye pas d'achever, que penser de ces gens qui attaquent aussitôt en garde, en courant et en employant des coups compliqués? Il faut croire que Dieu ne veut pas toujours la mort d'un homme parce qu'il est atteint d'incapacité ou de démence.

A-t-on épuisé les moyens prudents, si l'on se décide à attaquer, il faut que ces attaques soient faites en coups simples, droits, froissés tirés droits, et ne passer à des coups compliqués que lorsque l'on y est forcé par la plus rigoureuse nécessité.

Rappelez-vous surtout qu'il ne suffit pas de la jonction des fers pour se faire une *boussole;* cette jonction n'est rien, si vous n'y joignez un précieux avantage, *le sentiment du fer,* qualité dont la perfection constante est fort difficile lorsque l'on veut s'en faire un puissant avantage en restant dans les limites de la logique. La conséquence de notre assertion est qu'il vaut toujours mieux joindre le fer de l'adversaire, qu'il soit bien ou mal présenté, à moins cependant qu'il ne s'écarte par trop des lignes voulues par la raison. Dans cette hypothèse, tout en gagnant un peu à tenir le fer dans une ligne trop éloignée, vous perdriez beaucoup en n'ayant plus la pointe de votre épée dans une ligne qui tiendrait en respect votre adversaire. Nos ferrailleurs d'aujourd'hui, qui s'obstinent à ne pas bannir leur devise insensée : *Je fais cela dans l'assaut, mais je ne le ferais pas l'épée à la main*, rendent souvent impossible la jonction du fer. Cette maxime subversive de tout jugement présente des dangers trop évidents pour la réfuter. Agir en dehors de tout principe reconnu, c'est vouloir forcer l'homme grave et sérieux à prendre les grelots de la folie.

L'épée à la main, celui qui voudra entrer dans le danger, en se mettant en mesure, sera forcé instinctivement par le sentiment de sa conservation à ne plus tenir son épée si éloignée de la vôtre ; placée loin de votre corps, elle est à une trop grande distance pour pouvoir former une parade avec sûreté.

L'épée ennemie est-elle hors de ligne ou dans une position dans laquelle vous ne voulez pas aller la chercher, n'oubliez jamais d'être couvert dans la ligne où elle pourrait se présenter le plus directement.

Nous ne comprendrons jamais que l'éloignement du fer puisse amener deux adversaires raisonnables à se précipiter l'un sur l'autre, ou les faire tirer au hasard ; car on peut marcher pour parer, et recommencer ainsi jusqu'à l'instant où l'adversaire tirera ; s'il hésite, vous attaquerez, car vous finissez par être en mesure, et vous avez acquis la persuasion qu'on n'ose pas frapper le premier coup.

Ce sont des hommes qui cherchent à mal faire, ne sachant pas faire bien, que ceux qui ne donnent pas d'épée. Imiter leur garde, leurs habitudes, *l'épée à la main*, c'est les empêcher de bouger; cependant, je conseillerai plutôt de les combattre par le plus grand calme, surtout lorsque l'on est décidé à parer.

Les tireurs qui redoublent ne sont pas très-dangereux. On a émis l'opinion que la riposte du *tac au tac* dans la ligne droite était le moyen le plus certain de les combattre. Cette assertion qui réduit à un seul le moyen d'éviter *le redoublement* est une grande erreur. Nous savons bien que cette riposte s'emploie; mais elle présente trop de chances contraires à celui qui croit se défendre *infailliblement* avec elle.

Nous pourrions présenter vingt objections contre ce *moyen unique* pour éviter le redoublement; nous en donnons seulement deux. — D'abord, les tireurs qui *redoublent* passent si rapidement d'une ligne à l'autre qu'ils ont terminé leurs deux mouvements pendant qu'ils se développent sur vous; alors vous trouvez trop peu leur épée pour assurer votre riposte.

La seconde objection que nous voulons citer nous a été fournie par un de nos élèves; nous la donnons sans la faire suivre d'aucune réflexion. Elle nous paraît concluante.

— Vous allez tirer, disais-je un jour à un de mes élèves, avec M. le comte d'H...; tenez-vous sur vos gardes : il a l'habitude de redoubler. — Peu m'importe, j'ai lu mes auteurs; la riposte du *tac au tac* dans la ligne droite est un préservatif certain. — Certain? je ne le crois pas. — Ah! monsieur, je l'ai lu imprimé. — Les deux adversaires sont en garde. L'assaut commence. Au redoublement du premier, arrive la riposte conseillée. — Ils se touchent tous les deux. — Mais comment cela se fait-il? Je tire donc mal. — Non, vous tirez très-bien. M. le comte a tort, vous le tuez; vous avez raison, mais il vous tue. Quel est l'avantage de votre riposte du *tac au tac?* — Diable! je n'en veux plus! — Soyez moins exclusif; ce moyen peut s'employer, je ne le proscris point; mais ce qui vaut mieux, selon moi et surtout selon le bon sens, c'est de parer le premier mouvement de l'adversaire par des enveloppements d'épée dans toutes les lignes où ce premier mouvement pourrait pénétrer; car ces enveloppements de l'arme fournissent un coup, et si le *redoublement* peut avoir lieu sur l'homme qui pare, il ne peut être employé contre celui qui tire en parant.

CONTRES ET SIMPLES.

Ce que nous venons d'énoncer et que l'expérience démontre chaque jour, nous engage à répéter combien il est nécessaire de travailler les Contres de préférence aux parades simples. Avec le Contre, on se garantit des coups que l'on n'a pu juger; pour employer les Simples, il faut être assuré de la ligne que suivra l'adversaire. Les hommes d'une taille moyenne doivent surtout écouter ce conseil. On dit : Saint-Georges parait toujours les simples; à cela je réponds : Soyez Saint-Georges!

— Je ne suis pas grand partisan de la main gauche en *opposition*.

— De loin ni de près ne tirez pas des *coups cavés*.

— Il ne faut sauter ni en avant ni en arrière.

— Il ne faut passer aux attaques compliquées que lorsqu'on y est forcé.

— Inquiétez par des coups de temps, prenez-en très-rarement.

— Inquiétez ou tirez dans toutes les marches.

TIREURS QUI NE SE RELÈVENT PAS.

Sur les tireurs qui ne se relèvent pas, il faut riposter vite et rompre un pas, ou les gêner en les serrant de près. Arrivé presque corps à corps, on prend son élan de grande retraite en glissant très-rapidement le pied droit sur le gauche, qui, jeté en arrière, vous met, sans sauter, à une grande distance. — Un autre moyen, mais il manque d'élégance, consiste à passer rapidement son pied gauche à la droite de son adversaire, qui, ne vous trouvant plus en ligne de son épée, ne peut plus vous frapper, tandis qu'il vous est facile de continuer à l'assaillir.

TIREURS QUI TENDENT L'ÉPÉE.

Les gens qui *tendent* l'épée sont les plus faciles à combattre ; car il suffit de leur faire un faux temps dans une ligne couverte pour qu'ils se portent, en tendant leur épée, dans la ligne opposée ; comme on doit le prévoir, il est bien facile de parer et riposter.

L'ASSAUT ET LA LEÇON.

Festina lentè.

Au début de la leçon ou dans les premiers assauts que l'on fait, il faut se souvenir du principe philosophique qui nous sert d'épigraphe. — Les élèves croient en faisant assaut de suite, qu'ils auront le privilége de trouver des secrets que le maître n'a pu imaginer. Cette erreur est toujours complète; car ces luttes irréfléchies leur donnent les nombreux défauts dont l'escrime fourmille dès qu'on oublie les principes d'un bon maître. Par une condescendance fatale, les professeurs laissent faire trop tôt assaut; je dis fatale, parce que ce n'est pas seulement l'avenir des armes que le maître sacrifie, mais plus encore la vie des hommes.

La leçon donnée avec esprit est loin d'être monotone, et j'ai vu très-souvent des amateurs la préférer à l'assaut qui ne délasse pas de la leçon, mais qui a le privilége de mettre l'amour-propre en jeu d'une manière plus vive. Si l'on voit les élèves impatients de devancer, par leur début dans les assauts, l'époque fixée par les maîtres, c'est qu'ils n'ont pu comprendre, soit par leur faute, soit par celle du professeur, les beautés de la leçon.

La leçon et l'assaut sont en parfaite analogie, tous deux nous indiquent les moyens nécessaires pour la parade et l'attaque, le moment le plus favorable pour réussir, la manière et l'instant d'agir. La leçon peut produire un beau et savant tireur possédant toutes les ressources de l'art, ayant l'expérience de tout ce qui est connu. L'assaut peut augmenter cette expérience de toutes les bizarreries inventées par la multitude des tireurs, et il y en a souvent de si fortes qu'elles amènent à penser ce qui a été dit bien souvent : *Les fautes des sots sont quelquefois si grandes qu'elles mettent les gens d'esprit en défaut.*

Une de ces folies est de dire : Nous pouvons nous passer de leçons, nous tirons d'inspiration ! Ces gens inspirés ne tirent ordinairement qu'en employant une rapidité sans calcul et une force brutale ; ils ressemblent un peu à ces hommes qui veulent casser une porte lorsqu'ils peuvent l'ouvrir avec un passe-partout. Eh bien, le passe-partout de l'escrime, c'est la connaissance des armes prise à la leçon ; car, l'escrime étant loin d'être un art purement mécanique, quelles belles inspirations peut avoir celui qui s'est toujours refusé à prendre leçon ? Ce serait dire : Je ne veux rien apprendre, parce que je serai toujours bien inspiré. C'est une idée bouffonne, voilà tout.

La leçon est l'étude de l'art ; l'assaut fait passer cette étude en habitude de combat.

La leçon rectifie les défauts pris à l'assaut.

Il faut sans cesse observer les derniers temps d'une suite de coups ; l'élève met plus de raideur à la fin qu'au commencement ; le professeur doit prévoir cela par un assouplissement constant des muscles pendant les leçons.

Le devoir du professeur est d'observer et de s'observer lui-même. Il existe une foule de petits détails qui, négligés, nuisent considérablement à la force réelle que l'on peut donner ou acquérir.

L'esprit du maître doit mesurer ses conseils d'après l'intelligence de l'élève.

Si l'escrime en était réduite à de minces proportions, ce ne serait plus un art, mais seulement un exercice.

Si celui qui tire bien a touché dix coups, — si celui qui tire mal a touché dix coups, — le public les proclame de même force, sans réfléchir que celui qui a mal tiré est sans doute plus jeune, plus vigoureux, mais plus ignorant.

La jalousie ferme les yeux sur les moyens : la vigueur, la vitesse, les emportements, les imprudences même font croire, lorsqu'on réussit, que l'on est destiné à remplacer l'incomparable Saint-Georges et que l'on est démonstrateur accompli. Aussi voit-on l'homme d'une grande taille marcher précipitamment sur le petit ; le petit courir sur le grand en faisant des feintes ; l'homme vigoureux ne pas se relever, et l'homme faible vouloir soutenir des chocs. J'espère, d'après mes leçons, que les élèves s'éloigneront de ces fautes qui peuvent leur faire perdre la vie.

APHORISMES.

— Je repousse tout ce qui, raisonnablement parlant, est impraticable l'épée à la main.

— Appréciez toujours plus en escrime les dispositions de l'esprit que celles du corps.

— Que l'esprit préside à l'exécution et la devance.

— Pénétrer vivement les intentions et concevoir rapidement le plan qui doit vous donner le succès.

— Chez le commençant beaucoup d'efforts et peu de résultats; chez l'homme expérimenté peu d'efforts et beaucoup de faits.

— Même avec la certitude de ne pas toucher, il n'en faut pas moins riposter.

— Les Contres ne doivent pas être étudiés trop larges, ils deviennent trop grands dans l'assaut.

— Ramener toujours la pointe de votre épée devant l'adversaire, et de préférence au visage.

— Tout en voulant se porter en avant pour attaquer, il faut une grande retenue de corps.

— Les bottes secrètes n'existent que pour les hommes qui ont beaucoup de travail, d'esprit et de jugement.

— Lorsque l'on veut effectuer un coup droit sur l'engagement, il est préférable d'attendre que l'adversaire ait terminé son mouvement, on est alors assuré de comprendre si le coup droit est possible.

— L'homme vigoureux doit faire des attaques décisives ; l'homme faible doit avec adresse céder à l'épée.

— Dans tous les coups tirés, exigez d'un homme de petite taille toute l'extension du bras.

— Ne jamais courir.

— Toujours être en garde contre le coup de temps et le coup d'arrêt.

— Beaucoup inquiéter et attaquer les marches de son adversaire.

— Les coups de temps exposent moins étant dirigés dans les lignes hautes que dans les lignes basses.

— Lorsqu'on a souffert le battement, on ne peut plus le tromper.

— Il y a de la force sans vitesse, mais il n'y a pas de vitesse sans force.

— N'employez la force que pour accélérer la vitesse.

— Le jeu serré, régulier, est une vitesse.

— On dit d'un maître qu'il ne donne pas assez à la vitesse, parce qu'on le voit s'occuper beaucoup de la régularité et de la précision, et l'on ne réfléchit pas que ces deux qualités concourent rapidement et avec succès à cette vitesse qu'on ne doit chercher qu'après elles.

— Assaut : combattre son ennemi sous les trois rapports moraux, intellectuels ou physiques.

— Il ne faut, dans l'assaut, étudier que les coups offrant le plus de certitude l'épée à la main.

— Ne pas sacrifier à l'accessoire ce qui appartient à l'utile, c'est-à-dire négliger un coup d'attaque pour faire une remise.

— Lorsqu'on fait assaut avec un fort tireur, il est bien de présumer qu'au moment où il annonce une parade sur vos demi-temps, il a l'intention d'en former une autre à l'instant de l'exécution.

— Il est, dans un assaut, de grands effets produits sans les avoir préparés, et de même bien des choses manquées après y avoir pensé d'avance; malgré cela, il faut toujours penser.

CONSEILS POUR LE DUEL.

Tâchez que l'esprit ne soit pas l'avocat du mal.
(GRISIER.)

Il y a quelques mois, devant les membres d'une Cour royale du royaume, nous avons vu les magistrats s'inquiéter sur leurs siéges en entendant révéler devant eux l'existence d'un appendice au Code général d'après les règlements duquel ils rendent la justice. Un des premiers écrivains de notre époque apprenait à quatre conseillers en robe rouge que, pour se sauvegarder en raison de l'insuffisance des lois, et en présence des dissentiments des procureurs généraux et des chambres de mise en accusation, les hommes avaient rédigé certains articles admis maintenant comme axiomes, et en vertu desquels les collisions individuelles étaient réglées. L'auteur des *Mémoires d'un Maître d'armes* révélait en un mot LE CODE DU DUEL.

Nous ne venons pas nous élever contre la publication de ce livre, rédigé par un homme qui a su, en raison du sujet qu'il avait choisi, obtenir les adhésions les plus favorables, et auquel nous avons rappelé dans notre ouvrage les entretiens fréquents après lesquels il a *daigné s'inspirer* de notre expérience et consigner un de nos aphorismes les plus exacts ; mais nous croyons permis au professeur qui a donné depuis seize années plus de cent vingt leçons de duel, et qui a eu le bonheur de ne pas avoir UN SEUL de ses élèves blessé un peu grièvement, de venir, dans le Traité des *Armes et du Duel*, offrir quelques conseils à ceux qu'une affaire malheureuse contraindrait à chercher par eux-mêmes une satisfaction, une réparation ou une vengeance que la législation actuelle n'est pas en mesure de leur donner (1).

MODE SUIVI DE NOS JOURS DANS UNE QUESTION DE DUEL.

Une offense est reçue ou faite. Deux hommes, après une insulte grave, croient devoir recourir au combat, persuadés que les armes seules peuvent leur venir en aide pour terminer leur différend. Chacun d'eux remet à des tiers (ordinairement ce sont deux amis choisis de part et d'autre) le soin de régler d'une manière convenable le mode de la réparation exigée par les circonstances et les lois de l'honneur auxquelles la société obéit.

Chaque siècle, chaque époque amène dans les questions de duel certains sophismes que le bon sens ne peut déraciner. Montaigne ne voulait pas que les gentilshommes apprissent à *escrimer*. Les raffinés, sous les Valois, au temps où l'épée faisant partie du costume amenait presque instinctivement la main à la poignée pour un mot ou un regard, avaient des règles qui seraient rejetées aujourd'hui comme contraires aux préceptes admis. De nos jours, où des intermédiaires posent

(1) Depuis le jour où ces lignes paraissaient dans la première édition, j'ai donné au moins un égal nombre de leçons de duel. Ce bonheur vraiment providentiel ne s'est pas une seule fois démenti.

les conditions d'une rencontre, on a toujours varié les règles à suivre; mais il est une erreur contre laquelle je ne saurais trop m'élever, c'est celle que j'entends traduire journellement par cette phrase stéréotypée en quelque sorte sur les lèvres de tous ceux qu'une discussion amène à un combat :

— J'ai une vengeance à exercer ou une réparation à accorder, je suis à votre disposition ; vous, messieurs, ou mes amis, qui êtes mes témoins, je vous confie mon honneur, j'attends votre décision, et si le duel vous paraît nécessaire, agissez comme en votre nom, vous m'appellerez à l'heure convenue, vous armerez mon bras de l'arme que vous aurez choisie, tout vous regarde, mon rôle est suspendu jusqu'au moment de l'action. — L'auteur de *l'Univers et la Maison*, fait dire à Ludovic :

Je ne sortirai pas demain de ma demeure :
Vous accepterez tout, l'arme, le terrain, l'heure.

Cet abandon généreux de sa vie, cette confiance illimitée dans l'affectueux dévouement de ses témoins, séduit l'homme chez lequel le mouvement du cœur précède la réflexion et l'esprit. Nous-même nous avons suivi ces errements lorsqu'il s'agissait de notre propre existence; mais ici le professeur doit prendre la place de l'homme privé, et nous nous élèverons avec énergie contre ce laisser-aller chevaleresque, que nous n'hésitons pas à traiter de coupable.

La conservation, la défense de la vie, sont des obligations saintes que la Divinité a placées dans le cœur de la créature; toutes nos pensées doivent être consacrées à protéger cette existence qui nous est confiée, et à laquelle se rattachent si souvent celles de tant d'autres personnes.

Si le témoin était toujours parfaitement à la hauteur de sa mission, je comprendrais peut-être l'abnégation entière de celui qui se bat ; mais malheureusement, j'ai vu cette responsabilité tant de fois oubliée par ceux sur lesquels elle pesait, que je m'élèverai toujours avec une énergie croissante contre cette méthode subversive.

J'ai manifesté dans mon chapitre du Duel toute la joie que l'on devait éprouver de la substitution des témoins aux seconds. C'est, en effet, un pas immense de la civilisation ; mais aujourd'hui, il y a plus que la vie (tout le monde en Europe, et en France surtout, me comprendra), il y a l'honneur d'engagé, lorsque l'on se rend auprès d'un adversaire pour l'*appeler*, au nom d'un ami ou d'un homme qui vous a remis cette mission pénible, mais honorable.

Le témoin doit donc reconnaître d'abord les chances favorables à celui qui le fait son mandataire, et ce n'est qu'en présence d'une offense grave de la part de celui dont il est l'assesseur qu'il doit céder aux exigences de l'ennemi.

Toutes les tentatives de conciliation sont-elles épuisées, il doit insister, comme nous l'avons écrit plus haut, sur l'*égalité rationnelle* des armes choisies, c'est-à-dire leur proportion aux forces respectives (1) ; il doit, quand il a jugé l'honneur satisfait, arrêter une effusion de sang toujours imparfaite pour laver ce que la société contraint souvent à regarder comme un outrage, et pouvoir, si les lois du monde s'enquièrent de la régularité du combat, venir dire à ses pairs : L'injure était flagrante, les règles actuelles de l'honneur exigeaient une

(1) Voir page 365, Observation sur la longueur de l'épée.

rencontre ; elle a eu lieu, c'était un malheur inévitable ; mais la loyauté présidait à la lutte, les chances égales étaient judicieusement réparties, et dans ce combat que chacun de nous déplore, mais que des circonstances impérieuses ont motivé, sans que la conciliation fût acceptable, L'ÉPÉE ET LE PLOMB ONT SEULS FRAPPÉ, ET CE NE SONT PAS LES TÉMOINS.

Placé par position parmi ceux auxquels on a recours comme conseillers dans les questions de rencontre individuelle, éclairé par l'expérience, fort des résultats obtenus déjà, j'ai cru devoir exposer la ligne de conduite que je me suis tracée et que je trace aux autres à propos des combats singuliers.

Si l'on veut seulement chercher auprès de moi l'homme pratique, enseignant une parade ou une attaque, et ce cas est bien rare, je mets promptement à la disposition de mon élève mon savoir en escrime et mes conseils ; mais si, comme j'ai toujours été assez heureux pour avoir mérité cette confiance, on veut bien m'initier aux causes du duel projeté, j'apporte toute mon attention lorsque l'on argue des faits antérieurs, car de leur exposé sincère découlent des conséquences importantes pour la suite des événements.

Je demande donc un récit exact et consciencieux ; je cherche à reconnaître de quel côté sont les torts, et si mon client m'avoue qu'il est l'auteur de la collision, ou si je le reconnais moi-même, j'en appelle à sa probité, à sa conscience, pour arriver à éviter une lutte toujours déplorable, mais plus terrible encore quand on est l'agresseur.

Le choix des témoins est le premier avis à donner. Les bons

témoins sont rares; aujourd'hui surtout ils sont presque introuvables. La crainte des tribunaux l'emporte sur la sociabilité (1); un témoin (2), homme de cœur seulement, est incomplet, il le faut calme, spirituel, toujours digne, ayant le sentiment des devoirs qu'il a acceptés, pénétré de l'opinion de Gœthe : Le sens commun est le génie de l'humanité.

Les dispositions conciliatrices sont-elles rejetées, la première pensée à laquelle on doit s'arrêter, en présence même de tous les témoignages et de toutes les assertions, est que l'ennemi que l'on doit combattre connaît les armes qu'il a fait proposer ou qu'il a été contraint d'accepter. Cent fois cette idée heureusement communiquée à ceux qui m'ont appelé à leur secours en semblable circonstance, les a préservés d'un malheur que trop de croyance dans l'inhabileté présumée ou annoncée de leur antagoniste pouvait amener pour eux.

On supposera donc toujours, et l'on dira :

— Mon adversaire a pratiqué l'escrime.

On étudiera scrupuleusement la conformation physique de son ennemi, on s'informera de ses facultés intellectuelles, de ses dispositions au calme ou à l'irascibilité.

Ces préceptes ne sauraient être négligés, ils contribuent à modifier la règle de conduite à tenir ; on sait déjà si l'on doit,

(1) La législation, dont M. Dupin s'est fait le champion continuel, empêche aujourd'hui un grand nombre de personnes d'accepter la mission de témoin. On a recours, dans la rencontre, aux soldats ou à son médecin. Les premiers assistent les bras croisés à un combat dont les conséquences les intéressent fort peu; le second, étranger pour la plupart du temps aux questions de duel, n'arrive que pour panser un blessé, mais décline toute autre responsabilité.

(2) Il n'est jamais venu à l'idée d'un Français que l'on pût lui refuser d'être son témoin.

tout en se maintenant prêt à parer, devenir agresseur ou garder la défensive.

Avant de se placer en face de son adversaire, on a dû réfléchir aux moyens à employer.

On a dû se faire une loi de la prudence et du courage.

La première pensée doit forcément être celle de parer, car si tous deux se présentent avec l'intention d'attaquer, ils peuvent se tuer ensemble, personne n'ayant accepté la défensive.

On doit non-seulement vouloir parer, mais il faut toujours en parant rompre un pas, et cela dans le but d'éviter toute surprise et de se donner le temps d'étudier son ennemi.

Si, craignant une mort certaine, l'adversaire ne se décide pas à attaquer, ou si l'ennemi attaque en même temps que vous, il sera nécessaire de passer à la question des faux temps et de les produire ; alors vous trouvez indispensable de parer et riposter.

Lorsque enfin on a parfaitement reconnu qu'on n'a rien à craindre d'un homme comme assaillant, il faut alors le devenir et se déterminer aux attaques simples, telles que coups droits, froissés, croisés.

Il ne faut pas oublier que la retraite doit toujours s'effectuer avec la plus grande vélocité après chaque attaque.

Lorsque l'on comprend la nécessité d'avoir recours aux feintes, il faut préalablement recommencer les faux temps en les indiquant pour s'assurer de nouveau qu'on n'attaquera pas dans leur action.

Après chaque attaque, il serait bien de rompre un pas. Il faudrait agir ainsi toutes les fois que vous êtes inquiet ou troublé. Mais où la retraite est de la plus indispensable nécessité, c'est lorsqu'on a touché l'adversaire, car on a vu des hommes qui, en apercevant leur sang, se sont précipités sur leur ennemi.

La parade simple étant celle qu'on doit employer lorsqu'on a bien jugé un coup, on comprend facilement qu'il faut donner la préférence aux parades de Contres, puisque ce sont celles qu'il faut employer dans le doute.

Nous avons apporté bien souvent dans des questions de duel le fruit de notre expérience, nous avons défini les préceptes et les règles à suivre, et nous sommes heureux et fier de pouvoir dire que tous ceux qui ont bien voulu recourir à nous dans ces questions d'existence, ont compris et éprouvé que cette moralisation du combat dont nous avons pris en main la cause, n'a jamais périclité avec nous.

Les positions respectives de l'homme qui attaque et de celui qui reçoit une injure doivent être bien définies, et tout ce que nous avons lu sur ces questions importantes ne nous a jamais entièrement satisfait.

Nous avons lu dans plusieurs ouvrages de singuliers aphorismes à l'égard de celui qui offense et de celui qui supporte l'agression.

Il en existe un entre autres qui nous a paru le comble de l'excentricité : *Qui frappe touche*, dit un auteur, et *qui touche est l'offenseur*, en dépit de toute insulte préliminaire.

Nous comprenons difficilement cette théorie, et comme nous suivons volontiers les préceptes d'Horace, tout en les modifiant quelquefois, nous basant sur son opinion :

Segnius irritant animos demissa per aurem
Quam quæ sunt oculis subjecta fidelibus,

nous prendrons un exemple dans la vie ordinaire pour combattre cette assertion.

Un homme veut assouvir sa haine contre un autre, il sait que *celui qui frappe a pour lui tous les droits de régler le combat.* Il injurie son adversaire dans tout ce qu'il a de plus cher ; il amasse contre lui les inculpations les plus terribles et les plus offensantes. L'autre, dont la patience est enfin épuisée, lève le bras et frappe ; ce code le déclare l'offenseur, et celui qui l'a mortellement injurié, choisissant l'arme qui lui convient, ravit facilement une existence qu'il regardait comme une proie assurée.

J'ai recommandé dans mes conseils un examen sévère de conscience avant la provocation ; aussi m'est-il difficile de comprendre comment on peut remettre à la voie du sort le règlement d'une provocation à la suite d'une discussion dans laquelle les lois les plus strictes de la politesse et du savoir-vivre ont été suivies. A un homme qui me provoquerait dans de semblables conditions, ce ne seraient point des témoins, mais un médecin que j'enverrais.

Il y a certainement bien des genres d'insultes, de provocations ou de matières à duel.

L'offense simple, pour laquelle il faut toujours s'empresser de faire des excuses.

L'offense avec l'insulte. Celle-là demande des excuses plus empressées, et même écrites, s'il y a eu des témoins de *l'insulte.*

L'insulte avec coups et blessures. L'homme provoqué par des coups a le droit incontestable de choisir les armes, le genre du duel et la distance, pourvu qu'elle soit le plus près, à dix pas.

Ainsi que nous l'avons dit plus haut, l'homme attaqué dans ses affections les plus chères, celui auquel on ravit une épouse, une fille, une sœur, celui sur le nom de la mère duquel on déverse l'injure, a certainement le droit de choisir les armes, de se battre avec les siennes, et si le duel a lieu au pistolet, de régler les distances, de tirer le premier, pourvu que ce soit toujours à une distance de trente pas.

Les armes admises pour le duel sont : le pistolet, le sabre et l'épée.

Nous n'avons pas besoin de venir encore une fois nous élever contre l'usage absurde du pistolet, nous avons déjà dit que le duel avec cette arme n'avait rien de généreux, rien de français, et nous avons écrit autrefois et reproduit dans notre chapitre du Duel qu'avec un pistolet la modération était impossible, et que la suite du combat donnait toujours une solution insuffisante ou cruelle. Car bien des gens espèrent qu'on ne chargera pas les armes, et la rencontre dégénère en bouffonnerie ; ou dans le cas d'une blessure, si la mort n'est point la conséquence de la lutte, les suites du mal sont souvent plus terribles que le trépas.

Le sabre convient aux soldats, mais il est bien peu en harmonie avec le duel. Il a l'inconvénient d'estropier. Dans un combat, on court, il est vrai, des chances mortelles ; mais si l'on échappe à la mort, encore faut-il s'efforcer de prévenir ces blessures qui rendent inaptes aux professions indispensables à l'existence.

DES TÉMOINS.

> Pour bien faire tout ce qu'on peut, il faut faire plus qu'on ne peut.
>
> (FONTENELLE.)

Il n'est jamais entré dans ma pensée de rédiger un code complet sur la question du duel, peut-être plus tard y consacrerai-je mes soins et mes loisirs ; mais, revenant encore une fois aux témoins, j'écrirai pour eux quelques aphorismes que me dicte la prudence.

1° Le duel ne sera toléré qu'entre deux adversaires également honorables. Refusez avec opiniâtreté de vous battre avec un homme dont la vie n'est pas entièrement pure.

2° Jamais on n'admettra un champion pour la cause d'un autre ; une telle prétention sera repoussée honteusement.

3° On devrait demander un intervalle de trois jours entre la provocation et la rencontre.

4° A des hommes ayant des torts égaux, permettez l'usage de leur épée respective et les moyens de l'assurer dans leur main ; mais ne faites pas de ces concessions pour les pistolets.

5° Acceptez toujours les excuses convenables et qui effacent l'injure.

6° Employez et saisissez tous les moyens de conciliation.

7° Rejetez les explications sur le terrain quand elles paraissent devoir se prolonger.

8° Cédez toujours aux conseils que l'humanité tend à suggérer.

9° N'admettez jamais l'hérédité des querelles ; les lois de l'honneur, les mœurs françaises repoussent les prolongations de vengeance.

Enfin, et je répéterai toujours cet aphorisme, qu'on ne puisse pas dire, à la suite d'un combat auquel vous aurez présidé : CE NE SONT PAS LES ÉPÉES OU LES PISTOLETS QUI TUENT, CE SONT LES TÉMOINS.

DEUX MÉTHODES COMPARÉES

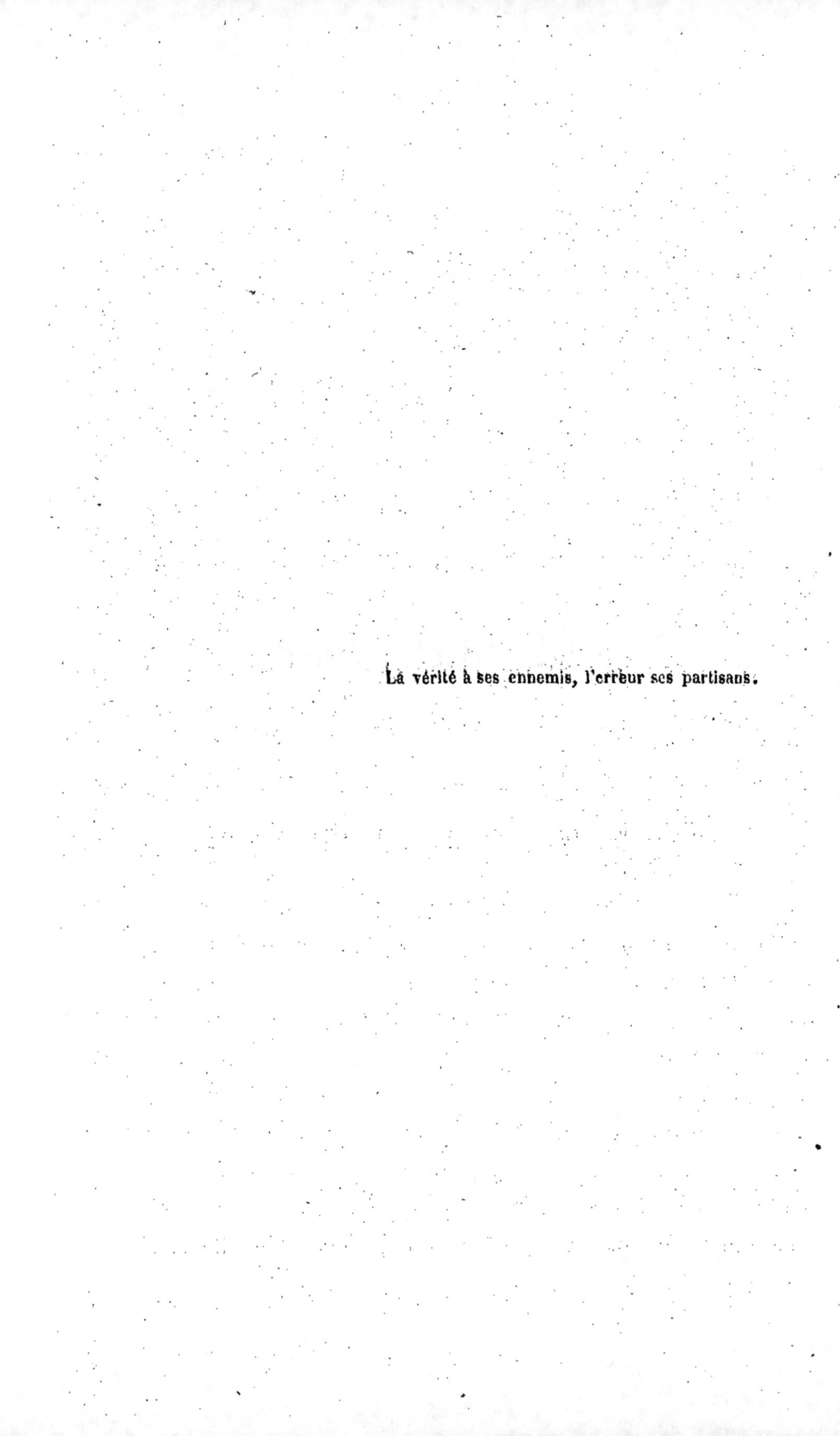

La vérité à ses ennemis, l'erreur ses partisans.

DEUX MÉTHODES COMPARÉES

CHAPITRE PREMIER

DEUX ÉCOLES. — DEUX MÉTHODES.

En cherchant dans le dictionnaire très-incomplet de l'Académie la définition exacte du mot *méthode*, nous avons vu dans les citations, que chacun avait *une manière ou méthode d'envisager les choses*. Nous pourrions conclure de cette assertion que chaque professeur d'escrime donne ses leçons en vertu de ses inspirations et de son jugement, mais nous serions dans l'erreur. Il y a dans notre art deux catégories de maîtres, et de cette division, il résulte deux *méthodes* que nous allons comparer. Nos lecteurs décideront quelle est celle qui mérite la préférence.

ÉCOLE DE 1789.

LA BOESSIÈRE, SAINT-GEORGES, FABIEN.

Nous avons défini l'art de l'escrime, nous avons donné son historique, nous avons mentionné ses progrès, dont tant de gens ont tenté d'arrêter la marche. Les armes ont toujours été en honneur en France, et sans venir nommer encore une fois les Henri de Saint-Didier, les Charles de Bernard et les autres anciens écrivains, nous dirons que l'école fondée par M. de La Boëssière, l'illustre maître des Saint-Georges et des Fabien, est celle où l'on a toujours rencontré la politesse, le talent, les convenances et la raison.

LEURS PRINCIPES. — LEURS DISCIPLES.

Autour du drapeau que portait M. de La Boëssière se sont groupés un petit nombre d'hommes fidèles aux bonnes traditions; ils ont cherché à conserver pur et toujours noble l'héritage de leur honorable prédécesseur, ils ont réussi à se garantir de tout contact délétère; mais les masses, entraînées par de faux avis et de perfides exemples, ont quitté la bonne voie et ont voulu planter un autre étendard vis-à-vis celui que nous défendons.

Espérons toutefois que les yeux se dessilleront; mais si le mal trop enraciné rendait nos efforts superflus, nous adoucirions nos regrets en disant :

Victrix causa diis placuit, sed victa Catoni.

LOI SUR LA PROFESSION.

Partisan déclaré de l'émancipation des arts et des sciences, avide de liberté sous la réserve que jamais la licence ne vienne occuper une place dangereuse pour nos institutions, nous nous sommes surpris bien des fois à regretter qu'une législation sage n'ait pas mis sous la protection spéciale des lois la profession de maître d'armes ; car, à nos yeux, l'importance de cette mesure est aussi impérieuse que celle qui concède, seulement en vertu d'un diplôme, le droit de défendre un accusé, de soigner un malade ou de préparer des remèdes.

Si l'escrime, ainsi que nous l'avons déjà dit, est un exercice gymnastique dont l'hygiène retire un immense profit, elle est aussi une des garanties les plus certaines contre les dangers que tous les instants peuvent faire surgir. Aucun homme ne peut quitter sa maison avec la certitude de ne pas ramasser une querelle, et malgré la pénalité dont M. Dupin veut à toute force obtenir l'application, le duel existe et existera peut-être encore bien longtemps.

DE L'OUVERTURE D'UNE SALLE.

D'APRÈS L'ANCIENNE ÉCOLE.

Dans le chapitre des *Maîtres*, nous parlerons de la nécessité du choix d'un bon professeur ; nous insisterons sur ce point important ; mais nous croyons devoir expliquer ici la manière dont on procédait jadis avant de se poser comme démonstrateur, et faire voir quelle méthode on suit aujourd'hui lorsque l'on veut ouvrir une salle.

L'homme que sa vocation appelait autrefois à devenir maître d'armes avait d'abord fréquenté des salles secondaires, mais où les bons principes étaient en vigueur. Après avoir obtenu la certitude de ses dispositions intellectuelles et physiques, il cherchait auprès d'un professeur renommé les conseils et les leçons qui devaient perfectionner ses premières études. Deux et trois ans de travaux assidus, de nombreux assauts particuliers ou publics, l'usage continuel du plastron avec le maître le rassuraient-ils sur la science qu'il avait acquise, alors, se glorifiant du nom de son maître, recourant chaque jour à ses bons avis, il ouvrait une salle dans laquelle il apportait les traditions sages qu'il avait reçues. L'art si noble et si utile de l'escrime ne périclitait pas, et le professeur émérite, heureux des succès de son disciple, remettait avec confiance à une main plus jeune le fleuret devenu trop pesant pour son bras affaibli.

Tels étaient les errements suivis à l'époque où je débutai dans la carrière ; nous allions demander aux Compoint, aux Charlemagne, aux de Ménissier, de diriger nos premiers pas dans cette voie où nous désirions suivre leurs traces glorieuses, et nous mettions toute notre ambition à mériter les suffrages des amateurs comme MM. Cazelli, Poultier et le comte de Bondy.

LA NOUVELLE ÉCOLE.

SON ORIGINE.

Cette marche sûre et rationnelle qui pouvait conserver aux maîtres d'armes la bonne renommée qu'ils avaient su conquérir et la science dont ils étaient les propagateurs honorés, fut tout à coup entravée; cette pureté de doctrine, transmise de professeur à disciple, s'altéra subitement lorsque les traités de 1814 et de 1815 rendirent la liberté aux captifs que retenaient les hideux pontons de l'Angleterre. Nos alliés actuels, que Napoléon avait voulu mettre au ban des nations, et que le système continental avait presque ruinés, s'étaient vengés, sur les individus, de la guerre que leur avait faite le grand capitaine. Nos prisonniers, entassés dans des vaisseaux rasés, étaient livrés à une profonde et dangereuse oisiveté. L'activité d'esprit demandait à se faire jour, et bientôt l'on organisa dans les pontons des spectacles, des concerts et des assauts (1).

LES NOUVELLES SALLES.

La paix rendit la liberté aux infortunés que la mort épargna; mais avec le retour de la tranquillité l'on avait diminué l'effectif de notre armée, et notre marine avait besoin de longues années pour se remettre des blessures terribles

(1) Voir sur l'intérieur et le régime des pontons, le livre si remarquable du général Pellet.

qu'elle avait reçues sous l'Empire; la majeure partie des tireurs qui avaient reçu dans les pontons ces fameux brevets de maître et de prévôt vinrent s'établir en France, et cherchèrent à gagner au moyen de leur fleuret les éléments d'une existence qu'ils ne pouvaient plus offrir au pays. Avec eux commença la nouvelle école, avec eux s'éleva le nouveau drapeau dont la devise portait le fameux dicton : QUI TOUCHE A RAISON.

Nous ne voulons pas qu'on se méprenne sur nos paroles, nous protestons hautement d'avance contre toute espèce de rapprochements que l'on voudrait établir; nous ignorons les personnalités offensantes, et après cette profession de foi, nous pouvons dire combien, dans cette masse de ferrailleurs, il y avait peu d'exceptions, peu de gens capables d'enseigner les théories sur lesquelles repose l'escrime, et de les faire pratiquer convenablement.

Donc, tous ces bretteurs, et tous ces porteurs de demi-espadon (1) que la paix avait replacés malgré eux dans la vie civile, allèrent dans les différentes villes frapper leurs appels sur le plancher d'une pièce enfumée, placèrent dans un cadre leur brevet couvert de deux cents signatures, croix et paraphes incorrects, et s'intitulèrent MAÎTRES D'ARMES.

DISSIDENCE ENTRE LES DEUX ÉCOLES

L'oisiveté, le chagrin, les caractères aigris par les tortures rendaient les mœurs de ces messieurs un peu différentes de

(1) Les maîtres d'armes des corps avaient le droit de porter le demi-espadon.

celles que l'on exige dans un bon et véritable maître ; aussi les conservateurs des traditions anciennes furent-ils à l'index parmi ceux auxquels ils avaient le droit d'hésiter à donner le nom de confrères.

On conçoit facilement le peu d'harmonie qui devait régner entre les élèves et les partisans de l'école de 1789 et les sectateurs des idées nouvellement importées. L'ex-prévôt aux bras tatoués, l'homme dont toute la littérature se bornait à savoir à peu près formuler les devises du brevet auquel manquait, et pour cause, la signature de l'*impétrant,* comme on dit encore sur les diplômes universitaires, ne pouvait décemment frayer avec le professeur qui méprisait l'alcool de l'estaminet et le vin bleu des coins de rue. La jalousie, l'envie, la dénigration surgirent, et l'homme tranquille, glorieux de la profession qu'il exerçait avec honneur et conscience, se vit en butte aux calomnies, car la médisance à son égard était impossible.

En fait de déboires et d'injustices, rien ne nous a manqué ; ce n'est point un vain et ridicule orgueil qui dicte les paroles que je vais tracer, c'est la conscience de la position que l'on a voulu nous faire malgré la protestation générale du public, qui nous a couverts de sa protectrice approbation.

Nous tous, élèves des La Boëssière ou des Fabien, nous avons repoussé et repoussons avec énergie toute assimilation avec ceux qui ont voulu nous ramener à l'époque des soldats aux gardes et des recruteurs du quai ; nous avons décliné et nous déclinons tout rapport avec ces bretteurs insolents, avec les enfants et les poltrons, mais qui courbent le genou devant ceux qui portent la tête haute et dont le cœur bat sans haine et sans crainte. Nous croyons avec conviction, nous croyons à la pureté de nos doctrines comme le chrétien croit en Dieu ; nous conserverons, autant qu'il nous le sera permis, les traditions que nous avons reçues de ceux qui ont honoré notre profession et nous l'ont remise honorable, et jamais nous ne ferons une concession au goût étrange qui transforme en tireurs et maîtres ces *maladroits vigoureux*, ainsi qu'on les nommait avant nous, ainsi que nous les nommons, et auxquels la postérité conservera ce nom.

Nous allons entrer en matière ; en regard des saines méthodes, des prescriptions judicieuses, nous placerons la leur, et en dépit du brevet d'ignorance dont on voudrait nous gratifier , en dépit de cette absence profonde de tout savoir dont on cherche à jeter le lourd manteau sur nos épaules, nous resterons tous unis, tous, comme l'homme du poëte latin : sans crainte au milieu des ruines qui viennent frapper l'édifice que nous avons vu si noble, si grand, et que nous voulons soutenir. Notre vie tout entière, nos recherches, nos voyages dans l'intérêt de notre art, notre dévouement à une belle cause : voici ce que nous apportons dans la balance ; le public fera pencher le plateau.

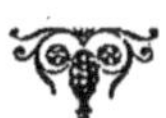

CHAPITRE II

> A qui veut s'égarer la carrière est ouverte.
> (PIRON, *Métromanie*.)
>
> Pourquoi donc soutiendrais-je une méthode qu'on ne voudrait pas mettre en pratique dans un danger réel; l'indulgence fait trop de mal. (GRISIER)

TERMES D'ARMES.

La méthode venue des pontons d'Angleterre se sert d'expressions mal choisies.

Ceux qui la suivent disent, par exemple :

Je n'ai pas *étrenné*, pour dire je n'ai pas touché.

Asseyez-vous, quand ce n'est pas *assoiez-vous*, pour dire prenez votre aplomb.

Coulez sur moi comme de l'huile, pour dire développez-vous sans saccade en glissant votre épée le long de la mienne.

Faites marcher la main signifie pour eux avancez ou développez l'avant-bras.

Frappez-moi là, c'est ça, c'est là, exprime qu'il faut tirer dans telle ligne ou toucher à telle place.

J'ai reçu ma pile, pour dire qu'ils ont eu le dessous dans un assaut.

J'ai donné un crâne gilet, pour dire qu'ils ont eu beaucoup d'avantage sur leur adversaire.

Subtiliser la parade, dit-on, c'est une attaque que l'on fait sur la parade de l'adversaire aussitôt qu'il rencontre votre épée.

J'ai vainement cherché à me rendre compte de cette expression.

Car, si l'on attaque après la parade, c'est une attaque ordinaire ; si l'on attaque dans l'action de la riposte, c'est *un coup de temps.* — Je crois que *subtiliser*, si ce mot devait être employé, signifierait attaquer dans l'action de la parade et empêcher de l'effectuer totalement. Mais en réfléchissant, j'ai compris que *subtiliser l'épée ou la parade* provenait de cette littérature de pontons, qui fait prendre au mot *infuser* la signification du verbe *renfermer* : ainsi les brigadiers orateurs *infusent* les soldats à la salle de police, et les prévôts de *certaine école* SUBTILISENT L'ÉPÉE OU LES PARADES.

TENUE D'ÉPÉE.

Ils tiennent l'épée en allongeant l'index, portent leurs coups en ouvrant la main, et font glisser la monture dans leurs doigts pour se donner de la longueur.

Ils ne croient pas :

Qu'avec une arme dans la main, quand cette arme peut vous sauver la vie, tous les gens raisonnables comprendront que la tenir est la question *sine quâ non*, c'est le *to be or not to be.*

Ouvrir la main est une faute plus grande encore, puisque

le moindre choc peut en faire tomber l'épée et vous laisser à la merci d'un coup que l'adversaire est trop rarement le maître de retenir.

Glisser la monture. Un adversaire expérimenté s'en apercevra certainement et fera un désarmement.

LA GARDE.

Ils ont les gardes les plus bizarres, les plus excentriques, ne s'effacent pas, et ne veulent jamais que l'on s'occupe de la partie gracieuse.

La garde a des principes certains, reconnus par les tireurs qui raisonnent; il est impossible de s'en écarter sans un grave inconvénient.

Au reproche de manque de grâce vient s'en joindre un plus grave dont l'hygiène corrobore l'assertion. Un homme qui n'est point effacé éprouve une contraction qui influe sur le développement des poumons; sa poitrine est-elle au contraire dilatée, l'appareil respiratoire fonctionne avec plus de vigueur et le corps sent augmenter ses moyens d'action.

DÉVELOPPEMENT.

Ils se fendent à outrance, le corps en avant, la tête basse, le pied gauche glissant et ne tenant à la terre que par le pouce de ce pied.

Ici plus que partout il faut une mesure : la tête basse empêche de voir si l'on a produit quelque chose, et glisser prive de l'aplomb si nécessaire dans cette circonstance. Si le corps manque de solidité dans le développement, une bonne retraite est impossible et il ne faut pas y songer.

LA MARCHE.

La marche leur déplaît, la course a toutes leurs sympathies; on dirait que leurs vieux souvenirs de captivité leur font désirer les moyens les plus rapides de locomotion.

La prudence est indispensable dans les marches : si le fer ennemi vous arrête dans votre course, la mort est bien près.

RETRAITES.

Ils les font dans le plus grand désordre, en formant des cercles qui ressemblent assez à des soleils tirés dans les feux d'artifice.

C'est oublier l'adage :

Savant dans les retraites, savant dans les combats.

DE L'APPEL.

L'appel, cette pierre de touche de l'aplomb, est compris par eux d'une manière singulière ; c'est la sonorité très-souvent répétée qui seule, selon eux, garantit la bonne position du corps.

On fait un appel pour inquiéter l'adversaire lorsqu'en même temps on lui marque une feinte, ou l'on fait deux appels pour reprendre son aplomb; mais les réitérer sans motifs est absurde.

LES LIGNES.

Ils sont toujours hors des lignes et à tel point que j'ai la conviction qu'ils regardent comme une faute de s'y soumettre.

Les lignes mal tenues exposent sans cesse, et ont l'inconvénient de faire manquer de justesse. En négligeant les lignes, on manque ses parades, ses ripostes et ses coups.

Une des exclamations fréquentes de cette catégorie de tireurs est celle-ci : *Ah! j'ai manqué le corps.* — La remarque est judicieuse, mais la raison veut qu'on les frappe pendant ce moment.

DE L'ENGAGEMENT.

Ils engagent l'épée en marchant et même quelquefois en courant.

Il est indispensable de prendre le fer avant de marcher; par ce moyen et celui de penser à parer, on ne peut jamais être surpris, et l'on sait que l'adversaire veut toujours surprendre son ennemi : je pense donc qu'il vaut mieux être prudent que de jouer ainsi sa vie à pair ou non.

DE L'ÉLÉVATION DE LA MAIN.

C'est encore là que l'exagération se montre dans toute son étendue ; ils tirent d'une hauteur excentrique, ou placent leur épée dans les lignes de dessous, ayant la main dans leurs jambes.

De cette manière ils découvrent toujours beaucoup trop une partie de leur corps, et le plus inutilement du monde. La main trop haute nuit pour toucher à une grande distance, la main trop basse garantit seulement les jambes, où l'on ne peut être tué à moins qu'on ne soit Achille.

DE L'OPPOSITION.

Ils ne s'en occupent pas, et c'est surtout dans les coups de temps que cette faute se fait trop remarquer. Ils tirent ce coup *droit devant eux.* Ils ne peuvent pas même dire : Je me suis trompé dans mon opposition. Je le répète, ils n'y pensent pas.

L'opposition est le bouclier du tireur; sans elle il n'est point de sécurité possible. L'opposition est indispensable dans la garde, dans les attaques, dans les parades, dans les ripostes. Veut-on attaquer soi-même celui qui se porte comme assaillant, l'opposition est encore plus indispensable, car elle est de tous les moments. L'homme qui tire sans opposition me décourage, m'attriste et m'inspire de la répulsion pour l'exercice de l'escrime, et je suis toujours tenté de leur dire :

> Ma foi, je n'aime point que vous ayez donné
> Dans un ART pour lequel vous étiez si peu né.

DOIGTÉ ET RETENUE DU CORPS, MESURE ET ATTAQUE.

Lâchant les doigts constamment, ne retenant jamais le corps, ils n'ont aucune connaissance de la mesure, et attaquent avec toutes ces fautes sans autre guide que leur caprice.

C'est dans cette source d'erreurs que l'on tombe en ne voulant pas étudier avec un maître habile afin de prendre connaissance des règles les plus indispensables. J'ai déjà dit dans ce chapitre l'inconvénient qui résulte de lâcher un doigt ou d'ouvrir la main. La retenue du corps est telle que je crois me souvenir qu'on a déjà dit avec raison :

Sans elle tout est mal, par elle tout est bien.

Celui qui ne connaît pas la mesure se fatigue en attaques inutiles, porte ses coups à une distance de laquelle il ne peut toucher. Il est facile de comprendre que ces fautes réunies font des attaques ridicules, et cependant ils sont heureux d'avoir touché l'adversaire. En vérité, la Providence est bien bonne de faire le bonheur des gens à si peu de frais.

PARADES.

Le bras qu'ils tendent généralement, les fausses lignes dans lesquelles ils se placent les amènent à manquer presque toujours le corps dans leurs ripostes.

Parer le bras ployé vaut mieux, on a plus d'élan pour la riposte, et l'on se rapproche davantage du faible de l'adversaire.

La parade, dans la bonne méthode, demande tous les soins du professeur. La négligence que l'on apporte aujourd'hui dans les leçons empêche les élèves d'apprendre à bien parer.

Ils contractent l'habitude funeste des retraites brusques ; ils sautent en arrière ou de côté pour éviter le coup qui les menace. Ils ignorent presque tous que la parade est la base la plus solide sur laquelle repose le succès d'un assaut. Pour vouloir éviter le coup qui les menace, ils sautent, dis-je, font grimacer le corps, et semblent assez bien, par toutes leurs contorsions, vouloir imiter les mouvements du singe. Ils parent de contraction : sur un dégagement sur les armes, ils parent demi-cercle ; sur le coup droit, ils parent le contre.

Ce sont principalement ces parades de contraction qui ont fait dire que tel tireur était un ferrailleur. Elles peuvent se prendre dans le doute où l'on est d'une attaque, mais toujours s'en servir annonce qu'on ne sait pas ce que l'on fait, attendu qu'aux armes il faut s'empresser de juger. Après cette opération de l'esprit, on doit parer juste ; ainsi : *Tierce* pour le dégagement sur les armes, et pour le coup droit une simple opposition.

Pour ne pas égarer le lecteur dans cette fourmilière d'erreurs, je me bornerai à citer seconde et demi-cercle qu'ils font avec des fautes multiples. D'abord ils parent *Seconde* indifféremment à partir de l'engagement de quarte ou de tierce, et répètent cette faute pour le demi-cercle. J'aurais un peu le désir de les excuser, car j'ai vu cette erreur chez les amateurs les plus forts.

J'entends surtout par faute lorsqu'on est forcé de faire deux mouvements pour parer un coup exécuté d'un seul temps, et je suis certain en cela d'être d'accord avec la méthode la plus pure. Examinons.

CALCUL POUR FAIRE DES ARMES.

Les armes doivent toujours être calculées ainsi : un temps d'attaque contre un temps de parade, ou deux temps contre deux, ou trois contre trois. Ainsi, à partir de l'engagement de quarte, si l'on pare seconde, c'est que l'on juge que l'adversaire tire dessous ; quelquefois on emploie encore cette parade contre l'Une-Deux, mais que devenez-vous si lorsque vous croyez au coup de dessous, on vous tire un dégagement sur les armes ? vous êtes certainement touché, car le temps vous manque pour vous porter dans la ligne de dessous où vous pensiez rencontrer l'épée et revenir dans celle de tierce où elle se trouve. Il vous faudrait deux temps de parade, et votre adversaire n'en fait qu'un seul pour attaquer. Il en est de même si vous avez jugé Une-Deux et que l'on fasse Une-Deux-Trois.

Si vous parez le demi-cercle à partir de l'engagement de *tierce* avec l'intention de parer des coups portés dans les lignes basses du corps, il est évident que vous serez touché sur un dégagement haut dans les armes, par la raison dite déjà qu'il vous sera impossible de faire demi-cercle et quarte, deux temps contre un seul d'attaque.

EXTRAVAGANCES

Une des manœuvres favorites de ces messieurs des pontons, est de parer seconde avec violence en retirant le bras jusque derrière le dos dans le but de passer leur lame du côté opposé. Ceci retarde d'un temps l'exécution et expose le corps pendant que le bras se retire. Cette stupidité, inventée par eux, figure depuis longtemps sur la liste des ridicules excentricités. Ainsi donc ils n'ont que trop souvent le mérite de l'imitation des choses répudiées par le bon sens.

CAVER.

Ils trouvent tout naturel de caver lorsqu'ils ne peuvent pénétrer dans une ligne droite.

Cette faute est tellement connue, l'accord est tellement unanime sur le mauvais emploi de ce moyen, que nos explications à ce sujet seraient superflues.

Ils portent quatre, cinq ou six coups de suite sans reprendre l'épée de l'adversaire.

Il est cependant certain que c'est une triste et cruelle ignorance que celle qui nous laisse sans savoir où est l'épée ennemie. N'est-il pas évident qu'elle peut être placée dans une position qui nous menace d'un grand danger?

Ils courent pour effectuer leurs attaques ou leurs ripostes.

Une méthode pure nomme celui qui court un ignorant s'élançant à sa perte; car celui qui excite son ennemi à courir cache certainement une intention perfide.

PRÉFÉRENCE ACCORDÉE AUX ANCIENS MAITRES.

Personne plus que moi n'est disposé à admettre le progrès. Je suis convaincu des perfectionnements que le temps peut apporter partout, mais je n'aime point à entendre décrier nos devanciers. Certains amateurs d'escrime prétendent que nos prédécesseurs dans la carrière, même les plus renommés, auraient aujourd'hui une infériorité marquée dans un assaut. Le *grand axiôme*, QUI TOUCHE A RAISON, avec lequel on a en quelque sorte modifié la belle science de l'escrime pour la réduire à une lutte dans laquelle on ne demande qu'à frapper, ce faux principe que je rejette ne m'empêchera jamais de me prononcer en faveur des Castelvert, des Fabien et des Saint-Georges, et je suis persuadé de l'assentiment de MM. Charlemagne et de Ménissier et des premiers amateurs, tels que MM. le comte de Bondy, Poultier, lord Henry Seymour, etc., etc.

INFLUENCE DE L'INVENTION DES MASQUES ET CUISSARTS.

L'invention des masques et cuissarts, etc., avec laquelle on aurait dû améliorer l'escrime, a produit un effet contraire; la plus grande partie de mes confrères et les véritables amateurs l'avoueront avec moi. — La crainte n'existe plus, on peut faire mal impunément, et tel mouvement auquel on n'oserait penser le fleuret à la main, si le visage ou la poitrine étaient découverts, se renouvelle avec une persévérance malheureuse, maintenant que l'on est protégé par le masque, la cuirasse de buffle, et les autres accessoires (1).

(1) Le masque est indispensable; mais quant aux autres accessoires, je n'en tolère l'emploi que vis-à-vis de ces *vigoureux maladroits* qui se trouvent malheureusement si nombreux depuis la création de la nouvelle école. Ce sont eux qui ont amené ces vêtements rembourrés outre mesure, ces peaux de buffle avec lesquelles on s'enveloppe. Je combattrai

LES FEINTES.

Le bras, l'épaule, le corps, sont tour à tour ou simultanément mis en jeu dans les feintes. Ceux qui, moins inhabiles, les font avec l'épée, emploient une espèce de mouvement oscillatoire toujours trop large de six pouces au moins. Ces feintes, exécutées sans jugement préalable, tromperont ou ne tromperont pas l'adversaire, peu leur importe. Leur maître leur a dit : Feintez. Ils obéissent.

Il n'y a rien en exécution qui demande autant de soin que les feintes ; elles compromettent toujours un peu, mais elles sont mortelles lorsqu'on les fait trop larges. L'attention la plus scrupuleuse, la pénétration la plus habile doivent indiquer si l'adversaire prendra telle ou telle parade avant de vouloir la lui tromper. Agir d'une manière différente, c'est tuer l'art.

Mais qu'importe cette grande question à ces gens qui se sont tués eux-mêmes par le ridicule !

RIPOSTES.

Que l'adversaire reste fendu, qu'ils soient trop rapprochés de lui, ils font avant de riposter deux ou trois marches ac-

ces inventions ; je réclamerai l'usage des vestes légèrement doublées en peau : on apprendra de cette manière à se protéger avec son épée. J'apporte toujours mes preuves. J'ai commencé les armes, j'ai conquis le peu de réputation que je puis avoir dans de nombreux assauts publics, et jamais avant mon retour de Russie je n'avais revêtu ces accessoires si multipliés aujourd'hui.

compagnées de grandes exclamations, suivies d'une quantité de ripostes sans reprendre l'épée. Mais c'est incroyable, c'est fabuleux, me dira-t-on. Non, c'est historique!

Il faut riposter aussitôt que l'on rencontre le fer ennemi avant toute espèce de mouvement de corps, donc avant de se fendre; et même ce principe est si rigoureux qu'il faudrait l'épée à la main après la riposte toujours rompre un pas. Il résulte de tout ceci qu'en faisant, en toute occasion, justement le contraire de ce qu'ils exécutent, on se trouve parfaitement dans la vérité.

ABSENCE D'ÉPÉE.

Le but qu'ils se proposent avec l'absence d'épée, qu'ils font toujours si exagérée, est d'effrayer l'adversaire et de continuer une attaque de fantaisie.

En les employant au contraire pour décider une attaque de son antagoniste, on évite toute surprise, et après cette épreuve, on voit si l'on peut les employer pour attaquer.

REMISES ET REDOUBLEMENTS.

Sans étude préalable du jeu qu'on peut leur opposer, sans savoir ce qu'il en adviendra, ils attaquent et ont décidé d'avance qu'ils feront remises et redoublements. Alors ils se ruent sur leur adversaire sans vouloir se remettre en garde, malgré les avertissements de l'assemblée qui leur crie : « Relevez-vous. »

Se relever vite est une des conditions premières d'une

bonne méthode. Les remises et redoublements exposent beaucoup trop, tout le monde le sait ; mais ils le font dans le but unique de faire faire un vilain assaut à un beau tireur. Peut-être connaissent-ils la difficulté qui existe à chanter juste un duo lorsqu'une des deux parties a la voix fausse.

SENTIMENT DU FER.

Cette qualité leur est totalement inconnue. Ils refusent de reconnaître son importance.

On a fait ce vers qui est fort juste :

Le sentiment du fer est le secret de l'art.

LA VITESSE.

Il faut leur rendre justice. Ils travaillent la vitesse, la travaillent tous les jours, et parviennent à un assez haut degré de perfection sur ce point.

Mais ce n'est pas tout que de rechercher la vitesse, il faut savoir comment elle se travaille, et c'est ce qu'ils ignorent. Il faut comprendre une chose dont ils méconnaissent complétement la portée, c'est la justesse, qui par elle-même est une vitesse. Il est très-facile de le démontrer.

Le mérite d'une vitesse mal entendue est de faire réussir avec maladresse et danger. Il est plus rationnel d'étudier avec de vieux et bons maîtres, car : *Il y a des avantages qui sont le fruit des années.*

M. de La Boëssière homme âgé a formé Saint-Georges ! Plus tard l'élève aurait battu le maître par la vigueur, la vitesse, la jeunesse; mais jamais certainement, jamais il n'aurait pu remplacer ce grand démonstrateur; il ne cessait d'en convenir. Ne prenez donc un professeur âgé que dans le cas où il jouit de la plus incontestable réputation de démonstrateur hors ligne.

LEÇON.

Les maîtres nourris des faux principes de cette méthode vicieuse ne savent pas donner l'épée, il la présentent et disent : Faites telle parade.

De cet enseignement incorrect, il résulte un état perpétuel de gêne. La conséquence de ce manque de savoir est que l'élève s'effrayant de la vue de l'épée qui vient le menacer, est tout à fait inhabile aux parades, en prend une au hasard, et lorsqu'on lui dit trop tard celle qu'il devait prendre, il n'entend plus, ne voit plus, s'étourdit, perd la tête et se dégoûte justement d'un art qui embarrasse ses idées et paralyse ses mouvements.

L'élève doit être prévenu d'avance, et le mouvement d'épée doit suivre la parole, ainsi que dans l'assaut l'exécution doit suivre la pensée. Tandis qu'avec ce qu'ils nomment audacieusement leur méthode, c'est la pensée qui suit l'action, lorsqu'il y a une pensée. Croyant qu'ils retiendraient mieux en leur parlant le langage du poëte, je leur ai dit souvent :

> .... Dans toutes les affaires
> La tête doit toujours agir avant le bras.

Elèves eux-mêmes de maîtres sans méthode certaine, ils enseignent et font exécuter avec mollesse ou dureté des coups dont ils ignorent la valeur réelle. La position prise par leur écolier n'est jamais modifiée par eux, et, prétendant qu'il ne faut pas contrarier la nature, ils ajoutent : *Il est bâti comme cela !*

Enfin ce qu'ils appellent leur leçon n'est jamais précis, clair ni lucide ; c'est un radotage fatigant et une monotonie qui endorment ; tout s'y embrouille dans la plus admirable confusion.

Il faut exécuter les coups avec précision et calcul, sans dureté, sans faiblesse, avec grâce et facilité ; alors on comprendra que :

Des coups aisément faits sont rarement aisés.

Il faut toujours donner aux élèves une situation normale et leur dire : Dans le cas où vous vous trouvez, pour favoriser telle combinaison il faut tel coup, telle parade et telle riposte ; dans telle circonstance employez telle feinte, car elle trompe infailliblement l'adversaire.

Enfin il faut contrarier souvent l'élève qui veut opposer sa volonté seule aux bons principes, et l'on doit absolument combattre autant que possible les défauts donnés par la nature ; les arts gymnastiques nous prouvent tous les jours que l'on peut arriver à d'heureux succès en ce genre.

PRIME.

Ils enseignent à parer prime sur tous les coups et à riposter par un coupé, dont ils ont si mal compris la marche et la ligne, qu'il vient dans les assauts frapper huit fois sur dix la tête ou le corps de l'adversaire, ainsi qu'on le ferait avec le coupant d'un sabre.

La riposte de prime ainsi faite est inquiétante, en ce sens que les coups que l'on reçoit font grand mal ; mais ils ne sont pas dangereux.

SECONDE.

Ils font exécuter très-souvent le coup de seconde, soit dans cette position, soit dans celle d'octave, lorsqu'ils jugent que l'on doit tirer dans les lignes hautes, parce qu'ils s'imaginent qu'au moment où il se baissent et tirent, le coup de l'adversaire passera par-dessus leur tête.

Si ce coup est manqué, on risque d'avoir la tête traversée, leur objecte-t-on ; à cela, ils répondent naïvement : On fait ce coup dans les assauts, mais pas en duel.

Cette manière d'enseigner, qui a si peu de rapports avec les armes, doit amener l'élève à dire : Alors vous croyez que j'apprends à faire des armes pour savoir jouer du violon le jour où je devrai me battre ?

Tierce, quarte, demi-cercle, toutes les parades enfin sont faites dans les lignes parfaitement inconnues à la raison.

Ils font travailler avec une certaine vanité les *parades en pointe volante,* ainsi que la risposte qui se fait en jetant le coup droit de revers et en faisant décrire un cercle quelconque à la pointe de leur épée.

Parer en *pointe volante* habitue la main à des écarts dangereux. Jeter la main de si loin nuit à la justesse.

Pourquoi donc décrire des cercles lorsqu'on peut suivre une ligne droite ?

L'ASSAUT.

Le cadre est vaste, on peut y ajouter des portraits.

Naturellement ici se font jour toutes les fautes que nous avons déjà signalées. Le champ est large et ouvert.

Dans leur garde d'assaut, le corps en avant ou renversé, ils emploient une grande raideur ; ils ont les bras tendus, la poitrine rentrée, le pied droit en dedans et le pied gauche en dehors, la pointe de leur épée soit en l'air, soit dans les jambes, soit sur les côtés, mais à la plus grande distance.

Le corps ainsi placé n'a aucune élégance, la raideur ôte une partie de la vitesse ; la poitrine mal placée nuit à l'hygiène ; les pieds, bien posés, doivent contribuer par leur position à la grâce et à la solidité du corps ; ils doivent former l'équerre. Les pointes posées hors ligne retirent toute précision.

Il y a même de ces maîtres qui placent en garde leur corps très en avant et le laissent tomber en se fendant dans une direction presque horizontale ; qui enfin tiennent leur fleuret dans la ligne la plus transversale parce qu'ils couvrent, disent-ils, le dedans avec la pointe, et le dessus avec le fort.

Je livre ces détails à l'appréciation des hommes sensés qui s'occupent de notre art.

Ils posent en travers leur bras gauche sur le devant de leur poitrine, attaquent et se retournent pour faire leur retraite, et se baissent pour esquiver le coup qui leur est porté dans les lignes hautes.

Avec le bras on peut repousser le bouton d'un fleuret; mais l'épée à la main, une blessure est certaine, et l'on aide au coup qui finit par arriver facilement jusqu'au corps. Se retourner est un mauvais moyen, car on se prive de parer; le seul bénéfice honteux qu'on en retire est d'être tué dans le dos. On est plus sûr d'opposer son épée au coup porté en haut qu'on n'est certain de se baisser à temps pour ne pas avoir la figure traversée.

Ils s'obstinent à croire qu'il y a plus de sûreté à ne pas donner l'épée.

La méthode veut qu'on joigne les fers si on ne veut être sans cesse exposé à des coups pour coups. L'épée à la main, celui qui marchera bien devant lui, la pointe de son épée dans le visage de son adversaire, aura un grand avantage; il est certain que cette garde imposante forcera celui-ci à venir se mettre en ligne. C'est instinctif, j'en ai la preuve de plus d'une manière. On ne peut pas bien se rendre compte de cela dans les assauts.

Les maîtres dont je parle affectionnent les corps-à-corps à un tel point que les leur interdire serait les faire douter de l'existence de l'art des armes. Touchent-ils leur ennemi ou manquent-ils le corps, ils poussent des sons gutturaux à effrayer les gens les plus braves.

Saint-Georges et les autres savants disciples de La Boëssière avaient compris (et l'époque dont ils étaient les contemporains leur en faisait une loi, car le port de l'épée rendait le duel plus fréquent), Saint-Georges, disons-nous, et avec lui les véritables amateurs, avaient compris toute l'importance de tirer de loin. En suivant ce mode, on prouve que l'on a reconnu les ressources de l'art que l'on cultive et les conséquences qui lui sont inhérentes. Toujours calmes et graves, ces illustres tireurs dédaignaient les cris si souvent répétés qui retentissent aujourd'hui dans certaines salles, cris sauvages, qui ne peuvent servir à effrayer l'homme qui a la conscience de son savoir; la vraie méthode n'a jamais commandé ce luxe de développement du larynx.

La première attaque, dans les principes de ce que l'on veut appeler la nouvelle école, est souvent un *coupé dégagé dessous*. Il n'y a rien de plus compromettant, car si l'adversaire tire droit, on est perdu. La méthode veut que la première attaque soit on ne peut plus simple, qu'on ait prévu son succès, et qu'elle arrive dans une opposition.

Ce n'est qu'après avoir reconnu l'insuffisance du jeu simple que l'on doit employer les coups compliqués, mais il faut au préalable essayer le jeu simple, toujours plus favorable et plus sûr, et redouter la complication dès le début d'un combat.

Voici un de leurs enseignements : — Lorsque je sais que l'on me porte un coup dans les lignes basses, je n'hésite pas à tirer en haut en même temps, parce qu'en se fendant tous deux, le haut de chaque corps se porte en avant et mon coup touche plus tôt et plus fort que celui qui veut m'atteindre dans la ligne basse. —

Lorsque ne voulant pas parer (au mépris d'un principe de rigueur) on se fend exprès ensemble, on fait faute neuf fois sur dix. Le coup menacé en bas peut se termier dans une ligne haute, alors le danger est égal, et dans le cas où l'on atteindrait son ennemi, tirant dans la ligne basse, qu'arriverait-il ? On donnerait douze pouces de fer dans la poitrine pour en recevoir en retour six dans le bas-ventre. C'est bien trouvé et digne d'admiration. Je ne sais si la société des *libres échangistes* a envisagé cette question dans le grand traité d'union commerciale dont elle se préoccupe.

Ils attaquent pour redoubler, font ces deux choses simultanément, sans s'inquiéter de la riposte, et agissent comme s'il était convenu qu'elle n'existe pas. Sur leur premier mouvement si l'on riposte, ainsi que le commande impérieusement la méthode, il sont frappés d'une manière terrible, n'étant occupés que de redoubler, ne s'inquiétant pas du tout de leur parade ou de leur retraite.

Mais le triomphe des disciples de la méthode des pontons, leur ravissement, leur bonheur, ce sont les coups de temps! Par eux, disent-ils, nous sommes certains d'intimider les plus forts, de faire faire un mauvais assaut à l'homme méthodique, et c'est toujours une consolation que de pouvoir dire : Monsieur un tel qui a la réputation de faire si bien des armes, a pourtant mal tiré avec moi.

La bonne méthode veut impérieusement qu'on soit très-avare de ce coup, qui demande le plus grand jugement, la plus grande précision, un coup d'œil sûr et la plus parfaite exécution. On ne doit oser l'entreprendre que lorsque l'on est certain de posséder ces qualités. Le coup de temps, c'est leur idole, ils ne sortent jamais sans lui ; ils le présentent partout à tort et à travers. C'est sur ce point d'appui que repose pour eux la joie, l'espérance et la fortune.

« Dans leur tête un beau jour ce talent se trouva ! »

Piron, *Métromanie.*

Dans un assaut sévère, dangereux, lorsqu'ils ne savent plus du tout où ils en sont, il y a des novateurs qui ne veulent pas, lorsque c'est de la plus absolue nécessité, reculer d'un pas ; l'ignorance n'exclut pas la bravoure, ils mettent à rester là un certain amour-propre ridicule, un certain courage, car de près on peut se faire blesser ; ce sont encore eux qui ont inventé ces fameux duels, et nous en avons été témoins involontaires, dans lesquels on s'attache le pied gauche à un point fixe.

Rester en mesure lorsqu'on se trompe, c'est vouloir rester devant l'ennemi sans munitions.

Il y en a d'autres qui font la faute contraire et se sauvent d'une façon honteuse sur le coup qu'on leur porte.

L'assaut est l'image du duel, et le duel est la guerre en miniature.

Sur ce champ de bataille où l'honneur nous conduit,
La mort fuit qui la brave, et cherche qui la fuit.

Ils ont des discussions à chaque coup, veulent entrer dans des explications dont ils ne sortent jamais, et ce qui est incroyablement comique, c'est que plus un sot bredouille, plus il croit qu'on le comprend. Cependant j'en ai connu un qui bredouillait exprès afin d'ennuyer son monde, espérant qu'on ne lui demanderait plus des explications qu'il savait bien ne pouvoir donner.

J'ai toujours pensé que lorsqu'on faisait des armes devant des personnes qui nous font l'honneur d'assister à nos exercices, il était convenable de s'en rapporter à leur jugement.

Ils tirent deux heures sans le moindre repos, pour prouver qu'étant vigoureux, ils doivent être considérés comme tireurs qui connaissent à fond tous les secrets de l'art.

Un assaut aussi long doit nuire au goût et à la belle exécution, car lorsqu'on fait des armes si longtemps, on ne peut conserver la grâce, la précision et la justesse.

Cependant ils osent faire des assauts en public ; il y en a cent qui tombent honteusement, un seul réussit, il passe pour habile, il a tout risqué, il a peut-être bien fait, car,

Quand on n'a rien à perdre, on a tout à gagner.

Recherchant surtout la réputation d'improvisateurs en escrime, ils rejettent l'enseignement qu'ils ont dû recevoir ; à les entendre, ils n'ont jamais pris que quatorze leçons.

Dans leurs assauts, bien ou mal, ils veulent toucher beaucoup.

Ils ne savent pas se fendre sans renverser le corps.

Le hasard y tient lieu de prévoyance.

Le caprice prend la place de la raison.

Le bizarre et l'absurde en font tous les frais.

Ils veulent que leur main ait plus d'esprit que leur tête.

Ils feintent du corps et non des doigts.

Le coup qu'ils ont touché assez fort pour faire mal se décuple en valeur à leurs yeux.

Recherchant le jeu du bras et renonçant à celui de l'esprit, les coups fantasques sont leurs coups méthodiques, et cependant ils trouvent des admirateurs ; ce qui nous fait dire :

L'aigle d'une maison n'est qu'un sot dans une autre.

. . . .

. . . .

L'assaut n'est point pour eux l'image du combat (1).

(1) A l'un des princes de cette méthode, je disais, il y a quelques années : « Si je faisais des armes avec vous en public, j'aurais des craintes pour ma

RÉSUMÉ.

Les leçons de duel que ces gens-là donnent, c'est le comique, le bouffon mêlés à la tragédie.

Mais, me dira-t-on, vous faites la critique d'un système qu'ils ont inventé, mis en pratique avec un certain succès, ce sont les premiers dans leur genre. Oui, j'en conviens ; mais faites bien attention que leur genre n'est pas le premier.

Oui, c'est une rude tâche que celle que j'ai entreprise de vouloir seulement esquisser à grands traits le ridicule et les faux principes de ce que l'on veut appeler une méthode, système partant d'un point de départ entièrement opposé au jugement le plus ordinaire, et que certains amateurs de la nouveauté et du paradoxe se sont complu à soutenir. J'ose concevoir l'espérance que devant l'exposition de ces deux méthodes, les personnes qui ont fatalement suivi la mauvaise y renonceront. Heureux si je puis voir les yeux se dessiller, et ramener aux véritables errements des maîtres habiles dont

réputation, car je vous trouve très-difficile ; mais je vous jure sur l'honneur que si le hasard nous met un jour l'épée à la main vis-à-vis l'un de l'autre, je vous rirai au nez tout le temps, non par bravade ridicule, mais parce que je suis on ne peut plus convaincu que vous ne feriez rien l'épée à la main de tout ce que vous et d'autres voulez bien nommer votre talent. »

On me croira facilement, puisqu'ils répondent à chaque reproche qu'on leur adresse au sujet de leur fausse méthode : « Mais, monsieur, je ne ferais pas ce coup-là dans un duel. » Croyons cette naïveté, car j'ai connaissance de leurs duels : j'y ai vu celui qui a le jeu d'assaut dans les lignes basses passer dans les cheveux de l'adversaire, et celui qui a le jeu dans les lignes hautes égratigner la cheville.

j'ai suivi les théories, ceux qu'une erreur déplorable a pu en écarter même depuis longtemps (1).

Nous ne voulons pas, devant les lecteurs auxquels s'adresse notre livre, relever les attaques de nos adversaires, attaques où le grotesque et le ridicule le disputent à la basse jalousie, nous savons combien les gens de goût repousseraient ces tristes calomnies, ces dénégations absurdes portant sur le talent contesté, les places obtenues, les récompenses méritées, alors que le public s'est prononcé, que les brevets font foi, et que les titres honorifiques sont concédés ouvertement. Basile, dont tant de gens suivent les maximes, a dit : Calomniez, il en restera toujours quelque chose ; cela est vrai, mais quelle position n'a pas été attaquée par la calomnie ? Toutes les professions ont eu des détracteurs, et la jalousie semble être le partage de ces hommes qui peut-être n'ont pris le nom d'artistes que pour avoir le droit de chercher à compromettre ce titre.

Laissons donc ces diatribes ignobles contre la vie privée, ces recherches honteuses sur le tarif de telle ou telle salle, sur les intérêts particuliers des individus ; nous devons épargner les dégoûts dont on nous abreuve à ceux qui veulent bien nous lire, à ceux qui, par leur bienveillance, nous dédommagent des maux que l'on veut nous faire.

(1) Quelques-uns de ces messieurs, dont je signale l'excellente méthode, sont convenus avec deux amateurs que je dédaigne de nommer, de faire la critique de mon ouvrage; et ce que je ne qualifierai pas, c'est que cette critique est commencée deux mois avant la publication de mon livre.

Une partie de ces propos qui m'ont été rapportés, ont été tenus chez MM les princes Wolk, mes anciens élèves, dont l'amitié et la bienveillance m'ont toujours été et me seront toujours si précieuses.

Nous l'avons déjà dit, nous croyons à l'avenir glorieux des armes ; l'épée, cette compagne fidèle de l'homme, qui garde son honneur ou qui le venge, ne deviendra jamais, malgré ceux qui en abusent, un morceau de fer inintelligent, une barre dont le poids en *vous touchant* rudement *vous démontrera la raison*. Depuis plus de trois siècles on s'occupe activement de l'escrime, chaque jour le goût s'épure et le perfectionnement arrive. Nous avons fait bien des progrès depuis l'instant où Besnard écrivait qu'il ne fallait pas chercher du nouveau ; nous en ferons encore, malgré l'espèce de protestation contre toute nouvelle théorie par un écrivain plus moderne ; la science marche, les obstacles ne peuvent rien contre elle. La France, depuis l'année 1655, a tenu le premier rang dans l'art de l'escrime, comme elle occupe la première place par la pureté de sa langue. Vainement les invasions étrangères ont tenté de dénaturer cette clarté de langage qui fait notre richesse ; l'union de nos princes avec les filles des Médicis nous avait importé les tournures italiennes, nous avons fait bonne justice de ces prétendues richesses ; il en sera de même pour les bonnes démonstrations de l'art des armes ; la raison l'emportera sur les théories absurdes, et l'enseignement sortira plus fort et plus rationnel de la petite guerre qu'on a voulu lui faire. Non, jamais le bon sens du public ne pourra consentir à placer sur le rang de Saint-Georges, ce modèle inimitable, des tireurs que la vigueur, la vitesse, les emportements et les nombreuses imprudences font préconiser par des hommes qui jugent avec indifférence ou avec l'esprit prévenu.

Cependant, et dût-on nous traiter de vieillard et nous reprocher d'être *laudator temporis acti*, nous nous permettrons un conseil aux amateurs qui veulent bien fréquenter nos salles et nos assauts publics.

Ces amateurs sont de trois classes :

Les inhabiles, qui viennent juger des coups et applaudissent celui qui touche en dehors de toutes les règles et contre toutes les probabilités ;

Les connaisseurs, qui se passionnent pour tel ou tel moyen et repoussent tous les autres ;

Enfin, les véritables amateurs devenus coupables d'indifférence, peut-être à cause des mauvaises méthodes auxquelles ils répugnent, mais qui manquent d'énergie pour protester, comme on le faisait autrefois, contre un système défectueux et des exercices sans régularité.

C'est surtout à cette dernière catégorie que s'adressent nos reproches, ce sont eux que nous adjurons de nous venir en aide et de soutenir les efforts de cette ancienne école dont ils se glorifient à juste titre d'avoir été les disciples, et dont nous autres, ses défenseurs et ses représentants, nous maintiendrons les droits et les préceptes avec courage et persévérance. Eux seuls pourront exclure les assauts d'ambition au profit des assauts d'étude ; eux seuls pourront, en nous lisant, prononcer que ces réflexions sur un art qui a fait la principale étude de notre vie, n'ont été écrites que dans un but légitime de conservation d'une méthode justifiée par ses succès. Ils nous défendront contre le blâme ou l'animadversion qu'elles exciteront peut-être, et lorsqu'en leur présence on voudra prononcer contre nous, ils pourront nous encourager à dire comme Galilée dans sa prison : ***E pur si muove!*** Et cependant elle tourne!

On comprend bien qu'il n'entre pas dans notre esprit de faire un rapprochement entre l'illustre disciple de Copernic et l'humble auteur du livre que je termine ; mais la *vérité est une, elle a ses ennemis ; le mensonge est multiple, et l'erreur a ses partisans.*

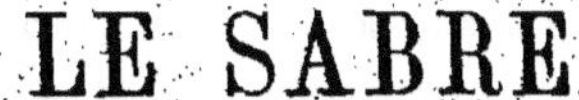

LE SABRE

J'ai toujours craint d'indigner la raison, jamais d'indigner les hommes.

(MIRABEAU.)

LE SABRE

Avec la malheureuse imperfection inhérente à la race humaine, nous concevons jusqu'à un certain point que la gratitude soit quelquefois un fardeau un peu lourd ; mais lorsque muni seulement de quelques recommandations bienveillantes on trouve dans une nation étrangère un accueil rempli d'hospitalité généreuse, alors on aime à répondre hautement à ces honorables témoignages de sympathies ; on est heureux de reconnaître et de publier que, mettant de côté tout petit sentiment de nationalité jalouse, une contrée lointaine vous a gracieusement adopté et permis d'entrer dans ses rangs en vous faisant une place large et en vous ouvrant une voie facile vers le but auquel vous tendiez.

Animé des plus vifs et des plus respectueux sentiments de reconnaissance envers l'auguste monarque auquel le ciel a confié le bonheur et les destinées de la Russie, et qui n'a pas dédaigné d'agréer la dédicace du livre que je publie aujourd'hui (1), je revoyais les dernières épreuves, lorsque je trou-

(1) S. M. l'empereur de Russie a daigné recevoir, en 1837, le manuscrit que j'ai eu l'honneur de soumettre à son auguste approbation.

vai, par hasard, un ouvrage intitulé : *Traité de la contre-pointe*. J'appris que cette œuvre, éditée dans le pays où j'ai reçu les témoignages les plus doux et les plus flatteurs de bienveillance, était soumise à la haute approbation du souverain de la grande nation russe.

La connaissance profonde que je possédais du savoir de l'auteur de *la Contre-pointe* me fit éprouver un singulier étonnement en voyant ce traité écrit par un homme apte peut-être à exercer n'importe quelle profession, excepté celle de l'escrime, qu'il exploite cependant avec avantage pour lui, mais auquel il manque selon l'opinion de tous ceux qui le connaissent, une qualité essentielle pour discuter un pareil sujet, celle de bien connaître l'arme dont il enseigne la pratique et explique la théorie.

Je me crus donc obligé d'analyser cet ouvrage, entouré de tout le luxe que la typographie moderne peut inventer et dont la richesse extérieure, malgré son éclat, ne peut parvenir à déguiser la pauvreté du texte. Or, je le déclare sans haine et sans passion, dans le très-minime nombre de pages auquel les dessins, les vignettes et les grandes marges laissent si peu de place pour le double texte russe et français, nous avons trouvé de grandes et fréquentes erreurs à signaler. Nous serons impartial ; la différence de position, l'éloignement qui nous sépare, notre esprit de modération, nous empêcheront d'être injustes.

La nation russe renferme de magnifiques éléments d'organisation militaire ; le grand Frédéric disait des soldats russes de son temps : « Après les avoir tués, il faut les pousser pour qu'ils tombent. » Supposez l'adresse chez de tels hommes, que ne feront-il pas ! Mais donner sérieusement des leçons de sabre et d'épée, former des professeurs d'escrime pour l'armée, cela est plus difficile qu'on ne le croit à Saint-Pétersbourg.

Trouvant faciles à surmonter les difficultés que présente l'enseignement rationnel et logique de l'escrime, l'auteur de *la Contre-pointe* a bien voulu former des maîtres pour la garde impériale et daigné publier un livre, qui, dit-il avec une modestie égale à son talent, doit être le guide des officiers généraux.

Prendre corps à corps tous les errements de l'auteur, le suivre dans tous ses détails, relever une à une les erreurs qu'il renferme, serait un travail aussi long que fatigant ; il est une autre raison qui m'impose des bornes dans ma critique : le nom du glorieux souverain auquel cette œuvre incohérente a été présentée, m'inspire trop de respect pour que j'ose venir jeter à la face de l'écrivain les noms d'inhabile et de présomptueux.

Cependant le souvenir de toutes les bontés dont j'ai été l'objet, la gratitude envers mes nobles protecteurs, mes nombreux élèves, me font une loi de ne pas garder le silence, et de discuter la valeur des assertions d'un homme qui, pendant les dix années de mon séjour en Russie, a observé le silence le plus complet et tenu la conduite la plus scrupuleusement réservée lorsque notre profession devait nous réunir et mettre en présence celui qui s'intitulait le *premier* professeur de l'empire, et l'artiste français qui venait soumettre le fruit de ses études aux amateurs de la noble science de l'escrime.

Selon nous, la première condition à laquelle un auteur doit

obéir est celle de donner une définition exacte du sujet qu'il traite. Nous aurions donc dû pouvoir lire : J'enseigne la manière de se défendre contre la pointe ; et l'homme *qui a étudié toutes les gardes connues,* aurait bien fait de remarquer l'insuffisance de celle qu'il conseille à ses élèves, car, engagé de tierce avec la lame en ligne de l'œil, ainsi qu'il le veut, on est éminemment vulnérable, le bras ni l'arme ne couvrent le corps. La ligne droite seule peut garantir celui qui la conserve, et quand la main tient le sabre engagé de tierce, la pointe doit se trouver au défaut de l'œil gauche.

Si j'avais l'honneur d'être choisi pour former des maîtres d'escrime pour la Garde d'un des plus puissants souverains du monde, je chercherais, avant tout, à rendre mon enseignement rationnel et raisonnable ; parez et frappez, telle serait ma devise. Je ne débuterais pas en disant que la double détente est bonne pour le sabre et ne s'emploie pas avec l'épée. L'usage de cette attaque, que je qualifie à juste titre de pratique détestable, peut être admise avec une grande restriction dans une salle ; mais dans un duel, où, pour combattre un adversaire qui conserve une longue distance, on doit avancer, prêt à parer, se servir de la double détente est le propre d'un insensé ou d'un homme complétement étranger à l'art de l'escrime. Vous comprenez alors que l'erreur du *maître* qui expose cette théorie sur la double détente, est une erreur bien grave.

Cinq gravures sur les *gardes* illustrent ce traité de la contre-pointe ; nous y trouvons la garde haute et basse de l'espadon, celle du hongrois, du déterminé, même celle du montagnard écossais ; mais de l'efficacité de ces défenses ou de ces positions, on ne rencontre pas un mot. Chez l'auteur de ce livre soumis à une haute approbation, le professeur s'efface devant le chroniqueur. Raconter n'est pas enseigner, et en vous lisant, s'acquiert cette conviction, que l'on arrive quelquefois à être plaisant avec les choses les plus graves. En effet, quand vous nous décrivez toutes ces gardes de l'espadon, du déterminé et de l'écossais; n'avez-vous donc pas à dire : La garde basse de l'espadon n'est pas bonne, car pour couvrir sa jambe, on découvre sa tête et son corps. — La garde haute est ridicule, car on est singulièrement ramassé la tête couverte par l'épaule, position anormale et contraire à toutes les règles pour exécuter un mouvement. Que deviendrait, en effet, celui qui conserve cette garde devant une feinte de coup de pointe en seconde pour tirer dessus un coup de figure ou un coup de pointe ? — On touchera toujours plus vite en menaçant et en tirant dans les lignes horizontales, que le pareur obligé de parcourir des lignes circulaires de bas en haut avec le sabre, arme qui toujours doit fatiguer et entraîner la main.

La garde du déterminé peut conduire à recevoir un coup de pointe dans le bras; l'élan du coup est alors arrêté. La fausse attaque déterminerait aussi un mouvement de main qui dérangerait la position et laisserait à découvert l'homme qui se croit ainsi garanti. — Un professeur devrait dire ces choses que nous signalons, son ouvrage ne serait pas alors dépourvu d'intérêt.

LE COUP DE MANCHETTE.

C'est un désarmement, il force l'adversaire à laisser échapper son arme. Vous dites : Engagé de quarte, on l'effectue en dehors, par le moyen d'un cercle décrit au-dessus de la pointe de l'ennemi. Or, votre leçon manque de logique, car pendant ce mouvement circulaire, on peut vous porter à vous-même ce coup de manchette et même un coup droit. La contre-pointe, et vous en avez bien mal à propos négligé la définition, étant, rappelez-vous-le, *l'art de se défendre contre la pointe*, il faut pour opérer le désarmement ou éviter la mort par le coup droit, passer le sabre par la ligne la plus directe ; permettez-nous ce conseil et profitez-en.

LE COUP DE MANCHETTE D'ENVERS.

Ce mouvement se fait, dites-vous, en formant un cercle entier avec son sabre ; ce moyen expose certainement plus que de baisser (à partir de la garde de tierce) la pointe de votre sabre sous la garde de l'adversaire, puis dans cette position de donner le coup de manchette d'envers. En suivant ce principe, que je suis heureux de pouvoir vous présenter, on a même la facilité de pouvoir donner le coup de manchette en dehors et en dedans et d'inquiéter du coup de pointe.

Vous ajoutez que ces coups ont l'avantage de se tirer sans se fendre, mais on ne peut pas dire cela, car il est facile de faire tous les coups de près et de loin. La seule cause déterminante est de savoir si l'adversaire est fendu ou relevé ; c'est une question de distance, et si l'on voulait faire les coups sans se fendre, alors on serait trop près de son adversaire, ce qui est une faute. Faut-il donc tout vous dire?

COUPS DE BANDEROLLE.

L'auteur dit : Le coup de banderolle se forme étant en garde de tierce, dégageant finement, filant le long de la lame de l'adversaire et venant porter le coup depuis l'épaule gauche jusqu'à la hanche droite.

Erreur impardonnable, car lorsque vous dégagez ainsi, il est évident que votre adversaire vient se couvrir en quarte, ce qui vous empêche forcément de porter le coup de banderolle.

Enseignez, croyez-moi, le contraire, et dites :

Étant engagé de tierce, faites feinte d'un coup droit dans cette ligne et accompagnez ce mouvement d'un appel du pied. Naturellement votre adversaire se portera du côté de tierce où il est menacé, et pendant ce temps vous passerez rapidement au coup de banderolle du côté de quarte.

COUPS DE CUISSES.

Vous les exécutez en filant le long du sabre de l'adversaire ; il fallait dire, soyez-en convaincu, qu'il était indispensable de menacer fortement de la pointe la figure de votre adversaire, afin que, craignant pour sa tête et portant là sa parade, il ne pût être prêt à garantir la cuisse.

DESSINS.

Les dessins indiquent une multitude de coups, mais nous ne trouvons pas un seul mot sur les ripostes. C'est un parti pris, et nous devons garder ce livre pour convaincre les incrédules qui viendraient nous accuser de ne pas analyser l'ouvrage d'un maître ou du moins d'un homme qui se qualifie professeur.

COUPS DOUBLES DE LA POINTE.

Vous nommez ces coups doubles, bien plus, vous les enseignez.

D'après vous, on dégage au sabre sur un adversaire qui fuit, puis étant fendu, vous ordonnez de rapprocher le talon gauche du droit et d'opérer une nouvelle fente. Ces grands mouvements exposent beaucoup trop et sont de mauvais conseil. En effet, à qui persuaderez-vous, à moins que ce ne soit à un homme totalement étranger à l'escrime, qu'on puisse exécuter cette double fente sans être arrêté, sans que l'adversaire puisse parer et riposter ? Une pareille attaque ne peut avoir lieu que contre un ignorant. Or, les leçons que l'on prend sont pour lutter avec ceux qui sont instruits. Je dirai plus : avec un adversaire qui vous laisserait faire toutes ces fautes dans un assaut, il serait à propos de quitter, car les conséquences d'une telle facilité pourraient plus tard vous être fatales en vous donnant une confiance déplorable dans des moyens dangereux.

De jeunes étourdis dans une salle d'armes mal tenue ou un homme parfaitement décidé à se faire tuer peuvent seuls se permettre ces coups doubles. J'appelle de la vérité de mon assertion à l'auteur lui-même s'il veut bien réfléchir. Je copie textuellement le cinquième coup double de son traité. Il dit :

— Vous vous fendez en portant quarte sur les armes, vous faites feinte seconde sans baisser la main, la tournant seulement en dessous, mettant le pied gauche contre le droit, vous la retournez vivement en quarte, vous doublez la détente, en portant votre coup de pointe à la poitrine de votre adversaire.

Sept mouvements sans être arrêté ! Mais il faut avoir affaire à un automate; jamais un homme ayant la moindre connaissance des armes ne souffrira *sept mouvements* sans inquiéter son adversaire par des ripostes, des parades ou des attaques.

Évitez donc de semblables données, des héritiers pourraient seuls formuler de tels conseils à un parent dont ils convoiteraient la succession.

COUPS D'ARRÊT.

Chacune des lignes de cet ouvrage fournit matière à une réfutation victorieuse. Nous voyons dans le texte :

1° Par la position de votre main dans le coup d'arrêt, vous parez à votre adversaire n'importe quel coup ; 2° si l'on veut sabrer votre côté droit, comme ce mouvement est large, vous le voyez ; 3° vous tournez la main de tierce et vous pointez seconde.

Si nous analysons ces instructions, il vient ceci : 1° il est impossible de parer tous les coups avec le coup d'arrêt ; 2° jamais dans les armes, les coups, soit à l'épée soit au sabre, ne doivent être que très-serrés ; 3° avec la main tournée de tierce il faut tirer *Tierce*, car si vous dites *Seconde*, vous ferez croire que vous voulez parler du coup de dessous, ce qui certainement ne peut pas être votre intention.

Nous concevons difficilement que l'auteur ait publié un volume après avoir trouvé ce fameux axiôme : LE COUP D'ARRÊT PARE TOUS LES COUPS. Mais avec une telle formule, l'introuvable botte secrète est démontrée, votre élève est invulnérable ; enseignez ce SEUL COUP D'ARRÊT, puis fermez votre livre et votre salle.

DES FEINTES.

Ce chapitre devait être la pierre de touche de votre savoir en escrime ; il nous en a révélé toute la profondeur.

Les feintes sont la clef des armes ; par elles, tous les coups peuvent réussir, depuis les plus compliqués jusqu'à celui qu'on nomme *droit*, et qui, en raison de sa simplicité, semble devoir se passer de la feinte, et cependant on peut faire feinte d'un coup droit, retirer ensuite son bras comme renonçant à son projet, puis se fendre et réussir à frapper du coup direct.

Mais avant de conseiller les feintes dans une affaire sérieuse, vous auriez dû prévenir vos lecteurs, l'humanité vous en faisait une impérieuse loi, qu'il fallait d'abord se mettre en situation et se dire : Sur une feinte, mon adversaire peut se fendre sur moi, par ignorance, par calcul ou par audace. Je ne dois donc feinter qu'avec l'intention bien prononcée d'être prêt à parer et en me rendant compte de la parade à adopter, chose facile, car je ne dois faire une feinte qu'en sachant bien quelle partie de mon corps je laisserai découverte.

Soyez donc persuadé que les feintes faites en marchant sont anormales. Car si votre adversaire attaque en ce moment, vous êtes perdu. Vous est-il facile de marcher, feinter, parer, lorsque l'adversaire peut vous porter un coup? Non, la feinte peut précéder ou suivre la marche, mais jamais elle ne doit avoir lieu en même temps.

BATTEMENTS DE FER.

En conseillant les battements de fer par le changement de place du sabre, le portant avec force de tierce en quarte pendant la marche, vous oubliez donc que ce battement peut être *trompé* en portant un coup de pointe, qu'il faut s'en défier et se tenir prêt à parer tierce et riposter par un coup de figure?

Il est logique de faire la marche d'abord, puis le battement après elle.

Nous renvoyons pour les *coups doubles* à nos observations données plus haut pour en démontrer les inconvénients et les dangers.

DES COUPS DE TEMPS.

Ceux que l'on prend sur le développement d'un coup de sabre ne devraient jamais être pris que sur l'avant-bras, et non sur la tête ; en voici la raison :

Le bras de celui qui vous attaque est toujours plus en avant que sa tête ; donc il est mieux de frapper au bras qui se trouve davantage à votre portée. En allant chercher la partie éloignée de votre adversaire, vous serez nécessairement près de ses atteintes.

Nous ne comprenons pas que vous en vouliez ainsi aux têtes. Nous faisons des vœux sincères pour que jamais vos principes ne soient appliqués. La science de l'escrime pourrait y perdre quelque profond penseur, ou la galerie des grotesques quelque type précieux.

DES ÉCRASEMENTS DE FER.

Quand vous annoncez avec raison l'écrasement de fer comme dangereux, à cause du *dégagement sur le temps et de l'arrêt*, pourquoi donc ne pas terminer et dire : Simulez l'écrasement de fer, et si l'adversaire dégage, parez quarte, ripostez du coup de figure et *vice versâ*. Mais ceci demande de l'étude et de la science.

VOLTES.

Les conséquences d'une volte pendant laquelle ni l'un ni l'autre des deux ennemis n'est touché, ne sont pas indiquées par vous. Je ne vous les détaillerai pas, par politesse, vous auriez l'air d'avoir tout oublié. Il y aurait quelque méchant qui pourrait dire, qu'à force de montrer que *l'on a tout oublié,* on prouve bien que *l'on a peu ou point appris.*

DEMI-VOLTE.

La demi-volte, que vous auriez pu nous rappeler n'être que le *coup italien*, peu estimé en France, s'emploie, selon vous, « quand on n'a pas d'autre ressource, dès qu'il n'y a plus de distance entre les deux adversaires ni moyen de parer, » et six lignes plus bas vous écrivez : « Dans le moment où votre ennemi court sur vous, le sabre levé, fendez-vous, votre main gauche se portant à terre, etc., etc. » Pourquoi et comment cet homme trop près court-il, surtout le sabre levé ? Mais vous enseignez des fautes énormes. N'avez-vous donc jamais rencontré des élèves ou des adversaires intelligents ?

Oh ! croyez-le bien !

En professant ainsi l'on deviendrait élève ;
Si la faveur permet que chez vous on achève
La leçon de cet art, par vous si compromis,
Veuillez, nous vous prions, guider nos ennemis.

Vous terminez en disant : « Depuis trente ans, je fais des armes, et depuis vingt-deux ans, je suis maître. J'ai beaucoup voyagé ; je connais depuis la garde basse napolitaine jusqu'à la garde haute du Hongrois, depuis la superbe garde ancienne du Slavon, etc., etc. »

Il m'est difficile de réfuter ce passage. Je n'ai jamais été à même d'apprécier vos connaissances pratiques ; car lorsque j'étais à Saint-Pétersbourg, et que j'y donnais un de ces assauts auxquels toute la noblesse me faisait l'honneur d'assister, vous ne vous y êtes jamais présenté, malgré les exhortations de vos élèves et mes prières ; vous aviez toujours soin de partir la veille pour la campagne, quelle que fût d'ailleurs la saison ! (1)

Mais je me bornerai à vous poser les questions suivantes :

1° Qui donc vous a dit que vous étiez maître, qui vous a reçu ? vous oubliez de nous le dire.

2° Vous avez beaucoup voyagé, mais tout nous prouve que ce n'était pas dans l'intérêt de l'art des armes.

3° Vous connaissez *toutes les gardes*, mais je vous ai déjà fait le reproche de ne pouvoir nous dire si ces *gardes* sont bonnes ou mauvaises, et quels sont les moyens à employer pour les combattre.

Je n'ai examiné que par hasard cet ouvrage, qui m'est tombé entre les mains au moment où le mien s'imprimait ;

(1) Beaumarchais a-t-il donc eu raison de dire : *Calomniez, il en restera toujours quelque chose ?*... Était-ce en vertu de cette maxime que vous vantiez à mon détriment votre supériorité, alors que jamais je n'ai pu avoir l'occasion de la constater, soit en rompant une lance courtoise, soit en frappant votre targe de guerre ?

j'ai donné dans mon avant-propos les motifs de ma critique. Je devais au pays qui m'a accueilli avec des marques de bienveillance à jamais gravées dans mon cœur, à mes confrères, à moi-même, de discuter la valeur des arguments de l'homme qui a constaté sa supériorité sur moi par son absence dans les assauts que j'ai donnés à Saint-Pétersbourg, et qui, venu en France, n'a pas, par bonté d'âme, voulu me joindre, tant la crainte qu'il m'inspirait était forte. Oh ! s'il m'était permis de parodier le fameux vers déjà cité par moi :

Les gens que vous tuez se portent assez bien,

comme je dirais au MAÎTRE des maîtres de la cavalerie de la garde impériale :

Les gens que vous cherchez ne se cachent jamais.

RÉFLEXIONS SUR LA THÉORIE DU SABRE.

En lisant cet ouvrage, dans lequel les fautes sont si nombreuses, nous avons fait quelques réflexions, et nous croyons devoir les exprimer rapidement.

SABRE.

Manière de combattre de la pointe ou du tranchant de la lame.

CONTRE–POINTE.

Se défendre continuellement de la pointe de l'adversaire.

Un *contre–pointeur* n'atteindra jamais le plus haut degré de force, s'il n'a commencé par travailler l'épée, ou s'il ne s'occupe pas de cette arme.

Les coups de pointe sont les plus dangereux.

Il y a plus de certitude à attaquer le bras que la tête ou le corps de son adversaire.

Le contre–pointeur, presque toujours moins habile que le tireur d'épée, peut cependant avoir un avantage en portant souvent des coups de manchette en retraite.

Le pointeur doit bien viser et diriger ses coups de pointe vers le poignet ou le bras de l'adversaire, obligé nécessairement alors à un mouvement rétrograde dont on profite pour terminer une attaque.

GARDE.

Il faut être en garde de plus loin qu'à l'épée ; car, à la faveur des moulinets, il y a bien des gens qui approchent très-vite de leur adversaire, et qui même courent sur lui.

PARADES.

N'attaquez jamais aussitôt que vous êtes en garde : la parade offre plus de sûreté. Faites des faux temps pour parer et riposter.

TIERCE.

La garde ordinaire du sabre est tierce ; la pointe au défaut de l'œil gauche de l'adversaire.

SECONDE.

Il serait très-bon d'innover quelquefois en faveur de la garde de seconde, sans jamais négliger la première.

Lorsque l'adversaire attaque sous la ligne de tierce, on pare ordinairement seconde, et l'on riposte toujours sur le bras ou sur la tête.

Je fais dans ce cas une innovation que je crois très-bonne.

Après la parade de seconde, je tourne subitement mon poignet dans la position d'octave très-renversée, en rentrant la pointe de mon sabre vers le dedans de l'adversaire ; coupant du dedans au dehors, je me remets en garde. Le coup est bien plus facile à exécuter qu'on ne le croit d'abord, et il est du plus grand danger pour l'adversaire, qui, par habitude, se porte à la parade de tierce ou de prime.

Il peut être inutile de parer seconde lorsque l'on retire sa jambe rapidement.

PRIME.

On peut aussi prendre comme garde la position de prime, si l'on a pour cela une raison.

La prime doit se parer à des degrés différents, attendu que les hauteurs doivent être relatives. Il ne faudrait donc pas la parer bas si l'on vous tirait en haut, et il ne faudrait pas la parer haut si l'on vous tirait bas.

Si l'adversaire pare la prime trop haut, trompez-la en passant sous la pointe du fer les ongles en supination, et frappant de bas en haut ; mais il serait mieux, après avoir tourné la main en supination, de la remettre de suite en seconde, et de porter le coup de pointe dans cette position sans faire deux temps, enfin sans interruption.

QUARTE.

Veut-on amener son adversaire à porter le coup de manchette en dehors pour parer tierce et riposter par un coup de figure, il faut se servir de la garde de quarte.

RIPOSTES.

Comme à l'épée, il ne faut jamais négliger de rendre la riposte toutes les fois que l'on a paré.

La faute des sabreurs est de ne jamais riposter par des coups de pointe.

L'avantage des ripostes en coups de pointe consiste en ce qu'on maintient l'opposition à la lame de l'adversaire.

Il faut toujours riposter en s'en allant, à moins que vous n'ayez des coups de pointe à donner.

On quitte trop souvent les lignes pour les ripostes, qui ne doivent se compliquer que lorsque l'on y est absolument forcé. Par exemple, après la parade de seconde, ripostez le coup de ventre (ainsi que j'en ai indiqué le moyen) sans quitter le fer de l'adversaire ; si cela ne vous est pas possible, ripostez le coup de manchette, ou le coup de pointe dans la ligne droite ; le dégagement vient ensuite, et enfin les feintes ne doivent être employées que comme dernière ressource, surtout en ripostes ; car en donnant la riposte sur la tête après la parade de seconde (et cela est une habitude chez tous), ne s'expose-t-on pas au coup de pointe fait en remise par l'adversaire?

SE COUVRIR.

Sur chaque coup de sabre que l'on porte, il faut avoir le plus grand soin de se couvrir en même temps du coup de pointe que l'adversaire pourrait vous porter : la négligence de ce précepte peut devenir fatale; et cependant on ne peut disconvenir qu'elle ne soit beaucoup trop fréquente dans les assauts.

LA MESURE.

Un point important dans les armes est de savoir calculer la distance à observer.

Il faut se tenir hors de mesure au commencement d'un combat, jusqu'à ce que l'on ait pénétré les intentions de son adversaire.

On se met souvent hors de mesure au moment où l'on est attaqué; mais il faut faire la plus grande attention lorsque l'on se rapproche, car les coups de pointe que l'on peut recevoir sont terribles, et l'on vous attend souvent là à votre rentrée.

LIGNES BASSES.

Lorsque l'on veut porter des coups dans les lignes du dessous, il faut toujours faire précéder ses attaques de menacés

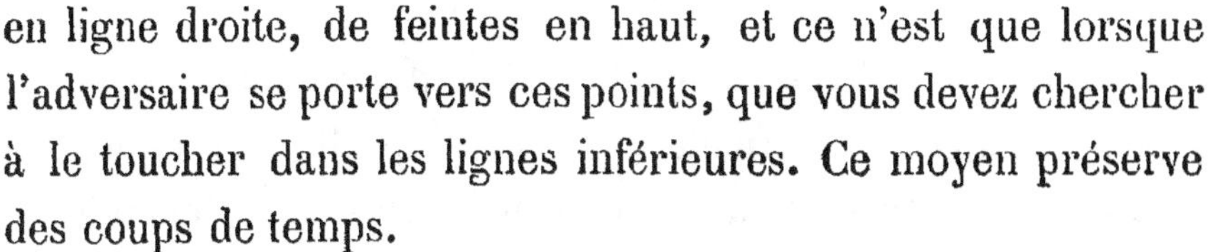
en ligne droite, de feintes en haut, et ce n'est que lorsque l'adversaire se porte vers ces points, que vous devez chercher à le toucher dans les lignes inférieures. Ce moyen préserve des coups de temps.

EMPORTEMENT DANS LES PARADES.

L'emportement dans les parades est une faute très-grave. Il faut s'exercer à parer exactement dans les lignes, car il y a tendance, vu le poids de l'arme, à s'écarter de la direction qui fait votre sûreté.

MARCHES.

En combattant de l'épée on marche du pied droit ; au sabre, il est mieux de commencer la marche du pied gauche.

Pour arrêter la marche de l'adversaire, les coups qui exposent le moins sont ceux de manchette et de pointe avec opposition.

REDOUBLEMENTS.

Si l'adversaire a le tort de ne pas riposter, il faut redoubler les attaques sans que les jambes fassent de nouveaux mouvements ; mais avant de prendre ce dernier parti, il faut avoir bien jugé la faute, car redoubler est toujours un moyen extrême.

VOLTES.

Avec un homme qui fait la faute de courir, les voltes sont d'autant meilleures qu'elles ne vous empêchent pas de continuer de sabrer après les avoir faites. Elles demandent du coup d'œil et beaucoup de fermeté sur les jambes; elles présentent encore l'avantage de pouvoir inquiéter l'adversaire lorsqu'il veut se remettre en ligne devant vous.

COUPS POUR COUPS.

La parade sera toujours plus protectrice que l'attaque, surtout lorsqu'on sait y joindre la riposte. Cette vérité est incontestable; cependant il y a très-peu de bons pareurs à la contre-pointe, ce qui fait naître, dans tous les assauts de cette arme, une quantité de coups pour coups. Cette faute vient des maîtres, qui n'exercent pas assez leurs élèves à combattre ces mauvais jeux, que l'on peut éviter en faisant beaucoup de faux temps pour laisser tirer l'adversaire, afin de parer et riposter.

COUPS DE TEMPS.

Je ne conseillerai jamais les coups de temps pris à distance : ils exposent trop aux coups pour coups; il est mieux de les prendre dans les marches de l'adversaire.

PRUDENCE.

Avant de porter un coup, la prudence commande d'inquiéter l'adversaire. Par exemple, on veut porter un coup de figure, il est bon de commencer par une pression, un coulé ou un battement, et lorsque l'adversaire s'en inquiète, on passe rapidement au coup de figure. Vous risquez toujours, au moment où vous portez le coup, d'en recevoir un vous-même sans cette précaution.

Il faut que la feinte précède ou suive la marche.

C'est se compromettre que de faire des feintes en marchant. Si l'on s'y décide, il faut avoir l'intention et la certitude de parer.

Après chaque coup porté à l'adversaire, non-seulement remettez-vous en garde hors de distance, mais encore ayez le plus grand soin de tenir dans une ligne fermée le sabre de votre ennemi.

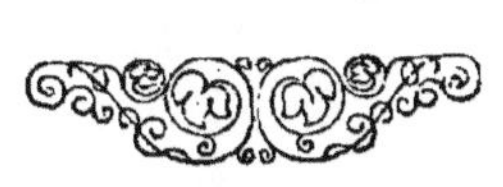

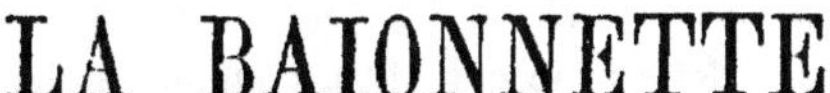

LA BAÏONNETTE

Cette arme que jadis, pour dépeupler la terre,
Dans Bayonne inventa le démon de la guerre!

(VOLTAIRE.)

UN MOT SUR LA BAÏONNETTE

Lors de la révolution de juillet, comme tout le monde je crus à une guerre générale. Effrayé sur le sort de ces nombreuses recrues que, dans de semblables circonstances, il eût fallu envoyer aux frontières avant même d'avoir pu leur enseigner les premiers principes de l'exercice, je voulais proposer au ministre de la guerre de mettre en peu de temps nos jeunes soldats en état de se servir de la baïonnette; le patriotisme seul m'animait, aucun calcul n'entrait dans ma pensée, et mon seul désir était, alors comme aujourd'hui, d'être utile à mon pays, en aidant à lui donner des défenseurs qui pussent joindre au courage et à l'héroïsme l'intelligence des armes.

Mais le canon des trois jours avait retenti sur tous les points du continent, et soit calcul, soit effroi, soit confiance dans la haute sagesse du nouveau roi des Français, l'étranger respecta le drapeau que l'Europe coalisée avait pu seule renverser, et que la volonté du peuple français relevait pour toujours. Les craintes d'une guerre disparurent, et je ne persistai pas, pour le moment, dans l'exécution de mon projet, sans cependant y renoncer, et je pense toujours que l'étude de la baïonnette est pour l'armée une instruction indispensable.

A cette époque, j'avais à ma salle un homme qui fut un instant mon prévôt et auquel je donnais des leçons; il s'empara de ce projet, et ne se laissant point abattre par des refus qui ne brillaient pas toujours par la politesse la plus exquise, mettant une persistance rare à frapper à toutes les portes, on a fini par *essayer* de lui et de ma théorie sur l'étude de la baïonnette.

Cet homme, que je cite avec plaisir parce qu'il a mis dans ses sollicitations une tenacité que j'appellerai héroïque, est, je dois le dire aussi, animé des meilleures intentions; mais tout le monde sait que ce n'est pas seulement le désir de bien faire qu'il faut au professeur; qu'il lui faut aussi le savoir, les études spéciales, l'intelligence de son art, et l'on devra toujours penser que l'on ne sera véritablement capable d'enseigner la science de l'arme accessoire que lorsqu'on aura fait ses preuves dans la démonstration de l'arme principale; en un mot, on ne peut véritablement être capable d'enseigner le maniement de la baïonnette, qui, je le répète, dérive de l'épée, que lorsqu'on sera capable d'enseigner le maniement de l'épée elle-même.

Aujourd'hui donc que le gouvernement paraît disposé à faire donner des leçons de baïonnette à tous les régiments, arme dont jusqu'à ce moment on ne s'était servi qu'en masse, sans adresse, sans art, ne devrait-on pas, lorsque l'on a compris les services immenses que la baïonnette peut rendre, si l'on ne veut consulter les plus anciens professeurs, les plus expérimentés, les plus en nom dans l'art de l'escrime, au moins en choisir un seul qui pût diriger habilement et avec art les leçons de cette arme qui, sans être, il s'en faut, compliquée comme l'épée, n'en a pas moins des détails qui demandent de l'étude et une étude sérieuse, saintement réfléchie, puisqu'elle tend à épargner le sang de nos braves français (1)?

En effet, lorsque l'on n'est pas en masse, que l'on se sert de la baïonnette dans des cas isolés, ne devient-il pas indispensable de savoir rompre en parant pour observer l'ennemi ; de marcher avec l'intention de parer, crainte de surprise ; de savoir même feinter d'un coup simple, toujours avec l'intention de parer, si nécessaire pour éviter de se tuer ensemble ; enfin, d'attaquer par tous les moyens imaginables, mais toujours basés sur des principes incontestables ?

C'est donc une grande responsabilité que prennent les chefs de l'armée dans le choix qu'ils font d'hommes qui n'ont pas de nom dans les armes, qu'aucun assaut public n'a vus briller, et qui n'ont aucune réputation comme professeurs ; comment de semblables maîtres peuvent-ils enseigner ce qu'ils ne savent pas ? Dangereuse ignorance qui peut coûter la vie à tant de braves !

(1) Depuis le jour où j'écrivais ces lignes, l'escrime à la baïonnette a pris place dans les exercices de notre infanterie, a étonné l'Europe et contribué à nos victoires. Je considère comme une récompense suffisante pour mon patriotisme et mes études d'inventeur, le titre de professeur d'armes de la maison de S. M. l'Empereur et des cent-gardes. Mais ne suis-je pas fondé à réclamer l'honneur de voir mon nom attaché à mon invention, et celui plus précieux pour d'autres que pour moi-même, d'être au moins consulté quand il s'agit d'enseigner ce que j'ai été le premier à savoir ?

Le ressentiment de cet oubli, plus vif autrefois qu'il n'est aujourd'hui, m'a poussé à détruire un travail non moins important sur la défense de nos frontières. Cette étude se rattachait par certains points à l'art que je professe et m'avait longtemps préoccupé. Je voudrais avoir le courage et le temps de la recommencer, quitte à me consoler encore avec les inventeurs oubliés ou méconnus.

Les essais du gouvernement ont dû nécessairement faire connaître l'importance de cette arme. L'étude en est-elle inutile, pourquoi alors autorisez-vous les leçons? Son utilité, au contraire, est-elle constatée, pourquoi, dans ce cas, ne demandez-vous pas la création d'un gymnase, d'une école normale en quelque sorte, où viendraient se former les professeurs de cette arme qui a si puissamment contribué à conquérir des empires? A-t-on oublié que Napoléon disait : Le fusil est l'arme la plus terrible qui ait jamais été inventée? Et le grand capitaine ne voulait pas parler de la balle souvent inoffensive qu'il lance, mais bien de l'épée qu'il porte au bout, et dont les coups assurés peuvent porter incessamment la mort dans les rangs ennemis. Formez donc des maîtres, ouvrez un cours d'études pour l'arme qui doit protéger vos frontières. Comprend-on, en effet, qu'il y ait des gymnases de musique, des gymnases pour sauter, monter, descendre, qu'il y ait des écoles d'équitation, de natation, et qu'il n'y ait pas un gymnase, une école où se formeraient des professeurs qui, placés ensuite dans les régiments, y enseigneraient les principes vrais et éclairés de la science de l'escrime, y démontreraient l'exercice de la lance, du sabre, de l'épée, de la baïonnette, du pistolet? Ces leçons seraient d'autant plus utiles, que si vous enseignez la baïonnette contre les lanciers, les cuirassiers, etc., etc., il faut aussi enseigner à ceux-ci comment ils se défendront de la baïonnette.

Si donc vous reconnaissez à la baïonnette une puissance réelle dans les combats, puissance terrible quand cette arme est aux mains des Français, dont l'agilité et l'adresse sont si remarquables dans l'attaque du corps-à-corps, rendez les soldats confiants dans l'usage de cette arme ; mais pour cela, encore une fois, ayez des professeurs qui, à une pratique raisonnée, sachent donner les développements qui feront réellement de l'armée une réunion de baïonnettes intelligentes, et surtout ne laissez plus pénétrer dans les camps ces traités, ces méthodes, où le ridicule le dispute à l'absurde.

Je ne veux attaquer personne ; mais, en vérité, j'ai lu des choses si étranges dans ce que l'on a écrit sur la baïonnette, que j'en rirais, si je n'étais profondément affligé en pensant que ces misérables enseignements auront souvent pour résultat de faire blesser ou tuer nos courageux soldats.

J'ai lu deux traités de la baïonnette ; dans l'un, j'arrivai à la moitié du livre sans avoir rencontré un mot sur cette arme ; mais, en revanche, il y avait une profusion de commandements : *en avant, à droite, à gauche, en arrière, etc.*; puis : *faites un pas de cinq pouces, faites-en un autre de treize, ou dans telle circonstance un de dix-huit.* En lisant cette théorie, on semblait assister à ces évolutions que font les enfants quand ils jouent au soldat. Nous recommandons cette méthode à Levassor, ce spirituel et intelligent artiste, et nous sommes persuadé que, répétées par lui, ces leçons auront un succès de fou rire.

N'est-ce pas en effet le comble du ridicule de préciser sans cesse de combien de pouces on marchera ? Ce sont de ces choses qu'on dit une fois aux commençants, et les répéter avec insistance, c'est avouer que l'on n'est pas fort sur la partie intelligente de la théorie de l'arme que l'on veut enseigner.

Les ouvrages que j'ai lus m'ont fait faire ces réflexions,

qui seront appréciées des premiers maîtres d'armes de l'armée.

Je ne comprends pas un auteur affirmant qu'il faut avoir le fusil placé horizontalement, les bras allongés et l'arme appuyée sur les cuisses.

Il serait plus juste de tenir l'arme avec les bras ployés, ce qui donne plus de force pour parer et plus d'élasticité pour porter les coups.

On trouve dans le texte placé sous nos yeux :

Étant en garde, la pointe de la baïonnette doit être placée plus haut que la crosse du fusil.

Nous répondrons :

Il faut toujours placer la pointe de l'arme en face du but que l'on veut frapper ; il y a donc un contre-sens lorsque l'on dit qu'il faut placer la baïonnette dans la figure du cavalier ; la tête de celui-ci est à la place la plus éloignée, et par conséquent la plus difficile à toucher ; il fallait dire cela pour le fantassin seulement.

Une garde ne peut être avantageuse qu'autant qu'elle couvre un des côtés du corps, il sera donc toujours mauvais de conseiller le contraire ; il est si facile de comprendre que lorsqu'un côté est couvert, on n'a plus que le côté opposé à défendre.

Être en garde, signifiant être couvert du coup que peut vous porter l'adversaire dans la ligne que vous occupez, il es évident qu'il ne peut exister aucun vide lorsque l'on est exactement en garde.

Les engagements et les feintes surtout n'ayant aucun rapport avec les parades, je ne puis comprendre quelle coïncidence l'auteur a voulu établir entre ces mouvements en disant que, lorsqu'on savait engager et feinter, on devait savoir parer parfaitement.

J'ai cherché vainement comment on pouvait faire pour parer tierce en levant l'arme avec la main gauche sans que le coude quitte le corps, et surtout lorsque l'on commande par le même mouvement de frapper celle de l'adversaire pour le repousser ; j'avoue que je ne comprends pas cela.

Puisque l'auteur regarde les contres comme une des choses les plus importantes, il aurait dû dire à l'instructeur de ne pas oublier les contres opposés qui se font ainsi ; étant engagé de tierce, parer quarte et le contre de quarte, etc.

Il serait impossible, contre un homme à cheval et armé d'une lance, de prendre jamais l'offensive.

Si la science n'indique pas qu'il faut se déranger quand un cheval court sur vous, la prudence le dit clairement ; il serait donc plus logique de démontrer simplement le moyen de résister à l'attaque brusque, en ne parlant pas d'une retraite que le naturel crée au moment du danger.

Un autre ouvrage commence par les feintes ; mais comment l'auteur ne sait-il pas qu'à toute arme il ne faut recourir aux feintes que lorsqu'on ne peut faire autrement, et qu'alors tout combat, comme toute démonstration, doit commencer par ce qu'il y a de plus simple ?

J'ai lu dans un de ces ouvrages sur la baïonnette (et je le garde soigneusement pour le montrer aux incrédules) : « Vous êtes engagé de quarte, l'adversaire vous porte un coup dans cette ligne, il faut parer prime. » Je ne crois pas qu'il se présente jamais un professeur ou un amateur auquel il prenne fantaisie de soutenir la possibilité de cette folie.

Il y aurait encore bien des choses à dire, bien des critiques à faire ; mais je n'ai voulu que dire un mot sur cette arme, et puis je ne me suis pas chargé d'inoculer la science à ces nouveaux et tristes fabricants de leçons de baïonnette. Je garde ces réflexions pour mes élèves ou pour les soumettre à ceux qui penseront avec Napoléon que dans les sciences comme dans les arts il faut des hommes spéciaux.

Dans tout ce que j'ai lu sur la baïonnette, je n'ai absolument rien trouvé de remarquable, je ne vois pas d'explications, pas de jeu, pas de combats, pas d'enseignement.

Si ceux qui écrivent de telles méthodes ne savent pas les armes, ils doivent bien rire d'avoir été pris au mot pour professer ; s'ils savent quelque chose, ils doivent dire : Celui qui nous critique a raison, il nous rend service. Qu'ils attendent encore, et un jour, peut-être, je me déciderai à publier un examen général et critique de tous les ouvrages faits sur cette arme.

Ce que je tenais surtout à constater, et les hommes sérieux seront de mon avis, c'est que l'étude de la baïonnette est d'une importance réelle pour le succès de nos armées, et que l'on n'arrivera à un résultat favorable qu'autant que la formation d'instructeurs pour les régiments aura été faite par des professeurs capables qui, dans une école ou gymnase, enseigneraient la science des armes d'après les principes basés sur l'expérience et la raison.

Déjà des modifications importantes ont été faites dans les

régiments. Des essais ont été tentés, notamment au 17e de ligne, à Amiens, d'après la méthode de M. le lieutenant Valtier, auteur d'une théorie des feux de premier rang. Changeant les positions autrefois prescrites, il est parvenu à faire comprendre que les trois rangs devaient arriver à présenter un triple dard à hauteur de ceux qui les attaquaient, et à former, par la solidité de la résistance, une redoute vivante bien difficile à entamer.

Nos baïonnettes ont arrêté les mameluks d'Égypte, le cavalier d'Abd-el-Kader n'ose point les affronter. Il faut que les Européens trouvent dans la manière dont nous nous en servons une nouvelle marque de notre supériorité militaire.

LES MAITRES D'ARMES

Qu'il est grand, qu'il est doux de se dire à soi-même :
Je n'ai point d'ennemis, j'ai des rivaux que j'aime !

(VOLTAIRE.)

L'envie est un hommage maladroit que l'infériorité rend au mérite. (LAMOTHE)

Le sens commun est le génie de l'humanité.

(GOETHE.)

LES MAITRES D'ARMES

CHAPITRE PREMIER

CONSIDÉRATIONS GÉNÉRALES SUR LA PROFESSION

Il n'existe peut-être pas de profession qui soit plus en butte aux épigrammes ou à la calomnie que celle de maître d'armes. Vainement les immenses progrès du siècle ont déjà réhabilité ceux qu'on nommait autrefois avec une espèce de dédain, les comédiens, en leur donnant le nom d'artistes, et en les relevant, au moins en grande partie, de cette excommunication religieuse et morale dont ils étaient frappés. Le monde, juste envers ceux qui cultivent avec succès l'art dramatique, n'a pas encore étendu sa main protectrice sur le maître d'armes. Nous en sommes restés sous ce point de vue à l'époque où Molière écrivait *le Bourgeois gentilhomme;* les sarcasmes lancés par le grand écrivain du dix-septième siècle sont encore pris au sérieux, et nous avons conservé les préjugés alors répandus contre une profession que l'on ne peut toutefois exercer honorablement qu'avec du savoir, de la réflexion et des sentiments de haute probité.

Le préjugé, contre lequel on a tant combattu et sur lequel

la raison a déjà conquis tant d'avantages, est bien difficile à détruire. Cependant aujourd'hui, l'instruction généralement répandue éclaire chaque jour les esprits ; nous en viendrons bientôt à ne plus condamner sans entendre, à ne plus rejeter toute discussion ou la rendre impossible par un bon mot. Une attaque formulée contre une profession recommandable, des mots satiriques contre des individualités parce qu'elles ressortent d'une corporation, doivent être raisonnés ; nous devons à l'art que nous exerçons, à la glorieuse mémoire de nos devanciers, à nos confrères et à nous-mê[illegible]e rechercher la valeur des accusations répétées encore au[illegible]e nous en suivant de vieux errements qui ne peuvent plus avoir cours avec notre civilisation actuelle.

Mais — en apportant dans ce tournoi des armes courtoises pour repousser loin de nous les torts que nous prêtent de vieilles traditions erronées — nous ne venons pas rompre une lance en faveur des charlatans, à l'esprit envieux, aux conceptions étroites, aux sentiments vulgaires, pour lesquels un succès ou un avantage obtenu par un confrère est un coup de poignard ; pour ces hommes dont le talent est en raison inverse de leur immense et basse jalousie et auxquels on peut appliquer la sentence *ô pestis ! ô labes ! Honte* et *fléau !* Loin de nous une pareille pensée. Le bon grain doit être séparé de l'ivraie. Que ces gens-là cherchent ailleurs un défenseur qui leur sera justement refusé. Une assimilation entre eux et ceux qui respectent et font respecter, par leur conduite, la profession exercée par nous, serait une injustice intolérable, il y aurait honte et aveuglement à l'accepter. Nous avons à établir, et nous établissons déjà une distinction profonde et bien tranchée entre les deux catégories qui malheureusement existent parmi nous.

MAÎTRE EN FAIT D'ARMES ! Quelles idées singulières éveillent ces quatre mots chez une foule de personnes, même éclairées. MAÎTRE EN FAIT D'ARMES, c'est un batteur de fer, tout à fait illettré, aux formes incultes, à la voix rude, aux manières communes, impatient, emporté, dominateur de tavernes et de mauvais lieux, une espèce de sauvage à l'humeur querelleuse, propre à faire fuir loin de lui tout homme bien élevé et de mœurs élégantes.

Telle est la première erreur que nous avons à combattre, la tâche est-elle difficile? La réponse à cette question satisfera, nous l'espérons, nos lecteurs.

Oui, sans doute, ce portrait, nous l'avouons à regret, ne manque pas d'une certaine ressemblance ; beaucoup de nos confrères peuvent s'y reconnaître, mais dans toutes les professions peut-on juger du particulier au général, et la déduction est-elle rationnelle quand elle remonte de l'individu à la masse ? Doit-on conclure sans réflexion, et n'avons-nous pas dans toutes les classes de la société des exceptions méprisables, placées en quelque sorte pour faire ombre à l'éclat jeté par toute une corporation ?

Les finances ont des concussionnaires ; le notariat, cette vieille école de probité, n'a-t-il pas eu des membres indignes dans ses rangs? l'armée n'a-t-elle pas dû rejeter quelques enfants sans courage et sans loyauté ? l'artiste et l'écrivain, les juges ont-ils toujours dignement rempli leur mandat? Tout corps a ses plaies, toute profession a ses parias : celle des armes n'est pas privilégiée.

Mais elle revendique aussi pour la majorité de ses membres une large place dans l'estime et la considération des hommes sensés et des gens de bien. Impartial avant tout, dans ce livre écrit avec conviction, et animé par l'amour d'un art auquel notre vie a été consacrée tout entière, nous pèserons également le bien et le mal. Heureux si après nous avoir lu, l'on veut bien faire, à la suite de nos explications, pencher la balance en notre faveur.

Nous avons aussi de beaux noms à présenter à côté de ceux qu'on pourrait venir jeter devant nous ; nous aussi, nous avons notre gloire, et comme un beau manteau, elle recouvre largement les taches que la méchanceté ou le peu de sympathie cherche à découvrir.

Une vérité bien reconnue est celle de l'utilité des armes pour la santé et la bonne tenue des jeunes gens ; l'escrime est aujourd'hui le complément indispensable de toute bonne éducation. Cette nécessité rapproche donc essentiellement le professeur d'armes des classes de la société chez lesquelles tous les avantages d'une éducation bien achevée sont sentis et appréciés. L'on conçoit alors que les familles, pour lesquelles ce préjugé contre le maître d'armes existe encore profondément enraciné, redoutent le contact de leurs enfants avec des hommes aux mœurs et aux allures grossières ; mais, ainsi que le dit M. de la Boëssière : qu'elles se rassurent, si notre profession a malheureusement encore quelques types incomplets que le temps effacera, elle compte dans son sein quelques hommes auxquels les pères peuvent confier, avec toutes les garanties morales et intelligentes, le soin de compléter l'éducation de leurs enfants.

Sans répéter encore ce qui a été dit et écrit par tant d'autres et par nous sur la profession des armes, nous avons cependant à établir que nulle n'a besoin de plus de considération, et nous l'avouons hautement sans crainte d'être démenti, nulle peut-être ne compte dans ses rangs plus d'hommes jaloux de conquérir dans le monde une position bien assise et que chacun doit rechercher avec ardeur.

Le professorat est une espèce de sacerdoce, il y a longtemps que cette sage opinion a été émise; pourquoi donc le professeur d'escrime ne suivrait-il pas l'exemple donné par les autres membres du corps enseignant et pourquoi ne marcherait-il pas sur la même ligne que ceux dont il complète auprès de la jeunesse les bons soins et les excellentes leçons?

Un rapprochement que voudront bien admettre les hommes sensés, au cœur et à la raison desquels nous soumettons nos avis, nous paraît cependant naturel. Nous croyons à la possibilité d'une comparaison entre l'escrime et tout autre enseignement, peut-être même trouvera-t-on que chez nous les difficultés à vaincre sont plus nombreuses.

Le professeur d'une classe quelconque a bien plus que nous tous les éléments nécessaires pour captiver l'attention souvent peu soutenue de ses jeunes auditeurs. La leçon qu'il donne est et doit être écoutée en silence. Il parle à tous; et, comme nous, ne s'adressant pas à la fois à l'intelligence et à la souplesse corporelle, il n'agit que sur la première, et l'absence de la seconde de ces qualités ne paralyse pas le progrès de l'autre.

Ce n'est pas posséder l'art de l'escrime que de manier avec plus ou moins de rapidité un fleuret dans l'espace, et même de donner à un élève cette même vitesse nécessaire, indispensable, si l'on veut ; selon nous, le devoir du maître est tout entier dans une appréciation exacte, rigoureuse, des moyens physiques et moraux de celui qui lui est confié. Une harmonie constante doit régner entre son élève et lui ; seul il peut juger la manière dont il doit régler la marche à suivre pour parcourir d'un pas sûr la route du progrès, seul il sait comment il faut retenir l'effervescence ou exciter la faiblesse et l'indécision.

Molière a défini l'escrime : *l'art de donner et de ne pas recevoir*. Nous croyons que cette définition manque complétement d'exactitude en la présentant sous cette forme ; il faut dire, selon nous, qu'il faut d'abord *chercher à ne pas recevoir, puis à donner*. Or, la grande question de vie et de mort qui peut s'agiter dans un duel, demande la préservation pour nous, et ensuite l'action d'attaquer, s'il y a lieu de le faire. L'humanité, cette loi que toujours l'on ne doit pas méconnaître, répugne à l'acomplissement d'un meurtre ; n'est-on pas plus heureux quand en garantissant sa vie on peut ne pas attenter à celle de son adversaire ? Ici, comme partout ailleurs, l'intelligence l'emporte et doit l'emporter sur l'exécution. Avec la première, on pénètre l'intention de son ennemi, on devine son jeu, on paralyse ses mouvements, et quant à l'attaque, l'intelligence d'accord avec l'humanité, la règle et la conduit (1).

(1) Avec cette maxime, *ne pas recevoir et donner*, j'ai pu, dans toutes les leçons de duel, arriver à ce résultat, dont je m'estime bien heureux, de n'avoir *jamais* eu un élève blessé d'une manière un peu grave.

Émettre des considérations sur le professorat en escrime, et ne pas parler de ces hommes qui ont jeté tant d'éclat sur ce noble exercice, l'ont cultivé et enseigné, ce serait une anomalie, ce serait plus, CE SERAIT UNE INGRATITUDE. Nous sommes heureux d'avoir eu la pensée d'écrire ce livre, afin d'avoir l'occasion de proclamer hautement notre reconnaissance pour nos maîtres, et de rappeler le nom de ceux dont ils tiennent les excellents principes qu'ils ont propagés, que nous nous efforçons de suivre et de conserver intacts au milieu de ce torrent d'idées singulières, bizarres, absurdes ou dangereuses qui nous débordent.

Il serait ridicule à nous, étranger au monde littéraire, ou n'y tenant du moins que par nos sympathies et nos goûts, de venir faire parade d'érudition, et d'aller chercher dans de vieux souvenirs les noms de quelques anciens maîtres d'estocade. Malgré notre respect pour l'antiquité, nous croyons devoir laisser de côté les Visani del Montone, Giganti, auquel on doit le *développement*, Charles Besnard et Philibert de la Touche. Tout en rendant justice à ces maîtres, nous nous réservons pour nos contemporains et leurs prédécesseurs. Nous chercherons à reproduire, sur ceux qui voudront bien nous lire, l'effet que font sur nous les noms de MM. de La Boëssière, l'illustre maître de Saint-Georges, et ceux qui reçoivent de lui un éclat moins brillant peut-être, mais toujours

J'aime et je cite volontiers deux vers que Roger de Beauvoir avait écrits au bas de mon portrait, parce qu'ils me rappellent ce succès :

C'est notre maître à tous, que Dieu nous le conserve !
Sa main donne la mort, sa main nous en préserve.

bien pur, ceux, disons-nous, de MM. Fabien, feu Gomard, Donnadieu, dont M. de Jouy, l'auteur des *Ermites*, a tracé le portrait, et de La Boëssière fils, qui nous a prouvé qu'une réputation éclatante pouvait être un héritage facile à supporter avec des talents et une haute probité.

En suivant l'ordre chronologique, notre devoir est de citer M. de La Boëssière, dont le fils adoptif, dans une notice écrite avec le cœur et l'esprit, nous a retracé les vertus, les mœurs élégantes, les talents de l'homme qui a eu Saint-Georges pour élève, Saint-Georges, qui n'a jamais trouvé de rival heureux, et qui plaçait au plus haut degré la reconnaissance qu'il devait à son illustre maître. La Boëssière cultivait la poésie ; il sacrifiait aux muses, comme on disait à cette époque ; sa bonté, sa bienfaisance, égalaient sa modestie. Il remerciait ceux qui lui procuraient le bonheur d'obliger. Né en 1723, il a vécu en homme de bien ; sa mort, arrivée en 1807, fut, comme on a dit un poëte, le soir d'un beau jour.

Saint-Georges ! à ce nom tous les fleurets s'agitent d'eux-mêmes, chacun de nous s'incline devant la grande image du chevalier noir. Cet homme, le plus extraordinaire qu'on ait peut-être jamais rencontré dans la science de l'escrime, et auquel M. de La Boëssière fils applique, dans sa notice biographique, le mot de l'Arioste pour Zerbin : *la nature le fit et rompit le moule,* cet athlète merveilleux naquit, tout le monde le sait, en 1745, à la Guadeloupe, et dès l'âge de treize ans fut confié à M. de La Boëssière, dont, pendant six années, il suivit les précieuses leçons.

Mais ce n'est point à nous à raconter cette vie : l'histoire l'a reproduite, le roman s'en est emparé, la calomnie même s'y est attachée ; *sans elle, à ce qu'il paraît, la réputation d'un homme ne saurait être complète.* Nous laisserons donc à d'autres que nous le soin de reproduire les différents épisodes de cette existence singulière ; à nous, qui de loin cherchons à suivre ses traces, son nom suffit à prononcer pour que nous puissions entendre ensuite avec moins de répulsion ceux qui viennent se targuer du titre de *maîtres,* que rien, malheureusement, ne peut les empêcher de prendre.

A côté du nom de La Boëssière s'unissent, dans le souvenir de ceux qui ont consacré leurs soins et leurs veilles à l'étude de l'escrime, les noms que la mort ne nous a pas fait oublier, ceux de MM. Fabien, Gomard père, Lamothe, Compoint et Lardier. Une notice sur les hommes qui ont honoré notre profession nous semble opportune ; l'amitié, l'affection, la reconnaissance, nous font une loi, un devoir bien doux à suivre, de leur consacrer quelques lignes. Nos relations avec le fils de M. Fabien nous ont mis à même de recueillir des notes sur celui que nous avons admiré dans sa salle. Quant à feu M. Gomard, je veux, en témoignant de mon respectueux dévouement pour mon premier maître, réparer un oubli dont la singularité a dû surprendre tous ceux qui avaient eu l'avantage d'apprécier le digne émule de La Boëssière dans ses talents et ses bienfaits.

Feu Gomard, le disciple de La Boëssière et l'émule de Fabien, a servi dans le régiment de Bourbonnais (infanterie). En quittant l'état militaire, il entra comme prévôt chez le professeur de Saint-Georges.

La rare intelligence de feu Gomard lui permit de s'assimiler une grande portion du talent de son maître, et de puiser dans les excellentes leçons qu'il reçut cet aplomb, cette facilité de jeu, et surtout cet art de démonstration logique par lesquels il a été placé si haut dans l'estime de ses contemporains et de la postérité.

Feu Gomard ouvrit une salle d'armes, et M. de Ménissier père, professeur des académies du roi, lui accorda l'autorisation de donner leçon en son lieu et place, vu le privilége de 1656 qui était encore en vigueur (1).

Dans cette salle se sont formés les amateurs de la plus grande force et de la plus grande distinction; à leur tête se place M. le comte de Bondy, pair de France, et nous, élève de feu M. Gomard; nous nous souvenons encore d'avoir vu dans cette salle un frère de M. *Bertrand* que la guerre enleva malheureusement à l'escrime, dans laquelle il promettait certainement un successeur à Saint-Georges.

Feu M. Gomard, notre maître, était professeur distingué, homme doux, désintéressé, plein de bienfaisance. Un enfant étranger à sa famille fut secouru et élevé par lui.

Fabien (Philippe-Victor) naquit, en 1754, à Paris, où il mourut le 6 août 1812, accidentellement empoisonné.

Il était le dix-septième fils du signor *Fabiani*, de Pise (Toscane), lequel prétendait à la noblesse, et, pour cette raison, ne voulut jamais se munir de la maîtrise nécessaire à l'exercice du commerce de tableaux auquel il se livrait, et cela, disait-il, pour ne pas déroger. Avec de semblables idées

(1) Les Statuts et Règlements donnés par lettres patentes du Roi, fixaient à vingt le nombre des Maîtres d'Armes de Paris, et il fallait attendre une vacance ou en trouver une de faveur.

et une famille aussi nombreuse, il signor Fabiani ne laissa à ses enfants d'autre fortune que ses prétentions à une noble origine. Pourtant, grâce à la sollicitude de leur mère, femme plus positive, ils avaient tous reçu une bonne éducation, excepté le dernier de tous, le petit Philippe, qui était encore en bas âge lorsqu'il perdit sa mère, et qui, dès ce moment, devint le serviteur de son père. Celui-ci, déjà vieux, atrabilaire et malade, s'inquiétait fort peu de l'avenir du petit Philippe, et ne voulait pas même lui permettre d'utiliser ses rares moments de loisir pour acquérir quelques connaissances dont il pût tirer des ressources dans l'avenir. Ce fut donc contre son gré, et en secret, que ce dernier apprit à faire des armes et à jouer du violon. — A dix-huit ans, il était orphelin, et n'avait pour tout patrimoine que les talents qu'il était parvenu à acquérir. Alors il s'adonna au travail avec ardeur, et devint, dans ces deux parties, d'une force distinguée. Il hésitait dans le choix d'une carrière, lorsqu'une blessure à la main gauche lui fit craindre de ne pas conserver toute la vigueur nécessaire au doigté, et le décida pour les armes. Ce fut alors qu'il entra en qualité de prévôt chez M. de La Boëssière, à l'école duquel il se perfectionna et acquit le degré de supériorité par lequel il a conquis une si grande réputation.

Fabien n'avait qu'une taille moyenne, 5 pieds 4 pouces; mais il était admirablement fait. Ses formes rappelaient celles du gladiateur, et cette particularité avait une grande importance à cette époque où les tireurs se costumaient en maillots justes, et où la grâce, l'élégance, la régularité et la perfection étaient recherchées et appréciées au plus haut degré. Il avait acquis, sous ces rapports, une supériorité sans égale, qui le fit surnommer l'Apollon de l'escrime. Excepté Saint-Georges, qui eut souvent sur lui l'avantage des coups de bouton, personne ne put se flatter d'être plus fort que lui. Saint-Georges était comme beaucoup de tireurs : il niait quelquefois les bottes. Il en résultait des discussions, et Saint-Georges répondait à Fabien avec la modestie qui le caractérisait : De quoi te plains-tu ?... Tu es le premier tireur de la terre, *après moi.* — Mais c'était surtout dans l'art de la démonstration que Fabien était remarquable : aimant cet art jusqu'à la passion, il a contribué à former une partie des élèves célèbres sortis de l'académie de M. de La Boëssière, et devint le fondateur d'une école qui a produit de nombreux tireurs distingués. Nous citerons Renevier, Charlemagne et Simon le gaucher. Beaucoup d'autres encore avaient déjà acquis, sous ce grand démonstrateur, un talent remarquable, et promettaient de se faire une réputation dans les armes, qui ont été succomber sur les champs de bataille d'alors.

Il nous a cité l'épisode singulier de la vie d'un de ses élèves, le célèbre tambour de la garde impériale, Tiste, qui fut tué en Russie ; baron de l'empire, chevalier de la Légion d'honneur, de la Couronne de fer et simple tambour, parce qu'il n'avait pas eu le temps d'apprendre à lire. Quoique d'une très-petite taille, il était d'une grande force dans les armes.

Parmi ses élèves, il en est un que je ne saurais passer sous silence; c'est Casimir Périer. — En 1809, il n'était encore que banquier et n'avait jamais fait d'armes ; il eut une affaire d'honneur, il fallait tirer l'épée. En raison de sa complète ignorance dans cette arme, on avait remis le combat à huit jours. Ce fut à cette occasion qu'il vint trouver Fabien, lui demandant d'utiliser ce délai pour lui enseigner non pas l'escrime, mais le moyen de défendre sa vie.

Chaque matin, Fabien s'enfermait avec Casimir Périer et le faisait exercer avec des épées boutonnées. A l'expiration de la semaine, l'affaire d'honneur s'était arrangée, le combat n'eut pas lieu; mais Fabien était curieux de voir comment ce tireur improvisé se tirerait d'affaire avec des tireurs régulièrement exercés. Casimir Périer n'était pas encore connu dans le monde, il le présenta à une réunion du dimanche, dans son salon de la rue Richelieu; il arrangea deux assauts dans lesquels, en se bornant au jeu simple et spécial, auquel il venait d'être initié, Casimir Périer eut un plein succès. Ses adversaires, étonnés de la brusquerie d'une attaque aussi bizarre qu'irrégulière, reçurent les trois ou quatre premières bottes, après lesquelles Fabien se hâta d'arrêter les assauts.

Casimir Périer fut enchanté, transporté de ce triomphe inespéré et voulut continuer le même genre de leçons.

A quelque temps de là, il se mettait encore en garde devant les mêmes adversaires, mais cette fois c'était pour se faire battre. Ces derniers avaient eu le temps de la réflexion. Casimir Périer comprit alors que, sans méthode, on ne pouvait compter que sur un avantage de surprise. Il se mit donc à travailler sérieusement, et ne tarda pas à devenir ce que l'on appelle un tireur très-difficile et très-dangereux.

Fabien avait tout le désintéressement des véritables artistes, Il se faisait bien rétribuer par les seigneurs et les riches, mais les artistes, pourvu qu'ils eussent des dispositions naturelles, étaient gratuitement admis dans son école. Il était grand et généreux. Aussi, nous entendons encore aujourd'hui, plus de trente ans après que la tombe s'est fermée sur lui, ses anciens élèves en parler avec une chaleur de sentiments qui leur fait autant d'honneur qu'à leur maître.

Son contemporain, M. de Ménissier, homme d'esprit et d'intelligence, a réuni, aux qualités indispensables du bon professeur, celles qui constituent l'homme de bien. Soumettant la pratique des armes à l'exercice du jugement, il conserva toujours l'avantage sur les tireurs qui s'exercèrent avec lui. Orné de tous les dons du cœur et de l'esprit, il a su gagner l'estime et l'affection générales. Sa longue carrière s'achève heureuse et calme; il a pour lui le souvenir de ceux qu'il aime, qui l'ont aimé, c'est-à-dire de ceux qui l'ont connu (1).

Lorsque l'Empire promenait son glorieux drapeau dans toute l'Europe humble et prosternée, M. Charlemagne marchait avec nos colonnes victorieuses. Capitaine de cavalerie dans notre armée, il attacha son nom à un grand nombre de nos expéditions militaires; rentré dans la vie privée, il ouvrit une salle dans laquelle se pressa la foule des notabilités parisiennes. J'étais nommé professeur des fils de Louis-Philippe quand, à mon départ pour la Russie, j'offris à Charlemagne de me désister en priant le duc d'Orléans de reporter ses bontés sur mon ancien maître. Ce fut alors que les princes,

(1) M. de Ménissier, petit-fils d'un conseiller au Parlement, a servi dans la marine royale; il se retira comme enseigne de vaisseau. Son professeur d'escrime fut M. Puzin, qu'il nomme le démonstrateur incomparable.

fils du roi, choisirent pour leur professeur le tireur et le démonstrateur habile, l'homme au cœur droit et noble. A mon retour, et au moment où son âge lui commanda la retraite, je fus appelé à l'honneur difficile de le remplacer. Puissé-je avoir à mon tour mérité la bienveillance et l'estime emportée par M. Charlemagne au moment d'une séparation dont ses augustes élèves ont daigné lui exprimer leurs regrets.

Sous l'Empire, l'art de l'escrime n'avait pas été négligé. A cette glorieuse époque, à laquelle se rattachent tant de souvenirs immortels, nous pouvons citer le nom de bien des hommes qui ont cultivé les armes avec passion et succès. Le général Sourd, qui perdit un bras à Waterloo; le baron Salomon, ancien professeur d'escrime; le capitaine Bégo, compagnon de l'illustre exilé de l'île d'Elbe, qui ouvrit après 1815 la salle qu'il a tenue avec succès. Un de nos grands poëtes modernes, Byron, a trouvé dans la vie de l'un de nos confrères l'idée principale d'un de ses chefs-d'œuvre. Lafitte, l'ancien maître d'armes des grenadiers de la garde impériale, partit en 1815 pour la Nouvelle-Orléans. Il devint chef de pirates; Byron a emprunté à la vie de Lafitte, quelques traits pour le *Corsaire*. L'âme de l'ancien maître de la garde était d'une trempe fort énergique. Sa tête fut mise à prix ; réfugié dans une île, un fort détachement vint le surprendre, Lafitte s'empara du chef de la troupe ennemie et fit grâce à l'imprudent.

M. Coliquet a la réputation justement méritée d'un homme de talent, d'un professeur distingué. Il joint à cela le caractère le plus loyal et le plus honorable.

Les administrateurs du collége Louis-le-Grand ont confié

la direction des études de l'escrime à M. Boucher, dont les élèves apprécient les qualités (1). Ce professeur compte d'honorables services dans l'armée ; la rectitude de son jugement double la valeur de ses leçons, et la main qu'il tend à ses amis est celle de l'homme franc, dévoué et désintéressé, mérite bien rare de nos jours.

Le capitaine Muller a inscrit son nom dans le souvenir des militaires, en publiant sa théorie du sabre ; mais j'ai toujours eu à regretter que, malgré mes invitations, il n'ait pas consenti à faire assaut de cette arme avec moi.

Nous n'oublierons pas M. Pirodon de Grenoble, M. de Grave, que l'estime de ses concitoyens a maintenu jusqu'aujourd'hui comme lieutenant dans la garde nationale ; M. Poulin, de Genève, dont la réputation comme professeur distingué et consciencieux vient d'être égalée naguère par le courage civique déployé par lui dans de graves circonstances ; M. Moreau, de Nantes et M. Hamond, de Londres, chez lequel se pressent, à juste titre, les notabilités de l'Angleterre.

Sous la Restauration, les salles d'armes ne désemplirent pas ; la maison du Roi, la garde royale avaient des maîtres remarquables ; parmi eux nous serions injuste de ne pas mentionner MM. Lafaugère, Mazoué, des lanciers, Cotty des cuirassiers, et Jean Louis, du génie.

L'armée a compté dans ses rangs des professeurs de talent, parmi lesquels nous avons été à même de connaître et de

(1) Je ne saurais trop engager, pour les motifs les plus sacrés, Messieurs les chefs d'établissements d'instruction à s'informer scrupuleusement de la moralité du professeur d'escrime qu'ils veulent admettre. C'est un cas de conscience.

juger MM. Delpi, Pontet, Bailly, Martel, Cury, Guérin, Pelte, Mascarelle, Pénétra et Matey, lieutenant dans la garde de Paris et chevalier de la Légion d'honneur.

Joignons de suite et mentionnons MM. Cordelois, Gatechair : citons MM. Alliac, Mathieu Coulon, Mille, Bertrand, dont la grande supériorité comme tireur est si bien établie, et enfin Eugène Grisier, mon neveu, qui est arrivé aujourd'hui à la réputation. Il est mon suppléant aux cent gardes et professeur de Sa Majesté le roi d'Espagne. Son incontestable mérite de démonstrateur et sa science pratique hors ligne le rendent pleinement digne de cet honneur (1). Nommer ces professeurs, c'est citer ceux qui nous rendent fier et glorieux d'être compté parmi leurs confrères. Il en est un surtout que nous ne voudrions pas oublier, c'est M. Roussel que des chagrins divers ont conduit fatalement au tombeau. Rempli d'une énergie admirable, M. Roussel devait à son travail opiniâtre la belle position qu'il avait conquise, la protection de lord Henry Seymour, par lequel tous ceux qui cultivent honorablement notre profession sont accueillis avec tant de bienveillance, de bonté et de courtoisie.

Il serait inconvenant dans un pareil travail de ne pas citer les noms de quelques amateurs qui ont entouré l'escrime d'une haute considération par le zèle qu'ils ont apporté à la cultiver. Toutes les catégories de la haute société, les arts, l'armée, les lettres, la politique, les sciences, ont fourni leur contigent.

(1) Dans peu d'années, je l'espère, mon fils Auguste sera capable, si j'en crois son zèle et son intelligence, de perpétuer à son tour les saines traditions de mes maîtres. Je forme sa main droite et j'ai confié à mon neveu le soin de former sa main gauche.

Bezout, l'illustre mathématicien, deux anciens ministres, MM. Casimir Périer et Peyronnet, M. le comte de Bondy, M. Poultier de Gagne, lord H. Seymour, M. Aimé Martin, le général Sourd, et Fleury, qui, blessant Dugazon à l'épaule, lui faisait dire :

Toutes tierces, dit-on, sont bonnes ou mauvaises!

ont cultivé et cultivent avec succès l'art de bien faire des armes, et sont les plus forts amateurs depuis Saint-Georges.

Le prince Eugène de Beauharnais, Murat, le maréchal Augereau, le duc de Bellune, le maréchal Lannes, ne négligeaient point cette branche importante de l'éducation militaire. A l'étranger, en Russie surtout, elle est en faveur plus que dans toute autre contrée.

Nous avons eu l'honneur pendant notre séjour en ce pays, d'être appelé par S. A. I. le prince de Wurtemberg, qui a daigné bien des fois croiser le fer avec nous et nous confier les princes ses fils. La noblesse russe a bien voulu nous demander des conseils ou des leçons. Qu'il nous soit permis de citer comme gage de notre reconnaissance pour l'accueil bienveillant reçu par nous, les noms de MM. le comte Samoyloff, Simiarine, de Narishkinn, de Ludow, du comte Zernicheff, du prince Kourakin, de M. Jakovleff, du général Gorgoli, ministre de la police, attentif à prévénir les abus, prompt à les réformer : indulgent pour l'erreur, redoutable ennemi de la mauvaise foi, pour qui enfin le chevalier de Boufiers semble avoir inventé l'épithète d'*homme éminemment vertueux*, et dont la sage administration était un bienfait public. Nous n'oublierons non plus jamais M. de la Ferronays, ambassadeur de France, qui après notre premier début à Saint-Pétersbourg nous honora de sa protection et nous adjoignit aux instituteurs de ses enfants.

Nous devons nous arrêter, notre nomenclature de bons maîtres et d'amateurs célèbres serait trop longue, nous ne voudrions ni flatter ni oublier personne. Ceux que j'ai pu omettre ne blâmeront pas mon silence, j'ose compter sur la sympathie de mes collègues, car je sais que d'eux l'on ne peut pas dire : L'envie et la haine se lèvent plus matin que l'amitié.

CHAPITRE II.

PHYSIOLOGIES DE QUELQUES MAITRES D'ARMES.

Ab uno disce omnes.
Ils sont tous les mêmes : UNIQUES.

Un de nos amis s'est amusé à modifier les proverbes ou les sentences; c'est lui qui le premier a trouvé cette maxime : *Le temps est un grand maigre.* Aussi quand nous lui demandâmes une épigraphe pour ce chapitre, il nous donna ce passage de Virgile avec la traduction, qu'il prétend tenir d'un courrier de la malle-poste; car, nous dit-il, ces messieurs sont devenus littérateurs et savants depuis qu'ils transportent des académiciens en tournée ; et nous lui donnons un peu raison, car les types des maîtres d'armes de nos jours sont précieux à étudier, on peut dire, en effet, UNIQUES.

L'ACADÉMICIEN.

La franchise, l'honneur, le courage et les grâces.

Le premier qui se présente est le maîtres du dix-huitième siècle, il vit encore : nous avons dit MAITRE, et nous craignons de sa part une querelle ; il est professeur, il a été reçu en académie, à l'époque glorieuse où le candidat touché trois fois de suite dans un assaut était renvoyé à un autre examen dans un délai fixé. Il rappelle avec emphase ce temps heureux où les six plus anciens maîtres portaient deux épés en sautoir sur champ d'azur avec quatre fleurs de lis surmontées d'un casque, où les gens du professeur revêtaient la livrée du roi, où les théâtres royaux leur devaient une place, et où ils avaient le droit de suivre les chasses. Le DE précédait leur nom. A ce professeur antirévolutionnaire, M. Dorat a lu ses petits vers. Le maître Louis XVI vous jette à l'oreille mille aventures galantes dont il été au moins le confident si ce n'est le héros. Il se souvient de Fontenoy et de l'assaut des gardes françaises avec ceux de la reine d'Angleterre ; ses élèves ont appris à ramasser et à rendre avec un salut gracieux l'épée de leur adversaire désarmé. Il a fait fourbir dans sa salle les deux épées dont se sont servis le comte d'Artois et le duc de Bourbon, lorsque les deux princes, à la suite d'une querelle à l'Opéra, se sont rencontrés, car *tout Paris prétendait qu'ils se cherchaient* (1), et ont agi, suivant M. de Bezanval, un de leurs témoins, comme de vieux grenadiers.

LE MAITRE MILITAIRE.

L'univers fut rempli du bruit de leurs exploits.

A la loyauté du caractère, aux grâces de l'état, à la démarche calme et assurée, en trouve la ligne de filiation établie en-

(1) Paroles du comte d'Artois, depuis Charles X, à M. le duc de Bourbon.

tre l'ancien académicien et le maître d'armes militaire. Nous n'avons plus dans notre siècle, où tout le monde veut se vieillir en sortant de nourrice, les Belle-pointe, les Va-de-bon-cœur de la compagnie Colonelle ou de Mestre de camp, mais nous retrouvons l'homme sage, honoré de la confiance et de l'estime de ses chefs, le sous-officier brave et au cœur noble, auquel on remet la haute décision sur les querelles, et qui seul, sans qu'on appelle de son jugement, remet aux mains des antagonistes l'épée ou le sabre avec lesquels doivent se terminer les discussions. Le maître militaire reçoit l'exposé des faits qui peuvent motiver un duel, il approuve ou condamne ; comme dans les anciens tournois, il est juge du camp, prononce le *laissez aller* ou refuse l'autorisation de combattre.

La politesse, la franchise de cette catégorie de nos confrères sont proverbiales. Jamais ils n'ont désavoué un coup de bouton, jamais ils n'ont redouté un coup d'épée quand l'honneur de l'arme ou du corps dont ils font partie leur a commandé de croiser le fer (1).

(1) Le premier maître d'un régiment d'artillerie, M. Pelte, homme de talent, me disait un jour que dans le corps où il servait, la demande du duel était accordée sans exposés. Vous voulez vous battre? disait-il, allez, je ne veux pas d'explications, voilà des armes, partez. L'adoption de ce système, ajoutait M. Pelte, a singulièrement diminué le nombre des duels.

LE PROFESSEUR ÉTRANGER.

J'ai retrouvé près d'eux des souvenirs de France.

(GRISIER.)

Nous trouvons encore à l'étranger des professeurs qui nous rappellent le type du maître académicien de l'époque de Louis XVI. La Russie, cette terre que l'on peut dire française sous bien des points de vue, accueille le professeur d'escrime avec bienveillance. J'ai connu à Saint-Pétersbourg deux de nos compatriotes qui n'avaient point à regretter le règlement de 1656. Ils avaient le grade de major, de nombreuses décorations ornaient leur cou et leur poitrine, des serfs leur appartenaient, et les maisons les plus aristocratiques leur étaient ouvertes.

Jusqu'ici nous avons présenté le tableau sous le jour le plus brillant; nous avons cité, après les noms de ceux qui ont illustré la profession, ceux qui gardent les nobles traditions de notre art. Mais toute médaille a son revers, et d'ailleurs toute peinture a besoin d'ombre ; nous avons adopté pour devise : *Vitam impendere vero;* nous serons fidèle à notre maxime. Après les modèles à suivre, il y a les exemples mauvais à fuir.

LE MAITRE DANGEREUX.

La plupart, emportés d'une fougue insensée,
Toujours loin du droit sens vont chercher leur pensée.

(BOILEAU.)

Nous avons une variété de maîtres d'armes dangereux sous tous les rapports. Notre profession n'a aucune entrave, aucune limite ; on a restreint et fixé par ordonnance le nombre des bureaux de tabac et les places dans nos marchés ; mais l'on s'établit maître d'armes plus facilement que l'on ne porte un éventaire ; alors de cette concurrence singulière il résulte des malheurs qu'il aurait été facile de prévenir avec un règlement de dix lignes.

Qu'on ne se trompe point sur notre pensée, nous ne venons pas demander une marche rétrograde et le rétablissement des maîtrises, mais nous voudrions ce que l'on exige pour presque toutes les professions, un examen de capacité, et surtout un certificat de bonne vie et mœurs ; car malheureusement on entre dans nos rangs, on devient notre confrère, on enseigne à se faire tuer, et on estropie soi-même, sans que personne ait à vous demander l'origine de ce mandat que vous avez usurpé.

L'ouverture d'une salle d'escrime repose, dans une grande proportion en France, sur les données suivantes : Un soldat quitte son corps ; habitant des villes, il rentre dans ses foyers, où souvent sa famille lui fait défaut. La domesticité lui répugne; il a oublié l'état qu'il avait commencé avant que la loi l'appelât sous les drapeaux. Que faire? Entre deux verres de vin, une idée l'illumine, sa main brandit la canne qu'il porte ; il a été six mois à une salle d'escrime ! — Allons, parbleu, je serai maître d'armes ! A moi, le bourgeois, à moi ! Et il frappe deux appels du pied. A ce signal, le cabaretier remplit encore une fois le verre du congédié. Avec les dix francs qui lui restent de sa masse, il loue un bouge à crédit, achète de rencontre deux fleurets, dont un, celui de son futur élève, aura nécessairement une paille ou une fissure, deux masques, un gant, découpe sa botte en sandale, et se fait peindre une enseigne. La salle est prête ; gare aux victimes ! Le premier élève, car il lui en viendra, payera les décorations intérieures, les fameux tableaux qui portent, entourées de lauriers, les devises : Gloire à Dieu, honneur au maître !

Et bientôt, à cet homme qui, pendant quelques jours, voyage de la porte de sa salle au cabaret du coin, les reins sanglés d'une mauvaise cravate, il vient un élève, puis deux, puis quatre ; la clientèle se forme ; le maître, d'abord timide, s'enhardit et devient audacieux ; ancien conteur de chambrée, il se pose en beau parleur, et comme

Un sot trouve toujours un plus sot qui l'admire,

notre homme a des échos répétant ses forfanteries ; il a des prôneurs, s'assied sur ses lauriers, pose en roi de théâtre, et arrive le jour où le professeur consciencieux, sage et instruit, l'homme qui honore sa profession, est traité de petit garçon par le fier-à-bras, et présenté à ceux qui fréquentent le bouge comme bon tout au plus pour boutonner les fleurets de celui devant qui, à l'entendre, Saint-Georges eût baissé pavillon.

Les forfanteries de cette espèce de maître seraient supportables à l'aide du dédain, si elles n'étaient que grossières ou ridicules ; mais elles sont souvent dangereuses.

Il y a le débauché, l'ivrogne, dont l'influence réagit quelquefois et trop souvent sur ses élèves. C'est cet homme qui, la vue troublée par le vin ou l'alcool, estropie son élève, et persuade à sa victime *qu'elle aurait dû faire attention.*

Il y a le querelleur, la mauvaise tête, qui, le poing sur la hanche, cherche dispute pour le compte des autres, et voit, dans les rencontres dont il est le témoin né, un déjeuner ou un coup d'épée sur lequel il fera mille versions terribles, le soir, dans l'estaminet borgne dont il est à la fois le soutien et le tyran.

Ce type, qui heureusement disparaît de nos mœurs, s'est battu partout et de toutes manières; épée, sabre, pistolet chargé d'un côté, amorcé seulement de l'autre, carabine, fusil de chasse ou de rempart, assis ou lié à un arbre, tout lui est familier. Inventez la méthode la plus saugrenue, la plus sauvage, il l'a mise en pratique il y a vingt ans; il a toujours tué par le procédé que vous décrivez. Mais si à cet homme terrible, à cet *occiseur d'innocents*, comme dit Mascarille dans l'*Étourdi*, à ce *bourreau des crânes*, comme il se nomme lui-même, vous montrez un peu de fermeté, alors il plie, il rompt, et il faut lui dire comme à un de ses redoutables confrères se battant dans une luzerne : Mon Dieu, monsieur, cessez de rompre, car on sera obligé de vous faucher. A cet homme, qui a gravé sur la lame de son épée : MA RAPIÈRE ENFANTE L'AGONIE, et dont la devise paraît être :

> Je ne puis être heureux qu'à force de trépas,

on peut répondre :

> Les gens que vous tuez se portent à merveille.

LE MAITRE D'ARMES ORATEUR.

Oui, mais il veut avoir trop d'esprit, dont j'enrage
Il est guindé sans cesse, et dans tous ses propos,
On voit qu'il se travaille à dire des bons mots.
(MOLIÈRE.)

Cette variété dans l'espèce a la voix forte, la parole dédaigneuse, porte la tête au vent, sourit du bout des lèvres, s'écoute parler, et veut qu'on l'écoute ; aussi captive-t-il l'attention en saisissant son auditeur par le vêtement. La langue française est souvent maltraitée par lui ; mais il pose les articles d'un règlement, le discute à son point de vue, et lorsqu'on arrive à une solution diamétralement opposée à son avis, il soutient être parfaitement d'accord avec celui dont l'opinion a pu prévaloir. Le maître d'armes orateur blasonne comme le maître Louis XVI ; seulement ses armes portent la barre d'illégitimité. Il devient maître des cérémonies dans nos réunions ; courtisan empressé des dames, il les place avec attention, leur explique le programme, nomme les héros de la fête, et trouve le moyen de glisser un compliment entre chaque botte dont il donne la théorie. Si l'atticisme du langage lui fait défaut, il compense son insuffisance par la longueur de la période. Une difficulté surgit entre deux maîtres, il arrive comme arbitre, court de l'un à l'autre des adversaires, et se plaint amèrement de l'abandon fait par ses collègues des manières élégantes et du bien dire. Le professeur éloquent est bon homme, aussi inhabile à une mauvaise action ou à un acte déloyal qu'incapable d'une phrase correcte et simplement énoncée.

LE MAÎTRE ENVIEUX.

L'un des principaux emplois de l'Envie était de servir de guide à la Calomnie.

Les types sont presque aussi multipliés que les individus ; cependant il faut terminer cette énumération peut-être déjà trop longue. Un dernier trait nous suffira.

Nous décrirons le maître envieux, et ensuite, à titre de correctif à ces portraits, nous donnerons celui du vénérable professeur, de l'homme qui, suivant les traces des maîtres cités par nous, contraste si fort, par son éducation et ses mœurs, avec ceux qui viennent de passer devant les yeux de nos lecteurs.

L'envieux, et malheureusement notre corporation si honorable en contient un grand nombre, voit dans chaque succès d'un confrère un sujet de tribulations et de tourments. Un emploi vient à vaquer ; pour le remplir il faut un homme d'une moralité bien établie, doué de politesse, d'un âge assorti aux fonctions qui lui sont confiées, d'une instruction reconnue, et d'un talent incontestable. Ces hommes sont rares, mais on les trouve cependant. Le problème est résolu par un confrère. L'envieux aussitôt se déchaîne, crie à l'injustice, au servilisme de la part de celui qui l'emporte, et jure haine éternelle à l'homme heureusement apprécié auquel on n'a jamais songé à le comparer. Nous en avons connu bon nombre. Nous allons choisir deux exemples pris dans deux classes différentes.

Le mieux élevé des deux profite de sa petite instruction pour glisser, avec une adroite perfidie, les mensonges les plus odieux sur celui qui a osé le détrôner; il ne respecte ni l'âge, ni la position, ni la famille; il s'attaque à tout, en aveugle qui a perdu la raison.

Il est avare de son argent comme de ses œuvres; il ne s'est jamais échappé de sa tête ou de son cœur une action noble ou généreuse. S'il écrivait sur son art, il crierait au plagiat six mois avant l'apparition de l'œuvre d'un confrère. Cette folie va si loin, elle est si bouffonne, que je suis persuadé qu'il ne comprendrait jamais que deux hommes, écrivant sur la langue française, pussent commencer ainsi :

La Grammaire est l'art de parler et d'écrire correctement.

L'autre cultivait avec un inégal succès les deux professions de l'escrime et de valet de chambre; il quittait alternativement la brosse pour le plastron, et pouvait aider son maître à s'habiller pour l'assaut dans lequel, devenu professeur, il était souvent battu. Il en est dans cette catégorie qui cumulent : le jour ils donnent des leçons, le soir ils vendent des billets aux portes des théâtres; ils dînent de l'escrime et soupent de la contre-marque. Le maître envieux ne peut pardonner à son confrère de savoir lire et écrire, de posséder un art d'agrément. La vue d'un habit décent excite sa colère, il ferait volontiers mauvais parti à celui qui porte des gants.

Encore deux mots sur le complément du professorat en escrime, deux mots sans importance, car ils ne seront pas prononcés avec mauvaise intention, mais comme représentant la vérité. Le professeur a un ou plusieurs aides, et ces adjoints sont les prévôts (1). Ils demandent, avec juste raison, une esquisse dans cet ouvrage.

LE PRÉVÔT.

> Et vainqueur, il mêlait, pour prix de sa victoire,
> Les myrthes de l'amour aux palmes de la gloire.

Le prévôt est un enfant d'une grande ville ; si son éducation a été peu soignée sous le rapport moral, en revanche son instruction a été peu suivie. Son premier chapeau a été un bonnet de police ; il suivait les tambours en accompagnant leur musique avec deux morceaux d'assiette. A dix-huit ans il s'est engagé volontairement. A l'expiration de son premier congé, il s'est fait admettre comme remplaçant. S'il a choisi l'arme de l'infanterie, les compagnies d'élite ont été toute son ambition ; à moins qu'il n'ait pris la caisse ou le cornet, alors il est resté dans le centre. Les *illustres* sont devenus tambours-

(1) Loin de nous, qui avons été si heureusement secondé, de vouloir méconnaître les utiles services de quelques-uns des adjoints de nos confrères : certains prévôts sont dignes d'être maîtres, et nous sommes heureux de citer M. Ardoin, dont les qualités solides et l'incontestable talent tranchent si remarquablement avec le type plaisant que la vérité nous oblige à tracer.

Je ne puis que donner des éloges à mon premier prévôt actuel, M. Desjardins, dont l'activité et le zèle égalent le talent et la loyauté.

Un engagement de sept ans vient d'attacher à ma salle M. Jacob, jeune maître qui a déjà fait ses preuves. Le succès de ses assauts publics, sa tenue, ses qualités morales et physiques appréciées des jeunes amateurs d'escrime, telles sont les garanties qu'il m'offre à son entrée, et auxquelles il ne manquera pas de faire honneur.

maîtres; *ils avaient la canne!* L'ordonnance la plus utile à l'armée, selon lui, est celle qui a autorisé les fusiliers à porter moustaches, et la plus désastreuse, la plus compromettante pour la dignité nationale et guerrière, celle qui a défendu le port du sabre nommé demi-espadon, haute et précieuse faveur concédée jadis aux maîtres.

La salle d'armes du régiment l'a vu grandir; après trois ans de travail non assidu, un beau jour que l'on congédiait une classe, il a été, à défaut d'autres, pris pour prévôt par le premier maître, qui lui a confié la spécialité de boutonner les fleurets.

Le respect au maître, l'honneur rendu aux armes relèvent de lui. Sa voix tonnante prescrit le salut qu'on doit rendre aux tireurs. Il enlève avec dextérité, d'un revers de fleuret, le bonnet de celui qui ne s'est pas découvert assez vite, car, dit-il, la politesse est fille de l'honneur, c'est vous dire qu'elle est française.

Exempt de service sous le prétexte de la salle d'armes, il est quelquefois *homme de confiance* de l'officier qui surveille les maîtres. Dans ce poste, il prend de belles manières, et bourre sa mémoire de quelques lambeaux de phrases qui sont des énigmes pour lui, mais qu'il débite avec aplomb.

Le service lui pèse d'autant plus qu'il s'en préoccupe moins. Il crie sans cesse aux passe-droits et aux injustices; c'est lui qui, dans un mouvement de colère, a formulé cet aphorisme militaire, modifié depuis par les tambours-maîtres, dont il est toujours l'ami : *Je rends ma canne au gouvernement; il s'arrangera comme il pourra.*

Enfin arrive le moment de la liberté pour lui. Il a atteint

trente-cinq ans ; le remplacement ne lui est plus permis ; quant à un réengagement, on le lui refuse : l'État est assez aveugle pour se priver de ses services. On lui délivre sa feuille de route.

Au milieu d'un détachement de quatre cents congédiés, vous distinguerez un prévôt ; il a conservé son pantalon d'ordonnance ; mais il a substitué une veste bourgeoise et un grand chapeau rond, au dolman ou à la tunique, et au bonnet de police. Sur son sac ou à son porte-manteau en coutil rayé, sont fixés deux fleurets aux poignées desquels sont suspendus deux masques renfermant les sandales et le gant. Sa main droite est armée d'une canne qu'il manœuvre sans cesse ; la gauche caresse une gourde de Corse avec illustrations gravées au couteau. Il y a toujours Napoléon, un nom de femme, une fleur et une épée.

Il revoit ses pénates, s'ennuie bientôt près de ses vieux parents qu'il fatigue. Après s'être fait désaltérer par tous ceux qui ont le malheur de se rappeler son nom, il songe à faire quelque chose.

Tous les états lui sont indifférents, dit-il ; mais à chaque proposition il refuse. — La gymnastique seule me convient à moi : l'escrime, la natation, la voltige, la danse : au régiment j'étais le premier pour les exercices du corps. Mais ses ressources ne lui permettent pas, comme au type déjà mentionné par nous, de fonder un établissement ; il faut donc *avoir recours aux amis*. Quelques jeunes gens auxquels il a conté ses exploits passés, et que séduisent ses allures martiales, sa prestance, ou qu'il a amusés par ses discours et ses forfanteries, s'intéressent à lui, le recommandent. Il arrive chez un maître ; il est sauvé : il est prévôt !

Son patron, ou plutôt son *bourgeois*, car il a un goût prononcé pour cette dénomination qui indique toujours ses prétentions militaires, doit, dès le moment de l'admission de son aide, avoir toute confiance en lui; car la première phrase prononcée par le prévôt a été celle-ci : *Bourgeois*, avec moi vous aurez une salle *un peu bien tenue : je sais, depuis longtemps, rétablir le* DÉSORDRE.

Le maître sourit et essaye son adjoint. Il le reconnaît parfaitement incapable ; mais, à force de plastronner, notre homme parvient à ce degré de science nécessaire pour placer un homme en garde. Il commence alors une leçon, et malgré les conseils réitérés de son maître, il revient à son ancien langage :

Allons, monsieur, prenons-moi crânement cette leçon, plaçons-nous fièrement, la main au bout du bras, la tête fixée aux épaules, l'attitude cramponnée, assis sur vos hanches, et tenons-nous bien.

L'élève se place en vertu de ces prescriptions et le discours continue : *Filez-moi un coup droit, en glissant sur moi comme de l'huile; du gracieux, du facile, mais toujours du crânement énergique*. Et à chaque coup, relevant son fleuret en guise de cierge, répétant : A moi, *c'est là, c'est çà*, notre homme arrête l'épée de la main gauche sur le petit cœur en drap garance qui orne le plastron dont on lui a fait cadeau.

Le moment du repos arrive ; c'est celui des narrations. Le prévôt ne tarit pas ; il raconte ses hauts faits militaires, ses assauts, ses duels, ses dialogues avec ses chefs. Son capitaine était un homme plein d'instruction, la femme de son lieutenant lisait presque toujours ; autant l'officier était peu *lectu-*

rieux, autant l'épouse était *lisarde*. Son commandant était à cheval sur la discipline ; les amateurs de la bouteille étaient surtout poursuivis sévèrement par lui ; mais notre prévôt avait trouvé grâce devant son chef, car *une fois*, ajoute-t-il, *que j'étais un peu bleu*, « *Commandant, que je lui dis, vous voyez toujours quand j'ai bu, et jamais quand j'ai soif.* »

Le commandant fut stupéfait, les auditeurs le sont aussi : l'esprit impose toujours.

Une des peines du prévôt est qu'il *faille travailler entre ses repas.*

Un jour une nouvelle se répand dans le monde académique ; un régiment de cavalerie doit donner un assaut. Les invitations circulent ; le prévôt voit arriver un trompette porteur d'un billet pour le professeur, occupé dans le moment à donner une leçon. *Bourgeois*, dit-il, *continuez* ; *c'est une trompette qui vous porte une lettre.* — Je viens à l'instant. — *Eh bien, je vais la faire asseoir et la rafraîchir.*

Pour l'assaut il a préparé *son fleuret de prédiction*, avec lequel il doit faire des miracles. Il tire avec vigueur, bourre son adversaire de coups durs toujours parés, et à la fin de la passe d'armes, plein de confiance dans son succès, et avec la générosité, compagne du vrai talent, il reçoit sans parer la dernière botte, arrache son gant et son masque, qu'il dépose avec son fleuret aux pieds de son adversaire, saisit la main du rival heureux, l'embrasse avec effusion, et répète avec deux appels du pied : Gloire aux armes, respect aux maîtres !

Je suis forcé de dire que cette médaille à face bouffonne a souvent un revers odieux.

Il y a de nombreuses variétés dans l'odieux comme dans le ridicule. Mais je veux être bref sur ce point, et ne pas les parcourir toutes.

Si je retourne la médaille, ce n'est ni haine ni colère. Je suis habitué à l'odieux. Les jours et les prévôts se succèdent pour moi depuis si longtemps !

Je voudrais simplement rendre la vue à quelques aveugles volontaires. S'ils me refusent pour médecin, le jour viendra que la vérité leur crèvera les yeux. Mieux vaut se laisser opérer tout doucement. La bonne foi et la raison ont la main si légère et si sûre !

LE PLASTRON-PRÉVOT.

Lorsque j'inventai l'escrime à la baïonnette, je reçus chez moi un prévôt qu'on m'avait supplié de prendre. Je reconnus en lui l'ignorance à son plus haut degré. Je lui dis alors : « Lorsque j'aurai un peu de temps, je vous donnerai des « leçons, et, si vous arrivez un jour à me toucher, n'oubliez « pas que c'est à moi que vous devrez cet avantage. » Je mis ma montre devant ses yeux et ajoutai : « Faisons des « armes jusqu'à ce que vous me touchiez une fois. » Une heure après, il n'avait pas effleuré mon gilet.

Je le pris donc comme plastron pour mes études à la baïonnette. Il crut que le plastron avait une intelligence, et le prouva en ne revenant plus chez moi. J'appris qu'il essayait de s'approprier mon invention, sans se douter qu'il faut avoir de l'esprit pour être un voleur, et qu'il se faisait bafouer partout où il se présentait pour donner des leçons.

Son ânerie, son ingratitude, l'ont conduit à la dernière misère. Il me salue quand il me voit, mais je ne le vois jamais.

LE PRÉVOT RECONNAISSANT.

Lorsque pour défendre l'ordre, on voulut bien, dans mon quartier, me nommer lieutenant en premier de la garde nationale, j'eus le malheur, dans une émeute, d'avoir un doigt brisé. On me le coupa, et le lendemain, un de mes prévôts me quitta, me croyant perdu. Quelle reconnaissance, quelle pitié, quel dévouement, quelle religion dans cet abandon!

Un an après, il était dans la plus profonde détresse, et n'osait pas venir me trouver. Je lui écrivis : venez, je vous donnerai le moyen de gagner votre pain d'abord ; puis, nous chercherons mieux. — Il a aujourd'hui, par mes soins, une place qu'on estime, au plus bas mot, six mille francs par an. Vous comprenez que sa reconnaissance pour moi a redoublé. Il n'a jamais pu se décider à avouer, même à ses plus intimes amis, qu'il ne devait qu'à moi son heureuse position.

LE PRÉVOT CRUEL.

Il y avait à ma salle une place de prévôt vacante. Voyant un grand nombre de prétendants se présenter, M. le comte de V... me dit : « Lequel choisirez-vous? » — « Le plus malheureux, lui répondis-je. Il me serra la main.

Je pris donc un ancien militaire, jeté dans la vie civile et qui ne pouvait trouver à vivre. Il venait humblement demander des secours à un de ses amis qui était chez moi. Il entra à six cents francs, et il en était fou de joie. Je m'empressai, chaque fois qu'il montra du zèle, ainsi qu'à chaque fête, d'augmenter sa paie; si bien qu'au bout de trois années il arrivait, par ses appointements et une foule de bénéfices, à la somme de quatre mille cinq cents francs. C'était l'apogée de tout ce qu'il avait rêvé de plus merveilleux.

Il n'avait plus qu'à me prouver son ingratitude.

Il ne le fit pas loyalement, mais il le fit amplement; et s'il ne m'en laissa pas des marques sensibles, il ne tint pas à lui.

Il prit une salle à côté de la mienne.

Il fit tous ses efforts pour détourner de chez moi mon neveu, fort jeune alors, lui montrant tout en beau, et lui disant : nous aurons le nom de Grisier au-dessus de notre salle, et nous ferons fortune.

Je remplaçai cette fortune par un certain nombre de coups de canne. Il tenta un lâche et cruel effort pour me crever un œil; je n'ai dû échapper à cet infernal attentat que par la volonté de Dieu.

Mon neveu, honteux de s'être compromis à écouter ce scélérat, lui envoya un cartel avec toutes les épithètes qu'on adresse à un homme dont la conduite passée fait pressentir un refus.

Il porta la lettre chez le commissaire de police!

L'ANE-PRÉVOT.

J'en suis fâché pour Buffon, mais il s'est trompé sur le compte de l'âne comme sur celui du lion.

S'il avait étudié les mœurs du personnage sur le même original que moi, il n'eût pas, comme il l'a fait, flatté le portrait.

Où donc a-t-il pris que la noblesse de l'âne, quoique moins illustre, est aussi bonne que celle du cheval? Que l'âne serait le plus beau, le mieux fait des animaux, si dans le monde il n'y avait point de cheval? Que dans sa première jeunesse il est gai et même assez joli? Qu'il s'attache à son maître, quoiqu'il en soit ordinairement maltraité?

Dieu avait donc fait, exprès pour moi, un âne à rebours?

Je ne sais si le baudet à qui il devait le jour était de grande origine; mais qu'eût dit un illustre père en voyant son fils dégénéré servir chez Domange?

Il avait pu être gai dans sa jeunesse; mais je ne sais quel forfait il avait eu à cacher le jour où se confessaient les animaux malades de la peste : ce dont je suis sûr, c'est que sa vieillesse était des plus tristes.

L'âne, le mieux fait des animaux! Ses oreilles sont une difformité puisqu'elles lui sont inutiles. Il n'entend que le bâton.

L'âne s'attacher à son maître! Pour le mordre peut-être et se métamorphoser en sa faveur d'herbivore en carnivore. L'âne est le plus ingrat des animaux. Son ingratitude n'a d'égales que son ignorance et son obstination.

Comment l'âne serait-il reconnaissant? Il n'a pas de religion. Il veut toujours manger le foin de son voisin, quand ce voisin est un cheval; car la noble bête se laisse dépouiller et se contente de mépriser le parasite.

L'âne est envieux. Si le cheval est brave, comme il y en a beaucoup, s'il a fait ses preuves au milieu des batailles, s'il est estimé de la noblesse, l'âne, qui le voit, ronge son frein de se sentir rélégué dans la plus sale écurie. Quand parfois il essaie de prendre la place du cheval, les coups de fouet, dont il a peur, le ramènent à la paille et au moulin.

L'âne perd aisément le peu d'esprit que la nature lui a laissé. Donnez-lui trop d'avoine, il se prend pour un cheval et se met à ruer. Prenez garde au coup de pied de l'âne!

L'âne brait d'ordinaire : quand il se fait prévôt, il bredouille et continue son précédent métier de bête de somme sous une autre forme. Il reste ce qu'il était, dur à la besogne, pourvu que la besogne soit brutale et inintelligente.

L'âne est cynique, sa réputation est établie par l'Écriture même. Il ferait volontiers l'office dont parle certain poëte latin de la décadence romaine. Quand il est prévôt, il ne comprend que les bouffonneries ordurières. S'il pensait, il se dirait :

> Chaque instant de ma vie est chargé de souillures.

L'âne est hypocrite. Pour manger les choux de son maître, il n'est sournoiserie dont il ne soit capable, ni patience qu'il ne déploie pour arriver à ses fins.

L'âne est vaniteux. N'ayant pas dans sa personne de quoi

se satisfaire, il prend la peau du lion, mais seulement quand Martin Bâton est absent. Il compte que les mêmes gens qui prennent un singe pour un homme pourront se tromper à son travestissement. Mais le bout de l'oreille échappe toujours.

Si par cas on le charge de reliques, si on reconnaît à son bât qu'il appartient à un homme honoré et respecté, il s'imagine être revenu au temps où l'on adorait les bœufs ou les crocodiles. Il ne sait pas qu'il n'y a jamais eu d'autels pour les ânes, pas même aux époques où les êtres les plus sots et les plus immondes avaient leurs fidèles.

Comparer l'âne au cheval ! Qui ne sait que le propriétaire d'un âne n'aspire qu'à s'en défaire pour acheter un cheval, et n'est heureux que le jour où un voisin imbécile se charge de la bête de rebut ?

Je souhaite aux autres ânes de la création de ne pas ressembler à celui que j'ai possédé ! Il faut que M. Littré l'ait eu devant les yeux quand il écrivait son article du dictionnaire de la langue française.

C'est de lui qu'on peut dire au figuré *un âne bâté*, et même *débâté*.

C'est lui qui, devant les sots qui louaient son savoir, était *sérieux comme l'âne qu'on étrille.*

C'est lui qui trouvait partout le *pont aux ânes*, trop âne même pour le passer jamais.

C'est lui qui était né coiffé du *bonnet d'âne*.

C'est de lui que Régnier avait dit :

Un gros âne pourvu de mille écus de rente.

C'est de lui que j'ai dit mille fois : *A laver la tête de cet âne je perds ma lessive.*

C'est de lui que j'ai dit trop tard : *Mon âne n'était qu'une bête.*

C'est à propos de lui qu'on disait de moi : *Pour un point Martin perdit son âne.* Et bien heureux il en fut, foi de Martin !

C'est de lui qu'on n'eût tiré ni une parole décente, ni un mot intelligible, ni une idée, ni un sou, non plus que *d'un âne mort* (je n'ose pas citer exactement Rabelais).

C'est lui, enfin, qui a pu dire de moi en baissant honteusement les oreilles : *à rude âne, rude ânier.*

CHAPITRE III.

La raison pour marcher n'a souvent qu'une voie.

NÉCESSITÉ DU CHOIX D'UN BON MAITRE.

Pour bien réussir dans les exercices du corps, on concevra sans peine qu'il est nécessaire d'avoir un bon maître ; car une négligence ou une mauvaise direction peuvent faire contracter des habitudes du corps nuisant *pour toujours* à la grâce indispensable à un noble exercice, ou paralysant l'adresse que l'on pourrait acquérir.

L'aplomb du corps dépend de la noblesse de l'attitude ; si les positions sont irrégulières, le corps perd la force, la grâce, la justesse, et l'absence de ces qualités entraîne l'absence de la vitesse, si nécessaire dans l'art des armes, et lorsque l'on en est arrivé à ce fâcheux résultat, le spectateur ne voit plus rien qu'avec répugnance.

Nous avons, dans nos considérations générales, combattu la croyance dans laquelle vivaient encore un grand nombre de familles sur le peu d'importance de l'éducation chez un professeur de gymnastique. Le monde formule ainsi cette opinion : *il n'est pas nécessaire de savoir lire pour manier un fleuret ou manœuvrer un cheval.* Nous n'avons pas besoin de nous élever contre de pareilles assertions, dont la fausseté est évidente. Chacun sait qu'une des premières qualités du maître est dans la démonstration, et il s'y joint, en fait d'escrime, un point plus sérieux. Que de maîtres d'armes peuvent inspirer à leurs élèves une confiance funeste, en leur persuadant qu'eux seuls possèdent le secret de coups certains, à l'aide desquels ils garantissent le succès dans toutes les rencontres ! Combien de ferrailleurs, de duellistes, de querelleurs, de faux braves, et surtout de victimes, avec cette fameuse supercherie *des bottes secrètes,* dont la raison a fait justice, que la théorie rejette bien loin d'elle, et que la pratique fait reconnaître impossibles. Pourquoi donc ne pas prendre, dans l'intérêt de la société, des mesures pour donner une garantie sur la valeur morale du professeur d'escrime ? Ses prescriptions ou ses formules peuvent s'assimiler à celles des médecins ; exercez donc une surveillance exacte sur ce point, car le fléau se propage, et, vous le savez,

. . . . Serò medicina paratur
Cum mala per longas invaluêre moras.

Nous avons dit, ce que tout le monde sait déjà, que la démonstration est une des premières qualités, la première même du professeur, car d'une démonstration claire et précise dépend la communication de la science, l'initiation au génie de l'art que l'on professe.

Toutes les théories sont à peu près faites aujourd'hui ; droit, médecine, art militaire, escrime, on démontre tout ; mais entre le débit fatigant d'une série de règles à suivre et la manière de rendre intelligibles, faciles à l'esprit de l'auditeur, exécutables par celui qui pratique, les théorèmes que l'on énonce, il y a une distance considérable. Voilà ce que le professeur est seul apte à enseigner; voilà ce qui constitue son savoir et son habileté dans sa profession, je dirai même son génie particulier.

La démonstration est, malheureusement, la chose dont les maîtres s'occupent le moins. Leur unique but est d'arriver à se défendre eux-mêmes contre un maître habile, ou à conquérir une supériorité marquée par quelques coups de bouton; alors pour eux tout est terminé. Que de fois n'avons-nous pas vu cet esprit d'erreur s'emparer des élèves, qui, sans avoir acquis, après un long espace de temps, le moindre talent, préconisaient leur maître en disant : Il est bien bon professeur : il a battu M. tel, ou lutté sans désavantage contre tel autre! Le démonstrateur est bien rare; le fort tireur se rencontre fréquemment. Or, que cherche-t-on dans un maître? L'homme qui enseigne et initie aux secrets de la science, et non celui qui parade devant vous.

Le grand tort des professeurs de gymnastique, danse, équitation, voltige, escrime ou natation, est de consacrer tous leurs moyens au développement personnel de leurs talents. Conquérir le premier rang est leur ambition : ils savent que, leur réputation d'habileté une fois conquise, la foule se porte aux cours qu'ils établissent; mais de la communication de la science, pas un ne s'en préoccupe.

Le voyageur qui cherche à se frayer un chemin dans une contrée inconnue arrivera-t-il à son but s'il ne rencontre un guide sûr et fidèle, et pourra-t-il se rendre à sa destination en suivant du regard ceux qui parcourront, sans autre loi que leur caprice, le pays qu'ils connaissent? Non certainement. Il en est de même dans toutes les branches du savoir. On ne doit prendre le nom de MAÎTRE que du jour où l'on peut rendre facile à l'aide du raisonnement, la science que l'on cultive. L'enfant croit son maître sur parole ; mais à l'homme raisonnable il faut une conviction provenant d'une opération de l'intelligence ; il faut des explications que la réflexion puisse faire accepter.

Les maîtres d'armes ont presque tous une manière de montrer et d'exécuter qui leur est propre. Cette manière, ils la communiquent sans réfléchir que sur vingt personnes auxquelles ils donnent la même leçon, il y en aura peut-être deux dont les moyens physiques seront en harmonie, et dont les intelligences auront un point de raccordement. Comment alors profiter des conseils, des indications, de la leçon en un mot? Agir ainsi c'est faire jouer à son élève le rôle d'un manœuvre qui, concourant vingt ans à la construction des édifices les plus magnifiques, ne peut, en raison du manque total de développement donné à son intelligence, se former une idée raisonnable de l'architecture.

Un bon maître, et nous le répétons ici, car nous voudrions voir ces principes formulés en maximes être inscrits sur les parois de toutes les salles d'armes, un bon maître s'attache à juger les moyens naturels de son élève, et lorsqu'il est parvenu à s'en rendre un compte exact, alors il peut donner la leçon de la manière la plus appropriée, en mettant à profit ce qu'il a reconnu de bon, modifiant ce qui laisse à désirer, et corrigeant ce qu'il voit défectueux. Après une semblable étude faite consciencieusement, ses leçons seront utiles, et les facultés bien cultivées amèneront l'élève à ce degré de force qu'il recherche dans l'enseignement qu'il sollicite.

Malgré la justesse de ces observations, il est certain, et tous ceux qui ont fréquenté la majeure partie des salles le certifieront, que l'on voit donner chaque jour la même leçon à l'homme d'une taille élevée et à celui d'une taille exiguë, à l'homme fort et à celui d'une faible constitution, et ce qui est plus étrange, à l'homme intelligent et à celui dont les facultés de l'esprit sont moins actives. Comment arriver à des résultats heureux par l'emploi de ces mêmes moyens avec les différentes natures auxquelles on se trouve avoir affaire ? L'agriculteur réfléchit d'avantage ; il sait que telle ou telle culture réussit ou ne peut être employée partout, et n'abandonne pas le sol pour ce motif.

Le maître d'armes, au contraire, avec sa leçon stéréotypée à l'usage de tous, s'étonne et s'irrite de l'insuccès, et déclare hautement son élève *incapable*. Cette dernière expression m'étonne ; je ne puis l'admettre : j'ai donné beaucoup de leçons en ma vie, et n'ai trouvé au plus qu'un élève sur dix dont l'intelligence ou la conformation corporelle rendissent mes soins inutiles. A la vérité, l'on doit prendre de la peine, et peut-être est-ce trop exiger.

Connaître le bien, ce n'est pas l'aimer. Cette idée développée peut encore prouver que non-seulement on doit exiger du talent d'un professeur, mais encore l'amour de son art pour former de bons élèves. La démonstration en toute chose devient aride (rien d'ennuyeux au monde comme un poëme didactique); il faut les épisodes et surtout l'enthousiasme. Ce que vous enseignez aux autres doit être indiqué avec soin, persévérance, art et bonne volonté. Par ce moyen, cette électricité du désir de bien faire, le courage ne vous abandonne pas, et il en faut beaucoup pour donner toute la journée une leçon également bonne à chaque élève (*experto crede).*

Trop souvent un défaut physique, un chagrin, une injustice, l'amour-propre froissé brutalement, amènent chez le maître le dégoût et l'ennui de l'art qu'il cultive ; alors cette même science cultivée avec amour, répugne et devient un supplice de chaque jour. L'homme qui n'aime plus son état devient un être nul pour ses élèves : non-seulement il fait perdre le temps à ceux qui lui demandent instruction ou conseils, mais cette irritation qui le mine le perd au sein de sa famille. Le dégoût le conduit à l'inexactitude dans ses relations ; il n'a plus qu'un pas à faire, et l'abîme est ouvert. Le vice frappe à sa porte, la misère arrive, et avec elle son triste cortége.

Que d'exemples nombreux n'avons-nous pas eus sous les yeux de ce malheur que nous venons de signaler ! Les sciences, les arts en fournissent mille preuves. Que de maîtres d'un véritable talent n'avons-nous pas rencontrés qui, dégoûtés de leur profession, répétaient la devise de Valentine de Milan :

Plus ne m'est rien,
Rien ne m'est plus.

Des propos lancés sur leur mérite, la basse jalousie attachée à leurs pas, l'injustice, cause de tant de maux, les refus humiliants de places ou d'honneurs alors qu'ils les voyaient accordés à des hommes inférieurs ou nuls, telles sont les circonstances, plus que suffisantes, qui amènent le dégoût, les vices, et privent le pays du concours d'hommes utiles, et dont le déni de justice ou de protection, honorable pour ceux qui l'accorderaient avec discernement, a paralysé le savoir et les bonnes dispositions.

Le maître consciencieux, nous l'avons écrit dans nos considérations générales, doit toujours être en étude avec son élève, ne le pas perdre de vue un instant, car dans les arts, et les armes surtout, les fautes se multiplient à l'infini, si l'on n'y apporte l'attention la plus soutenue. Le maître lui-même doit s'observer scrupuleusement. Tout ce qu'il exécute doit être parfaitement fait et compris. Il doit en agir ainsi pour un double motif. Le premier, à cause de la démonstration quotidienne, qui lui donnerait une méthode vicieuse s'il s'engageait dans une voie fausse, et le conduirait à devenir plus tard un mauvais professeur, après avoir acquis plus jeune une certaine célébrité. Le second motif qui doit le faire persévérer dans une étude sévère de ses travaux est sa consicence. Professeur, il s'engage à faire participer aux bienfaits du savoir l'homme qui se remet entre ses mains. N'y aurait-il pas un compte juste et sévère à lui demander, si après un délai raisonnable, un élève, avec les dispositions heureuses, avec du zèle et de l'application, voyait des résultats négatifs suivre des études mal dirigées ?

L'homme qui comprend toutes les obligations du mandat qu'il doit remplir comme maître, ne négligera rien pour conduire son élève à la perfection ; jamais il ne lui viendra dans la pensée de rétrécir la démonstration ; il en multipliera au contraire les ressources, et cherchera les moyens les plus ingénieux de convaincre et d'instruire.

Bien différent en cela de ces hommes que nous rencontrons chaque jour, spéculateurs éhontés abusant des moments ou de l'insouciance de leurs élèves, qui, en raison de leur peu de savoir, tiennent des mois entiers sur un même coup ceux qui se mettent entre leurs mains, et répètent avec l'accentuation gracieuse d'Auch ou de Pézénas : *Vous êtes bon, mon cer. Jé né veux pas qué ces cers élèves* ILS *mé quittent; avec une idée saugrenue commé la vôtre, au bout d'un mois jé n'aurais plus dé science, et ils m'abandonnéraient.*

Honte sur ceux de nos confrères qu'un semblable sentiment dirige, sur ceux qui calculent le temps pendant lequel ils peuvent *exploiter un élève* ! Honte sur ces hommes, semblables à ces maîtres, à ces prévôts *carottiers* (1) à ces échappés des pontons, abrutis par la barbare captivité que leur imposait l'Angleterre, qui, revenant dans les corps après leur libération, tâtaient les poches du gilet de ceux qu'ils mettaient en garde. A ces bretteurs inhabiles et indignes d'un brevet qu'ils n'ont même pas acheté, nous dirons arrière ! nous les flétrirons comme déshonorant la profession qu'ils n'auraient jamais pu embrasser si un réglement sage et indispensable avait posé des limites à ces envahissements malheureux.

Quelle différence avec l'homme qui ne dénature pas la mission qu'il doit remplir, et ne convertit par un art noble en un vil métier ! Pour lui l'élève qui suit ses préceptes est un élément de gloire et de réputation. Son intérêt, ce mobile de notre humanité, lui impose l'obligation d'arriver à des résultats heureux ; peines, soins constants, travaux assidus, rien n'est

(1) Qu'on nous pardonne cette expression militaire. Elle est juste.

négligé par lui pour arriver au noble but qu'il se propose : la satisfaction de celui qu'il instruit, sa propre réputation, et l'éclat qui doit rejaillir de son mérite sur la noble profession qu'il a choisie, qu'il aime, et à laquelle il a consacré tous les instants d'une vie qu'il présente pure aux yeux de ses amis et de ses ennemis.

CHAPITRE IV.

> La vanité que l'on nous donne est rivée
> avec des clous d'airain.

LE PREMIER MAITRE.

Un savant auquel on faisait compliment sur l'étendue et la profondeur de ses connaissances, répondit, avec la modestie compagne du vrai mérite, « qu'elle ne lui servait qu'à reconnaître l'étendue et la profondeur de son ignorance. »

Ce n'est pas sans motif que nous rappelons cet exemple au début du chapitre auquel nous avons donné l'épigraphe placée en tête de cette page.

Le titre de PREMIER MAÎTRE, on le sait, est ambitionné par tout professeur; l'espoir de l'obtenir excite son émulation, soutient son courage dans les travaux pénibles auxquels il doit se soumettre lorsqu'à la conscience du bon démonstrateur il joint l'amour de son état.

Et pourtant, il faut l'avouer, les efforts tentés jusqu'à ce jour n'ont pas encore produit un talent qui puisse avec raison venir se placer au premier rang pour être salué du titre de *premier*. Qui de nous oserait se présenter devant un aréopage composé des anciens, que j'appellerai les pères de la science, et leur dire : Je fais appel au plus habile; je le vaincrai; mes coups seront tous savants; je toucherai mon adversaire selon les règles de l'art et de la science, puis l'explication viendra démontrer que mon jeu est infaillible, ma méthode excellente, mes calculs exacts ; que je sais corriger par l'intelligence les défauts de la nature, et qu'à l'aide de la raison et du calcul il n'est aucune des ressources de notre art qui me soit inconnue ; n'ai-je pas dès lors le droit de réclamer ici le titre de *premier maître* ?

S'il s'en trouvait un qui eût la présomptueuse hardiesse de tenir un pareil langage, il faudrait le plaindre et lui dire avec le savant : que l'étendue et la profondeur de sa science ne lui permettent pas de connaître l'étendue et la profondeur de son ignorance. — Il faut généralement justifier ce que l'on avance et en examinant attentivement les causes préexistantes qui font de l'homme un être imparfait au moral et au physique, on sera amené à adopter mon opinion sur la difficulté de pouvoir se poser comme PREMIER MAITRE D'ARMES. Comment, en effet, espérer conquérir une place supérieure comme professeur, si les cas suivants se présentent :

— Être trop petit ou trop grand, et sans énergie.

— Avoir un jeu vigoureux, mais sans adresse aucune.

— Raisonner parfaitement, mais avoir une constitution qui ne permette pas de supporter la fatigue.

— Avoir tous les avantages physiques, mais être vain, entêté, prendre en pitié les conseils que l'on vous donne ou n'en accepter de personne.

— Être démonstrateur, mais sans vivacité, sans couleur ; en un mot, être froid, ennuyeux, ou bien démonstrateur emporté, ridicule.

Enfin pour terminer cette liste, je dirai que les professeurs négligents, sans éducation, sans principes, sans persévérance, pas plus que les autres, ne peuvent parvenir à mériter un titre que le public, assez bon juge, décerne à bas bruit au professeur honnête homme et instruit, qui attend que la renommée vienne à lui, et qui pense, avec un philosophe ancien, que la vie de l'homme n'est pas assez longue pour qu'il ne lui reste pas toujours quelque chose à apprendre. Aussi, quel sentiment de pitié n'inspirent pas à la saine partie du public les jugements de nos modernes dispensateurs de renommée ! Un homme est-il jeune, vigoureux, manie-t-il son fleuret avec vitesse, quoiqu'il n'y ait dans son jeu ni art ni intelligence, qu'il n'ait que des reins, des épaules et l'aplomb de l'ignorance doublée de l'habitude ; quoique sa tête ne lui serve qu'à porter le masque, et jamais à raisonner, on le proclame grand professeur, une couronne lui est décernée, et l'on inscrit sur le pommeau de son fleuret cet axiôme excentrique :

Le plus savant tireur est le plus vigoureux.

Il n'y a qu'un Hercule de profession qui ait pu émettre hautement une idée semblable. C'est une erreur grave que d'oublier le professeur en faveur du tireur, qui trop souvent n'est qu'une machine. L'intelligence, la raison, l'observation, voilà ce qu'il faut placer en première ligne chez le professeur, à moins que selon ces matérialistes nouveaux, le maçon soit plus que l'architecte, la locomotive plus que l'ingénieur. Mais, il faut l'avouer, et c'est là encore une des faiblesses de notre pauvre humanité, c'est peut-être un sentiment d'amour-propre qui dicte ce langage à ces modernes aristarques, et qui leur fait préférer l'exécution à l'intelligence : en général on aime mieux son égal que son maître.

J'ai vu, il est vrai, des hommes parvenus à une grande force dans les armes, soit par leur vitesse, soit par un travail spécial et mécanique ; mais ce que j'aurais voulu voir aussi, ce sont des élèves formés par ces mêmes hommes, et auxquels ils auraient communiqué leur aptitude physique ou leur vitesse surprenante. M. de la Boëssière, le père, n'a jamais eu la réputation d'un tireur terrible, et cependant il a conservé celle d'un homme éminemment distingué dans son art. Saint-Georges, le plus grand talent qui ait existé, fut son élève et je crois, en conscience, que l'homme dont toute la science eût été dans ses muscles n'aurait pu atteindre à la renommée. Croyez-moi, il y avait autre chose dans Saint-Georges que la force d'un Alcide du Nord ou du Midi : l'escrime sans esprit est chose triste et absurde.

Les jeux bizarres sont comme les modes exentriques, ils attirent d'abord l'attention, mais bientôt font hausser les épaules. Qui ne sait que ce qu'il y a de pis pour un professeur c'est d'avoir un jeu, car il n'est pas difficile de trouver la clef de ce jeu, et alors que devenez-vous ? J'ai connu des maîtres très-forts dans une certaine manière, et qui ne comptaient que sur les raccrocs ; ils touchaient vingt coups dans cinq minutes, et ne pouvaient pas donner un coup d'épée dans une demi-heure. Le professeur intelligent et calculateur doit trouver la clef du jeu mécanique : les armes ne sont plus une loterie lorsque l'esprit préside à l'action. C'est là un principe vrai, et que les paradoxes de quelques professeurs ne peuvent renverser, même avec l'appui et l'écho qu'ils trouvent chez quelques amateurs qui, soit dit en passant, gâtent dans leurs protégés quelques bonnes qualités qu'ils ont, en leur faisant croire qu'elles leur suffisent ; ils vont répétant à tout venant: Quel homme! quel professeur ! Ah ! bravo ! c'est surprenant ! c'est beau ! c'est magnifique ! Voyez comme il touche souvent ! Quelle vitesse ! C'est admirable ! C'est le premier maître !...

Voilà de vos arrêts, messieurs les gens de goût!

Sans doute la vitesse est une qualité essentielle en fait d'armes, surtout chez un amateur ; mais convenez donc que le maître qui n'a que cette qualité est un être assez triste. Demandez-lui de la théorie, il vous répondra par un coup de bouton. Mais, lui direz-vous, donnez-nous donc des explications. Vite, deux, trois, quatre, cinq coups vous répondront avec la rapidité de l'éclair : c'est là sa théorie. Si l'on vous consulte alors sur le mérite de ce premier maître, vous serez obligé, n'ayant rien vu de plus, de dire : C'est un homme du plus grand talent : il tire vite. Ainsi, le postillon qui court la poste à crever dix chevaux de Paris à Rouen sera le premier écuyer ; l'homme qui parle le plus vite sera le plus éloquent. A celui qui soutient une semblable thèse, la barrette du fou ou du bouffon revient de droit.

N'est-il pas triste de penser qu'un professeur devra tirer vanité de sa vitesse ? Et combien ne serait pas à plaindre le maître d'armes dont on dirait : Dans son poignet est toute son intelligence ! En vérité, en entendant ces messieurs, on est tenté de s'écrier avec le bon La Fontaine :

Mieux vaut sage ennemi qu'un imprudent ami.

Je me permettrai de dire au docte aréopage qui juge un assaut comme une course au clocher : Savez-vous, messieurs, qu'il y a trois sortes de vitesse ? De laquelle voulez-vous parler ?

— Est-ce de la vitesse de nature ? Celle-là prouve bien peu en faveur de l'esprit, du talent de celui qui la possède.

— De la vitesse acquise par un travail spécial répété tous les jours ? Elle ne prouve pas non plus une bien grande dose d'intelligence.

— La vitesse de la précision ? Ah ! celle-là donne à penser que vous avez eu un bon maître, qui a compris que des mouvements serrés et justes, qui ne sortent jamais des lignes voulues sont des mouvements plus prompts que ceux qui ne sont pas réguliers.

Tout compte fait, on tire vite, on touche; mais, comme professeur, si l'on n'a que ce mérite, on peut être parfaitement assuré d'être toujours ridicule, et à *fortiori* en se faisant appeler *premier maître*. Je vois bien qu'il est mieux de mériter l'estime générale que de l'obtenir; car, ainsi que l'a dit un auteur : « On trouve toujours des ignorants pour rivaux, et des sots pour obstacle. »

Ceci me rappelle une petite anecdote. On vantait un jour devant moi le talent d'une princesse russe sur le piano. C'était à Field, le célèbre professeur, que l'on s'adressait. On ne cessait de lui faire admirer la vitesse du jeu de la princesse. Enfin, fatigué de ce mot vitesse qui bourdonnait sans cesse à son oreille, il s'écria : « Mais un cheval court encore plus vite. »

Je ne veux pas cependant terminer sans répéter que la vitesse dans les armes est un moyen puissant de succès ; mais je dirai encore qu'il ne doit pas être le moyen unique ; car il est reconnu, en escrime bien entendue, que la vitesse ne peut passer qu'en troisième ligne : d'abord la science, ensuite la rectitude des coups, et enfin la vitesse.

Saint-Georges, on le sait, avait une incomparable activité ; son organisation privilégiée réunissait les trois vitesses dont j'ai parlé plus haut, et cependant Saint-Georges prenait constamment des leçons de M. de La Boëssière. C'est que ce prodigieux Saint-Georges était un homme supérieur ; s'il reconnaissait sa supériorité sur son maître pour l'exécution, il ne pouvait contester l'idéale perfection des raisonnements, et certainement ce n'est point lui qui aurait proclamé que le premier maître était celui qui tirait le plus vite. Aussi Saint-Georges, notre maître à tous, a-t-il reçu les honneurs de l'immortalité ; son nom trône dans les biographies, et sa haute réputation n'a jamais eu d'égale ; car ce n'est pas sérieusement sans doute qu'une personne (dont je veux bien oublier le nom) disait devant moi : « Ma foi, je regrette que Saint-Georges soit mort : nous aurions vu !... » Cette personne ne sera jamais le premier maître, quoique Saint-Georges n'existe plus.

Quelles sont donc les qualités nécessaires pour aspirer au titre de premier maître... je n'ose dire pour le mériter ?

Si la nature vous a doué d'une heureuse conformation ; si elle vous a accordé de la vitesse naturelle, et la plus grande ; si la force de votre constitution vous permet de supporter un exercice journalier et les fatigues des leçons à donner ou à prendre, commencez jeune avec un excellent professeur, et suivez assidûment ses leçons.

Ce n'est pas tout encore ; ces qualités physiques ne suffiront pas si vous n'y joignez beaucoup d'intelligence, une disposition naturelle pour l'art des armes, une grande pénétration, un coup d'œil sûr, de la malice, de la ruse, une connaissance spontanée des moyens physiques ou moraux d'autrui, de l'ardeur, une certaine facilité d'élocution, de l'esprit d'à-propos, et par-dessus tout un grand talent d'observation. Alors, seulement alors, vous pourrez prétendre à ce titre si ambitionné de nos jours ; car ce ne serait pas trop d'avoir le génie de la démonstration, la science de M. de La Boëssière, et l'exécution, la finesse, la vitesse surprenante de Saint-Georges, pour pouvoir se dire le maître de tous, le PREMIER MAÎTRE.

FIN.

A MES LECTEURS

Avant de livrer mon manuscrit à l'impression, j'ai prié quelques hommes de lettres de vouloir bien y jeter un coup d'œil. J'ai été assez heureux pour recevoir leurs encouragements. Je ne puis reproduire ici toutes les réponses bienveillantes qui me sont parvenues, j'en ai choisi seulement deux que je publie, mais je prie mes dignes amis d'agréer ici l'expression de ma gratitude.

A. Grisier.

A M. GRISIER

APRÈS LA LECTURE DE SON MANUSCRIT

Oui, tout homme d'honneur qui reçoit une offense
Ne voit dans le duel qu'une juste défense ;
Si l'insolente main qui joue avec l'affront
Imprime, sans motif, la rougeur à son front ;
Ou si la calomnie, à l'ombre du mystère,
Fait planer sur sa couche un soupçon adultère ;
Ou si brutalement d'odieux agresseurs

Insultent devant lui ses filles ou ses sœurs,
Il n'ira point gagner une lâche victoire
Sur un banc de plaideurs, au champ clos du prétoire;
Il n'invoquera point le timbre de l'huissier
Pour blanchir son honneur sous l'encre d'un dossier.
Juges, montrez encore aux combattants rebelles
Le vieux édit royal qui frappa Deschapelles,
Convoquez par la voix de nos gardes des sceaux
La haute cour, avec sa hache et ses faisceaux.
Rien n'intimidera cet homme ; son épée,
Jaillissant du fourreau devant Thémis trompée,
Lui dira : Laisse-moi ressaisir de ma main
Mon honneur aujourd'hui, prends ma tête demain!...

Mais le duel admis, il faut qu'un code sage
En extirpe l'abus, en modère l'usage :
A de nouvelles mœurs demandons d'autres lois.
Nous sommes déjà loin du règne des Valois :
Nos jeunes clercs, épris de stupides querelles,

Ne vont plus établir des joûtes éternelles
Sur un terrain funèbre, embelli de cyprès,
Entre la Tour de Nesle et Saint-Germain des Prés.
Après un bal, fécond en folles équipées,
Leurs chapeaux sous le bras, à la main leurs épées,
Nos marquis ne vont plus se battre au premier sang
Devant une lanterne empruntée au passant.
Le spadassin n'est plus qu'un être fantastique :
Le soir, dans les récits du foyer domestique,
On dépeint aux enfants sa hideuse beauté ;
L'aile de son chapeau planant sur le côté ;
Le sourire agresseur qui gonflait sa narine ;
L'effrayant relief de sa rauque poitrine,
Et, sur les boulevards, son gigantesque pas
Labourant les piétons qui ne reculaient pas.
On nous les montre encor, mais peints, en effigie,
Comme des suppléments à la mythologie,
Ou bien comme ces sphinx, ces lutins, ces griffons,
Accroupis aux chenets, ou tordus aux plafonds.

La barbarie est morte, et l'honneur vit encore !
C'est en son nom sacré que la justice implore
Un code où, flétrissant de sauvages exploits,
Maître, votre parole annonce d'autres lois.
Il faut de ses excès sauver l'honneur lui-même.
Il faut qu'à votre voix un tribunal suprême
Décide noblement si l'injure ou l'affront
Vaut le sang et les pleurs qui demain couleront.
Il faut qu'en entendant sonner la dernière heure
Du malheureux enfant qu'une famille pleure,
Aucun témoin n'ajoute un faisceau de remords
Au cortége qui monte à la ville des morts.
Et surtout que la voix et le code du maître,
Sur le terrain fatal où le deuil va paraître,
Proscrivent, pour sauver un amer repentir,
L'arme qui change un homme en mannequin de tir !
Elle a sans doute en elle un charme qui nous tente ;
Mais employons son bruit et sa double détente
A l'enclos de Lepage, où brille le coup d'œil,

Pour gagner des paris sans un crêpe de deuil.
Oui, l'arme de l'honneur, en France, est toujours celle
Qui jaillit du fourreau, dans la main étincelle,
Tombe comme la foudre, et puis, au même instant,
Se change en bouclier aux doigts du combattant :
L'arme qui fait bondir le cœur, et continue
Un bras nerveux, visant une poitrine nue ;
L'arme qui trahissait Achille, quand sa main
L'étreignant, d'Ilion indiquait le chemin :
Elle ne donne point, lorsque l'honneur l'invoque,
A la peur résignée un courage équivoque ;
Celui qui, sans pâlir, dans le moment fatal
Darde, avec son épée, un bras horizontal,
Des assauts de l'école élève encor novice,
A souvent triomphé sur la sanglante lice ;
Et l'écolier, quittant le masque et le plastron,
Intrépide, doit vaincre un Saint-Georges poltron.

Un jour, quand le bon sens chez nous sera de mode,

On verra triompher partout, avec ce code,
L'équité de l'honneur, et le principe humain
Qui d'un bonheur fatal peut absoudre une main.
Maître, l'autorité de vos nobles paroles
A déjà retenti dans toutes nos écoles;
Et tout homme de cœur attend ces justes lois,
Écrites dans le livre, écho de votre voix :
La main qui le signa peut nous montrer encore
Avec un digne orgueil le coup qui la décore;
Un jour elle brisa le fleuret innocent,
(L'ennemi sous nos murs se levait menaçant,
La grande capitale était enveloppée)
A l'arsenal de guerre elle saisit l'épée,
Et combattit pour nous, dans ce jour de terreur
Qui vit tomber sur lui l'Empire et l'Empereur (1).

(1) M. Grisier peut montrer la plus honorable des cicatrices à sa main droite; c'est à cette glorieuse blessure que mes vers font allusion. En 1815, lorsque les alliés nous livrèrent une dernière bataille, sous les murs de Paris, M. Grisier était aux premiers rangs de nos défenseurs.

Avec le souvenir que tant de deuil nous laisse,
Nous sommes fiers de voir ce titre de noblesse
Sur la main qui présente un code où sont écrits[crits.
Ces droits que l'honneur donne et que rien n'a pres-

MÉRY.

Paris, Novembre 1846.

My Dearest,

Je viens de lire avec un bien vif plaisir le manuscrit que vous m'avez confié, et vous le renvoie avec mes sincères remerciements.

Vous m'avez rendu un véritable service, car vous m'avez réconcilié avec les ouvrages didactiques. J'ai été, comme tous mes contemporains, la victime de ce que l'on nomme l'enseignement universitaire, et Dieu sait quelle indigeste pâture est ce que l'on nomme le *Pabulum animi*. Tenez, je m'y laisse encore prendre, et j'écris des mots latins. Il est vrai que j'ai une excuse auprès de vous, j'ai rencontré d'heureuses et savantes citations dignes en un mot du livre dans lequel elles sont placées.

Il y a bien longtemps, mon cher maître, que j'ai entendu prononcer votre nom pour la première fois, j'étais loin de me douter, en l'an de grâce 1820, que j'aurais le plaisir de me rencontrer vingt-six ans plus tard avec vous, et que ce même Grisier, dont je prononçais le nom dans un couplet retraçant la Journée d'un dandy de l'époque, était celui que j'aurais un jour à complimenter comme auteur d'un ouvrage aussi sagement pensé qu'élégamment écrit, aussi profond et instructif que plein d'intérêt et de charme.

Avant de me trouver réuni à vous, avant d'avoir pu en pressant avec sympathie votre main noblement mutilée dans la mienne, qui répondit avec tant d'affection à votre chaleureuse étreinte, j'avais eu encore un souvenir de celui que je ne connaissais que par l'*Oracle de la Mode.* Un de nos amis communs, l'homme que nous aimons tous deux également, Alexandre Dumas, m'avait rappelé deux fois votre nom, aujourd'hui si glorieux et désormais impérissable, car votre enfant d'adoption, notre bon Eugène, en soutiendra dignement l'éclat, j'en ai la conviction, et tout Paris partage ma croyance. Il s'est appliqué, grâce à vos enseignements précieux et de chaque jour, la devise : *Noblesse oblige*. Il gardera son cri d'armes.

Alexandre avait publié *Pauline* et ces fameux *Mémoires d'un maître d'armes,* que Janin vous reproche toujours d'avoir donnés. J'étais alors au nombre de ces aventureux soldats que le coup d'éventail donné par Hussein-Dey à M. Deval, avait jetés sur la plage africaine. Dans la subdivision d'Oran, la fermeté du général Boyer nous avait procuré quelques loisirs, et loin de la France, nous nous reportions au souvenir du pays en lisant les œuvres de ceux qu'il salue avec orgueil du nom de grands poëtes et de grands écrivains.

Vous savez, mon ami, combien j'admire Dumas, vous m'avez vu pour ainsi dire suspendu à ses lèvres, lorsque de sa bouche éloquente découlent ces phrases harmonieuses, ces mots partant du cœur et allant droit à l'âme ; vous devez donc penser que sous l'ombre du figuier de Barbarie, ou sous la tente, je recherchais avidement les écrits de mon poëte de prédilection.

J'ai dévoré les trois volumes des *Mémoires*, je vous ai suivi dans votre route de Paris à Pétersbourg, avec vous j'ai aimé Louise qui, vous présentant à Vaninkoff, vous ouvrait les nobles maisons de la ville de Pierre le Grand, où vous trouviez autant d'amis que d'élèves. J'étais, croyez-le bien, mon cher maître, au nombre de ceux qui, pendant les fêtes du couronnement de l'Empereur, vous applaudissaient à l'assaut que vous donniez au Kremlin; j'ai partagé vos sensations quand la Néva menaçait d'engloutir la capitale de Romanow, et pleuré avec vous quand le noble Alexis rendait son sabre brisé. Vingt fois j'ai relu cet ouvrage que Dumas écrivit sous votre dictée, et toujours avec le désir de connaître personnellement l'homme qui avait forcé l'étranger à reconnaître notre supériorité dans une branche nouvelle.

La Providence m'a conduit près de vous; notre première entrevue, vous vous le rappelez, fut assez étrange. Le premier de nos orateurs, Berryer, venait de trouver en vous un auxiliaire puissant pour défendre une cause célèbre, et votre déposition, aussi consciencieuse que pleine de logique, avait converti les jurés. Quelques jours après, je lisais votre livre.

Voué par ma naissance, mes goûts, mes affections, à la cause de l'armée, j'ai été heureux de pouvoir entendre exposer la question des *Armes et du Duel* par un homme qui, pendant plus de trente années, a tenu le premier rang parmi ses confrères. J'ai le malheur de me mêler un peu d'histoire, j'aime les vieilles chroniques et les noms anciens, vous avez augmenté la petite somme de mon savoir. L'historique du *Duel et des Armes* a ajouté beaucoup à ce que j'avais pu apprendre ; pour cette portion du livre, recevez mes félicitations directes.

Sans être un juge bien compétent sous le rapport des théories, j'ai cependant paré dans ma vie quelques petits demi-cercles, et j'ai suivi avec intérêt vos préceptes ; car vous avez toujours parlé à l'intelligence, et vous avez lutté avec succès contre cette tendance ridicule qui conduisait une noble science à une matérialisation déplorable.

Je viendrai souvent à votre foyer si bon et si hospitalier causer avec vous de vos *Réflexions*, qui s'adressent aux hommes avancés dans votre art. Nous relirons ensemble vos *Deux Méthodes comparées*, et je vous répéterai combien je m'estime heureux d'avoir toujours pensé comme vous sur la mission des témoins. Dans nos soirées d'hiver, auprès de cette petite table ronde, où l'aimable et gracieuse compagne de votre noble existence travaille et se montre si bonne à tous ceux que vous voulez bien aimer, vous me retracerez les portraits si bien touchés de l'académicien et du maître étranger, si plaisants du maître orateur, et je vous donnerai à mon tour quelques-unes de mes réminiscences de garnison sur MM. les prévôts, dont votre type est si amusant.

A bientôt donc, cher maître, au revoir ; puisse ce livre trouver des lecteurs nombreux, et ils ne sauraient lui faire défaut : l'amitié, l'affection de ces hommes que la France admire, ont voulu contribuer à son admission dans le monde. Dumas, Méry, Roger de Beauvoir, E. de Beaumont, ont mis la main à votre ouvrage : c'est un magnifique tableau qu'entourent des arabesques d'or.

Courage donc, mon ami ; la plume à la main, vous êtes grand comme à l'épée, comme sur le champ de bataille. J'ose concevoir une espérance, cette distinction si noble et que vous avez si bien méritée, cette croix que le respectable comte Desfourneaux demandait pour vous en 1815 au maréchal Davoust sous les murs de Paris assiégé, ce ruban rouge que toute la garde nationale serait heureuse et fière de vous voir, parce qu'au moment où grondait l'émeute, vous étiez mutilé dans ses rangs, on la donnera peut-être à l'écrivain.

Le Ministre de l'Instruction publique, M. de Salvandy, qui cherche encore sous sa toge l'épée qu'il a portée noblement, se souviendra, en voyant votre nom, que celui que la volonté du roi pourrait, en vertu des lois sur les récompenses décernées par la patrie, appeler demain à siéger parmi les pairs du royaume (1), réalise le mot des anciens : *Vir probus dicendi peritus,* Homme probe, habile à bien dire.

(1) M. Grisier, qui a reçu une récompense nationale en vertu de la loi du 25 juin 1839, se trouve compris dans la catégorie des personnes qui peuvent être élevées à la pairie. La loi du 29 décembre 1831 dit : Le roi peut choisir parmi les notabilités suivantes. . . . . *et les citoyens à qui, par une loi et à raison d'éminents services, aura été nominativement décernée une récompense nationale.* (Note de l'Éditeur.)

Adieu encore; pardonnez mon bavardage; mais je suis si bien avec vous, que j'ai peine à vous quitter; cependant le général me rappelle, je finis en vous serrant la main.

A vous maintenant et toujours,

Comte L. d'H***.

Courbevoie, 6 décembre.

Mon cher maitre,

Vous souvenez-vous que vous m'avez dit souvent : notre siècle va bien vite ! Je me souviens, moi, de votre air d'étonnement et d'admiration à la vue de ce tourbillon qui emporte hommes et choses, qui élève aux nues pour les engloutir aussitôt dans l'oubli, les découvertes, les inventions, les théories, les systèmes, les couronnes, les républiques. A ces moments j'ai toujours regretté, l'idée est singulière, de ne vous avoir pas vu le jour que la première locomotive détrôna la routinière diligence. C'est que vous êtes si jeune que vous avez des étonnements d'enfant. Et cependant vous avez vu tant de jours qu'il pourrait bien y avoir, derrière cette admiration naïve à la surface, un petit jeu de votre malicieuse bonhomie. Il me semble qu'en disant : notre siècle va bien vite, vous sous-entendez un bout de votre pensée ; vous vous arrêtez au moment d'ajouter : va-t-il toujours bien loin ?

Grave question, maître. Il faudrait tous vos souvenirs et toute votre votre fine expérience pour la résoudre.

C'est pourquoi nous, jeunes gens, prôneurs du temps présent, plus riches, direz-vous peut-être, d'assurance que de science, nous voudrions bien la trancher. Vous nous enseignez mille choses : d'abord à ne pas nous laisser tuer ; l'art non moins précieux de tuer les autres le moins possible ; comment on sauve, dans les occasions délicates, son honneur et sa dignité, comment on traverse un ruisseau sans se salir.

Mais vous aurez de bien la peine à faire que nous ne soyons pas jeunes.

J'aurais donc bien envie de crier que nous allons vite et loin tout ensemble. Que de belles choses trouvées dans notre siècle ! En partant de ce principe que pour aller quelque part, il est plus court de marcher que de rester sur sa chaise, vous, grand artiste en logique, vous ne refuserez par d'admettre qu'il est plus court de prendre l'omnibus que d'aller à pied, à condition... — Savez-vous la définition de l'omnibus ? Une voiture qui vous conduit où vous voulez aller, pourvu que vous vouliez aller où elle conduit. — Je continue mon raisonnement. Le fiacre vaut mieux que l'omnibus, quand le cocher n'est pas trop gris. Autre chose : le chemin de fer vaut mieux que la diligence de patriarcale mémoire, et je suis sûr que dans peu d'années, en dépit de votre prudence, malgré les cris que vous poussez au mot de *ballon,* malgré ceux des aéronautes qui se cassent les jambes, dans peu d'années ce sera bien autre chose ! Pour peu que l'électricité s'en mêle... Mais je ne veux rien inventer.

Voilà, sans compter les canons rayés, les balles explosibles et autres menus agréments, les trouvailles de notre siècle.

Mais malgré mon envie bien arrêtée d'aller toujours en avant, je suis forcé de reconnaître qu'il n'est pas que de courir pour arriver. Le lièvre de la fable courut de bonne sorte ; mais la tortue fit mieux ; elle arriva. Et quoi qu'il m'en coûte de me laisser faire la leçon par le vieux fabuliste, je conviens qu'il a du bon quelquefois.

Je vous avouerai même en confidence quelques tribulations que j'ai essuyées à l'endroit du progrès, et que je suis devenu quelque peu circonspect en matière de nouveauté.

Pour aller vite et loin, me disais-je, il n'est tel que les méthodes expéditives. Me voilà donc en quête de tout ce qu'on découvrait chaque jour de chemins raccourcis, afin de me donner le plaisir, si je n'y voyageais pas moi-même, d'admirer la rapidité des autres. J'étais ou voulais être comme ces paysans qu'on voit le long des chemins de fer suivre des yeux les convois qui disparaissent et se dire : comme ils marchent !

J'ai été quelque peu troublé dans mes admirations.

Un jour j'entendis parler d'une simplification de la musique, d'une méthode expéditive. Plus de dièses ni de bémols, plus de tons, plus de ces bataillons de doubles-croches qui dansent devant les yeux : rien que des chiffres, de simples chiffres, la musique mise à la portée du plus modeste additionneur. J'étais fou de joie quoique peu additionneur de mon état. Pour peu qu'on eût ajouté que cette méthode donnait de la voix à qui n'en a pas, j'aurais proposé l'apothéose des inventeurs. Je m'empresse de dépouiller la routine, je me régénère par le chiffre, et m'aperçois chemin faisant qu'au lieu de faire sauter le cheval, ces messieurs suppriment la barrière. Beau miracle !

Je reviens aux doubles-croches.

Un autre jour, (je commençais à me défier des méthodes expéditives) j'écoutais une musique Sax, et me disais en moi-même qu'il serait difficile d'imaginer des instruments plus secs, plus mornes, plus monotones, plus plats. Je déplorais l'exil des ophicléïdes, des bassons, en un mot de tout le *rococo*. « Il ne reste plus qu'à bannir aussi des orchestres tout ce qui n'est pas Sax, sous prétexte qu'il faut des années pour former un instrumentiste. Mettez donc des pistons au violon, au violoncelle. En trois mois, tous les goujats en joueront; tout le monde aura l'embouchure! » Il paraît que je parlais tout haut, car un de mes voisins saxomanes se prit de querelle avec moi, et prétendait me tuer pour me prouver l'excellence des Sax. Cela ne m'aurait pas convaincu; mais la méthode expéditive de démonstration que voulait employer mon doux voisin, me mit encore plus en défiance contre toute espèce de méthode expéditive.

A quelque temps de là, je voyais s'étaler sur tous les murs des affiches de méthodes expéditives pour baccalauréat. Je savais si bien qu'en penser que je riais de tout cœur. Sur le dos de certain édifice s'étaient donné rendez-vous trois ou quatre de ces annonces : *Discours latin en trois mois, succès infaillible,* absolument comme la pommade pour faire pousser les cheveux sur les *crânes les plus dénudés. Préparation au complet, au scindé et au restreint, on ne paie qu'après réception.* Comme chez Bilboquet : on ne paie qu'en sortant. La troisième : l'afficheur rougissait en la collant! *Baccalauréats et Licenciats?* Le tout en trois mois, garanti bon teint. Si l'État refuse des parchemins, la maison se charge de fournir à ses frais et dépens la peau d'âne pour en faire! Et je riais si fort qu'un monsieur s'arrêta. Je ne m'arrêtais pas. Si bien que j'entamai avec lui une discussion sérieuse, où je lui disais qu'on tuait les études; qu'on brévetait l'ignorance, qu'on rabaissait les sciences afin d'y pouvoir atteindre; qu'il était imprudent de négliger la précaution que prend le charlatan de Lafontaine quand il demande dix ans pour mettre son baudet sur les bancs; qu'à tout le moins, il faudrait savoir assez de français pour en mettre un peu sur les affiches.

Je faillis être pourfendu. C'était, je crois, l'auteur de l'affiche qui voulait me persuader par méthode abrégée.

Enfin, il n'y a pas longtemps, un de mes amis m'aborde. C'est un charmant homme, grand amateur d'escrime, qui tire l'épée comme on manie le bâton, mais grand connaisseur et le meilleur fils du monde.

— Mon cher, me dit-il, voici du nouveau ! Une méthode expéditive pour apprendre l'escrime.

— Merci, lui dis-je, édifié par la seule annonce du sujet, autant se brûler la cervelle de suite ou prendre leçon de duel chez ton maître d'armes.

— Bon ! toujours la même plaisanterie... Écoute-moi.

— A condition que tu m'écouteras ensuite.

— Volontiers. Je te dis donc qu'en trois mois on apprend aujourd'hui l'alpha et l'oméga, le fin du fin. Les élèves de l'inventeur font des assauts magnifiques : c'est examiné, constaté par des connaisseurs, c'est adopté. Passons l'éponge sur les vieilles erreurs de routine. Es-tu convaincu ?

Vous voyez d'ici que mon ami raisonne comme il tire l'épée, et je vous ai dit comment il tire l'épée.

— Pas tout à fait, répondis-je. Voici pourquoi :

Autrefois, on mettait dix ans à savoir qu'on ne savait rien en matière d'escrime, comme en toutes sciences. Aujourd'hui, en trois mois, on sait tout, et on va se faire tuer de confiance ! Mais, malheureux, en trois mois on a tout au plus le temps de se dire qu'il n'y a pas de moyens nouveaux de hâter les opérations de l'esprit ! M. Jourdain avait fait de la prose trente ans sans s'en douter ; il fut bien étonné quand il l'apprit : mais aurait-il jamais cru qu'il en pût faire par un autre procédé que celui qui lui avait servi trente ans à son insu? La vapeur fait mouvoir une locomotive; mais elle ne peut rien sur l'intelligence humaine; il n'y a pas de méthode à la vapeur.

Savoir les armes, c'est connaître à fond tous les moyens d'attaque et de défense; c'est deviner son adversaire; c'est être sûr que l'esprit verra promptement ce qu'il faut faire et que la main lui obéira à point nommé... et mille choses encore, au bout desquelles on ne sera jamais certain de n'avoir pas oublié justement celle qui empêche d'être tué! Combien ces leçons en trois mois? J'ai bien peur qu'il n'en coûte quelque bon coup d'épée aux écoliers trop crédules.

Je veux bien que tel élève de six mois soit plus savant en escrime que tel prévôt de trente ans. Que prouve cela? Complétez donc l'annonce par les coups de caisse de rigueur et dites : un élève de six mois battra le premier venu. Il est vrai qu'on pourra vous demander : comment font les élèves de cette salle pour se toucher les uns les autres? A cela, réponse toute prête : Ils font des assauts magnifiques. Fort bien; mais l'inventeur du système, se reposant sur ses élèves du soin de le faire valoir, me rappelle Pantagruel laissant Panurge discuter contre l'Anglais. Nous n'admettons pas l'*a fortiori*. Tournez-vous, de grâce. Faites-nous voir les coups de bouton que vous a coûtés votre invention : car ce n'est pas, j'imagine, dans son fauteuil qu'on invente un nouveau mode d'escrime ni d'enseignement de l'escrime! Paraissez en public : c'est bien le moins que vous nous démontriez qu'il est difficile de vous tuer avant de prétendre nous montrer à nous défendre.

Qui donc jusqu'ici a jugé le merveilleux inventeur ? Toi, ou des gens de ta force. Tous les tribunaux du monde n'y font rien. Ils se composent, pour moi, d'un seul homme. Il fallait aller dire au roi de l'escrime, à Grisier : venez et voyez ! — Il serait venu ; qu'aurait-il vu ? qu'aurait-il dit? Je ne sais, ou plutôt je le sais fort bien.

Il aurait dit à l'inventeur : « De grâce, monsieur, ayez pitié de moi ! Depuis quarante ans et plus, j'étudie tous les jours, et je mourrai désespéré à l'idée qu'il y a peut-être dans mon art des choses que je n'ai pu apprendre. De grâce, donnez-moi trois mois de leçons, et je mourrai content ! »

Il ne manque plus qu'une chose. Il faut que l'inventeur résume en trois pages ces leçons de trois mois. Quel beau petit livre cela fera ! C'est bien la peine que Grisier imprime la troisième édition de son grand ouvrage ; qu'il remplisse ses cartons des manuscrits du second, et qu'il promette de nous le donner dans deux ans ; qu'il y accumule les observations et les préceptes sur les finesses de l'art ; qu'il nous y entretienne de tout ce qui touche à l'escrime ; des assauts, des duels, des témoins, des salles d'armes, des prévôts, des maîtres, des élèves ; qu'il sème dans ces pages les anecdotes les plus curieuses. Tout cela disparaît, s'évanouit devant le traité en trois pages que nous intitulerons : *la Science infuse de l'escrime !*

Voilà, mon cher, comme je suis convaincu.

Et je laissai mon bâtonniste un peu déconcerté.

A quelques jours de là, il m'entraîne. L'inventeur daignait tirer dans une salle où mon ami avait entrée. Je le suivis. Je m'attendais à bien, mais j'eus mieux que je n'attendais.

L'homme prodige fut criblé de coups droits et autres. Si du moins ç'avait été par un de ses élèves !

— Que diable veux-tu, me dit mon ami, défendant à outrance un malheureux qui se défendait si mal, que diable veux-tu ?... Il n'a pas pu se donner leçon à lui-même !...

Je conclus de là, mon cher maître, que M. Jourdain est un professeur fort sage quand il dit à Nicolle : « Tu pousses tierce avant que de pousser quarte, et tu n'as pas la patience que je pare ! »

Je conclus encore qu'il faut être votre élève pour savoir se défendre, non-seulement d'un dégagement ou d'un coupé, mais de l'aveuglement et de l'outrecuidance, plus funestes que la plus terrible épée.

Vous avez été assez bon pour me permettre de feuilleter le manuscrit de votre second ouvrage. Nous y trouverons de l'esprit à pleines mains, et le dernier mot sur ce qui regarde l'escrime. Dites-moi, maître, si au chapitre des *grosses balourdises* vous n'ajouterez pas une page sur les méthodes expéditives ?

COMTE D'I***.

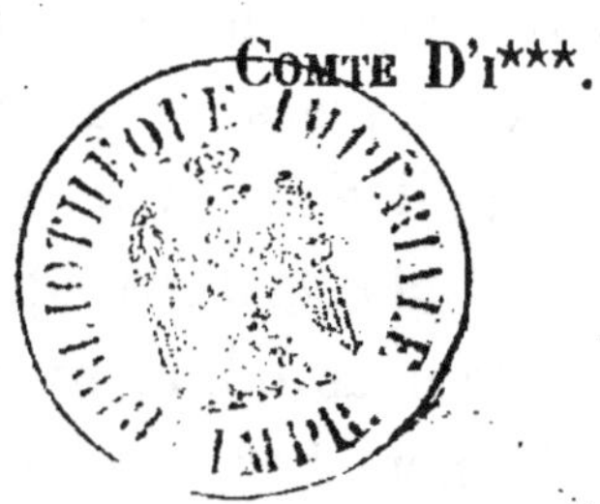

Paris, 15 janvier 1862.

TABLE DES MATIÈRES

FIN DE LA TABLE.

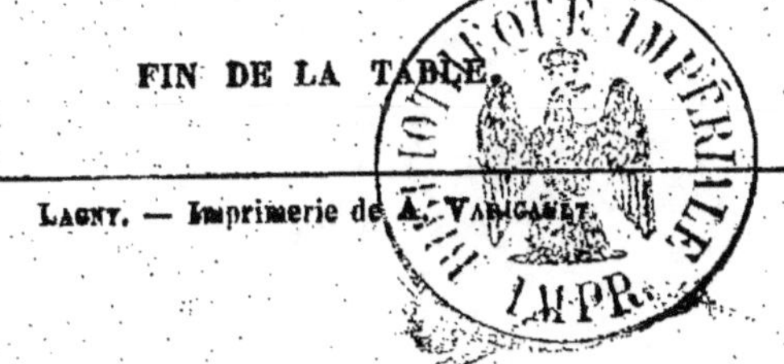

LAGNY. — Imprimerie de A. VARIGAULT.

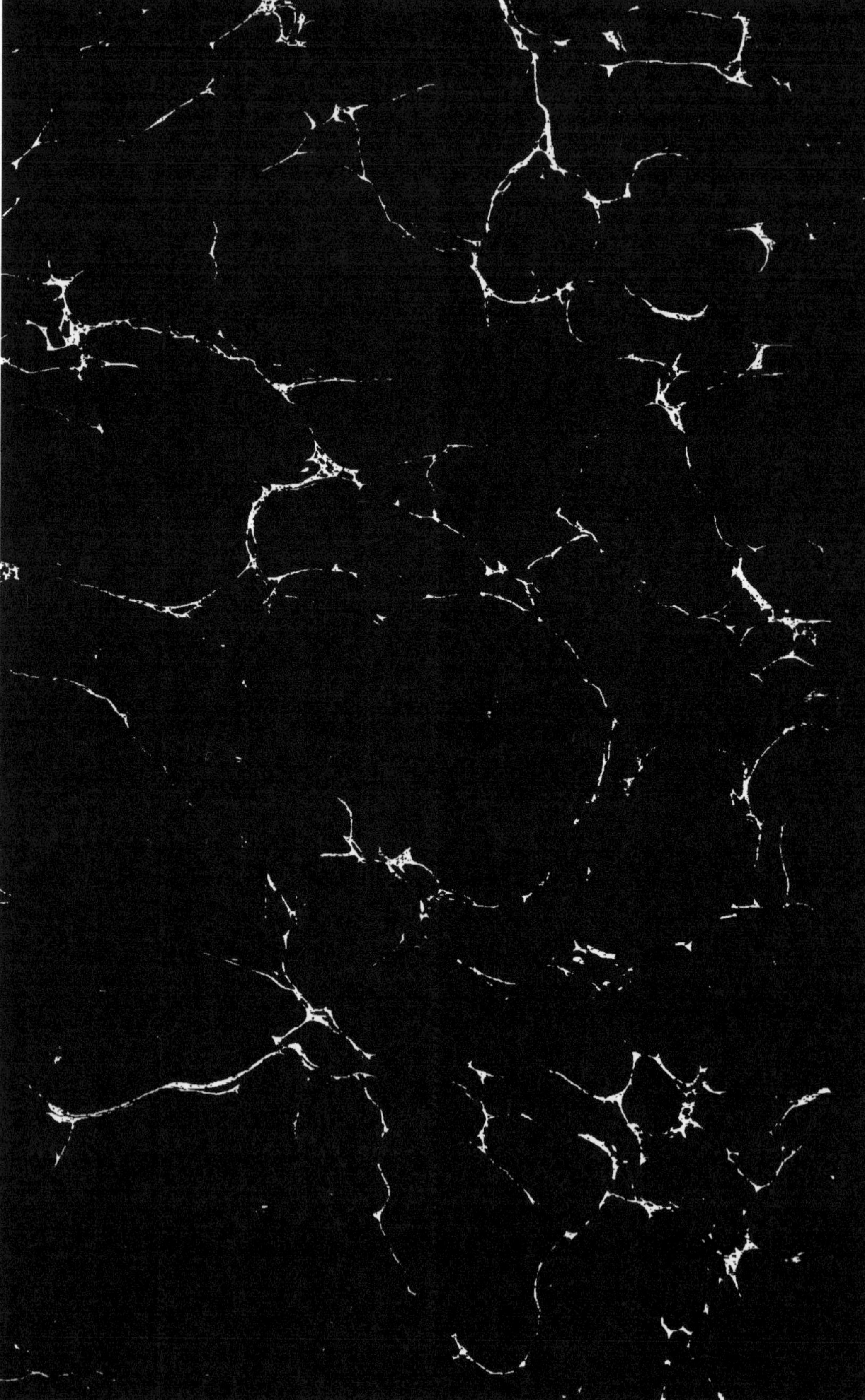

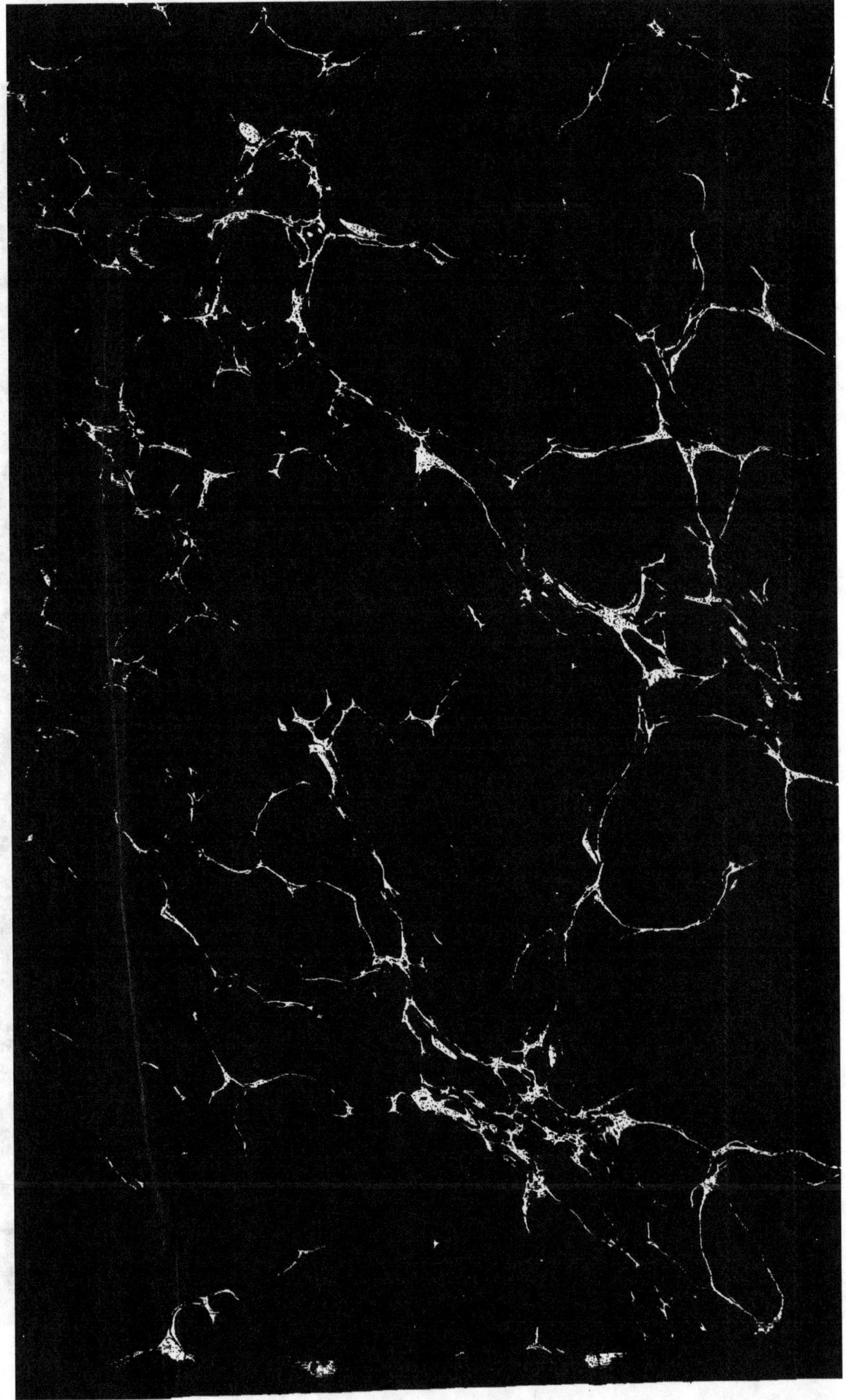

www.ingramcontent.com/pod-product-compliance
Lightning Source LLC
LaVergne TN
LVHW010829120826
845149LV00016B/32